AF742060

www.ingramcontent.com/pod-product-compliance
Lightning Source LLC
LaVergne TN
LVHW010646051026
849532LV00001B/187

9788119022281

سحر ہونے تک

(سوانح عمری)

آغا جانی کشمیری

Sahr hone tak *(An Autobiography)*
by: Agha Jani Kashmiri
Edition: May '2024
Publisher :
Taemeer Publications LLC (Michigan, USA / Hyderabad, India)

ISBN 978-81-19022-28-1

کتاب	:	**سحر ہونے تک** (سوانح عمری)
مصنف	:	**آغا جانی کشمیری**
صنف	:	سوانح
ناشر	:	تعمیر پبلی کیشنز (حیدرآباد، انڈیا)
سالِ اشاعت	:	۲۰۲۴ء
صفحات	:	۳۹۶
سرورق ڈیزائن	:	تعمیر ویب ڈیزائن

یہ کتاب

نوبہار قافلوں کے لئے لکھ رہا ہوں

صرف اس لئے
کہ وہ زندگی کی اُن ٹھوکروں سے بچ سکیں جو میں نے
اس رہگزار میں کھائی ہیں!

میں اس کتاب کو معنون کرتا ہوں

"خورشید بیگم" کے نام

جو

میری ماں کا نام ہے

اور

میری بیوی کا بھی!

تو تو نہ رہے میں میں نہ رہوں

میں یہ مان ہی نہیں سکتا کہ اگر مجھے بچپن سے جوانی تک جواہرلال جی کی خوب صورتی، مسکراہٹ اور حسین شخصیت متاثر نہ کرتی تو میں کبھی انسان بھی بن سکتا تھا۔ ہمارے لکھنؤ کے ماحول میں موتی لال جی، جواہرلال جی کا گھرانا ہندوؤں میں تو خیر، مسلمانوں میں بھی انسانیت اور حُسن کا دیوتا سمجھ کر پُوجا جاتا تھا۔

میں ملک کا نیتا یا پرائم منسٹر وغیرہ نہیں جانتا، مگر یہ ضرور جانتا ہوں کہ جواہرلال اپنے وقت کا دُنیا کا سب سے بڑا انسان تھا جو مر ضرور گیا مگر انسانیت اور محبت کی دُنیا میں ہمیشہ پُوجا جائے گا۔

چھوڑوں گا میں نہ اُس بُتِ کافر کا پُوجنا
چھوڑے نہ خلق گو مجھے کافر کہے بغیر

آغا جانی کاشمیری

●

میں ممنون ہوں علی سردار جعفری کا جن کے مشوروں
نے اس کتاب کو اور حسین بنا دیا۔ لکھنؤ شہر کی جھلکیاں
اس کی مٹتی ہوئی اور مٹتی ہوئی یادگاریں آپکو کبھی دیکھنے
کو نہ ملتیں اگر ان کا مشورہ عین موقع پر شاملِ حال
نہ ہوتا۔ یہی نہیں، اتنا پیار فرما رہے ہیں یہ کتاب پڑھ
کر کہتے ہیں کہ "ایک بار پھر پڑھوں گا۔ جب چھپوانے
کی اجازت دوں گا۔ روز روز تو آپ لکھیں گے نہیں
ایسی کتاب۔" اس قیامت کے نقاد، اس تیور کے شاعر
اور اس پائے کے صاحبِ نظر کا اس محبت سے یہ کہہ دینا
اور مشورہ دینا شاید میں کبھی فراموش نہ کرسکوں گا۔

آغا جانی کشمیری

احتشام حسین پروفیسر الہ آباد یونیورسٹی ہمارے ملک کا سب سے بڑا نقاد

حرف تعارف

اردو ادب کم مایہ نہ سہی لیکن اس میں اچھی سوانح عمریاں بہت کم اور خود نوشت تو تقریباً نہ ہونے کے برابر ہیں۔ مشرق میں شخصیتوں کو داغوں اور دھبوں کے ساتھ منظر عام پر لانا اپنی ذات کی نمائش' اپنے کارناموں پر فخر کا اظہار اور تجربوں کے ناگفتنی پہلوؤں کی عکاسی کو ہمیشہ معیوب سمجھا گیا۔ انکسار اور احتیاط کی ملی جلی کیفیت بہت سے گفتنی معاملات کو بھی ناگفتہ بنا کر چھوڑ دیتی ہے۔ یہ بات اخلاقی نقطۂ نظر سے کتنی ہی پسندیدہ کیوں نہ ہو' علمی اور ادبی حیثیت سے بہت نامناسب ہے۔

بہت سے لوگوں کی زندگی میں کچھ ایسے نشیب و فراز اور کچھ ایسے ذہنی اور جذباتی حادثات ہوتے ہیں جن کا علم دوسروں کے لئے عبرت اور بصیرت حاصل کرنے کا ذریعہ بن سکتا ہے۔ اسی طرح تجربوں میں اضافہ ہوتا ہے اور شعور کی حدیں وسیع ہوتی ہیں۔ شاہراہیں اور تنگ گلیاں سبھی کی زندگی میں آتی ہیں اور جی چاہتا ہے کہ بعد میں آنے والے ان کے پیچ و خم

سے واقف ہو جائیں۔ کبھی کبھی یہی جذبہ آپ بیتی بیان کرنے کا محرک ہوتا ہے۔ اظہارِ ذات کی خواہش بھی قلم ہاتھ میں دے دیتی ہے اور لکھنے والا اپنی شخصیت کے جن نقوش کو اجاگر کرنا چاہتا ہے ابھار دیتا ہے۔ کہا جاتا ہے کہ ہر شخص کم سے کم ایک کتاب ضرور لکھ سکتا ہے اور وہ اسی کی خود نوشت سوانح عمری ہے۔ لیکن بہت سے دوسرے دلکش اقوال کی طرح یہ بھی ایک نیم صداقت ہے کیونکہ اگر یہ بات تسلیم بھی کر لی جائے کہ ہر شخص کی زندگی ایک افسانہ کا مواد رکھتی ہے تو یہ بات کیسے یقین ہو سکتی ہے کہ لکھے جانے کے بعد بھی وہ افسانہ دلکش ہی رہے گا۔ تاہم یہ ایک حقیقت ہے کہ ہر خود نوشت چاہے وہ کتنی ہی سادہ اور سپاٹ ہو، کچھ نہ کچھ دلکشی اپنے اندر رکھتی ہے۔ لکھنے والے میں اخلاقی جرأت جتنی زیادہ ہوگی، مشاہدہ جتنا عمیق اور یادداشت جتنی قوی ہوگی، اتنا ہی زیادہ وہ اپنی زندگی کے تجربات کو صداقت کے ساتھ پیش کر سکے گا لیکن اسے ادبی تخلیق بنانے کے لئے تحریر کی اُس دلکشی اور اندازِ بیان کے اس جادو کی ضرورت ہوگی جو بہت کم لوگوں کے حصے میں آئی ہے۔

مجھے مسرت ہے کہ آغا جانی کشمیری کی خود نوشت سوانح حیات اردو کے سوانحی ادب میں ایک دلکش اضافہ کی حیثیت سے پیش کی جا رہی ہے۔ آغا جانی نے، جن کا مشاہدہ گہرا، یادداشت قوی اور ادبی ذوق ستھرا ہے،

اپنے مخصوص بیباک اور رنگین انداز میں اپنی زندگی کے وہ مناظر پیش کیے ہیں جن میں ان کی تصویر کے ساتھ ساتھ لکھنؤ کی اس تہذیبی اور سماجی زندگی کے نقوش بھی ابھر آئے ہیں جن میں ان کا بچپن کھیلا تھا اور جوانی نے انگڑائی لی تھی۔ مجھے اس بات سے اور زیادہ خوشی ہے کہ موصوف کی اس تخلیق کو مکمل کرنے میں میری ہمت افزائی سے بھی مدد ملی۔

مجھے اچھی طرح یاد ہے کہ لکھنؤ سے تقریباً دس مہینے دُور رہ کر امریکہ اور انگلستان سے واپس آتے ہوئے جب میں چند دنوں کے لیے ممبئی میں ٹھہرا اور دو ایک بار آغا جانی کی مختصر مگر خوبصورت قیام گاہ پر کچھ وقت گذارنے کا موقع ملا تو میرے سامنے لکھنؤ کی تہذیب، شائستگی، رہن سہن اور ماحول کے بہت سے جلوے بہ یک وقت یاد آ گئے اور مجھے محسوس ہوا کہ آغا صاحب نے بمبئی کی اس کاروباری فضا میں بھی ان ساری لطافتوں اور نفاستوں کو محفوظ رکھا ہے جن سے لکھنؤ عبارت ہے۔ اور جب موصوف نے ازراہ محبت اپنی یادداشتوں سے کچھ صفحات اپنی زندگی کے متعلق مجھے سنائے تو مجھے یقین ہو گیا کہ وہ آپ بیتی لکھنے کا حق رکھتے ہیں۔ برسوں بعد جب معلوم ہوا کہ انھوں نے یہ مشکل کام انجام دے لیا تو مجھے ایک طرح کی ذاتی آسودگی کا احساس ہوا کیونکہ اس خوبصورت چمن زار کا بیج میری ہی تحریک سے پڑا تھا۔

آغا جانی کشمیری نے اپنی ابتدائی زندگی جس علاقے میں گذاری

کم و بیش پچیس سال مجھے بھی اسی سرزمینِ رنگ و نکہت میں بسر کرنے کا موقع ملا۔ جن گلیوں اور مکانوں، جن تفریح گاہوں اور اداروں، جن افراد اور اشخاص کا تذکرہ انھوں نے مزے لے لے کر کیا ہے۔ وہ اگرچہ زمانے کی دست برد سے یا تو مٹ گئے ہیں یا اتنے بدل گئے ہیں کہ اگر انسان انھیں مستقل نہ دیکھتا رہے تو پہچان بھی مشکل سے سکتا ہے۔ تاہم وہ ابھی موجود ہیں اور ان میں سے اکثر سے میں ذاتی طور سے واقف ہوں اسی لئے میں ان کی آپ بیتی کے اوراق کو حیرت اور مسرت کے ملے جُلے جذبات کیساتھ دیکھتا رہا۔ حیرت اس بات پر کہ ان کے مشاہدے نے ان نقوش کو کیسی سچائی کے ساتھ محفوظ رکھا ہے اور مسرت یہ ہے کہ ان کے پیش کرنے میں انھوں نے اس مخلصانہ بے باکی کا ثبوت دیا ہے جس کے بغیر یہ محض واقعات کی کھتونی ہو کر رہ جاتی اور اس میں وہ نوک پلک نہ پیدا ہوتی جو ایک ادبی تخلیق کے لیے ضروری ہے۔ دلی کے کوچے میر کو "اوراق مصوّر" نظر آئے تھے اور لکھنؤ کے گلی کوچوں کو آغا صاحب نے مرقعوں میں تبدیل کر دیا ہے۔ لکھنؤ کی ادبی محفلیں گھریلو صحبتیں، مشاعرے، چہل پہل، محبتیں اور رقابتیں، مذہبی رواداری کا ماحول اور وضعداریاں سب جیتی جاگتی شکل میں ان صفحات میں موجود ہیں۔

آگے بڑھ کر تھیئٹر اور فلم کی زندگی کے تجربات بھی بڑے رنگین انداز میں بیان ہوئے ہیں۔ بہت سے جانے پہچانے ادیب اور اداکار اپنی مانوس اور نامانوس

خصوصیات کے ساتھ اس خود نوشت کے صفحات پر جلوہ گر ہیں۔ آغا جانی کشمیری نے ان میں سے اکثر کو ان کی خوبیوں اور خامیوں سمیت پیش کر دیا ہے۔

میرا خیال ہے کہ اس کتاب میں بہت سے لوگوں کو شاید سب سے زیادہ دلچسپی مشرق وسطیٰ کے سفرنامے سے ہوگی کیونکہ یہ سیاحت اور عقیدت دونوں پہلوؤں سے دلکشی رکھتا ہے۔ اس سفر کے بعض حصے بڑی خوبصورتی سے اس فضا کی مصوری کرتے ہیں جن سے آغا صاحب کو گذرنے کا موقع ملا۔ اس حصے میں بھی انھوں نے صاف گوئی اور خلوص سے کام لے کر آپ بیتی کے ابتدائی انداز کو برقرار رکھا ہے۔

اس تعارف کا یہ مقصد نہیں ہے کہ میں اس کا خلاصہ بیان کروں یا اس کی خوبیاں گنواؤں، میں تو بس یہ چاہتا ہوں کہ پڑھنے والے مصنف کے ساتھ خود ان واقعات اور تجربات کو محسوس کریں جن سے وہ گذرے اور انداز بیان کی دلکشی اور خیالات کی صداقت سے اسی طرح متاثر ہوں جیسے یہ تعارف نگار ہوا ہے۔

سید احتشام حسین الہ آباد

●

ایک کتاب ہر شخص کی زندگی میں ہوتی ہے۔ لیکن اس کتاب کو سینے کی گہرائیوں سے باہر نکال لانا ہر شخص کا کام نہیں ہے کتاب کی تخلیق بھی اک سادھنا ہے جو عمر بھر کی ریاضت کا مطالبہ کرتی ہے۔ آغا جانی کو اس ریاضت کی فرصت نہیں ملی جو خود کتاب اس کی گواہی دے رہی ہے کہ انھوں نے ساری عمر فلم میں گزاری ہے اور فلم کے لکھنے والے فنکار کی حیثیت سے شہرت حاصل کی ہے۔ پھر بھی وہ اپنے دل کی کتاب لکھنے میں کامیاب ہو گئے ہیں۔

یہ حیرت ناک بات اس لئے ممکن ہوئی کہ انھوں نے ریاضت یا سادھنا سے کام نہیں لیا۔ بلکہ اپنے بے تحاشا اور بے تکلف انداز گفتگو کو تحریر میں بر قرار رکھا۔ یہی وجہ ہے کہ ان کے بیان میں انگریزی الفاظ کے ساتھ ساتھ بمبئی کی

فضا کی پروردہ زبان کہیں کہیں اُبھر آئی ہے۔ اور دلچسپ بات یہ ہے کہ وہ لکھنؤ کی میٹھی اور سُتھری زبان کے ساتھ مل کر ناگوار نہیں گذرتی اور ہم یہ سوچنے پر مجبور ہوجاتے ہیں کہ آخر یہ بھی تو اندازِ بیان ہو سکتا ہے۔ ع

"ہر رنگ میں بہار کا اثبات چاہیئے"

آغا جانی کی یہ تحریر آغا جانی کی گفتگو ہے۔ ذرا غور سے پڑھنے پر ان کی آواز سنی جا سکتی ہے اور ان کے اندازِ گفتگو کی ساری دلآویزی محسوس کی جا سکتی ہے۔

اس بے تکلف اندازِ گفتگو کا کرشمہ یہ بھی ہے کہ عمر بھر کی ریاضت کرنے والے ادیب جس کیفیت کو حاصل کرنے کی کوشش کرتے ہیں اور ناکام ہو جاتے ہیں آغا جانی اس میں بے انتہا کامیاب ہیں۔ وہ الفاظ کے پردے میں زندگی کی عریانی کو چھپانے میں کامیاب نہیں ہوئے ہیں اور یہ ناکامی ہی ان کی کامیابی ہے کیونکہ اس طرح زندگی اور آغا جانی کے تجربات کی دنیا اپنی اصلی شکل و صورت میں سامنے آجاتی ہے۔ اپنی یادوں کو مرتب کرنے والے ادیب، اپنی آپ بیتی لکھنے والے فنکار

اکثر واقعات اور حالات کو آراستہ کر دیتے ہیں حالانکہ آغا جانی نے زیب داستان کا دعویٰ کیا ہے لیکن وہ برہنہ زندگی کو زیور اور لباس نہیں دے سکے۔

مجھے معلوم نہیں کہ انھوں نے یہ کتاب کیوں لکھی ہے۔ لیکن اگر وہ یہ کتاب نہ لکھتے تو شاید ان کی زندگی میں کوئی کمی رہ جاتی۔ پوری کتاب میں کسی ایسے دوست کا نام نظر نہیں آتا جس سے وہ اپنے دل کی بات کہتے، جسے اپنے راز میں شریک کرتے۔ ممکن ہے کہ تنہائی کے لمحات میں انھوں نے اپنے قلم اور کاغذ سے باتیں کرنے کی کوشش کی ہو۔ سفید، بے رنگ اور جذبات سے عاری کاغذ سے یہ کہنا چاہا ہو کہ میں گنہگار ہوں اور میرے بچپن کے دو گناہ، (جنھیں گناہ کہنا بچے کی معصومیت پر ظلم ہے) تمام عمر میرا تعاقب کرتے رہے ہیں۔ اس طرح ممکن ہے کہ ان کے دل کا بوجھ ہلکا ہو گیا ہو۔ لیکن ہمیں کتاب کے اوراق میں ایک نا تربیت یافتہ بچہ نظر آتا ہے جو ذہین ہے، تندرست ہے، حساس ہے اور حسن کی بے پناہ کشش کے سامنے اپنے ہاتھ اس طرح

پھیلا دیتا ہے جیسے ننھا سا بچّہ چاند کی طرف لپکتا ہے۔ اور جب اسے چاند نہیں ملتا تو وہ کھلونوں سے جی بہلاتا ہے۔

آغا جانی کی زندگی میں یہ کھلونے خوبصورت عورتوں کی شکل میں آتے رہے جن میں سے کسی ایک سے بھی وہ محبت نہ کر سکے۔ شاید آج بھی وہ اپنی کھوئی ہوئی ماں کا انتظار کر رہے ہیں جن کی موت کا راز انھیں معلوم ہوگیا تھا لیکن وہ سمجھ نہیں سکے تھے کیونکہ بچپن کی معصومیت ان کے اور راز کے درمیان حائل تھی۔ آج بھی ہمارے ملک میں کتنے بچّے ہیں جو بہت سی راز کی باتیں اپنی آنکھوں سے دیکھ لیتے ہیں اور معلوم کرنا چاہتے ہیں کہ یہ کیا ہے۔ اور کوئی نہیں ہے جو ان کے تجسّس کی تسکین کا سامان کر سکے اخلاق کی جھوٹی قدریں بزرگوں سے جھوٹ بولواتی ہیں اور اسکول کے اساتذہ زندگی کے ایک حسین تجربے کو جس پر نسلِ انسانی کے تسلسل کا دار و مدار ہے۔ ناپاک اور غلط چیز سمجھ کر بچوں سے چھپاتے ہیں۔

اس کتاب کے اوراق پر ایک نا تربیت یافتہ بچّے کے علاوہ ایک ناآسودہ انسان بھی ابھرتا ہے جو

زندگی کے ہزاروں تجربات اور ہزاروں کرداروں کے درمیان سے گزرا ہے۔ وہ ان نامربوط کرداروں کا ذکر اسی طرح کرتا چلا جاتا ہے جس طرح وہ اسے زندگی میں ملے تھے۔ آخر میں کتاب ختم ہو جاتی ہے اور سارے کردار گزر جاتے ہیں اور اُن کا مرکزی کردار، ناآسودہ انسان بھونچکا سا کھڑا رہ جاتا ہے۔ اس کے چاروں طرف لکھنؤ، رنگون، کلکتہ اور بمبئی کی جھلکیاں پھیلی ہوئی ہیں وہ سب اس کی زندگی کے حصے ہیں لیکن وہ خود ان کا حصہ نہیں بن سکا ہے۔ اور ہم یہ محسوس کرنے پر مجبور ہو جاتے ہیں کہ اس عہد کا انسان کتنا تنہا ہے اور اس کو اپنی اس تنہائی کی آگ میں صبح تک جلنا ہے۔ وہ صبح کب آئے گی؟

بمبئی ۵ راکتوبر ۱۹۶۴ء سردار جعفری

۱۷

●

ہمارے اردو ادب میں BELLES-LETTRES کا رواج بہت کم ہے چنانچہ جناب آغا جانی کشمیری نے زیر نظر کتاب سے اس کمی کو بہت احسن طریقے سے پُر کیا ہے۔

بمبئی کے کسی فلم اسٹوڈیوز میں ایک اتفاقیہ ملاقات کے دوران میں آغا صاحب نے مجھ سے اپنی اس تحریر کا تذکرہ کیا جس کی تصنیف میں آپ برسوں سے مصروف تھے اور جو اب کتابت کے مراحل طے کر چکی ہے، مجھ میں بہت اشتیاق پیدا ہوا اس کتاب کو دیکھنے کا۔ چنانچہ ایک صبح میں نے اپنی پربھات پھیری نکالی اور آغا صاحب کے ہاں پہنچ گیا۔ آغا صاحب کے مکان کو میں دولتکدہ نہیں کہتا، اول تو اس لئے کہ ہمارے اکثر مکان دولت کدہ ہی بنتے بنتے مسمار ہوئے ہیں اور دوسرے اس لئے کہ ان کی اس کتاب کے ساتھ ناانصافی ہوگی جہاں ان کے کرداروں نے تکلف کی زبان میں گفتگو کی ہو تو کی ہو لیکن آغا صاحب نے نہیں کی۔ آغا صاحب شروع میں یہ کتاب مسلسل اور برجستہ مجھے پڑھ کے سناتے رہے اور میں بے اختیار کتاب کے معنوی حسن کی داد دیتا رہا۔ سلاست تو خیر اہل زبان کی امتیازی شان ہے ہی، لیکن جس بات کو دیکھکر مجھے بہت

خوشی ہوئی وہ آغا صاحب کی قوتِ اظہار تھی جس میں وہ لکھنؤ کی گزشتہ تہذیب کے کردار اور ان کے رگِ گل ایسے نازک احساسات کو اس سادگی اور بے تکلفی سے لے آتے تھے جیسے وہ سامنے کی بات ہو۔ سہل ممتنع کا یہ سحر پیدا کر کے انھوں نے گویا مسلکِ دشوارِ شاعری کو بالکل آسان کر دیا تھا۔

شاید کوئی بزرگوار ناقد اس کتاب کو عمرانیات کے نقطۂ نظر سے دیکھیں یا یہ کہیں کہ آغا صاحب نے کل اور آج کے بیچ کا خلاء پاٹ کر تاریخ کے اک بہت بڑے تقاضے کو پورا کیا ہے۔ یا جاگیردارانہ نظام کے مٹتے ہوئے نقوش کو دوام کرنے کی کوشش کی ہے تو میں ان سے اتنا ہی اتفاق کروں گا جتنا کہ آغا صاحب خود کرتے ہیں۔

میں نے ان سے سوال کیا کہ تقسیم ہند کے بعد پنجاب سے جو لوگ آئے اور لکھنؤ میں بسے، انھوں نے لکھنؤ کے کردار کو بدل دیا ہوگا۔ تو آغا صاحب مسکرا کر کہنے لگے " اجی کہاں یہ بھی میں نے لکھا ہے سُن لیجئے وہ خود بٹیروں کی پالیاں لڑانے لگے ہیں!" جس کا یہ مطلب نہیں کہ کوئی معاشرہ بدلتا نہیں۔ اس کا مطلب ہے کہ نیا معاشرہ پرانے کو بدلتا ہوا پہلے کا رنگ قبول کر لیتا ہے۔

ہندوستان کا موجودہ تمدن اس بات کا گواہ ہے۔ لیکن آغا صاحب کے سلسلے میں جس بات کی داد بالخصوص میں دینا چاہوں گا وہ

یہ ہے کہ انھوں نے خیالات کے اعتبار سے اردو کے سوانح ادب کو ایک فارملزم سے نکالا ہے اور بڑی ایمانداری سے پرانے لہجے میں نئے تلفظ ادا کر گئے ہیں۔ مثلاً کتاب کے شروعات میں جس ایمانداری اور ہمت سے اپنے خاندان کے پس منظر کی نقاشی کرتے ہوئے وہ سب باتیں کہہ گئے۔ یہ ہیں جو ہمارے افسانے میں تو آئی ہیں لیکن سوانح میں کبھی نہیں آئیں۔ اگر کسی نے ایسی باتیں کہیں بھی تو الفاظ کی زبان دانتوں تلے دبی ہوئی پائی گئی۔

پچھلے دنوں مجھے اپنی بیوی بیٹے اور خود اپنے بارے میں چند بے تکلف باتیں لکھنے کا اتفاق ہوا تو اس زمانے کے چند ناقد بھی حیران ہوئے اور کسی بڑی بی کی طرح "ترب ہے جرب ہے" کہنے لگے "نوج! ہے تو ٹھیک، پر کہتے تھوڑی ہیں؟ معلوم ہوتا ہے ابھی تک کفر و الحاد کا دور ہے اور بقول مومنؔ اس بتِ کافر کے دَور میں مومنِ دیندار کی لاف و گزاف غلط ہے۔

عالمی ادب میں ایمانداری کا ایک جذبہ بیدار ہو رہا ہے۔ کچھ تو کھری ایمانداری ہے اور کچھ ایسی جو اپنی حد سے بھی تجاوز کر گئی ہے اور بے ایمانی معلوم ہونے لگی ہے۔ جس ایمانداری نے پاس ادب رکھا وہ تو جذب ہو کر آئی اور گھر کر گئی مگر باقی

کف کی صورت اُڑ گئی۔ میں نہیں جانتا کہ آغا جانی کشمیری نے عالمی ادب کے اس نزاع کا مطالعہ کیا ہے یا نہیں۔ البتہ یہ ضرور کہہ سکتا ہوں کہ اس کتاب کے یکسر مختلف اور بے حد دلچسپ کرداروں کے جذبات و احساسات واقعات اور حالات کو انھوں نے اس قدر خوبصورتی اور خلوص کے ساتھ قلمبند کیا ہے کہ تاریخ اور عمرانیات کے تقاضے پورے کرنے کے ساتھ انھوں نے ایمان کے تقاضے بھی پورے کئے ہیں اور اس چیز نے آغا صاحب کی تحریر کو ادب میں ایک غیر معمولی امتیازی شان دیدی ہے۔

راجندر سنگھ بیدی

ماٹونگا۔ بمبئی ۲۲ ستمبر ۸۴ء

نوٹ:۔ صفِ اول کے اس اہل علم فسانہ نگار حقیقت نگار اور ادیب کا ریویو پڑھ کر مجھے ایسا محسوس ہوا کہ مجھے اس کتاب کے صلے میں جیسے کسی نے ساری کائنات بخش دی ہو۔

آغا جانی کشمیری

۲۱

●

یہ میٹھی اور کڑوی حقیقت صرف ان لوگوں کو پسند آئیگی جو آتھر کے ساتھ ساتھ ۱۹۶۴ء کے جیتے جاگتے زمانے میں گہری نیند سے چونک اُٹھے ہیں۔ اپنے آپ کو دھوکا دینے کے فریب سے پرے آگئے ہیں اور اپنے ہی ہاتھوں سے زندگی کے چاروں طرف کھینچے ہوئے روائتی دائرہ کو توڑ کر باہر نکل آئے ہیں۔ سب سے بڑا جادو اس کتاب کا یہ ہے کہ بس یہ محسوس ہوتا ہے کہ آتھر ہم سب کی بہت بڑی محفل جمائے بیٹھا ہے۔ زندگی کی حقیقتیں سنا رہا ہے۔ ہم سب سُن رہے ہیں اور آنکھوں سے دیکھ رہے ہیں اور کس زبان میں موسم بہار کی.... پھول برساتی ہوئی ایسی رنگین زبان میں جو پڑھی یا سیکھی نہیں جاتی صرف اودھ اور لکھنؤ کے گہواروں میں کچھ خوش نصیبوں کو بخشی جاتی ہے۔

یہ نایاب کتاب ایچ۔ جی۔ ویلز انگریزی کے مشہور زمانہ آتھر کی پیشین گوئی معلوم ہوتی ہے۔ اس نے یہ پیشین گوئی کی تھی کہ اک زمانہ آئے گا یہ کتابی لکھنے کا ڈھرہ ختم ہو جائیگا۔ اس کی جگہ سِنریو رائٹنگ اور ڈائلاگز رائٹنگ لے لیگی جو حقیقت کے بھی بہت قریب ہے جس کو کان بھی سننے کے عادی ہیں اور آنکھیں بھی دیکھ سکتی ہیں۔ میرا خیال ہے کہ یہ کتاب سچ مچ وہ زمانہ لے آئی۔ صرف ہندوستان ہی کا نہیں کسی بھی ملک کا آتھر یہ کتاب تحریر کر کے فخر کر سکتا ہے اور وہ ملک بھی اس پر فخر کر سکتا ہے۔

رام کرشن نیر۔ فلم پروڈیوسر ڈائریکٹر۔ پالی ہِل بمبئی۔

●

کوشش کروں گا کہ یہ میری سوانح حیات میری زندگی ہی میں شائع ہو جائے، کیونکہ ڈرتا ہوں اس واقعے سے جو ایک امریکن مشہور فلم رائٹر کے مرنے کے بعد گزر چکا ہے۔

اس غریب نے ایک وصیت نامہ لکھا تھا اور وصیت کی تھی کہ فلاں فلم کا ڈائرکٹر، اور فلاں پروڈیوسر میرے بعد اس وصیت نامے کو لوگوں کے سامنے پڑھے۔

چنانچہ لاکھوں آدمی جمع ہوئے۔ اب ڈائرکٹر اور پروڈیوسر اُٹھے پڑھنے کے لئے۔ یک بیک ایک نے دوسرے کو دیکھا۔ مسکرا کر اندر گئے۔ جس طرح رائٹر کی زندگی میں اس کی کہانیوں میں ردّو بدل کیا کرتے تھے، بالکل اسی طرح اس کے مرنے کے بعد وصیت نامہ تبدیل ہوا ان کی خوشی سے۔ پھر یہ اپنا وصیت نامہ پڑھنے نکلے۔ میرا مطلب ہے اُس رائٹر کا وصیت نامہ!

بسم اللہ الرحمن الرحیم

گذارشِ احوالِ واقعی

وہ گھونسہ جو لڑائی کے بعد یاد آتا ہے اپنے ہی مُنہ پر پڑتا ہے۔

مڈل ایسٹ کا سفرنامہ میں نے کچھ سفر میں اور کچھ شاہِ فاروق کے تاریک دور میں لکھا تھا۔ عراق کے نوجوان بادشاہ بھی اس زمانے میں زندہ تھے۔ اور ایک بار ہم سب کی موجودگی میں 'نجف' زیارت کو آئے تھے۔ آج وہ زمانہ خواب وخیال ہو چکا ہے۔ میری پیشین گوئیاں بالکل صحیح ثابت ہوئی ہیں۔ مگر وہ گھونسہ جو لڑائی کے بعد یاد آتا ہے اپنے ہی مُنہ پر پڑتا ہے۔

مجکو اپنے بچپن کے صحیح واقعات سمجھنے کے لئے اور ڈوب کر واقعات اُبھارنے کے لئے نہ جانے کتنی انگریزی علم نفسیات اور مشاہدات کی کتابوں

کا مطالعہ کرنا پڑا۔ نہ جانے کتنے دماغی ڈاکٹروں سے ہزاروں روپیہ صرف کر کے مشورہ لینا پڑا۔ اِن تمام کتابوں مین امریکہ کے ایک ڈاکٹر کی کتاب آج تک میرے دماغ پر چھائی ہوئی ہے جو شاید ۱۹۳۵ء سے ۱۹۴۰ء تک کسی سنہ میں لکھی گئی تھی اور اس سال ساری دنیا میں اس سے زیادہ کتاب اور کوئی نہیں بکی۔

افسوس ہے کہ ایک کمبخت دشمن مانگ کر لے گیا اور ہضم کر گیا اللہ اُس کا ہاضمہ خراب کرے! نہ مجھے اس ڈاکٹر کا نام یاد رہا اور نہ وہ کتاب اب یہاں ملتی ہے اس بے مثل کتاب کا نام ہے "بی گلیڈ یو آر نیوروٹِک (Be glad you are neurotic) یعنی تمھیں خوش ہونا چاہیئے کہ تم تھوڑے تھوڑے پاگل ہو، اور اگر آجکل کی دنیا میں نہیں ہو تھوڑے تھوڑے تو پھر، سچ مُچ تم پاگل ہو۔"

اس کی مثال دیتا ہے وہ بے نظیر ماہرِ نفسیات کہ جن کو تم سَنکی یعنی تھوڑا تھوڑا پاگل کہتے ہو، وہ لوگ دنیا کے اُن منتخب لوگوں میں سے ہیں جن کا کوئی جواب نہیں۔ جو محبت کرتے ہیں سچائی سے، ایمان داری سے اور اُن چوروں سے بہت زیادہ اچھے ہیں جو محبت تو کرتے ہیں مگر دل سے نہیں کرتے۔ وہ لوگ ایمان دار ہیں، زیادہ ایمان دار! تم چوروں کی طرح نہیں جو وقت پڑے تو ہاتھ بھی صاف کر جاتے ہو۔ وہ لوگ نفرت کرتے

ہیں بُری چیزوں سے، بُرے لوگوں سے۔ بہت زیادہ نفرت! اور تم ایسے آدھے اُبلے ہوئے انڈوں کی طرح نہیں ہیں کہ وقت پڑے تو نفرت کرنے والوں سے مل کر اپنا کام بھی نکال لیں۔ وہ ڈرتے رہتے ہیں برائیوں سے اور اُن کا یہ ڈر مل جاتا ہے جاکر اللہ سے۔ اور یہ بالکل قدرتی چیز ہے کہ اگر یہ ڈر اور یہ جذبہ ساری دنیا میں پیدا ہو جائے تو پھر لڑائیاں بند ہو جائیں۔ آپس میں پیار پیدا ہو جائے۔ لوگ ایک دوسرے کی ذرا ذرا سی خوشیوں کا خیال رکھیں اور ایک دوسرے کو تکلیف پہنچاتے ہوئے ڈریں۔

چنانچہ ایسے پاگلوں کو جو پاگل سمجھتے ہیں میرا خیال ہے وہ خود پاگل ہیں۔ یہ ہے نچوڑ اس جواہر پارے کا۔ یہ تمام کتابیں غور سے پڑھنے کے بعد اپنی زندگی کے سارے واقعات خوب سمجھ کر میں نے یہ کتاب لکھی ہے۔ جب کوئی واقعہ ابھر کر سامنے آتا تھا، اور میں لکھتا تھا تو سچ مچ میں پاگل سا ہونے لگتا تھا۔ تھوڑے دن بھول جاتا تھا، پھر تازہ دم ہو کر حملہ کرتا تھا۔ چنانچہ مجھے بارہ سال لگے ہیں یہ مختصر سی کتاب لکھنے کے لئے۔

اس کتاب کے کل واقعات صحیح ہیں، مگر پھر بھی کچھ نہ کچھ آپ جانیں، زیبِ داستاں کے لئے۔

بے ربطیاں نہ پوچھو دنیائے بیخودی کی
چھیڑا کہیں سے قصہ کہنے لگا کہیں سے

... ... اور سنہ ۱۹۴۷ء میں ہم ہندوستان کے مشہور اسٹوری رائٹر کے بجائے "پاگل" مشہور ہوگئے۔ تھے نہیں، صرف مشہور ہوگئے یا خود ہم نے اپنے کو مشہور کر دیا۔

چلو اچھا ہوا کام آگئی دیوانگی اپنی
دگرنہ ہم زمانے بھر کو سمجھانے کہاں جاتے

چنانچہ ملک تقسیم ہو رہا تھا۔ ہر چیز بدل رہی تھی۔ ہر اُردو اور انگریزی لفظ کا ہندی میں ترجمہ ہو رہا تھا۔ یوں زبان کو بدلا جا رہا تھا یا بدلنے کی کوشش کی جا رہی تھی۔ ہندی کچھ ہندوؤں کے ہاتھوں اس طرح قتل کی جا رہی تھی کہ افسوس ہو رہا تھا بیچارے مسلمانوں کو۔ اور وہ یہی چیخے جا رہے تھے کہ اردو زبان قتل کی جا رہی ہے۔ بہت کچھ خیالات بھی تبدیل ہوگئے تھے میرا خیال ہے کہ صحیح مذہب ہندو اور مسلمانوں کو اب یاد آ رہا تھا اور دونوں قومیں یہ سوچ کر کہ سیکڑوں برس گناہ کرتے کرتے ہوگئے، اب ذرا موقع ملا ہے تو کچھ ثواب کے کام بھی کر ڈالیں۔ بس اس چکر میں معصوموں کا وہ قتلِ عام ہوا جس کی مثال اسپین کی تاریخ کے علاوہ اور زمانے بھر کی کوئی تاریخ پیش نہیں کرسکتی۔ مسلمان بھاگ بھاگ کر پاکستان جا رہے تھے، ہندو وہاں سے بھاگ بھاگ کر یہاں آ رہے تھے اور اِن بھاگ کر جانے والوں اور آنے والوں کے سچ کم زیادہ جھوٹے واقعات نے میرے پاگل پن میں اتنا اضافہ

کر دیا کہ گویا بالکل پاگل ہو گیا ___ جیسے تھا نہیں !

میں نے کچھ ہی سال پہلے شادی کی تھی۔ یہ شادی میں نے بے حد دُبلی پتلی، دھان پان لڑکی دیکھ کر کی تھی، جو کمزور بھی ہو، صورت کی بھی بہت اچھی نہ ہو، مگر شریف ہو، شریف گھرانے کی ہو۔ پڑھی لکھی بھی ہو، اور گھریلو بھی ہو۔ یہ شادی ہم نے کی تھی، یا ہوئی تھی یا کروا دی گئی تھی، یہ آگے چل کر آپ کو خود بخود معلوم ہو جائے گا۔ یہاں صرف اتنا اور سُن لیجئے کہ میں اپنی بیگم صاحبہ کے سامنے اچھا خاصا پہلوان معلوم ہوتا ہوں۔ ہر سال جو ایک بچّہ پیدا ہونے لگا تو غریب پڑھی لکھی نازک لڑکی رو پڑی، اور اس بچّہ پیدا ہونے کے درمیان میرا اغیار کی طرف بے تحاشہ متوجہ ہونا، اس کو اس حالت میں بالکل نظر انداز کرنا اور سونے پر سہاگے کا کام کر گیا۔ نہ جانے کتنی بار اللہ کے گھر سے واپس ہوئی۔ میں نے تو مار ڈالنے میں کوئی کسر اٹھا نہ رکھی تھی۔ کیوں میں اس معصوم کی جان لینے کی فکر میں تھا ؟ کیا والد صاحب کا روپ لے رہا تھا اور اپنے آپ کو ویسا ہی سمجھ رہا تھا، اور چاہتا بھی تھا کہ وہی ہو جو اُن کی زندگی میں ہوا۔؟ کہ کب میری ماں مریں اور وہ دوسری ڈھونڈ کر گھر لائیں۔

بہر حال یہ لڑکی یعنی میری بیوی علم کے ساتھ ساتھ غضب کی نگاہ بھی رکھتی تھی۔ جب اُس نے سمجھ لیا کہ اب شہادت یقینی ہے، یہ اسی طرح بچے پیدا کرا کرا کے مار ڈالے گا اور دوسری نئی کر لے گا اور بچوں کی تباہی ہو گی ___ تو

اس نے ایک خاص چال چلی۔ اس نے قطعی خاص قسم کی مدد دینے سے انکار کر دیا۔ اور ہندوستان میں تو عورت مرد کی ملکیت ہوتی ہے۔ بلکہ اسی لئے شادی کی جاتی ہے کہ روز ہی کوئی حرکت ہو اور سال میں ایک بچہ ضرور پیدا کیا جائے خواہ جوان ہو کر بھیک ہی کیوں نہ مانگے۔

چنانچہ اس ذہین عورت نے یہ ثابت کرنے کی کوشش کی کہ اب تم میں وہ اگلا سا دم خم باقی نہیں رہا۔ اس لئے یک طرفہ امداد نہیں کی جا سکتی۔ پھر کیا تھا دنیا کے حکیم، ڈاکٹر، دماغی ڈاکٹر سب ہی اکٹھا کر ڈالے گئے مگر کچھ ہوتا تو فائدہ ہوتا وہم کا علاج تو بقراط کے پاس بھی نہ تھا۔ اب میں نے ایک اس کی سمجھائی ہوئی بیماری کی بدولت ہزاروں قسم کی بیماریاں خریدنا شروع کر دیں۔ قدم قدم پر دردِ دل، گھبراہٹ اور نہ جانے کیا کیا۔ خدا بھلا کرے دماغی ڈاکٹروں کا جنہوں نے مجھے اچھا کیا، اور آج یہ مختصر سی کتاب لکھنے کو تیار ہوا ہوں ——————

اور اچھا کیا کیا؟ بیمار ہوتے تو اچھا کرتے، اچھے کو اچھا کیا تو کون سا کمال کیا؟ ہاں، میری بیوی کو سمجھا بجھا کر ایک نوجوان لڑکی سے شادی کرا دی ہوتی۔ یا صنفِ ِ ملنے جلنے کی اجازت ہی دلوادی ہوتی —————— جو میں سچ مچ چاہتا تھا —————— تو کہتا بھی کہ بڑا تیر مارا۔ مگر حالات تو اب بھی وہی ہیں۔ اس سے یہ نہ سمجھ لیجئے گا کہ اب وہ تمام واقعات بھول بیٹھی ہے۔ جی نہیں، وہ اب تک مسکرا کر وہی کہتی ہے اور میں مسکرا کر اب تک اُسی

طرح بھڑک اُٹھتا ہوں، اور رہ رہ کر یہ سوچتا ہوں کہ میں نے انسانیت پر کتنا بڑا ظلم کیا۔ اس آٹھ دس برس کے عرصے میں نہ جانے کتنی آبادی بڑھا چکا ہوتا۔ چنانچہ میں ساری زندگی اس کو کمزور کہتا رہا اور دکھاتا رہا کہ جب تک دوسری جوان لڑکی میری زندگی میں نہ ہو، میں اچھا نہیں ہو سکتا۔ اور وہ ساری زندگی مسکرا کر وہی جملے کہتی رہی جو ہمارے خاندانی جملے ہیں۔ آگے بڑھ کر آپ بھی سُن لیجئے گا کہ یہ جملے خاندانی کیونکر ہے ... ...

ہمارا خاندان

ہمارا خاندان کشمیر میں گلمرگ سے تھوڑی دور پر ایک گاؤں ہے 'احمد پورہ' وہاں سے شروع ہوتا ہے۔ میرے دادا میر احمد شاہ' سادات احمد پورہ میں سے تھے۔ نہ جانے کس جھونک میں لکھنؤ آ پڑے۔ یہیں سے ہمارے خاندان کی بنیاد پڑی۔ میرے والد سید علی حسن پیدا ہوئے۔ ان سے پہلے سید علی حسین پیدا ہوئے تھے، جو مشہور و معروف کیریکٹر آرٹسٹ نواب کشمیری کے والد تھے اور کچھ بہنیں بھی تھیں۔

سُنا گیا ہے کہ دادا صاحب نے اپنی بیوی کے علاوہ ایک اور بھی تعلق پیدا کیا تھا۔ لمبا چوڑا، گورا چٹا کشمیری آدمی، کوئی پیسے والی مرمتی ہو گی اور پھر سید بھی تھے۔ اس پیسے والی کی پونجی چھوڑ کر انتقال فرمایا۔ اب رہ گئے دو بھائی سید علی حسن اور سید حسین بڑے بھائی یعنی میرے چچا جو بڑے

رنگین مزاج تھے۔ لکھنؤ کا ماحول، کافی پڑھے لکھے، شاعری، کنکوا بازی بٹیر بازی اور طوائف بازی کے دلدادہ۔ دادا کی پونجی کا بہت بڑا حصہ انھوں نے ان بازیوں کی نذر کر دیا۔ اب رہ گئے میرے والد جن کو تھوڑا بہت دادا کی پونجی کا حصہ ملا تھا۔ یہ لمبا چوڑا اسپید رنگ کا کشمیری نوجوان پڑھا لکھا قطعی نہ تھا لیکن بے حد زندہ دل، روتوں کو ہنسانے والا۔ پھر لکھنؤ کا وہ ماحول جب پیسہ ہی پیسہ برس رہا تھا۔

●

بہرحال آخری نواب مرے اور میرے والد خاندانی روایات کو برقرار رکھتے ہوئے ایک نازک سی حسین پونجی کو لے اڑے۔ اس کے ساتھ شادی کی اور میری بڑی بہن پیدا ہوئیں، پھر اس ناچیز نے جنم لیا۔ ایک بڑی دلچسپ بات عرض کرتا چلوں کہ میری ماں کا نام خورشید بیگم تھا، اور سُنّی گھرانے سے تعلق رکھتی تھیں اور میری بیوی بھی سُنّی گھرانے سے تعلق رکھتی ہیں اور ان کا نام بھی خورشید بیگم ہے۔

میرے والد کی بھی یہی شان تھی جو آپ میری سُن چکے ہیں یعنی ہر سال بچہ پیدا کرنے کا شوق۔ ماں دھان پان وہ پہلوان۔ جب میرے بعد ایک اور بچہ پیدا ہوا تو بچاری کو دق کے آثار نظر آئے۔ ڈاکٹروں نے بچہ پیدا کرنے سے منع کر دیا، مگر والد صاحب کہاں ماننے والے تھے، روز

جھگڑا ہونے لگا۔ ہندوستان میں عورت مرد کی ملکیت سمجھی جاتی ہے میں سات سال کا تھا۔ یقین مانئے یہ جھگڑا ویسا ہی تھا جیسا میرے اور میری بیوی کے درمیان شروع ہوا تھا۔ معلوم ہوتا ہے میری ماں بھی کافی سمجھدار عورت تھیں۔ انھوں نے بھی اپنی شہادت کے ڈر سے یہ ثابت کر دیا کہ والد صاحب میں اب کچھ دھرا نہیں ہے اور یہ یک طرفہ امداد نہیں دی جاسکتی اور وہ بھی ہزاروں ڈاکٹروں اور حکیموں کے پاس جاجا کر پاگل ہوگئے۔ چونکہ دماغی سائنس اس وقت اتنی نہ اُبھر سکی تھی اس لئے مدتوں پاگل ہی رہے۔ اس پاگل پن میں کوئی حرکت ضرور کرگذرتے ہونگے۔

آخری بچہ پیدا ہوا اور میری ماں ٹھکانے لگ گئیں۔ اس حسین پونجی کی کافی پونجی والد صاحب کے ہاتھ لگی۔ دو تندرست بچے ہاتھ لگے مگر دونوں نیم پاگل۔ یہیں سے میرے پاگل پن کی ابتدا ہوئی۔ جو جو حرکتیں باپ کو کرتے ہوئے دیکھی تھیں۔ دردِ دل، گھبراہٹ، سب کا شکار ہو چکا ہوں۔ واقعات بھی ویسے ہی ہیں۔ شاید میں بھی اپنی بیگم کو خاندانی پونجی سمجھ کر بیاہ لایا تھا۔ ویسی ہی ماں کی ایسی دُبلی پتلی، دھان پان۔ حد ہوگئی کہ نام بھی وہی ماں کا ڈھونڈھ نکالا۔ خورشید بیگم اور وہی سُنی گھرانا..... !

باپ کے دو بچے تھے، ایک لڑکی، ایک لڑکا۔ ہمارے یہاں دونوں لڑکے ہیں۔ مدت تک میں اپنے بڑے لڑکے کو لڑکی نما کہتا رہا، اور چھوٹے

کو لڑکا۔

●

میری ماں مریں، باپ نے دوسری شادی کی۔ ایک نوجوان بیوی گھر لائے۔ اور یقین مانیے آپ۔ ان کا وہ پاگل پن بالکل چلا گیا پہلی کی پونجی لی، دوسری کی جوانی۔ پھر وہ روتوں کو ہنسانے لگے، اچھوں کو پاگل بنانے لگے۔ لکھنؤ میں سب سے زیادہ پُر مذاق، زندہ دل آدمی اگر ڈھونڈا جاتا تو لوگ فوراً کہہ دیتے تھے "سیّد علی حسن جوہری"۔

جی ہاں: جواہرات کا دھندا بھی کرنے لگے تھے۔ اب میں نے ذرا ذرا ہوش سنبھالا۔ میں اپنی ماں کی بیماری کے زمانے میں سات آٹھ سال کا تھا جب والد کہیں باہر جاتے یا اِدھر اُدھر ہوتے تو میں بیمار ماں کے بستر میں گھُس کے ان سے لپٹ جاتا تھا۔ دو چار دفعہ باپ کی نظر پڑی، ڈانٹا گیا۔ ڈرایا گیا۔ پیٹا گیا۔ جب کسی طرح باز نہ آیا تو ایک روز بیمار ماں میری پھوپی کے گھر روانہ کر دی گئیں تاکہ بچے بیماری لگنے سے بچیں۔ یہ پہلا گناہ میرے دل میں گھر کر گیا کہ میری وجہ سے میری ماں گھر سے نکالی گئیں۔ کچھ دن بعد وہ چل بسیں اور مجھ سے کہا گیا کہ "اچھی ہوکر پھر واپس آئیں گی۔ اللہ کے گھر گئی ہیں۔" میں نے اُن کا کتنا انتظار کیا یہ میں ہی جانتا ہوں۔

آجتک جب میرا کوئی دوست یا عزیز مرتا ہے تو اکثر میں سوچتا ہوں کہ پھر پلٹ کر آئے گا ضرور، اور سوچتا ہی رہتا ہوں۔ یک بیک اِس خواب سے چونکتا ہوں اور اُٹھ کر کہیں باہر چلا جاتا ہوں، یا کسی ضروری کام یا کھیل میں مشغول ہو جاتا ہوں۔

میری بیوی کی والدہ یعنی میری ساس قاضی کبیرالدین مرحوم کی بیگم صاحبہ جن سے میں بیحد مانوس تھا، وہ اس بڑھاپے میں بھی اتنی خوبصورت تھیں کہ دیکھکر زبان سے واہ نکل جاتی تھی۔ بہت نرم لہجہ تھا گفتگو کرنے کا۔ اور کیا حسین نام تھا، طریقت آرا بیگم۔ جب کبھی میں بہت پریشان ہوتا تھا اور بیحد غمگین ہوتا تھا تو سیدھا ان کے پاس جا کر گھنٹوں بیٹھا رہتا تھا اور عجیب سکون سا محسوس کرتا تھا۔ شادی کے سلسلہ میں یہ ماں جو ایکبار پھر ملی تھیں، میری بیوی اور میری زندگی کا سب سے زیادہ قیمتی جہیز تھا۔ جس نعمت کا بار بار میں اللہ کی درگاہ میں شکریہ ادا کیا کرتا تھا، کچھ سال ہوئے حیدرآباد میں بیمار پڑیں اور اللہ کو پیاری ہو گئیں۔ آج تک کبھی کبھی سوچتا ہوں اور سوچتا ہی رہتا ہوں کہ اماں جان واپس ضرور آئیں گی۔ ابھی تھوڑے دن کی بات ہے، انتہا سے زیادہ بے چین ہو کر کہیں سے پلٹ رہا تھا، سامنے ایک بوڑھی عورت، خوبصورت سی، ریشمی کپڑوں میں ملبوس ایک دوکان پر کھڑی تھی۔ دُبلی پتلی، بوٹا سا قد، سپید رنگ

میں نے ٹیکسی رُکوائی، اور نہ جانے کیوں خیال آیا کہ اماں جان اچھی ہو کر آگئیں: میں اُترا۔ عجیب جذبہ میں قریب گیا۔ جُھک کر دیکھا اور اسکے بعد چونکا۔ یہ طلسم ٹوٹا۔ ... ... واپس ہوا۔ یہ سوچتا ہوا کہ کمال ہے۔ کیا اب تک میں بچہ ہی ہوں! اُتنا ہی چھوٹا جس سے کہہ دیا گیا تھا کہ تمھاری ماں اچھی ہوکر آجائیں گی اللہ کے گھر سے۔ اور وہ اب تک انتظار کر رہا ہے۔

ہاں تو دوسری جوان ماں گھر میں آئیں، اور ماں سے بے تحاشا چمٹنے کا جذبہ ایک بار پھر اُبھر آیا۔ میں اس زمانے میں باپ کے پاس سویا کرتا تھا، اور میری یہ دوسری جوان ماں اندر تختوں پر، جو سامنے ہی بچھے رہتے تھے۔ ایک بات اور عرض کردوں کہ میں یہ سمجھنے کی ضرور فکر کرنے لگا تھا کہ وہ زندگی کا کون سا راز ہے جو مرد کو عورت کے قریب رکھتا ہے۔ نئی نویلی دُلھن، باپ راتوں کو اُٹھ اُٹھ کر مزاج پُرسی کیا کرتے تھے۔ ایک رات میری آنکھ کھل گئی۔ بڑے غور سے زندگی کا وہ تماشا دیکھا، جس پر آنے والی نسلوں کا دارو مدار ہے۔ سمجھ میں خاک نہ آیا کہ کیا ہو رہا ہے۔

یہیں سے میری ذرا ذرا بیداری کا زمانہ شروع ہوتا ہے جو داقعی قبل از وقت شروع ہوگیا تھا۔ اب نئی ماں سے میں نے چمٹنا شروع کیا، اور اس چمٹنے میں ایک نئی زندگی ڈھونڈنے لگا۔ اس رات کا منظر سامنے تھا۔ رکھ رکھ کے دماغ پر زور دیتا تھا۔ نئی ماں سے مختلف

سوالات کرتا تھا، جنھیں وہ ہنسکر بڑے پیار سے ٹال دیا کرتی تھیں۔ چونکہ اس رات کا منظر پورے طور پر دیکھ چکا تھا۔ رات دن بس اسی منظر کا خیال ستاتا تھا سوتے میں جاگتے میں۔ اب یہ فکر رہنے لگی کہ اس منظر کو کسی اور پر آزمایا جائے۔

گھر میں ایک بیحد تندرست لڑکی نوکر تھی، چودہ پندرہ سال کی۔ اُدھر مخاطب ہوگیا اور یہ حرکت جاری رہی۔ نہ اس نے کچھ بتایا اور نہ میں کچھ سمجھ سکا۔ مگر اپنے حساب حرکت شروع رہی۔

ایک دن ہم دونوں پکڑے گئے۔ باپ نے مار ڈالنے کی دھمکی دی۔ جان کے ڈر سے مختلف جھوٹ بولا۔ اور جب انھوں نے بڑا سا چاقو ہاتھ میں لیکر یہ پوچھا کہ "مار ڈالوں گا اگر یہ نہ بتائے گا کہ یہ حرکت سکھائی کس نے؟" سمجھا جان گئی: بس دھڑ سے کہہ دیا "اُن ماں نے" "میں نے! وہ چیخیں" یہ جھوٹا ہے، ذلیل ہے۔"

والد نے میری طرف دیکھا۔ میں نے کہا "آپ سے جھوٹ بولوں گا؟" اور کانوں میں گونجتے ہوئے وہ جملے جو ایک زمانے میں اپنی مرحوم ماں کی زبان سے سُنے تھے باپ کی شان میں جو انھوں نے بیماری کے زمانے میں صرف اپنی جان بچانے کیلئے کہے تھے کہ" اب آپ میں وہ دم خم باقی نہیں رہا۔ اور یک طرفہ امداد نہیں دیجا سکتی" وغیرہ وغیرہ۔ وہ

سب کے سب دھڑسے یہاں چپکا دیئے کہ یہ جملے کہکر آپ کی شان میں، انھوں نے مجھے اپنی طرف متوجہ کیا تھا۔

تیر نشانے پر سَو فیصدی ٹھیک بیٹھا۔ اس دن سے اُن دونوں میں وہ جھگڑا شروع ہوا کہ پناہ بہ ذاتِ خدا۔ میں ہر وقت ڈرا کرتا تھا کہ اگر کبھی یہ جھوٹ کھل گیا تو جان کی خیر نہیں۔ مگر یہ ضرور محسوس کرنے لگا کہ میرا جھوٹ رنگ لا رہا ہے۔ ان کو ایک دن یا تو باپ مار ڈالیں گے یا گھر سے نکال دیں گے۔ اور وہی ہوا۔ طلاق دیدی گئی۔ طلاق سے قبل راتوں کو قیامت کے جھگڑے ہوا کرتے تھے۔ یہ امداد چاہتے تھے، اور وہ صرف ایک ہی جملہ دُہرایا کرتی تھیں:-

"تم اپنے بیٹے کو سچا سمجھتے ہو، نہیں بھی کہے تھے وہ جملے تو اب کہتی ہوں، جاؤ یک طرفہ امداد نہیں ہوسکتی۔"

یہاں تک کہ طلاق ہوگئی۔ گھر روانہ کی گئیں۔ رائے بریلی میں کسی غریب خاندان سے تعلق رکھتی تھیں، اور تھوڑے دن بعد چل بسیں۔ یہ دوسرا گناہ کا خیال تھا جو میرے دل و دماغ میں گھر کر گیا۔ میری بہن جو مجھ سے بڑی تھیں، بار بار یہی کہا کرتی تھیں کہ "ماں کو تو نے کھالیا، اور ان بے گناہ کی جان تو نے لی۔ خدا تجھ سے سمجھے گا۔" اور میں کانپ اٹھتا تھا۔ مگر تیر، کمان سے چھوٹ چکا تھا۔

۴۷

اس واقعے کے بعد باپ پھر پاگل سے رہنے لگے، اور وہی درد دل، کمزوری، اختلاج ایک بار پھر واپس آگئے ــــــــ شاید آگے بڑھ کر یاد آئے یا نہ آئے اس لئے لکھ ہی دوں۔

ایک میرے بڑے پیارے دوست ہیں راجندر کرشن، مشہور ومعروف فلمی رائٹر اور شاعر۔ ان سے ہم سے میر تقی میر کے اس شعر کی طرح برسوں سے دوستی ایک ہی شان سے چلی آرہی ہے ؎

روز ملنے پہ نہیں نسبتِ عشقی موقوف
عمر بھر ایک ملاقات چلی جاتی ہے

وہ یہ فرماتے ہیں کہ دردِ دل، اختلاج' یہ الفاظ انھوں نے پہلی بار میری زبان سے سُنے۔ اور میں نے پہلی بار اپنے والد سے سُنے اور میں ان بیماریوں کا شکار ہوا۔ مجھ سے سُننے کے بعد آج وہ خود انھیں بیماریوں کا شکار نظر آتے ہیں، حالانکہ میرا اور اُن کا صرف دوستی کا رشتہ ہے۔ براہِ کرم وہ اتنا بتا دیں، اپنے دماغ پر زور دیکر، اور میری یہ کتاب پڑھ کر کہ' ان کی وحشت کا کیا راز ہے ؟' تو بڑی مہربانی ہوگی اور میں بڑے الزام سے بچ جاؤں گا۔ اور ان کی بھی سمجھ میں آجائے گا کہ وہ اس پردے میں کیا چاہتے ہیں۔ کس سے ڈرتے ہیں، اور کس بات سے گھبراتے ہیں۔ اور جس بات سے گھبراتے ہیں، کیا پھر وہی حرکت بھی فرماتے ہیں ؟

●

اب میں نے ذرا ہوش سنبھالا۔ میں گناہ اور جھوٹ کا بے پناہ جذبہ لے کر بڑھ رہا تھا۔ بس ایک ہی جذبہ اس کو دبا دیتا تھا۔ وہی انسانی زندگی کا جذبہ! یعنی وہ سی رات والی حرکت کیا ہوا کرتی ہے؟۔ اب میں دس سال کا ہوا، اور انگریزی اسکول کے تیسرے درجے میں داخل کیا گیا۔ نیا ماحول، نئے لڑکے، اس ماحول میں بہت کچھ اُن باتوں کو بھول گیا۔

زمانہ گذرتا گیا۔ بارہ سال کا ہوا۔ میری بڑی بہن کی شادی ہوگئی۔ اب میرے باپ جن کو قدم قدم پر عورت ہی عورت اور موت ہی موت دکھائی دیتی تھی ذرا ذرا مفلس اور بیکار بھی رہنے لگے۔ یہ مفلسی اور بیکاری آگ پر تیل کا کام کرگئی۔ اس تین چار سال کے عرصے میں ایک بیحد ضروری بات قابل ذکر ہے۔

ہمارے چچا، جن کے متعلق آپ سُن چکے ہیں کہ بڑے رنگین مزاج اور شاعر تھے۔ اپنی ساری جائداد اُڑا چکے تھے اور اندھے ہو کر ہمارے ہی گھر میں رہا کرتے تھے۔ انھیں نے مجھے ذوقِ شعری بخشا۔ بہترین شعر سنایا کرتے تھے۔ یاد کرواتے تھے۔ اپنے اشعار سناتے تھے۔ اشعار

کے مطالب و محاسن گھنٹوں سمجھاتے تھے۔ کھانا بھی زیادہ تر اپنے ہی ساتھ کھلاتے تھے۔ گویا میرے شاعر اور مصنف بننے کی وہ بنیاد انھوں نے ڈالی جس پر میری پوری زندگی تعمیر ہونے والی تھی۔ اب میرا وقت پڑھنے اور مختلف کھیلوں میں صرف ہونے لگا۔ میں ہر کھیل بہت اچھا کھیلتا تھا۔ اور فٹ بال تو بہت ہی اچھا۔ اتنی اچھی تندرستی اور ایسا دم خم، اس وقت کے اچھے لڑکوں میں نہ تھا۔ کبھی کبھی چھٹی میں سارا سارا دن فٹ بال کھیلا کرتا تھا۔ مگر جب اکیلا بیٹھتا وہی خیالات چکّر کاٹنے لگتے۔ طبیعت خود بخود گھبرانے لگتی۔ لوگ اسے اختلاج سمجھتے تھے۔ کہتے تھے یہ باپ کا ورثہ ہے۔ حالانکہ نہ وہ پاگل تھے اور نہ میں۔ گناہوں کے احساس کا ڈر اور زندگی کے راز کو سمجھنے کا جذبہ پاگل کئے ہوئے تھا۔ ان الجھنوں کے ساتھ ساتھ میں بارہ سال کا ہو گیا۔

یہ تو میں آپ سے کہہ ہی چکا ہوں کہ میری ماں بیمار تھیں۔ اس عالم میں بھی ان کے یہاں ایک بچّہ پیدا ہوا اور وہی ان کی موت کا سبب بن گیا یہ بچّہ کچھ دن زندہ رہا۔ صرف ایک بچّہ ہونے کی وجہ سے جو محبّت اور دلدہی میری ہوتی تھی، وہ اس کے ہونے سے بٹ گئی۔ اور میں پہلی بار کوفت رشک اور حسد کا شکار ہونے لگا تھا۔ اُس بچّے سے میری نفرت یہاں تک بڑھی کہ اس کی موت کے خواب دیکھا کرتا تھا۔ بچّہ چونکہ بیحد کمزور پیدا ہوا تھا

کچھ ہی دن بعد غریب مرگیا' اور میں خوش ہو گیا۔! بالکل ایسا ہی واقعہ ان دوسری ماں کے ساتھ بھی پیش آیا تھا، اور عجیب اتفاق کہ وہ بیچارہ بھی مرگیا۔

●

اب میں تیرہ سال کا تھا۔ فٹ بال کا بہترین کھلاڑی۔ بیحد تندرست، حد کا طاقتور۔ گورا چٹا گلابی رنگ۔ محلّے کے جس گھر میں گھُس گیا لڑکیاں چیخ اٹھیں۔" ارے اماں یہ تو انگریز معلوم ہوتا ہے"۔ آجتک ایک دو کے نہیں سیکڑوں لڑکیوں کے یہی جملے کانوں میں گونجا کرتے ہیں۔ جو چوری چوری کنکھیوں سے مجھے دیکھا کرتی تھیں، اور میں زندگی کے اس راز کو سمجھنے کا جذبہ ہر لڑکی اور ہر عورت میں ڈھونڈا کرتا تھا خاص طور پر شادی شدہ عورتوں میں۔ ان کے شوہروں کی غیر موجودگی میں۔ حسن اتفاق کہ کبھی ایسا موقع ہاتھ نہیں لگا۔ اور میں اناڑی کا اناڑی ہی رہا۔

●

اسی زمانے میں ایک جوڑا گھر میں مہمان آیا، لاہور کا۔بیوی جوان پندرہ سولہ برس کی، اور شوہر پچاس سے اوپر۔ واقعی یہ لڑکی بلا کی حسین تھی۔ قدرت نے وہ تندرستی اور خوبصورتی عطا کی تھی جسے میں آج تک نہ بھلا سکا اور نہ شاید مرتے دم تک بھلا سکوں گا۔

اس شادی کا راز لڑکی کی غربت اور شوہر کی امیری تھا۔ خریدی گئی تھی۔ شادی کے بعد ہی اچھا لباس اور سچے زیور پہننے کو ملے۔ اسی لئے بہترین لباس اور بہترین زیور پہنتی تھی۔ جس میں اس کا حسن اور قیامت ڈھاتا تھا۔ سارے خاندان میں دھوم مچ گئی۔ "آج کل ہمارے گھر میں کوہِ قاف سے ایک پری اُتر آئی ہے۔" سب ہی اس کی تاک میں لگے رہتے تھے۔ کیا بچے کیا بزرگ۔ شوہر ایک ہی گھاگ۔ میرے علاوہ کسی پر بھروسہ نہ کرتا تھا۔ سب ہی سے پردہ کرواتا تھا۔ میری تو عید ہوگئی رات دن اس کی صورت تکتا رہتا تھا۔ رات کو جب بھی موقع دیکھا "چچی ڈر لگ رہا ہے۔" اور اس کے صاف ستھرے بستر پر جا لیٹا۔ وہ بیچاری معصوم گھنٹوں اِس بے ماں کے بچے پر شفقت کا ہاتھ پھیرا کرتی تھی۔ ایک رات جب بالکل میدان صاف تھا۔ سب باہر گئے ہوئے تھے۔ میں نے ہاتھ پھیرنا شروع کر دیا۔ بیچاری جوانی کے جوش میں اندھی تو تھی ہی، سِسکیاں بھرنے لگی۔ میں نے اس رات کے دیکھے ہوئے سارے کرتب دکھا ڈالے۔ تیرہ برس کا سِن ہی کیا۔ لاکھ لاکھ اس نے سمجھایا، بتایا، لیکن کسی طرح سمجھ میں نہ آیا۔ عجیب حالت ہوگئی۔ سارا جسم کانپنے لگا۔ دانت بجنے لگے۔ دِل میں ہَول سما گئی۔ آخر، ڈر کر بھاگا اور بھرپور جوانی دیر تک میرا تعاقب کرتی رہی۔ اس دن سے 'وہ'

ڈر دل میں ایسا سمایا ہے کہ آجتک ہر حسین اور تندرست لڑکی سے گھبراتا ہوں ۔ بس ایک حد تک ملتا جلتا ہوں ۔ جہاں معاملات آگے بڑھے ــــــ ــــــ اور میں غائب ! زندگی میں سیکڑوں حسینوں سے سابقہ رہا، بڑے پینگ بڑھے ، لیکن جب شادی کرنے یا خاص وقت کی نوبت آتی تو وہی اس رات والی حالت ہو جاتی ہے ــــــ اور میں غائب! یا تو وہ مجھے پاگل سمجھتی ہوں گی یا، اور کچھ ! مشکل یہ کہ میں ان سے اپنی اس بزدلی کی نہ صفائی کر سکتا ہوں اور نہ ہاتھ جوڑ کر معافی مانگ سکتا ہوں ۔ حالانکہ اپنی اس حرکت پر ان سے زیادہ مجھے کوفت ہوتی ہے ۔ مگر یہ ضرور عرض کر دوں کہ کسی بھی تندرست اور حسین لڑکی کو، جس کا جسم ہلکا ساگداز بھی ہو، اس حد تک اُبھارنا اور اُس کو اس عالم میں بیتاب دیکھنا میرا مذہب بن چکا ہے ۔ اس سے زیادہ تسکین مجھے دنیا کے اور کسی جذبے میں حاصل نہیں ہوتی ۔ اسی جذبے نے، صرف اسی جذبے نے مجھ میں تخیلی رفعتیں اور لکھنے کی بڑی انوکھی صلاحیتیں بخشی ہیں ۔ اس جذبے نے وہ قوت عطا کی ہے جو مجھے باریک سے باریک نقطہ اور گہری سے گہری چیز پیدا کروانے کا دم رکھتی ہے ۔

ابھی تھوڑے دن کی بات ہے اُن ہی میں کی ایک لڑکی ممبئی میں ملی ۔ میری بھی شادی ہو چکی تھی اور اس کی بھی ۔ ہم دونوں نے

چرچ گیٹ کے قریب ایک ہوٹل میں کافی پی۔ جب اس قسم کا ذکر ہوا تو صاف جھوٹ بول گیا۔ کہہ دیا کہ "فلاں دوست نے مجھ سے کہا تھا کہ تم ان سے عشق کرتی ہو، اور وہ تم سے۔ بس اسی لیئے میں نے قربانی پیش کی۔" حالانکہ سبب وہی تھا ——— اس رات والا ڈر!

●

بہر حال اس رات کے بعد وہ لاہور کا حُسن مجسّم تڑپتا ہی رہا اور میں اس سے بھاگتا ہی رہا۔ ایک رات جب میرے والد اس کے شوہر کے ساتھ تھیٹر دیکھنے گئے ہوئے تھے۔ صرف میں گھر میں تھا۔ میں نے اس ڈر سے کہ کہیں پھر وہی نوبت نہ آئے رِشتے کے ایک بھائی کو دوسرے ملے ہوئے مکان میں سُلا لیا تھا۔ وہ رات بھی ہماری زندگی کی عجیب وغریب رات تھی۔ بارش ہو رہی تھی۔ بجلی چمک رہی تھی، بادل گرج رہے تھے۔ یک بیک ہمارے مکان میں بڑی بڑی اینٹیں گرنا شروع ہوئیں۔ وہ بھرپور جوانی برابر کروٹیں بدل رہی تھی اور کنکھیوں سے مجھے دیکھتی جا رہی تھی۔ میں جاگ رہا تھا اور اس کے جسم کی قیامت خیز جُنبشوں کو تک رہا تھا جو دور سے میری زندگی اور قریب سے میری موت بن چکی تھیں۔ بہانہ یہ تھا کہ میں غافل سو رہا ہوں۔ مجھے کسی بات کا ہوش نہیں۔ یک بیک ایک اینٹ، قریب

رکھے ہوئے ایک گھڑے پر پڑی۔ گھڑا ٹوٹا اور یہ لڑکی گھبرا کر کھڑی ہو گئی۔ اس نے گھبرا کر مجھ سے کہا کہ "کہیں سے بڑے بڑے ڈھیلے آرہے ہیں۔" میں نے اونہہ ہوں کرکے دوسری طرف کروٹ لے لی۔ دل اب بھی وہی چاہ رہا تھا کہ کسی طرح ان لطیف ترین جنبشوں سے بے تابانہ چمٹتا رہوں، مگر ڈر، نے کسی طرح اجازت نہ دی، کہ پھر وہی صعوبت آئے گی اور میں پھر کچھ نہ کرسکوں گا۔ اتنے میں دو چار اینٹیں اور قریب آکر گریں۔ اب وہ بوکھلا کر اس دروازے پر پہنچی جہاں میرے رشتے کے بھائی جاگ رہے تھے۔ اینٹیں آنا بند ہو گئیں! اس کے بعد کیا میں نے دیکھا ——

—————— اور نہ جانے کیا کیا

دیکھتا رہا۔ وہ سی رات آج تک میرے دل ودماغ پر چھائی ہوئی ہے۔ آجتک جب رات کو بادل گرجتے ہیں، بجلی چمکتی ہے، بارش ہوتی ہے، تو میں سو نہیں سکتا۔ گھبرا کر بھاگ جانے کو دل چاہتا ہے۔ پھاند پڑنے کو دل کہتا ہے۔ اسی قسم کی آوازیں۔ انسانی آوازیں' دو جیتی جاگتی نوجوان تصویروں کی آوازیں۔ بادل، بجلی اور بارش کی تیز آوازیں میرے کانوں میں آنے لگتی ہیں اور میں بیتاب سا رہتا ہوں۔ پھر مجھے غصّے کا دورہ پڑتا ہے جو کبھی بچّوں پر اترتا ہے' کبھی بیوی پر یا کسی ناز اٹھانے والے فلم کے پروڈیوسر یا ڈائرکٹر پر۔

۴۵

غرض اس عالم کو کسی دوسری طرف موڑ کر اور تصویر کا رُخ بدل کر ہی قرار حاصل ہوتا ہے۔ اس رات نجات اس وقت ملی جب اس کے شوہر اور میرے والد تھیٹر سے گھر واپس آئے۔ اس واقعے سے غصے کا ایسا جذبہ چڑھا جو ساری زندگی نہ اترا۔ صبح سے حُسنِ مجسم سے جھگڑا۔ اس کو کسی طرح مار ڈالنے کی ترکیبیں۔

میری زندگی کے سب سے بڑے رقیب سے وہ اب بھی چھپ کر ملتی تھی۔ اب میں جب بھی اس سے لپٹنے کی کوشش کرتا تھا تو وہ ڈانٹ کر الگ کر دیا کرتی تھی، اور جب بہت زور دیتا تھا' اور زبردستی پر اُتر آتا تھا تو کہہ دیا کرتی تھی کہ تم ابھی بچے ہو ــــ ــــ اور میں جل اٹھتا تھا۔ آخر مجھ سے نہ رہا گیا۔ جل بھُن کر دبی زبان سے ایک دن اس کے شوہر سے شکایت کر دی۔ گھر میں وہ جُوتا چلا کہ معاذ اللہ۔ جلد ہی وہ لوگ لاہور واپس چلے گئے۔ سُنا ہے دونوں بالکل پاگل سے رہنے لگے تھے، لیکن مرتے دم تک الگ الگ نہیں ہوئے۔

●

اس واقعے کے بعد میں پاگل سا ہوگیا؛ میرا یہ پاگل پن اور بیکار کی بیماریاں ویسی ہی تھیں جیسی میری سات برس کی عمر میں

۴۶

میرے باپ کو ہوئی تھیں۔ اور انھوں نے تمام حکیموں، ڈاکٹروں، ویدوں اور پنڈتوں کے دروازوں کی خاک چھان ڈالی تھی۔ وہ موت سے ڈرنے لگے تھے۔ اور اچانک موت سے تو ہر وقت مرتے رہتے تھے۔ جب سُنتے کہ فلاں اچانک مرگیا، ان کی روح قبض ہوجاتی تھی۔ خود تو نرے جاہل تھے۔ بھاگ کر کسی قابل کا دامن پکڑتے، اس سے پوچھتے۔ چنانچہ محلے کے سب سے قابل آدمی کے پاس گئے۔ اس نے بتایا، "اچانک موت اکدم سے دل کی حرکت بند ہوجانے کے سبب سے ہوتی ہے۔ سبب اس کا یہ ہے کہ انسان میں پہلا سا دم خم باقی نہیں رہتا۔ یعنی وہ عورت کے قابل نہیں رہتا۔"

یہ وہ جملے تھے جو ہم پہلے بھی سُن چکے تھے۔ اس دن سے آج تک میری بھی زندگی میں بہتر سے بہتر دوا۔ بہتر سے بہتر پرہیزی غذا جاری ہوگئی اور ایک گھبراہٹ کہ بیحد تندرست عورت سے سابقہ پڑا اور مرے۔ مگر جذبہ وہی۔ مرنے سے ڈریں گے بھی اور کریں گے بھی وہی۔ غذا میں بھی یہی شان۔ کھانے بھی مُرغن کھائیں گے اور ڈریں گے بھی۔ رفتہ رفتہ ہر چیز میں یہی شان پیدا ہوگئی ——— کریں گے بھی اور ڈریں گے بھی۔

●

اس لاہور والے پیکرِ حسن و شباب کے سدھارنے کے بعد میں سچ مچ پاگل سا ہو گیا۔ شہر کے مشہور حکیم ڈاکٹر اکٹھا ہو گئے۔ باپ کا ایک ہی لڑکا۔ نسل ضرور باقی رہے خواہ پاگل ہی کیوں نہ ہو، مگر اولادِ نرینہ ضرور ہو اور زندہ بھی رہے۔ کسی ایک قابل کی سمجھ میں نہ آیا کہ مرض کیا ہے؟ ہزاروں روپیہ حکیم اور ڈاکٹر کھا گئے۔ ہزاروں گنڈے تعویذ والوں کی نذر ہو گیا۔ مگر میں ہوں کہ بستر نہیں چھوڑتا۔ اُٹھا اور چکر۔ قدم اٹھایا اور مرا۔ ناامید ہو کر باپ ایک اردو پڑھے لکھے انگریز کے پاس لے گئے جو قسمت کا حال بتانے میں بھی مشہور تھا۔ اور اب یہ سمجھتا ہوں کہ منجّم تو خیر، مگر ماہرِ نفسیات[1] ضرور تھا۔ دیر تک بڑے پیار سے مجھ سے باتیں کرتا رہا۔ آخر اس نے بتایا کہ یہ لڑکا کسی سے محبت کرتا ہے۔ اور بہت سی دوسری باتیں جو باپ سے راز میں ہوئیں۔ نتیجہ یہ ہوا کہ علاج کے ساتھ ساتھ ایک جوان لڑکی بہت خوبصورت کسی غریب خاندان سے گھر میں لا کر رکھی گئی۔ وہی وقت وقت سے مجھے دوا بھی پلاتی تھی۔ اور میں دیکھتے دیکھتے کچھ ہی ماہ میں تندرست ہو گیا۔ بالکل تندرست! پڑھائی جاری ہوئی کھیل شروع ہوئے۔ فٹ بال زوروں پر تھا۔

زمانہ اور آگے بڑھا۔ اب میں چودہ برس کا ہوا۔ مگر اس خوبصورت

[1] ماہرِ نفسیات،، دماغی ڈاکٹر

جوان لڑکی کے ساتھ بھی کسی قسم کی کوئی خاص گستاخی نہیں کی۔ معمولی معمولی گستاخیاں تو رات دن ہوا کرتی تھیں۔ دن اور گذرے۔ میں اور بڑا ہوا۔ فٹ بال کی بڑی بڑی ٹیموں میں کھیلنے لگا، شاعری میں حضرت آرزو لکھنوی کا شاگرد ہوا۔ بیدل تخلص رکھا۔ اسی نام سے پچاسوں غزلیں کہہ ڈالیں۔ اس عرصے میں بہت سے زندگی کے تجربے بھی کیے، اور اُن جگہوں پر جہاں کوئی امتیاز نہیں ہوتا۔ ہر ملاقات پہلی اور آخری ہوتی ہے صرف اس وجہ سے ایسی جگہوں پر جاتا تھا کہ یہاں وہ خاندانی جملے سننے میں نہیں آئیں گے۔ اس طرح عشق کا رتبہ اونچا کرکے الگ بنادیا گیا اور تجربوں کا درجہ الگ۔ عشق سے صرف جسم کو گرمی پہنچائی جاتی تھی اور تجربوں سے اس آگ کو بجھایا جاتا تھا۔ یوہیں زندگی دن بہ دن آگے بڑھتی گئی۔

●

اب ہم نویں درجے میں داخل ہوئے۔ پڑھائی پر زور کم، شاعری اور کھیل کود پر زیادہ۔ فٹ بال کی منتخب ٹیم میں کھیلنے لگے۔ بڑے بڑے مشاعروں میں شرکت کرنے لگے ادھر کھیل کی اخباروں میں تعریف، اُدھر مشاعروں میں سامعین کی داد۔ استادوں کی ہمت افزائی، غرض کھیل اور شاعری میں ایسا اُلجھے کہ نواں درجہ کسی طرح پاس نہ کرسکے۔ باپ کا انتقال ہوا۔ مالی پریشانیاں بڑھیں۔ مجبوراً تعلیمی سلسلہ ختم کرنا پڑا۔ نوکری

کی تلاش ہوئی۔ نہ جانے کتنی نوکریاں کیں۔ دو کانوں پر، دفتروں میں، ریلوے میں، اسٹیٹ میں۔ اور آخر کار "رنگون فلم کمپنی" میں۔ اس وقت میری عمر چوبیس سال کی ہوگی۔ منّے آغا مرحوم مشہور اسٹیج ایکٹر کی ترغیب پر ہیرو بننے کے شوق میں گھر ہمیشہ ہمیشہ کے لئے چھوڑ دیا گیا۔ اپنے رنگون روانہ ہونے سے پہلے آیئے ذرا میں آپ کو اپنے محلے وزیر گنج کی سیر کرا دوں اور ان لوگوں سے بھی ملوا دوں جو میری زندگی میں کسی نہ کسی حیثیت سے آئے اور اپنا اثر چھوڑ کر ٹوٹے ہوئے تارے کی طرح غائب ہو گئے۔

●

وزیر گنج لکھنؤ کا مشہور تاریخی محلہ ہے۔ یہ نواب آصف الدولہ کے بیٹے نواب وزیر علی خاں کے نام پر آباد کیا گیا۔ یہ گھرا ہوا ہے کشمیری سیّدوں سے۔ یہ سب کے سب شیعہ ہیں۔ اس محلّہ میں صرف آٹھ دس گھر سنّیوں کے ہیں، اور گنتی کے ہندؤں کے۔ شیعوں میں کچھ گھر اپنی نوعیت کی وجہ سے بہت زیادہ چھائے ہوئے ہیں۔ سُنّیوں میں صرف تین گھر نمایاں ہیں۔ ایک دودھ والے کا، جن کا ایک بڑا احاطہ ہے جو دُلریا دودھ والی کے نام سے مشہور رہے۔ یہ دُلریا دودھ والی میرے بچپن میں اَدھیڑ ہو چکی تھی، مگر صورت خدا نے وہ دی تھی کہ ہمارے محلّے کے علاوہ دوسرے محلّے والے بھی دودھ لینے دور دور سے آیا کرتے تھے۔ سُنا ہے کئی رئیسوں

نے ایک ایک گائے اس کی خدمت میں پیش کی تھی ۔ ایک بھینس والد مرحوم نے بھی دی تھی ۔ اُسی کا دودھ ہمارے گھر آیا کرتا تھا ۔ اس احاطے میں اس کا شوہر گلاب اور اس کے خاندان کے پچاسوں افراد جن میں اس کی بہوئیں خاص طور پر نمایاں تھیں ، رہا کرتے تھے ۔ "بڑکی" یعنی سب سے بڑی آج بھی زندہ ہے ۔ ڈلریا اور گلاب اللہ کو پیارے ہو چکے ۔

ڈلریا کے احاطے میں فٹ بال کی ابتدا ہوئی اور دودھ ملائی کی انتہا والد بھی شوقین ۔ رات دن دودھ ملائی اور ہم سب کو بھی ۔ ڈلریا کچھ گھروں میں نمایاں حیثیت رکھتی تھی ۔ ہمارے گھر میں بھی اس کا خاص رتبہ تھا ۔ والد کے انتقال کے وقت ہم سمجھدار ہو چکے تھے ، مگر اُس نے ہمیں ڈانٹا کہ " باپ کی میّت کے ساتھ ننگے سر اور ننگے پاؤں چلو " اور ہم نے اس کے حکم کی تعمیل کی ۔

●

سُنّیوں کا دوسرا گھرانا بھیکا کباب والے کا تھا ۔ یہ اپنے زمانے کے مشہور پہلوان تھے ۔ تمام عمر کشتی لڑے اور والد مرحوم کی اطلاع کے مطابق ' بھیکا ' نہ کسی سے چت ہوئے اور نہ انھوں نے کسی کو چت کیا ۔ یہ اکھاڑے میں پہلوان سے ہاتھ ملاتے ہی زمین پکڑ لیا کرتے تھے اور ایسا گوہ کی طرح چپکتے تھے کہ مخالف ہر جتن کر گزرتا ، یہ ٹس سے مس نہیں ہوتے

تھے ـــــ آخر کشتی برابر !

●

تیسرا گھرانا ایک منشی جی کا تھا، جو اپنی تین حسین لڑکیوں کے ساتھ اپنی ڈاڑھی سمیت ہماری آنکھوں میں گھوما کرتے ہیں۔ سب ہی تاک جھانک میں لگے رہتے تھے۔ اور سوائے تاک جھانک کے کسی کے پلّے اور کچھ نہ پڑا۔ چونکہ زیادہ لڑکے شیعہ تھے اور یہ سُنّی، لڑکوں کو خوب ساڈرا دیا گیا تھا۔

●

چوتھا گھرانا ایک قلعئی گر کا تھا، جہاں برسوں ہم لوگ ٹینس کھیلے ہیں۔ بڑا سا احاطہ، سامنے قلعئی گر کا گھر۔ اس کے گھر میں بھی ایک سونے کا پانی چڑھی ہوئی لڑکی کسی طرح نہیں بھلائی جا سکتی۔ یہ حسین لڑکی، دُبلی پتلی سُنہرے رنگ کی، ستواں ناک، گلاب کی پنکھڑیوں جیسے ہونٹ والی، کھڑا پائینچہ، دوپٹہ اور کرتا پہنا کرتی تھی۔ ایک دن اتفاق سے ہمارا گیند اس کے گھر میں چلا گیا، اور لینے گئے ہم۔ یہ مبیٹھی کھانا پکا رہی تھی۔ گیند پڑا جا کر اس کے مُنہ پر۔ جھنجھلاہٹ اور آگ کی گرمی سے چہرا کندن کی طرح دمک رہا تھا۔ ہنڈیا بھونتی جاتی تھی اور باتیں سُناتی جاتی تھی۔ ہاتھ اور زبان ایک رفتار سے چل رہے تھے۔ میری صورت دیکھ کر چیخ اٹھی۔ "یہ شریفوں

کے بچے ہیں۔ کھانا تک نہیں پکانے دیتے۔" میں نے دور سے اس کی صورت اکثر دیکھی تھی، آج قریب سے لُو کا لگا۔ میں نے مسکرا کر کہا "بس چلتا تو قلعی گر بن جاتا۔"

کہنے لگی۔" صورت دیکھی ہے کبھی ؟"

میں نے کہا۔" دور دور سے دیکھا کرتا تھا، آج قریب سے دیکھ لی۔ خوب ہے !"

" شامت تو نہیں آئی ہے ؟" اس نے کہا۔

میں نے کہا۔" اب تو گیند کے ساتھ ساتھ اکثر آتی رہیگی۔"

میں ہمیشہ کا بڑا جملے باز ہوں۔ بیساختہ کھِل کھِلا کر ہنس پڑی۔ اور ماتھے سے جلدی جلدی پسینہ پونچھتے ہوئے بولی :۔

"اس باغ میں کیوں مرنے آتے ہو ؟"

یہ احاطہ ایک صاحب کا باغ کہلاتا ہے۔ نام نہیں لوں گا اُن کا. بہرحال، ان موٹے صاحب کو جو ذرا لنگڑا کر چلتے تھے، ہم لوگ پیار سے بونٹ کی گدھی کہا کرتے تھے۔ میں نے جواب دیا :۔

" گلاب کی کلی کے شوق میں۔"

گلاب، کلی اور شوق۔ انھیں تین لفظوں میں اس کا نام پوشیدہ ہے، کھِل اُٹھی۔ میں آگے بڑھا۔ مکان اکیلا تھا۔ اُس نے جھینپ کر نگاہیں

نیچی کرلیں ۔ دوسرے لمحے میں اس سے بالکل قریب ـــــــ!

نہ جانے کیا سے کیا ہو جاتا کہ دروازے پر میر زوّار ۔ آغا بوچڑ ۔ رضا کسوڑے اور شنو کے بھائی پیارے مرحوم نے زور زور سے آوازیں دینا شروع کر دیں :۔

"اماں کیا مر گئے وہاں ۔ باہر آؤ ۔"

میں بھاگا ۔ بھاگ کر باہر نکلا ۔ ایک نے پھر پوچھا :۔

"مر گئے تھے وہاں ؟"

میں نے کہا "مرنے والا تھا، سب دوڑے میں بھاگا ۔"

اور کھیل پھر شروع ہو گیا ۔

اپنی طبیعت کی ایک اور ذلیل کمزوری آپ سے کہتا چلوں ۔ اسی زمانے میں میرے اور میرے دوستوں کے ماحول میں عشق صرف اتنی اہمیت رکھتا تھا کہ خوبصورت لڑکی دیکھی ، اور مرے ! کوشش صرف یہ کہ جسقدر جلد حاصل کر کے سوارت کرلی جائے اتنا ہی مناسب ہوگا ۔ جبھی تو آج تک عشق کے نام کو روتے ہیں ۔ ساری زندگی یہی نہ سمجھ سکے کہ عشق کس چڑیا کا نام ہے ۔ عشق کو اتنا ہی سمجھا کہ خوبصورت لڑکی ذرا اونچے قد کی بھرا ہوا جسم ، نقش و نگار اچھے ، نفیس باتیں کرنے والی ۔ اس کی تاک جھانک ، اور اس کا تعلق نہ دل سے اور نہ روح سے ۔ نتیجہ یہ کہ آجتک

زندگی میں ایک خلا سا محسوس کرتا ہوں، جو شاید آخری دم تک رہے مگر کیا کروں طبیعت سے مجبور فطرت سے عاجز، دماغ سے بہ تنگ۔ اس لڑکی نے جس انداز سے محبت کی ہے، اگر کوئی پتھر دل بھی ہوتا تو پگھل جاتا۔ اور میں تھا کہ وہیں کا وہیں رہا۔ وہ گھنٹوں میرا دھوپ میں انتظار کرتی۔ میں پہنچتے ہی اُس کی تاک میں۔ وہ کچھ پیار محبت کی باتیں کرنا چاہتی۔ میرا ہاتھ فوراً دست درازی شروع کر دیتا۔ وہ دل سے دل، اور روح سے روح ملانے کی کوشش کرتی اور میں صرف جسم سے جسم اور لب سے لب ــــــ!

کچھ عرصے بعد یہ طلسمِ جسم و خواہش اُس پر بھی کھُل گیا۔ مگر غریب اتنا آگے بڑھ چکی تھی کہ کسی طرح بھُلا نہ سکی۔ اُسی زمانے میں اس کی شادی ٹھہری۔ آخری وقت تک سِسک سِسک کر روتی رہی منّتیں کرتی رہی کہ "کہیں لے چلو۔ میں تمھارے بغیر زندہ نہیں رہ سکتی۔" اور آخری وقت تک ہم اِس تاک میں کہ کسی طرح معاملہ پٹ جائے۔ نہ وہ کامیاب ہوئی اور نہ ہم۔ آخر ایک ایسے بدصورت کالے دھیمڑ آدمی سے اُس کی شادی ہوگئی، جس کے ساتھ بُری سے بُری عورت بھی شادی کو تیار نہ ہوتی۔ شادی کے بعد سے اُس قلعئی گر کے نیچے گھرانے کی اُس لڑکی نے، ہم اونچے گھرانے کے شریف

اور سید کی طرف آنکھ اٹھاکر نہیں دیکھا، اور یہ افسانہ یہیں دَم توڑ گیا۔

●

شیعہ گھرانوں میں۔ ہندوستان کے بہترین شاعروں میں ایک تھے ثاقبؔ قزلباش۔ ایک تھا مشہور شاعر امانتؔ کا خاندان جنھوں نے "اندر سبھا" لکھی تھی۔ اُردو زبان کو نئی زندگی دینے والے، اپنے طرز کے واحد شاعر "آرزو" لکھنوی جن کا میں شاگرد ہوا۔ اُن کا ایک شعر یاد آگیا ؎

تھا محبت بھری اک سانس کا وقفہ کتنا
اتنی ہی دیر میں سَو بار حیا آکے گئی

منشی احمد حسین قمرؔ۔ یہ ایک کالج میں فارسی کے پروفسر تھے اور بہت عمدہ شاعر بھی تھے۔ چھبنؔ ذکیؔ ہمارے محلے کی سب سے زیادہ نمایاں ہستی۔ بات بات میں فقرے چُست کرنے والا۔ منٹ منٹ پر ہنسانے والا۔ اس کے لطیفے آج بھی صرف لکھنؤ ہی میں نہیں، دُور دور مشہور ہیں۔ حالانکہ لوگوں کو یہ بھی نہیں معلوم کہ یہ لطیفہ مرحوم ذکیؔ کا گڑھا ہوا ہے۔ پھبتی ایسی کہتے تھے کہ سُننے والا ہنسی پر قابو نہ رکھ سکتا تھا۔ مثلاً محرّم کی ایک مجلس میں حبشی میاں امبر مجلس شروع ہونے

سے پہلے حقہ پی رہے تھے۔ محرم کا زمانہ، لکھنؤ کا ماحول، ہر چیز کالی۔ ذکی نے ایک صاحب کو میاں امبر کے سیاہ ہاتھ میں حقے کی سیاہ نے دکھاتے ہوئے برجستہ کہا:۔" ذرا دیکھنا لنگور اپنی دُم چاٹ رہا ہے" اُن صاحب کا مجلس میں بیٹھنا دوبھر ہوگیا۔ جب میاں امبر پر نظر پڑے، ذکی کی پھبتی یاد آئے۔ یہ ہنسی روکتے اور وہ نہ رُکتی۔ آخر یہ صاحب ذکی کو بُرا بھلا کہتے مجلس سے اُٹھ کر چلے گئے۔

ذکی ہزل کہتے تھے اور اس میں فرد تھے۔ ذکی کو کبھی کسی نے رنجیدہ نہیں دیکھا۔ حالانکہ غریب کی زندگی پریشانیوں سے بھرپور رہتی۔ ہزل کے علاوہ فحش بھی کہتے تھے، اور خوب کہتے تھے۔ ان کی فحاشی میں بھی وہ بات ہوتی تھی جسے سنجیدہ سے سنجیدہ حضرات خلوت میں سُن کر لطف اندوز ہوتے تھے۔ افسوس اُن کا کلام نہیں ہے جمع کیا جاتا تو کتنے دیوان ہوتے۔ اور اہل نظر دیکھتے کہ ہر رنگ کا واحد شاعر ہے۔ ان کے کچھ اشعار یاد ہیں۔ تحریر کئے دیتا ہوں ؎

وصل میں ڈھیلے غیر کے پڑتے تھے ٹن ٹنن ٹنن
پھونس کا چھپر اچھا ہے، ٹین بڑا خراب تھا

اِدھر لنگوٹ جلی قیس کی اُدھر محمل — کہاں کی بتی نے روشن کئے کہاں کے چراغ

اُچک رہا ہے چڑیمار بانس چھوٹا ہے
یہ کوششیں ہیں فقط میرے آشیاں کے لئے

میں ایک دن اپنے محلّے میں میر روشن علی کی مسجد کے قریب کچھ نوجوان دوستوں کے ساتھ کھڑا ہوا منصور نگر کے مشاعرے کی غزل سنا رہا تھا۔ پندرہ سال کی عمر تھی۔ چھبّن ذکی استاد اعن صاحب، ابو صاحب اور آغا ولی سوز خوان کی موجودگی میں آنکلے۔ یہ آغا ولی بیٹے ہیں مشہور زمانہ اسکالر شاعر اور ادیب، پروفیسر مرزا ہادی رسوا کے جنھوں نے سب سے پہلی اردو ناول "امراؤ جان ادا لکھی جو آج بھی شاہکار ہے۔

چھبّن ذکی چیخ چیخ کر کہہ رہے تھے کہ آغا ولی تیری جہالت کی قسم تیرے باپ کا یہ شعر غالب کی پوری غزل کے برابر ہے

وضع کے پابند ہم، دیوانگی جدت پسند
پھر گلایا جائے لوہا قیس کی زنجیر کا "

یہ کہتے جا رہے تھے اور ایک کان سے ہماری غزل بھی سنتے جا رہے تھے میری غزل اس زمانے کی ایک مشہور طرح[1] " ابتدائے درد دل، انتہائے دردِ دل کی زمین میں کہی گئی تھی۔ مقطع بڑی کوشش کے بعد بھی نہ ہو سکا تھا

---

[1] وہ مصرع جس کی زمین میں تمام شعرا غزلیں کہکر مشاعرے میں پڑھتے ہیں۔

یک بیک چھبن ذکی میرا شاعری کا نام لیکر یعنی میرے تخلص سے مجھے پکارتے ہوئے بڑے پیار سے چیخے۔ یہ باتیں ہمیشہ چیخ کر کیا کرتے تھے جیسے کسی سے لڑ رہے ہوں۔ "بیدل صاحب! مقطع ہو گیا لکھ لیجئے۔"

سب تو سب بیدل تجھے کیا ہو گیا
دل ندارد مبتلائے دردِ دل

اس کے بعد فوراً ہی ایک لمبی ڈاڑھی والے سے جو ہمارے محلے سے گزر رہا تھا بولے "چُورئی[۱] کی ڈنڈی نگل لی بال لٹکائے پھر رہے ہو۔" اس آدمی کے پیچھے ایک موٹا کالا آدمی اُدھر سے گزرا ڈاڑھی مونچھیں صاف۔ چیخ کر اُس سے بولے "میاں سنگ اسود[۲] کہاں جا رہے ہو؟ کس نے چومنے کو بلایا ہے؟" بہر حال چھبن ذکی کے مجھے بخشے ہوئے مقطع نے مشاعرہ لوٹ لیا اور زبان کے لحاظ سے لکھنؤ بھر میں مشہور ہو گیا۔

یہ مرحوم، پیارے صاحب رشید کے شاگرد رشید تھے۔ قوتِ گویائی کا وہ عالم کہ برجستہ سیکڑوں شعر کہلوا لیجئے۔ مجھے خوب یاد ہے۔ اس وقت میری بارہ تیرہ سال کی عمر ہو گی۔ کانگریس کا بہت بڑا جلسہ تھا۔ پنڈت موتی لال مرحوم و مغفور پریسی ڈنٹ تھے۔ میں بھی اپنے والد کے ساتھ گیا تھا۔ گاندھی جی بھی تھے۔ لاکھوں کا مجمع۔ بھرپور نوجوان پنڈت جواہر لال نہرو بھی تھے۔ ذکی بھی چونکہ کانگریس سے عقیدت رکھتے تھے ٹہلتے ہوئے پہنچ گئے

۱؎ کھمیاں ہنکانے کا مرچھل جو گھوڑے کی دم کے بالوں کا ہوتا ہے جس میں ایک ڈنڈی بھی ہوتی ہے۔ ۲؎ کعبہ کا سیاہ پتھر جسے حاجی چومتے ہیں

ایک بہت بڑے کانگریسی لیڈر کی نظر ان پر پڑ گئی۔ انھوں نے ان کو پکڑ کر اسٹیج پر زبردستی کھڑا کر دیا۔ اور اعلان کر دیا کہ اب ذکی صاحب پنڈت موتی لال جی کی شان میں کچھ پڑھیں گے۔ کوئی دوسرا ہوتا تو اس موقع پر حواس کھو بیٹھتا۔ اس کی بے پناہ قوت گویائی کا اندازہ لگائیے کہ یہ ڈائس کے سامنے پہنچا۔ کچھ سکنڈ ڈائس پر نظریں گاڑے خاموش کھڑا رہا۔ پھر مجمع کی طرف دیکھا اور اشعار کا چشمہ اس کے دماغ سے اُبل پڑا۔ تیس شعر پڑھے۔ نہ جانے کتنے اشعار پر مجمع کو بیخود کر دیا۔ ایک شعر مجھے اب تک یاد رہ گیا۔ کیا بیش بہا موتی ہے۔ کہتا ہے ؎

ایسے مُوتی کو کوئی کیا پرکھے
سُلک سے جس کے خود جواہر ہو

اس شعر پر دیر تک تالیاں بجتی رہیں۔

●

ایک تھے عمدو میاں، جو بریلی کے کسی حکیمی خاندان سے تعلق رکھتے تھے۔ بیحد شریف، نہایت معصوم صفت آدمی۔ عمر پچاس کی ہوگی لیکن بالکل بچہ۔ تمام جسم پر برص کے داغ تھے جو کسی کشتے کے تجربے کا نتیجہ تھا۔ ان کو چار شوق تھے۔ ایک دواؤں کا، دوسرے اچھی لذیذ غذا کا، تیسرا شاعری اور آخری تاش کا

ہر مریض کو جاکر دیکھیں گے ضرور۔ فیس قطعاً نہیں لیں گے۔ یہ ہر کس و ناکس کو رات دن جوانی پلٹ آنے کا نسخہ تجویز فرمایا کرتے تھے شادی کبھی نہیں کی۔ اور نہ کبھی کسی اپنے نسخے سے اپنی جوانی پلٹائی۔ سُنا ہے ان کی جوانی کبھی آئی ہی نہیں۔ اور جب آئی ہی نہیں تو پلٹنے کا سوال ہی نہیں پیدا ہوتا۔ ان کی کافی چوٹ چلتی تھی دوسرے ایک حکیم صاحب سے جن کو ہم سب حکیم مرغا کہا کرتے تھے۔ ان کو بھی شاعری کا شوق تھا، مگر ساتھ ہی ساتھ کشتی اور لکڑی کے استاد بھی بنتے تھے۔ ایک پسلی کے خود اور دعویٰ کرتے تھے دس ہزار آدمیوں کے مارنے کا۔ یہ ہمارے محلّے کے ایک مکان میں مطب کرتے تھے جس میں ایک قبرستان بھی تھا۔ جب کبھی کوئی حلوہ بناتے تھے، ہم لوگوں کو چکھاتے تھے۔ اور اس کے اوصاف بیان کرتے تھے۔ ساتھ ہی ساتھ یہ بھی کہتے تھے کہ مریضوں کی موجودگی میں آؤ، حلوہ چکھو اور خوب تعریف کرو۔ ہم لوگ روز ہی حلوہ کھاتے تھے۔ اور جب حلوہ ختم ہونے لگتا تھا تو وہ مریضوں کے سامنے پوچھتے ضرور تھے۔ "کہو بھئی، کیسا ہے حلوہ؟" تاکہ کوئی نیا مریض پھنسے۔ ہم لوگ سب مریضوں کے سامنے کہہ دیا کرتے تھے کہ کیا کہنا۔ آپ کے باپ نے کھایا۔ دادا نے کھایا۔ چچا نے کھایا اور اس حلوے کی وجہ سے وقت سے پہلے

مرگئے۔ سامنے قبرستان میں سو رہے ہیں۔" پھر مریضوں پر نظر ڈالتے تھے اور کہتے تھے۔ "اب دیکھیں ان میں سے کس کی باری ہے۔"

ہر دوئی کے ایک بڑے مشاعرے میں جس میں حکیم مرغا بھی شامل تھے، ہم نے ان کی شان میں ایک غزل پڑھی وہ ہزاروں آدمیوں کی موجودگی میں ڈنڈا لیکر ہم کو مارنے اُٹھے۔ لوگوں نے ان کو پکڑلیا دو تین شعر یاد ہیں تحریر کئے دیتا ہوں ؎

لاتیں کھاتا ہے خامشی کے ساتھ
کس غضب کا حکیم مُرغا ہے

ککڑوں کوں اس کی دل ہلاتی ہے
نہ ستاؤ، یتیم مرغا ہے

گُ کند گاہ، گاہ زُوں کوں گُفت
نیم مرغی ہے نیم مرغا ہے

●

اسی محلے میں ایک نوجوان صاحبزادے تھے گرہ کٹ جن کا

پورے لکھنؤ میں کوئی جواب نہ تھا۔ حد ہوگئی، انسپکٹر جنرل پولیس تک کی ان صاحبزادے نے جیب کاٹی تھی۔ جب کبھی ان کے جاننے والوں میں یا محلے میں کسی کی جیب کٹ جایا کرتی تھی تو وہ ان کے پاس آتا اور دو گھنٹے کے اندر اندر ان استاد کے ذریعے پیسہ واپس آجایا کرتا تھا۔ اور کمال ہے یہ کہ کٹی ہوئی جیب دیکھ کر یہ بتا دیا کرتے تھے کہ یہ فلاں استاد کی کاٹی ہوئی ہے۔ اس کو بلاتے تھے اور اُن کا فرمایا ہوا ہمیشہ سچ ثابت ہوا کرتا تھا۔

ڈٗو تھے چور، جو شہر میں اپنا جواب نہیں رکھتے تھے۔ ڈٗو تھے بانکے جن کو جان کے ڈر سے لوگ پیارے بھائی اور بنّے بھائی کہا کرتے تھے۔ ان کو عشق تھا صرف لڑنے اور مرنے سے۔ میرا بچپن —— تگڑے قسم کا انسپکٹر پولیس، بڑی مونچھوں والا، ہمارے محلّے سے گزرا۔ ریوالور لگائے ہوئے۔ ان ہی بانکوں میں سے کسی کی آواز آئی۔ "مونچھ نیچی کرکے چل۔ یہ وزیر گنج کا محلہ کہلاتا ہے۔ ●

ایک تھے مولوی نبّن صاحب۔ جو بیچارے اندھے ہو چکے تھے۔ چوبیس گھنٹے عبادت کرتے تھے۔ بُرائی اور جھوٹ سے کوسوں دور۔ ہر شخص کی مدد کرنے والے۔ بڑی سے بڑی مصیبت میں مسکرانے والے۔ ان کا اکلوتا جوان لڑکا محمد رضا، جو ہمارا گہرا دوست تھا، محلّے کے اکھاڑے

یں، امیر حسین سے لڑتے ہوئے مرگیا۔ امیر حسین اُس سے کہیں زیادہ طاقتور تھے۔ وہ بھی جان بیچ کر لڑے اور دل کی حرکت بند ہوگئی۔ یہ بھی ہمارے دماغ نے آج تک کسی کونے میں محفوظ کر رکھا ہے کہ کسی بھی ورزش میں بہت زیادہ نہیں پڑنا چاہیئے نہیں تو دل کی رفتار بند ہوجانے کا خطرہ ہے۔

●

اسی محلے میں رہتے تھے ایک مولوی صاحب جو ایک اسکول کے عربی کے ماسٹر تھے۔ چونکہ جوانی گذر چکی تھی۔ ہر جوان آتی جاتی عورت کو اس طرح گھورتے تھے جیسے واقعی نگل جائیں گے۔ مولوی صاحب ہمارے والد، اور لکھنؤ کی ایک مشہور ہستی منشی سخاوت علی کے گہرے دوست تھے۔ منشی صاحب میونسپل الکشن میں کھڑے ضرور ہوتے تھے۔ اور چونکہ خود سُنّی تھے، اس لئے ہمارے والد کے ذریعے سارے شیعہ ووٹ ان کو مل جایا کرتے تھے اور منشی صاحب ہمیشہ جیت جایا کرتے تھے۔ والد صاحب ہر مشورہ خواہ کسی قسم کا ہو مولوی صاحب سے ضرور لیا کرتے تھے۔ مولوی صاحب پڑھے لکھے اور یہ جاہل، چنانچہ ہر بات، گویا یونی ورسٹی کی ڈگری سے کم اہمیت نہیں رکھتی تھی۔ اس زمانے سے آج تک لوگ سمجھتے ہیں کہ جب تک کالج

کی ڈگری نہ ہو۔ آدمی بیکار ہے۔ چنانچہ بی۔ اے اور ایم۔ اے پاس کا مرتبہ صرف رسولؐ۔ امام اور اولیاء اللہ سے تھوڑا ہی کم ہوا کرتا ہے۔ عام خیال یہ ہے کہ بی۔ اے پاس کا مشورہ ڈاکٹروں کے متعلق، شاعروں اور مذہب کے متعلق۔ غرض دنیا کے ہر فن کے متعلق معتبر حدیثوں کا مرتبہ رکھتا ہے۔

جب میں اچھا مصنف بن چکا تھا۔ اپنی بیگم اور بچوں کے ساتھ گرمیوں میں ایک پہاڑ پر گیا۔ وہاں ایک کالج کے پرنسپل بھی آئے ہوئے تھے۔ ہمارے اور بیگم کے خاندانی دوست۔ ان کی بیوی بےحد تندرست تھیں۔ اور یہ معمولی صورت کے، جو کسی طرح سوائے کالج کی ڈگریوں کے، اس حسین عورت کے کسی طرح قابل نہ تھے۔ مگر یہ سنکی ضرور تھے۔ مجھ کو ان میاں بیوی کے تعلقات کا قطعی علم نہیں، مگر سارا وقت بیوی کو خوش کرنے کی فکر میں لگے رہتے تھے۔ بیوی ان کی موجودگی میں بہت کم مسکراتی تھیں۔ اور ان کے ماتھے کی خوبصورت شکن آج تک ہمارے دل پر زخم لگایا کرتی ہے۔ چونکہ بڑے کالج کے پرنسپل تھے اس لئے ان کی ہر بات اور ہر حکم میرے لئے معتبر حدیث کا مرتبہ رکھتی تھی۔ چنانچہ ایک دن میں چائے پی رہا تھا۔ اُچھل پڑے۔ کہنے لگے "اتنی کالی چائے پیتے ہیں آپ؟" میں نے کہا "کیا گناہ ہے۔ اور میں تو ایسی چھ سات پیالیاں

دن بھر میں پیتا ہوں۔"

فرمانے لگے" اسی لئے آجکل دنیا میں ہارٹ فیل ہوجانے کے بہت زیادہ واقعات ہورہے ہیں۔"

میں ہنسکر ٹال گیا، مگر وہ بچپن کا مولوی صاحب کا کہا ہوا جملہ جو انھوں نے والدصاحب سے کہا تھا، دماغ میں ہلکا سا گونجا ضرور۔ میں پچیس تیس سگریٹ پیتا ضرور تھا' انھوں نے ثابت کر دیا کہ یہ بھی موت کی نشانی ہے۔ میلوں تیز چلتا تھا اونچے اونچے پہاڑوں پر۔ انھوں نے یہ بھی ثابت کر دیا کہ یہ بھی موت کی نشانی ہے۔ یہانتک کہ ہموار راستوں پر تیز چلنا بھی مَوت کی دلیل ہے۔

کچھ دن بعد یہ کالج کی بہترین ڈگری، جاہل رائٹر پر اثر کر گئی وہ نشہ آج تک نہ اُترا۔ اونچائی پر تیز چلنا بند، سگریٹ بند، بہترین چائے بند۔ دل کی بیماری کی وجہ سے کسی کی موت سُنی اور ٹھنڈے پسینے آنے لگے کہ میں بھی چلا۔ مدّتوں کے بعد ممبئی میں ان پرنسپل صاحب کی بیوی سے میری ملاقات ہوئی اور ان سے اس واقعے کا ذکر ہوا۔ وہ بیچاری چیخ اٹھیں کہ اب میری سمجھ میں آیا۔ اسی طرح مجھے بھی پاگل بنایا گیا ہے، نہیں تو میں بالکل تندرست تھی، اور یہ تو رہتے ہی ہیں بیمار، سدا کے بیمار ہیں۔ اللہ، اور پرنسپل صاحب کی بیوی اچھی

طرح جانتے ہیں کہ اس جملے کا کیا مطلب ہوا۔ کیوں چھپاؤں، لکھ ہی دوں یہ جملے۔

میں نے پوچھا" کب سے؟" کہنے لگیں" مجھے کیا معلوم، لیکن جب سے شادی ہوئی ہے ہمیشہ بیمار رہتے ہیں۔ مختلف بیماریوں سے خود بھی ڈرتے ہیں اور مجھے بھی ڈراتے ہیں۔"

میں نے ایک لمبی واک کی اور سارے راستے یہ سوچتا رہا کہ یہ کمزوری تو ماننے والے کی ہے۔ اگر وہ سمجھ لے کہ ہر شخص کی جسمانی بناوٹ اور فطرت الگ الگ ہے۔ ایک کی خصوصیت یا برائی دوسرے میں نہیں آسکتی تو ظاہر ہے کہ وہم کا شکار کیوں ہو، مگر ایک طرف جہالت اور دوسری طرف کاسچ کی ڈگریاں۔ آج تک لوگ یعنی آپس کے لوگ جو مجھے اچھی طرح جانتے ہیں، بہترین رائٹر تو کیا، یہ ماننے کو تیار نہیں ہیں کہ میں رائٹر بھی ہوں۔ چونکہ میرے پاس کوئی ڈگری نہیں ہے۔ عام لوگ چونکہ نہیں جانتے، اس لئے بہترین رائٹر شاید اس لئے مانتے ہوں گے کہ کم از کم بی۔ اے ضرور ہوں گا۔ بہتوں سے میں جھوٹ بول دیتا ہوں۔ بہتوں کو ٹال دیتا ہوں۔ مگر اپنوں کو کیا کیا جائے۔ ان سے جل کر کبھی کبھی کہہ دیتا ہوں کہ شیکسپیر سے ایک سال زیادہ پڑھا ہوں۔ وہ جاہل آٹھویں جماعت تک پڑھا تھا، اور میں نالائق

نویں جماعت تک پڑھا ہوا ہوں۔

کل میرے ایک عزیز مجھ سے پوچھنے آئے اس کتاب کے بارے میں۔ وہ بی۔ اے پاس ہیں۔ اپنی اس زندگی کے تجربے جو آپ پڑھ رہے ہیں، میں نے انھیں سنائے۔ وہ جھوم جھوم اٹھے اور کہنے لگے "خوب ہیں۔ اردو اور ہندی میں یہ اپنے رنگ کی ایک ہی کتاب ہوگی۔" مگر چلتے چلتے دبی زبان سے یہ بھی کہہ گئے کہ "اسٹائل آپنے وہی لیا ہے جو روسی مصنفین کا ہے۔ کاش آپ ان کی لکھی ہوئی زندگی کی کتابیں بھی پڑھ لیں۔" یہاں تک تو میں نے مانا۔ کچھ میری نظر سے گذری بھی ہوں گی۔ اس کے بعد فرمانے لگے کہ " ان کتابوں کا کچھ حصہ اگر آپ کی اس کتاب میں بھی آجائے تو پھر اس کتاب کا کوئی جواب نہیں ہوگا۔"

میں مسکرا کر خاموش ہوگیا۔ خدا را انصاف فرمایئے۔ یہ میری زندگی کے واقعات ہیں جو میں اپنے خاص رنگ میں لکھ رہا ہوں، جو بھی قدرت نے مجھے بخشا ہے۔ برا ہو یا بھلا، میں اس ہندوستانی شراب میں روسی ووڈکا کیوں ملاؤں۔ ممکن ہے بہت بہتر شراب ہوجائے۔ یہ بھی ممکن ہے کہ شراب ہی نہ رہے، سرکا بن جائے۔

●

ہمارے محلے میں رہتے تھے ایک بابو بشن پرشاد سکسینہ

جن کو پیار سے ہم لوگ بابوجی بابوجی کہا کرتے تھے۔ ان کے ماحول میں جن جن بچوں نے پرورش پائی ہے وہ آگے چل کر نمایاں شخصیتیں ضرور نکلی ہیں۔ شعر و شاعری انھیں سے آئی۔ ہندو مسلم اتحاد کی بنیاد انھیں سے پڑی، تاش اور جوا انھیں سے سیکھا۔ بابوجی مرحوم عجیب و غریب قسم کے آدمی تھے۔ اگر کبھی مذہبی ذکر چھڑا تو چیخ اُٹھتے کہ تم اپنے مذہب کے متعلق کیا جانو۔ یہ آیت یوں آئی ہے، اور اس کے یہ معنی ہیں۔ اور اس تفسیر کے ساتھ بیان کر دیتے تھے کہ سب مسلمان بچے دنگ رہ جاتے تھے۔ یہ عرض کر چکا ہوں کہ صرف تین گھرانے ہندوؤں کے باقی سب مسلمانوں کے تھے۔ بابوجی کا یہ اثر تھا۔ آنکھوں دیکھی کہتا ہوں۔ ہندو مسلم فساد، شام کو بابوجی ٹھرّا ضرور چڑھاتے تھے، خوب دُھت نکلے۔ ہمارے محلّے کے قریب ایک بڑا قصائیوں کا محلہ تھا، وہاں کے کچھ آدمی ہمارے محلے کے ایک ذی اثر آدمی ناظر جی سے مشورہ کرنے آئے کہ کیوں نہ اِن ہندوؤں کے گھروں کو صاف کر دیا جائے۔ بابوجی کو بھنک مل گئی۔ سامنے جا کر کہنے لگے۔ "ابے ناظر، اِن کمینوں سے کیا مشورہ کر رہا ہے۔ تیری صحبت اب اس قابل نہیں رہی کہ شریف تجھ سے مِل جُل سکیں۔" ناظر جی نے کہا کہ "بابو، اب پی کر بہت بھڑکنے لگا ہے۔" کہنے لگے "اپنی پیتا ہوں، تیرے باپ کی تھوڑی پیتا ہوں۔ اب اگر کہا تو یاد رکھنا، سر

توڑوا دوں گا۔" تاظر جی نے کہا "کس سے؟ جان کی خیر منا ورنہ ابھی پورا گھر صاف ہو جائے گا۔ یہ قصائی موجود ہیں۔" کہنے لگے "اچھا! ان باپ داداؤں پر اکڑ رہا ہے؟ ابھی بلاتا ہوں اپنے بچوں کو۔"

تاظر جی نے کہا۔"اپنے ایک ایک پسلی کے بچوں پر اتنا اکڑتا ہے؟" کہنے لگے پی میں نے ہے اور نشہ تجھے ہے۔ یہ نہیں سوجھتا کہ ماشاءاللہ اتنے سامنے کھڑے ہیں! اِدھر آؤ۔"

بابو جی کی اِدھر آؤ کی آواز پر نہ جانے کتنے مسلمان بچے دوڑ پڑے کہنے لگے" یہ کمینے اس تاظر نے بلائے ہیں۔ ذرا خبر تو لینا۔" ہم سب لڑکوں کی فوج قصائیوں پر ٹوٹ پڑی اور قصائیوں کو بھاگنا پڑا۔ تاظر جی بھی اپنی جان بچاکر گھر میں گھس گئے اور بابو جی چیختے رہے کہ "تاظر! بھاگتا کہاں ہے! بلا اپنے باپوں کو۔" بڑی مشکل سے اُن کے ایک بیٹے جگدمبے اور ہم لوگ سمجھا بجھا کر گھر لے گئے۔ گیارہ بجے رات تک چوسر کھیلی۔ ہر ہاری ہوئی بازی کے بعد بھڑکتے اور باہر کی طرف بھاگتے کہ ابے تاظر کہاں مرگیا۔ بلا اپنے باپوں کو۔

●

ہندوؤں میں ایک تھا لالہ امام بخش کا خاندان اور ایک تھا رادھیکا پرشاد کا، جو پتنگ کے بڑے شوقین تھے۔ ان کی گلی میں، جو بانکوں کی گلی کہلاتی تھی، گوشت بیچنے ایک قصائی آیا کرتا تھا، جو زور سے

"
آواز لگاتا تھا۔" گوشت گائے کا۔" رادھیکا پرشاد نے اسے بہت سمجھایا کہ عورتوں کو اس آواز سے بہت تکلیف ہوتی ہے۔ مگر وہ نہ مانا۔ بانکوں کو اس کی خبر مل گئی۔ محلہ تو محلہ۔ کچھ ایسی بیداد پڑی کہ اس قصائی کو لکھنؤ چھوڑ کر کانپور آباد کرنا پڑا۔ دو مہینے کی اسکول میں چھٹیاں ہوئیں بابو جی کے بڑے لڑکے شیو راج نرائن سکسینہ، میونی سپیلٹی کے کسی بڑے عہدے پر تھے۔ دو مہینے کے لئے بیس جگہیں خالی ہوئیں اور ہم سب مسلمان لڑکے اُن بیس جگہوں پر چپکا دیے گئے۔ نہ جانے کتنے ہندو لڑکے اپنے عزیزوں کے خط لیکر آئے مگر ایک جگہ نہ مل سکی۔ کچھ ہندو بگڑ کر بابو جی کے مکان پر آئے اور بابو جی نے ہماری موجودگی میں کہا کہ" میرے لڑکے نے جو کچھ کیا ہے ٹھیک کیا ہے۔ قرآن شریف میں صاف صاف لکھا ہوا ہے۔ پہلے عزیز پھر اسکے بعد قریب والے۔ یہ لڑکے ہمارے عزیز بھی ہیں اور قریب والے بھی۔"

●

ایک تھے شمشیر جو سال بھر کنکوے اور سگریٹ کی دوکان رکھتے تھے۔ سال بھر کے بعد دیوالی کے زمانے میں تیس روپے لیکر جاتے تھے اور سلہٹ میں ہزار پندرہ سو بنا کر لے آتے تھے۔ پھر سال بھر وہ دوکان۔ کچھ وہ کھاتے تھے، کچھ ہم لڑکے۔ بہرحال ہر سال دوکان ختم ہوجاتی تھی اور ہر سال نئی دوکان بنائی جاتی تھی۔ کوڑیوں کے کھیل میں پریم کی سات

کا داؤں ان کا بہت مشہور تھا۔ برسوں یہی داؤں پھینکا کئے اور اسی داؤں پر جیتا کئے۔

ان لوگوں کے علاوہ اور کون کون سے مشہور لوگ اس محلے وزیر گنج میں آیا کرتے تھے ؟ آیئے ذرا ان مشہور شخصیتوں سے بھی ملوادوں، جو میرے مزاج، طبیعت، علم وادب، لطافت وظرافت، جملے بازی، عبارت آرائی، ذوق شعری، اور سوجھ بوجھ کی بنیادیں ڈالنے کے ذمہ دار ہیں۔ ہمارے بچپن میں ہمارے گھر تشریف لایا کرتے تھے۔ پیارے صاحب رشیدؔ مرحوم مشہور مرثیہ گو اور غزل گو شاعر۔ ہمارے اونچی اونچی بیلوں والے مکان میں آجتک ان کے ایک بند کا چھٹا مصرعہ گونجا کرتا ہے۔ بہار میں شدّت نمو کے سلسلے میں فرمایا تھا۔ اور مصرعے تو یاد نہیں۔ اوپر کے مصرعے کا آخری ٹکڑا کچھ ایسا تھا " جو نہیں پاتی تھیں۔"

بیلیں گھبرا کے درختوں پہ چڑھی جاتی تھیں

اس مکان میں جب ہمارے پھوپی زاد بہنوئی خان بہادر مرزا ابوجعفر ایم۔ اے۔ کلکتہ کے اسکولوں کے انسپکٹر لکھنؤ آیا کرتے تھے تو ایسی ایسی ادبی نشستیں ہوتی تھیں جو لکھنؤ میں بھی اس زمانے میں ناممکن نظر آتی تھیں۔ مثلاً مولانا صفیؔ اور عزیزؔ لکھنوی اور ظریفؔ لکھنوی کا ایک ہی دعوت میں شریک ہونا اور اپنا اپنا کلام سُنانا۔ ان دونوں میں ان بن یہ تھی کہ

دونوں دعویدار تھے علی میاں کامل کی جانشینی کے۔ صفی صاحب یہ کہتے تھے کہ کامل صاحب کے بعد کچھ غزلیں عزیز لکھنوی نے بھی مجھے دکھائی ہیں۔" عزیز یہ کہتے تھے کہ "صرف مشورہ لیا ہے جو ایک دوست دوسرے دوست سے لیا کرتا ہے۔ اس میں استادی شاگردی کا کیا سوال"

یہ وہی علی میاں کامل ہیں جن کا یہ قطعہ دنیائے اردو کو بخشا ہوا ایک بیش بہا تحفہ ہے جس کا عنوان ہے :-

مزارِ دوست

شب کو جا نکلا تھا کامل میں مزارِ دوست پر
مثل ابر اس واسطے آنکھیں مری خونبار ہیں
قبر پر الحمد پڑھ کر دوست سے میں نے کہا
ہم گریباں چاک ماتم میں ترے اے یار ہیں
شاد ہے کچھ تو بھی زیرِ خاک اے نازک بدن
شمع روشن ہے گلوں سے قبر پر انبار ہیں
کیا ہوا مرنے کے بعد اے راہیٔ ملکِ عدم
لوگ کیسے ہیں وہاں کے اور کیا اطوار ہیں

۷۳

منزلیں نزدیک ہیں یا دور ہیں، کیا حال ہے
راہ میں کچھ بستیاں ہیں، شہر ہیں، بازار ہیں؟
جس محل میں جا کے تو اُترا ہے اے رنگیں ادا
کس طرح کا قصر ہے، کیسے در و دیوار ہیں
اہل صحبت کون ہیں کیا گفتگو کا طرز ہے
خوش بیاں، خوش وضع یا کج فہم بد گفتار ہیں
بات کرنے کی صدا اصلا کبھی آتی نہیں
کس طرح کے لوگ ہیں سوتے ہیں یا بیدار ہیں

قبر سے آئی صدا اے دوست بس خاموش رہ
ہم اکیلے ہیں یہاں احباب نے اغیار ہیں
پھول کیسے، باغ کیسا، عقل تیری ہے کہاں
کنجِ تنہائی ہے، اور افعی گلے کے ہار ہیں
گر تھیں وہ پیکرِ نازک ہمارا یاد ہو
آج خاکِ قبر سے اس پر منوں کے بار ہیں
اب زیادہ بات کر سکتے نہیں، لے گھر کو جا
دل میں آزردہ نہ ہونا، کیا کریں ناچار ہیں

۴۔ پروفیسر مرزا محمد ہادی عزیزؔ مرحوم نے ایک بار میری موجودگی میں خان بہادر مرزا ابوجعفر سے فرمایا تھا کہ استاد علی میاں کاملؔ اکثر بڑے لطف سے ننھے مرزا سخیؔ کا یہ قطعہ پڑھا کرتے تھے، جو آج سے قریب قریب سو برس پہلے کے شاعر ہیں۔

قطعہ

ایک دن وہ لیکے کچھ لوگوں کو ساتھ
تربتیں یہ کہہ کے دِکھلاتے رہے

اس میں مجنوںؔ ہے اور اس میں کوہ کن
عاشقانِ ناز کتنے جاتے رہے

بعد اس کے پھر ہماری قبر پر
دیر تک افسوس فرماتے رہے

سب نے جب پوچھا کہ اس میں کون ہے
آپ جو رہ رہ کے پچھتاتے رہے

ہنس کے بولے یہ سخیؔ کا ہے مزار
جان دیدی، لاکھ سمجھاتے رہے

بہرحال صفیؔ اور عزیزؔ دونوں نے ساتھ ساتھ مشاعروں میں پڑھنا ترک کر دیا تھا۔ ظریفؔ چونکہ مولانا صفیؔ کے سگے بھائی تھے لہذا وہ بھی ان صحبتوں میں نہیں جاتے تھے جہاں عزیزؔ مدعو ہوتے تھے۔ مگر ہمارے گھر میں سب ہی آتے تھے، اور ساتھ پڑھتے بھی تھے اور ایک دوسرے کو داد بھی دیتے تھے۔

ہائے پہلے لوگوں کے اختلاف میں بھی خلوص تھا جو آج محبت کا دم بھرنے والوں میں نہیں ملتا۔ مولانا صفیؔ نے ایک تازہ غزل پہلے ہمارے گھر میں پڑھی جس کا مطلع شہرۂ آفاق ہے ؎

غزل اس نے چھیڑی، مجھے ساز دینا
ذرا عمرِ رفتہ کو آواز دینا

عزیزؔ کے دو شعر بہت مشہور ہیں۔ ایک تو یہ ؎

اپنے مرکز کی طرف مائلِ پرواز تھا حُسن
بھولتا ہی نہیں عالم تری انگڑائی کا

دوسرا مقطعہ ہے، ایک دوسری غزل کا۔ ملاحظہ ہو ؎

واقعاتِ نوجوانی پوچھتے کیا ہو عزیزؔ
آگیا تھا انقضائے نیند کا جھونکا مجھے

ان ادبی محفلوں میں شریک ہوتے تھے ایک اور مشہور شاعر ابو العلیٰ حکیم ناطقؔ لکھنوی جن کے شاگرد تھے ہمارے خان بہادر۔ ناطقؔ کے دو مطلعے سُنئے اور ان کی عظمت کا اندازہ لگایئے۔

پہلا مطلع ملاحظہ ہو ؎

تبسم ان کے لب پر ایک دن وقتِ عتاب آیا
اُسی دن سے ہماری زندگی میں انقلاب آیا

۷۶

اور یہ دوسرا مطلع تو معجزہ ہے ؎

اے شمع تجھ پہ رات یہ بھاری ہے جس طرح
میں نے تمام عمر گذاری ہے اس طرح

ثاقبؔ قزلباش جو ہمارے ہی محلّے میں رہتے تھے اور ان ادبی محفلوں میں شریک ہوتے تھے۔ ان کا بھی ایک مشہور شعر ملاحظہ ہو ؎

ہے روشنی قفس میں مگر سوجھتا نہیں
ابرِ سیاہ جانبِ گلزار دیکھ کر

ان کا یہ شعر بھی بہت مشہور ہے ؎

بڑے شوق سے سُن رہا تھا زمانہ
ہمیں سو گئے داستاں کہتے کہتے

ظریفؔ لکھنوی کا ایک شعر مجھے یاد رہ گیا ہے سنائے دیتا ہوں۔

ملک الموت نے پکڑا ہے مرا طائرِ روح
کون کہتا ہے فرشتوں میں چڑیمار نہیں

شاید مولوی گنج میں صفیؔ مرحوم کے مکان پر یہ آخری مشاعرہ تھا جس میں ہم شریک ہوئے اور پھر اس کے بعد اس شان کی ادبی محفلیں دیکھنا نصیب نہ ہوئیں۔ یہ آخری طرحی مشاعرہ تھا جس میں تین چار شعر بڑے کامیاب رہے۔ ورنہ آج کل تو بالکل پھیکے مشاعرے ہوتے ہیں۔ ہر شاعر

"اپنا وہی کلام سناتا ہے جو دس سال سے آپ سُنتے چلے آ رہے ہیں۔ رسالوں میں پڑھ چکے ہیں وہی پھر مشاعرے میں سُن لیجیے۔ بہرحال حکیم ناطقؔ کا مطلع تھا۔ کیا اپنے تخلص سے فائدہ اٹھایا ہے۔ سنئے۔

انجمن خاموش تھی حسنِ ازل کے راز کی
میں ہی تھا ناطقؔ، کہ جس نے گفتگو آغاز کی

مولانا صفیؔ کا مطلع تھا

شان ہے نبضوں میں کچھ ڈوبی ہوئی آواز کی
چپکے چپکے دل سے باتیں ہو رہی ہیں راز کی

ایسے مشاعروں میں ایک نہ ایک شعر کسی چھوٹے موٹے شاعر کا ضرور مقبول ہوتا تھا۔ چنانچہ ایک تھے میاں یونسؔ۔ ان کے گلے میں بڑی سی تبوڑی تھی۔ ان کا ایک شعر بہت مقبول ہوا تھا

دیکھا دیکھی آپ کی سب فاتحہ پڑھنے لگے
ورنہ کیا توقیر تھی قبرِ شہید ناز کی

ظریفؔ کی ہزل کے ایک شعر نے ہنگامہ برپا کر دیا تھا

حُسن کے سر پر چڑھا یوں خونِ ناحق عشق کا
سُرخ پگڑی جیسے یو۔پی میں ہو برق انداز[1] کی

---

[1] برق انداز = کانسٹبل (ابتک یو۔پی پولیس کی پگڑی سرخ ہوتی ہے)

اسی سلسلے میں شیعہ کالج کی ایک محفل کا ذکر بھی کر دوں ۔ اس محفل میں تمام شیعہ مولوی آ رہے تھے ۔ اس میں شیعوں کی مالی، ادبی اور تعلیمی مجبوریوں کا تذکرہ فرمایا جانے والا تھا۔ یقین مانئے اگر ظریف کے علاوہ کوئی اور ہوتا تو زندہ نہ پلٹتا۔ یہ تمام مولویوں سے نہ جانے کیوں بگڑے ہوئے تھے۔اس سے قبل مولانا صفی کا ایک شعر سُنا تا چلوں جو یاد آگیا ؎

اسلام کی فطرت میں قدرت نے لچک دی ہے
اتنا ہی یہ اُبھرے گا جتنا کہ دبا دیں گے

اب سنئے جناب ظریف کے چند جواہر پارے ۔ ایک مولوی کی صرف ایک ہی آنکھ تھی، ان کی شان میں فرماتے ہیں ؎

دیکھتے ہیں سب کو قومی منتظم اک آنکھ سے
اس میں بینائے ہو کوئی یا کورِ مادر زادِ قوم

ایک اور مولوی کی شان میں فرمایا تھا۔ پہلا مصرعہ یاد نہیں دوسرا مصرعہ یہ تھا ؎

یہ فقط لیمو لگاتے ہیں کھا کر دادِ قوم

ایک بہت ہی لمبے مولوی کی شان میں یہ شعر پڑھا تھا۔ ان کے آنے میں

دیر ہوگئی تھی، چنانچہ ان کی آمد ہوئی۔ وہ معافی مانگتے ہوئے آرہے تھے کہ آپ لوگ معاف فرمایئے گا مجھے آنے میں ذرا دیر ہوگئی، اور ظریفؔ نے کہا ذرا ملاحظہ ہو۔ پہلا مصرعہ نہ جانے کیا تھا۔ "........ توڑ کر اپنی نکیل"
دوسرا مصرعہ تھا ؎ بلبلاتا[1] آرہا ہے اُشترِ[2] بغداد[3] قوم

جب نظم پڑھی جا رہی تھی تو کسی کو ہنسی پر قابو نہ تھا مگر دو نوجوان مستقل ہنسے جا رہے تھے۔ پوچھنے پر معلوم ہوا کہ دونوں مشہور شاعر ہیں ایک ناصریؔ جو آگے بڑھ کر پروفیسر ناصریؔ کے نام سے مشہور ہوئے۔ ان کا ایک مشہور مقطعہ یاد آگیا جو آج بھی لوگوں کے ذہن اور ان کی لوحِ قبر پر کندہ ہے ؎

ناصریؔ قبر پہ عبرت کے لئے لکھوادو
طول کھینچا ہے یہاں تک شبِ تنہائی نے

اور دوسرے بیخودؔ موہانی۔ جن کا مشہور شعر ہے ؎

رکھی ہے لاشِ بلبل، صیاد سوچ میں ہے
اس کو قفس نے مارا، یا آشیاں نے مارا

بیخودؔ موہانی شیعہ کالج میں فارسی کے استاد تھے۔ نویں

---

[1] اونٹ کی آواز [2] اونٹ [3] بغداد کی قوم کا۔ بغداد کے اونٹ بہت مشہور ہیں۔

درجے میں ہم کو پڑھاتے تھے۔ لکھنؤ والوں سے بہت ہی جلتے تھے۔ ایک دن ہم سے کہنے لگے "لڑکے بڑا بیوقوف ہے۔ کہاں کا رہنے والا ہے ؟" میں نے کہا " موہان کا " سُن کے ہنس پڑے۔ بولے " بیٹھ جا۔ خدا غارت کرے ، یہ جواب ! ہے نہ لکھنؤ والا۔ کمبخت ! "

بیخود صاحب کو جب کسی پر پیار آتا تھا تو "خدا غارت کرے" اور "کمبخت" ضرور کہتے تھے۔

اسی سلسلے میں ایک اور مشاعرے کا ذکر کرتا چلوں۔ رات بھر ثاقب قزلباش کا ایک شعر حاصل مشاعرہ بنا رہا۔ معرفت کے بارے میں تھا۔ کہ انسان اسے کہاں تک سمجھ سکا۔ پہلا مصرعہ یاد نہیں، دوسرا مصرعہ یہ تھا ؎

کچھ اندھیرا بیچ میں آگے خدا کا نام تھا

صبح ہوتے ہوتے ظریف پڑھے ، اور ان کے اس شعر نے ثاقب کے شعر پر پانی پھیر دیا۔ " نجد سے ناقہ جو بھاگا " تو کچھ ایسا تھا " قبلے کی سمت " بہرحال دوسرا مصرعہ سُنئے ؎

دُم کے پیچھے قیس تھا آگے خدا کا نام تھا

اسی طرح بچپن میں نہ جانے کتنے "معین الادب" کے مشاعروں میں اور نوجوانی میں "معراج الادب" کے مشاعروں میں شریک ہوا۔ آل رضا

آنند نرائن مُلّا ۔ رواں ۔ آرزو لکھنوی ۔ نواب جعفر علی خان اثر ۔ نواب سائل دہلوی، بیخود موہانی، بیخود دہلوی ۔ اصغر گونڈوی ۔ حکیم ناطق لکھنوی، سیماب اکبر آبادی ۔ بسمل الہ آبادی ۔ جگر مراد آبادی ۔ نشتر سندیلوی، فانی بدایونی حسرت موہانی، ریاض خیر آبادی ۔ صفی لکھنوی، عزیز لکھنوی، کامل لکھنوی، ثاقب لکھنوی، احسن لکھنوی ۔ قدیر ۔ سراج، منظر، حکیم آشفتہ لکھنوی ۔ جوش ملیح آبادی ۔ یگانہ چنگیزی ۔ نہ جانے اور کون کون سے آفتاب و ماہتاب آیا کرتے تھے ۔ ایک مشاعرے میں اقبال مرحوم بھی آئے تھے ۔ کس کس کو یاد کیجیے کس کس کو روئیے ۔ یقین مانئے اگر ان سب کا تذکرہ اور ان سب کی شاعری پر جو اب تک میرے حافظے میں محفوظ ہے مختصر سا بیان لکھنے بیٹھ جاؤں تو یہ کتاب ہزار ڈیڑھ ہزار صفحات سے کم نہ ہو ۔ اور میں خوب جانتا ہوں آپ پڑھتے پڑھتے اکتا جائیں گے ۔

غرض ہر مشاعرہ ادب کا ایک سمندر تھا جو موجیں مارا کرتا تھا

جناب جوش عزیز کے شاگرد تھے ۔ توبہ ! کیا شباب تھا اس ملیح آبادی پٹھان کا ۔ کیا کلام تھا اور کیا مستی کا عالم ۔ یہ وہی جوش صاحب ہیں جو آجکل شاعر انقلاب کے نام سے دھوم مچائے ہوئے ہیں ۔ نہ جانے کس جھونک میں کراچی چلے گئے ۔ اور اب کبھی کبھی بمبئی آتے ہیں ۔ صبح بلا ناغہ مہوبے کے پان اور بالائی خریدنے میں جاتا ہوں اور ناشتہ

انھیں کے ساتھ ہوتا ہے۔ یقین مانیے پندرہ بیس دن کی صحبت اور ادبی نشستوں کے بعد ایسا محسوس ہونے لگتا ہے کہ ابھی ابھی، انھیں پرانی صحبتوں سے پلٹ کر آرہا ہوں۔

ان کے جانے کے بعد کچھ مسلمان اس شوق میں اپنی آواز بلند کرتے ہیں ـــــ ان مسلمانوں میں کچھ ادیب بھی ہیں، کچھ شاعر اور کچھ نیتا بھی ـــــ کہ "جوشؔ کو کیا حق ہے کہ یہاں آئیں"۔ یقین مانیے، اگر میں یہ محسوس کرلوں کہ یہ جذبہ وطن پرستی کے سلسلے میں ہے، تو مجھے بڑی خوشی ہو، مگر افسوس یہ ہے کہ مسلمانوں کی حالت اتنی گر چکی ہے کہ محض دوسروں کو خوش کرنے کے لئے ایک دوسرے کو بُرا کہتے ہیں۔ صرف اس امید پر کہ وہ ہم کو وطن پرست سمجھنے لگیں گے۔ حالانکہ اس میں دکھاوے کی کون سی بات ہے۔ یہ ہمارا وطن ہے اور اپنے وطن سے غدّاری کون کرتا ہے۔

●

بمبئی میں ایک بار آگئے نواب جعفر علی خاں اثرؔ۔ یہ بھی عزیزؔ مرحوم کے شاگرد ہیں اور نایاب کہنے والوں میں ہیں۔ ان کا ایک مطلع یاد آگیا سُن لیجیے ؎

آغازِ محبّت کی لذّت، انجام میں پانا مشکل ہے
جب دل کو مسوسے رہتے تھے، اب ہاتھ لگانا مشکل ہے

میرے کھمبالا ہِل کے مکان پر اٹھارہ سال پہلے کی بات ہے ایک

۸۳
تاریخی ادبی محفل ہوئی جس میں علامہ آرزو لکھنوی، اثر لکھنوی، جگر صاحب، جوش، اور سکندر علی وجد موجود تھے۔ سننے والوں میں ڈاکٹر اشرف، سجاد ظہیر فیضی۔ یہ وہی فیضی ہیں جو آگے بڑھ کر مڈل ایسٹ کے سفیر مقرر ہوئے۔ اسی معیار کی چار چھ شخصیتوں کا اور مجمع تھا۔ مجھے فخر ہے کہ ایک چھٹی کے دن دس بجے یہ لوگ میرے مکان پر آئے۔ ایک بجے دن تک شاعری ہوتی رہی دن کا کھانا کھایا گیا۔ پھر شاعری شروع ہو گئی۔ کئی چائے کے دَور چلے اور سات بجے شام کو یہ ادبی محفل برخواست ہوئی۔

اٹھارہ سال گذر چکے ہیں میں اسی مکان میں رہتا ہوں۔ آجتک وہ محفل میری آنکھوں میں پھرا کرتی ہے۔ یہاں آرزو صاحب بیٹھے تھے، یہاں جگر صاحب اور اُدھر جوش صاحب۔ اب نہ وہ لوگ پلٹ کر آئیں گے اور نہ ویسی کوئی محفل دیکھنا نصیب ہوگی۔ کچھ اللہ کو پیارے ہو گئے۔ کچھ وطن چھوڑ گئے۔ غرض سب نگاہوں سے دور ہو گئے مگر آج تک سب کے سب دل سے بہت قریب ملتے ہیں۔ اسی سلسلے میں آپ کو اپنے بھی دو تین شعر سناتا چلوں، جو صدقہ ہے لکھنؤ کی سرزمین کا اور ان تمام جواہر پاروں کی صحبت کا۔ ایک شعر مولانا صفی نے ایک مشاعرے میں چار بار پڑھوایا تھا جو میرے لئے باعث فخر ہے۔

شعر نہایت سادہ ہے۔ سُنئے ؎

نہ پوچھو ہم کہاں ہیں دل کہاں ہے
بہت اچھے ہیں دونوں، جو جہاں ہے

اس شعر کی آرزو صاحب نے یوں داد دی۔ فرمایا" کاش یہ شعر میں کہتا۔" ؎

ایک عالم جائے ہے اور ایک عالم آئے ہے
دشت کی ٹھنڈی ہوا زنداں میں جب آ جائے ہے

یہ میرے پانچ مصرعے میرے دوستوں میں بہت مقبول ہیں۔ میں نے ایک صحبت میں طنز کی صورت میں پیش کئے تھے۔ جس میں دیش کے نیتا بھی شریک تھے۔ وطن کی مشہور ایک ناچنے والی کا رقص تھا۔ بمبئی میں نئی نئی شراب بند ہوئی تھی۔ ملاحظہ ہو ؎

کل کی ہے بات بتاتے تھے گناہوں کا ضرر
کل کی ہے بات سمجھاتے تھے گناہوں کا اثر
کل کی ہے بات یہ تلقیں، کہیں اُٹھے نہ نظر
کوئی گوشہ نہ ملا آج جو جینے کے لئے
شیخ جی آئے ہیں میخانے میں پینے کے لئے

یہ ہے میری زندگی کا نچوڑ اور بس! نوجوانی میں جب شاعری اور بیکاری پورے شباب پر تھی تو لکھنؤ کے بھوپال ہاؤس میں ہفتوں کیا ہوتا تھا وہ بھی سُن لیجئے۔

کاش میں شہنشاہ حسین ادؔیب، جواب کراچی میں ہیں، اور ندیم لکھنوی جو خدا جانے اب کہاں ہیں۔ دونوں کو آواز دے سکوں کہ کیوں بچھڑے ہوئے ساتھیوں۔ کیا یہ سچ نہیں ہے کہ ہم جگر مرحوم کے پاس روز جایا کرتے تھے۔ اور بارہ بجے سے چار بجے دن تک کسی ایک مصرعے کو لیکر سب کہا کرتے تھے اور جب فٹ بال میچ کا وقت آتا تھا تو تم سب کے اشارے پر میں فحش شعر کہہ دیتا تھا۔ اور جگؔر مرحوم سنتے ہی فرماتے تھے "بس اب کل آیئے گا۔" یاد ہے جگؔر کی نایاب غزل ؎

اک نظر دل کی سمت دیکھ تو لو
کیسی دُنیا تباہ ہوتی ہے

یاد ہے میرا ابتدائی شعر ؎

قہر ہے قہر بدگمانیٔ حسن
ہر عبادت گناہ ہوتی ہے

اگر یہ یاد ہوگا تو یہ بھی یاد ہوگا کہ فٹ بال میچ کا وقت اور تم دونوں کا اشارہ اور پھر وہ گندہ شعر، جو کچھ خالص شہد اور کھوئے[۱] کے بارے میں تھا جس پر جگؔر صاحب نے چونک کر میری طرف دیکھا ـــ سگریٹ کا ایک لمبا کش لیکر تم دونوں کی طرف دیکھا۔ تم دونوں کا معصومیت سے گردن جُھکا لینا

[۱] کھوئے کو ماوا بھی کہتے ہیں۔

اور جگر کا کہنا "بس اب کل آ یئے گا۔"

یہ شعر رات کو اپنے ایک دوست چھنّن مرحوم کو ہم لوگوں نے سنایا تھا۔ یہ بہت ہی عیاش قسم کے آدمی تھے۔ انھوں نے اس شعر کی تعریف دوسرے دن وزیر گنج کے محلّے کی مسجد کے چوکھٹ پر بیٹھ کر کی تھی کہ بھئی واہ! کیا سچّا شعر ہے۔ میں نے رات ہی کو آزما کر دیکھ لیا۔ شہد اور کھویا مل جُل کر اکسیر کا حکم رکھتا ہے۔

●

ایک تھے مولانا سبط حسن صاحب مرحوم۔ یہ اگر انگریزی پڑھے ہوتے تو ساری دنیا پر چھا جانے کا دم خم رکھتے تھے۔ بے پناہ شاعر بے پناہ انشاء پرداز، بے پناہ مقرّر۔ نظمیں اُردو کے علاوہ فارسی اور عربی میں بھی کہیں۔ موسیقی پر ایک کتاب لکھی، جو اُن کے لڑکے سالک لکھنوی کے پاس موجود ہے۔ یہ کتاب انھیں کے ہاتھ کی لکھی ہوئی بھی ہے ان کا طرزِ بیان، معلوم ہوتا تھا کہ فصاحت و بلاغت کا سمندر موجیں مار رہا ہے۔ ان کی مجالس میں شیعوں کے علاوہ دوسری قوم کے حضرات بھی شریک ہوتے تھے۔ طرزِ ادا خدا نے وہ بخشی تھی کہ ہزاروں آدمیوں کا مجمع۔ محرم کی مجلس میں کہرام مچا ہوا ہے۔ سب بے تحاشا رو رہے ہیں۔ کچھ سنائی نہیں دیتا اور یہ صرف ہاتھ کے اشاروں سے سب کچھ سمجھا رہے ہیں، اور سب کچھ ہر ایک کی سمجھ میں آ رہا ہے۔ سحر بیانی کا یہ عالم کہ ایک

مجلس میں بارش ہونے لگی ۔ ایک جملہ انھوں نے کہا " کاش یہ پانی کربلا میں برس جاتا ۔ سنتے ہی ہر آنکھ بادل کی طرح برسنے لگی ۔ کسی ایک آدمی کو پانی سے بچنے کے لئے اٹھتے نہیں دیکھا ۔ ویسے میں تو چھت کے نیچے محفوظ بیٹھا تھا ۔ ان کی سحر بیانی کی انتہا میں نے ایک کانگریس کی میٹنگ میں بھی دیکھی ہے ۔ مولانا کو بخار تھا ایک سو تین ایک سو چار ڈگری ۔ نہ جانے کس طرح لوگ ان کو پکڑ لائے ۔ کم از کم دو لاکھ آدمیوں کا امین الدولہ پارک میں مجمع تھا ۔ ملک کے نمایاں لوگ ، گاندھی جی ، موتی لال نہرو، سلیمان ندوی حسرت موہانی ، ابوالکلام آزاد ۔ مولانا محمد علی جوہر اور کتنے بے پناہ مقرر غلامی پر بولنا تھا ۔ ہر شخص کو پچیس منٹ دیے گئے تھے ۔ اور جب یہ بے پناہ شخصیت کا مالک ابوالکلام آزاد اور محمد علی جوہر کے بعد بولنے، ڈنڈا ٹیک کر کھڑا ہوا ہے ، تو ہر پچیس منٹ کے بعد دو لاکھ کا مجمع تالیاں بجاتا تھا ۔ گاندھی جی اور دوسرے لیڈر منت کرتے تھے اور یہ پھر بولتا تھا ۔ سوا گھنٹے یہ شخص بولتا رہا ، پھر بھی کیا ہندو کیا مسلمان کسی ایک کا دل نہیں بھرا تھا ۔ اگر یہ سیاست کی دنیا میں آجاتا تو نہ جانے کیا ہوتا ۔

●

لکھنؤ کے گول گنج کے محلے میں ایک بڑی سی کوٹھی میں رہتے تھے پنڈت آنند نرائن مُلّا ۔ آج بھی ہیں ۔ اللہ ان کو ہمیشہ رکھے ۔ اُن کے

مکان پر اپنے بچپن میں اکثر موتی لال جی کی صحبت میں بیٹھا ہوں۔ میں اور میرے والد رات کی دعوتوں میں بلائے جاتے تھے۔ میرے والد مذاقِ لطیف کی جان تھے۔ ان کے کھانا پکوانے اور کھلانے کی دھوم سارے شہر میں مچی ہوئی تھی۔ جگت نرائن کی اکثر دعوتوں میں یہ بلائے جاتے تھے۔ اور دو چار خاص کھانے ہمارے گھر سے پک کر جایا کرتے تھے۔ خواب سا یاد ہے۔ ایک دو بار جواہر لال جی بھی شریک تھے۔ اور ان کا کسی کھانے کی تعریف کرنا اور میرے والد کا برجستہ کہنا کہ شرمانے کی کیا بات ہے اور لو۔ ولایت میں سب کچھ ملے گا۔ یہ چیز نہیں ملے گی۔ جواہر لال جی کی وہ حسین اور معصوم مسکراہٹ ابھی آنکھوں میں پھر جاتی ہے جو آج دنیا بھر کے امن کی بنیاد بنی ہوئی ہے۔

حال ہی میں اس بے پناہ انسان کی موت کی خبر ملی ــــــ میرا ذاتی خیال ہے کہ یہ وہ واحد موڑ تھا، جہاں یورپ اور ایشیا ایک دوسرے سے ملے جُلے نظر آتے تھے۔ لیڈر وغیرہ میں نہیں جانتا لیکن اس قسم کا انسان، مذہبی رہنماؤں کو چھوڑ کر، انسانیت کے اعتبار سے ساری دنیا میں نہیں پیدا ہوا ــــــ کئی دن میں روتا رہا۔ اور ایک دن صبح چار مصرعے کہے۔ دو یاد نہیں رہے۔ دو یاد ہیں لکھے دیتا ہوں۔

مرکز بنی ہوئی تھی جو سب کی نگاہ کا
وہ آخری دوکانِ جواہر اُجڑ گئی

●

دولہ صاحب عروجؔ انیسؔ کے نواسے۔ مرثیہ ایسا پڑھتے تھے کہ زمانہ جھوم اُٹھے۔ ان مجلسوں میں ہندو بہت شریک ہوتے تھے۔ طرز ادا، میں کیا، کسی نے بھی نہ دیکھی ہوگی۔ ایک مجلس میں لڑائی پڑھتے یہ مصرعہ کچھ ایسے طرز سے پڑھا۔ ؏

"وہ گرد اُٹھی وہ جگر بندِ بوتراب آیا"

یقین مانئے پوری مجلس نے گھوم کر دیکھا کہ کہاں آیا۔ کیا واقعی آگیا۔ ان کے ایک نوکر تھے وجّی۔ یہ بھی لکھنؤ بھر میں مشہور تھے یہ خاص طور پر محکمہ افیون و حقّہ کے مالک تھے۔ یہ دولھا صاحب کو مقررہ اوقات پر افیون اور حقہ پلایا کرتے تھے۔ حقّے کا تمبا کو اتنا کڑوا کہ توبہ! کسی کو ان کا حقّہ چھونے کی اجازت نہیں تھی۔ اسی بات نے مجھے شوق پیدا کر دیا تھا۔ میں نے ایک بار وجّی کی خوشامد کر کے جلتے ہوئے حقّے کا ایک کش کھینچ لیا۔ کڑواہٹ حلق سے نیچے تک اتر گئی۔ آنکھوں کے نیچے اندھیرا آگیا۔ دس منٹ تک دن میں تارے نظر آتے رہے۔

ایک تھے وزیر گنج میں سیّد محمد حیدر وکیل اور ایک چاندی خانے میں رہتے تھے وصی احمد آتش گر وکیل۔ دونوں ماشاءاللہ زندہ ہیں۔ دونوں شاعری کے دلدادہ، خود بھی شاعر۔ بہت کچھ میری ادبی صلاحیتوں اور ذوق کی تکمیل میں ان دونوں کا بھی ہاتھ ہے یہ دونوں ہمیشہ کچہری کے بعد ادبی بحث کرتے تھے جس میں ہم شریک ہوتے تھے۔ ادبی کتابوں کے تذکرے یا جہاں کہیں مشاعرہ ہوا۔ مشاعرے کے بعد دن یا رات کا کھانا کھاکر اُن اشعار پر بحث ہوتی تھی جو مشاعرے میں بیحد کامیاب رہے یا کچھ نہیں چلے۔

موٹی موٹی کتابیں کھل جاتی تھیں، اور کیا مجال اگر کسی شاعر نے کوئی مضمون کہیں سے لے لیا تو شعر کے باپ دادا، پردادا کا نام نہ نکال لیا جائے۔ چنانچہ شیعہ کالج کے ایک مشاعرے میں ایک بڑے شاعر نے یہ مطلع پڑھا جو مشاعرے میں قیامت ڈھا گیا ؎

لیا ہے زلف نے سرمایۂ تاب و تواں میرا
اندھیری رات میں لوٹا گیا ہے کارواں میرا

صبح 'آبِ حیات' کھلی اور خواجہ وزیر کا مطلع ڈھونڈ کے نکالا ؎

لیا ہے زلف نے تاب و دل و تواں اپنا
اندھیری رات میں لٹتا ہے کارواں اپنا

●

ایک تھے شاید اس زمانے کے سب سے بوڑھے جن کی عمر سو سے اوپر ہوگی۔ ان کے دونوں ہاتھ کٹے ہوئے تھے۔ والد کو ایک دن محلے میں مل گئے۔ والد بڑے تپاک سے کھانا کھلانے گھر لائے۔ چلتے وقت کچھ روپئے بھی نذر کئے۔ میں نے کٹے ہوئے ہاتھوں کی وجہ پوچھی تو والد نے ان کے سامنے کہا کہ یہ وہ ہستی ہیں جنھوں نے نہ جانے کتنے محتاجوں کو امیر بنا دیا۔ کسی بھی بگڑے ہوئے اور تباہ شدہ نواب کو پکڑا اور کہا کہ اگر "لاکھ دلوا دوں تو پچاس ہزار دو گے؟" اس نے کہا "جی ہاں"۔ ان کے نام کا وصیّت نامہ نواب مرحوم کے ہاتھ کی تحریر میں تیار کیا۔ خاندانی شجرہ تیار کیا اور مسل تیار کی اس زمانے کے مرحوم کاتب کی تحریر میں۔ ان کاغذات کو جہاں جہاں سے چاہا دیمک سے چٹوایا۔ خاص خاص جگہ پر اپنے تیار کئے ہوئے رنگ سے دھبے ڈالے اور کچھ دن بعد ان ٹوٹے ہوئے نواب صاحب سے کچہری میں مقدمہ دائر کروا دیا۔ اس عجیب و غریب آدمی کا لکھا ہوا ہر کاغذ ولایت تک بھیجا گیا۔ کوئی شناخت نہ کر سکا اور فیصلہ ہمیشہ

۹۲

انھیں کے حق میں ہوتا تھا کہ یہ کاغذات سو سال پرانے ہیں اور یہ تحریر ان ہی نواب نے اپنے ہاتھ سے لکھی تھی۔

اسی طرح کا ایک وصیت نامہ ایک نواب صاحب کی تحریر میں تیار کرنا تھا۔ ان مرحوم نواب کے ہاتھ میں رعشہ تھا۔ اس شخص نے کڑکڑاتے جاڑے میں ٹھنڈے پانی سے نہاکر وہ وصیت نامہ تحریر کیا اور اس طرح رعشہ کی کیفیت تحریر میں پیدا کی۔ نہ جانے کتنے نوابوں کو دولت دلوادی اور خود بھی کمائی۔ آخر کار پکڑے گئے اور انگریز گورمنٹ نے ان کے دونوں ہاتھ کٹوادیے۔ یہ واقعہ لکھنؤ میں بھی اسی طرح مشہور ہے۔

●

ہمارے بچپن کے دوستوں میں کچھ لڑکے تھے جن کا ذکر ضروری ہے۔ ایک تھے چوڑے ذکی۔ ان کی بڑی بڑی مونچھیں تھیں ہمیشہ سینہ تان کر اور ہاتھ چوڑے کرکے چلا کرتے تھے۔

●

ایک تھے زوّار جو ہروقت ہنسا کرتے تھے۔ ان کی نئی نئی شادی ہوئی۔ ہم سب لڑکے محلّے میں جس آدمی کا بھی حصّہ آئے کھاجایا کرتے تھے۔ حصّہ وہ مٹھائی یا پکوان جو شادی بیاہ، مجلس، یا تہوار کے موقع پر لوگ ایک دوسرے کو بھیجتے ہیں۔ چنانچہ ہم لوگ

کسی کا بھی آئے، اپنا کہہ کر کھا جایا کرتے تھے۔ ہم سب میر زوّار کے مکان پر تاش کھیل رہے تھے۔ دروازہ بند تھا۔کسی نے دروازہ کھٹکھٹایا۔ میں قریب تھا۔ دیکھا تو پوریوں اور کھیر کا حصہ آیا تھا کہیں سے۔ میری حاضر دماغی ملاحظہ ہو۔ زوّار نے پوچھا، جن کی نئی نئی شادی ہوئی تھی "کس کا حصہ ہے ؟" میں نے آہستہ سے کہا" ماسٹر ابوجعفر کا" آغا بوچڑ نے کہا" جو ماسٹر تھے"۔ ہم ان کی بیڑیاں پیا کرتے تھے دن بھر اور جب ہماری جیب میں سگریٹ ہوا کرتی تھی تو ہم ان کی بیڑیوں کو پتیا کہا کرتے تھے اور یہ بہت جلتے تھے۔ انھوں نے کہا "کھا جا !"میں نے آہستہ سے کہا" پیسے دے"۔ یعنی اس آدمی کی مزدوری جو حصہ لے کر آیا تھا۔ رضا نے کہا۔ ہم لوگ اِن رضا کو 'کسوڑے' کہا کرتے تھے۔ یہ جن قسم کا آدمی تھا۔ لکھنؤ میں شہ درے کی مسجد جو جنّاتوں کی مسجد کے نام سے بھی مشہور ہے۔ یہ شہر سے دور ویرانے میں ہے۔وہاں دن میں جاتے ہوئے لوگ گھبراتے ہیں۔ رضا کسوڑے کبھی کبھی رات کو تفریحاً اس مسجد میں سو جایا کرتے تھے۔ ہاتھ کا آپریشن ہوا بغیر بے ہوشی کے ہڈی تک ہاتھ کاٹا جا رہا ہے۔ اور یہ کمبخت مسکرا رہا ہے۔ بہر حال اس نے کہا" میری جیب میں صرف دو پیسے ہیں"۔ زوّار دوڑ کر اندر گئے۔ دو آنے لائے۔ حصہ لے لیا گیا۔ کھیر اور پوریاں

دیکھتے ہی دیکھتے ختم ہوگئیں۔ اب زوّار کو خیال آیا۔ "ابے میری سسرال سے بھی حصّہ آنے والا تھا، کہیں وہ تو نہیں تھا۔" میں نے مسکرا کر پرچہ آگے بڑھا دیا۔ واقعی انھیں کی سسرال سے آیا تھا۔

●

ایک دوست تھے۔ دولھا کے چھوٹے بھائی سید حسن عرف بنّے جو برسوں کے بعد بمبئی میں ملے۔ میں کافی مشہور ہو چکا تھا۔ فلم کی بہت سی کہانیاں لکھ چکا تھا۔ اِس زمانے میں بھی بنّے ایسے لوگ ہیں۔ اس نے سینما کبھی دیکھا ہی نہیں۔ شادی نہیں کی صرف اس لئے کہ بیوہ بہن اور ان کے بچّوں کی پرورش کرتے رہیں۔ ایک پوسٹ آفس کے قریب بیٹھ کر لوگوں کے خطوط اور منی آرڈر فارم بھرتے ہیں۔ چونکہ ممبئی ہے کافی آمدنی ہو جاتی ہے۔ یہ محرّم کی ایک مجلس میں ہم سے ملے۔ بہت سے سینما کے شوقین اور ہمارے قدردان ہمارے گرد جمع ہو رہے تھے اور سلام کر رہے تھے۔ انھوں نے اس بڑھتی ہوئی بھیڑ کو دیکھا بہت ہی غور سے اور سب کی موجودگی میں دریافت کیا کچھ عجیب سا منہ بنا کر کہ یہ سب سالے تجھے جھک جھک کر سلام کیوں کر رہے ہیں۔ سب سن کر چونکے اور میں نے مسکرا کر کہا "بیٹا، کھمبالا ہل کا دادا ہوں۔" دادا یعنی بدمعاشوں کا سردار۔ کہنے

لگے، "او! تو وہی وزیر گنج والا پرانا پیشہ شروع کر دیا ہے۔" میں نے کہا "کیوں کیا بُرا پیشہ ہے۔" اتنے میں میرا لڑکا آیا۔ میں نے کہا "یہ تمھارے چچا ہیں ان کو سلام کرو۔ سب کے سامنے دعائیں دیں۔ کہنے لگے "ماشاء اللہ بڑا پیارا بچّہ ہے۔" پھر ترش لہجے میں مجھ سے بولے۔" خدا کے لیئے کمبخت اس کو اپنا ایسا بدمعاش نہ بنانا۔" اور سب لوگوں نے ایک فرمائشی قہقہہ مارا۔ آج تک وہ یہی دادا سمجھتے ہیں ہم کو۔ ایک بار لوگوں نے سمجھانے کی کوشش کی۔ ہماری موجودگی میں۔ بولے "آپ لوگ کیا جانیں۔ میں اسے بچپن سے جانتا ہوں۔ اگر یہ رائٹر بن سکتا ہے تو قسم خدا کی میں جواہر لال نہرو بن سکتا ہوں۔" اور دیر تک ہم سب ہنستے رہے۔

●

ایک تھے لکھنؤ میں میر مچھلی۔ نو دس سال کی عمر میں، میں نے خود دیکھا ہے کہ آلتی پالتی جمائے پانی پر اس طرح بیٹھے ہیں جیسے کوئی فرش پر بیٹھے۔ ایک زانو پر حقّہ رکھا ہے اور پی رہے ہیں۔ آدھے گھنٹے تک میں نے یہ منظر دیکھا ہے۔ صرف پیروں کے انگوٹھوں اور انگلیوں کی جنبش سے پانی پر قائم رہتے تھے۔ کیا مجال جو ذرا بھی ہل جائیں حسین آباد کے تالاب میں پیراکی کے کرتب دکھائے جاتے تھے۔ شہریوں

کے علاوہ بڑے بڑے انگریز افسر بھی اکثر یہ منظر دیکھنے آیا کرتے تھے۔

●

ایک تھے سجاد علی خاں بنوٹیے۔ لکڑی کے سب سے بڑے استاد۔ سیکڑوں آدمیوں کے مجمع سے لکڑی گھماتے نکل جایا کرتے تھے۔ ان کا ایک منظر میں نے خود اپنی آنکھوں سے دیکھا ہے۔ نواڑ کی چارپائی کے نیچے ایک جنگلی کبوتر چھوڑ دیا گیا۔ اس زمانے کے کمشنر اور ڈپٹی کمشنر اور بہت سے حکام وہاں موجود تھے۔ کیونکر اور کس طرح یہ میں نہیں جانتا۔ لیکن بیس منٹ تک اس بنوٹیے نے، پلنگ پر لیٹ کر ایک چھوٹی لکڑی چاروں طرف تیزی سے گھمانا شروع کی۔ اتنی تیزی سے کہ لکڑی کا ایک جال سا پلنگ کے چاروں طرف بُن گیا۔ جدھر سے کبوتر نکلنا چاہے اُدھر سجاد علی خاں کی لکڑی موجود۔ کبوتر پھڑ پھڑا پھڑ پھڑا کر رہ گیا۔ چارپائی کے باہر کسی طرف سے نہیں نکل سکا۔ اور دو منٹ تک تالیاں بجتی رہیں۔ ان کی لکڑی رُکی اور کبوتر اُڑ گیا۔

●

ایک صاحب اور یاد آ گئے۔ مقبرے کے سید مصطفیٰ عرف مچھو بھائی۔ میں والد کی انگلی پکڑے ہوئے محلّے سے گزر رہا تھا۔ دن کے دو بجے کے قریب کہ مچھو بھائی دکھائی دیے۔ اسی وقت کابلی والا

اپنا بڑا خونچہ سر پر رکھے گزر رہا تھا۔ والد نے خونچہ اتروایا اور مچھو بھائی سے اشارہ کرتے ہوئے کہا۔ "کھاتے ہو ؟" کہنے لگے۔"واللہ ابھی کھانا کھا کر آ رہا ہوں۔" والد نے کہا۔" دو روپیہ دوں گا۔" کہنے لگے۔" بہت کم ہیں۔" والد نے رقم دُگنی کر دی۔ کہنے لگے"پانچ دے دیجیے گا۔ فیصلہ ہو گیا۔"

اس دُبلے پتلے ڈیڑھ پسلی کے آدمی نے پکّے چار سیر کابلی مٹر کھائے۔ پکّے چار سیر آلو کھائے۔ والد نے کہا" اور یہ کھٹائی کی چٹنی !" جو ایک ہنڈیا میں لبالب بھری تھی، اور نہ جانے کتنی لال مرچیں اور پیاز، نمک، ان سب کی بھی شرط تھی۔ کہنے لگے" بہت خوب، آٹھ آنے اور ہوں گے۔ وہ بھی پی گئے اور کھا گئے۔ والد کی زیادتی تھی۔ ان کو پانچ گھنٹے گھر پر روکا کہ شاید مر جائے۔ مگر واہ ! شام کو چائے پی اور فرمانے لگے کہ" کچھ مٹھائی کو دل چاہ رہا ہے"۔ کیونکہ مٹھائی والے کی برابر آواز آ رہی تھی۔ والد نے کہا"ضرور کھاؤ شاید اسی بہانے مر جاؤ"۔ باہر آ کر سیر بھر برفی کھائی۔ کھا کر والد کی طرف دیکھا۔ والد نے کہا"بس اب رحم کرو، لو یہ اپنے ساڑھے پانچ روپیے اور دفع ہو جاؤ یہاں سے۔" روپیے لیکر مسکراتے ہوئے سلام کر کے چلے۔ مگر چلتے چلتے والد صاحب پر یہ جملہ چپکا گئے کہ" شکریہ۔ جب پھر کبھی

گھُلی ہو تو یاد کر لیجئے گا ناچیز کو۔"

●

ایک تھے منّے صاحب سانپ والے۔ یہی نہیں کہ سانپ کو منتر سے پکڑ لیا کرتے تھے۔ ہماری مسجد کے چھوٹے سے مکان میں تین سانپ تھے جو اکثر لوگوں کو کاٹا کرتے تھے اور غائب ہو جاتے تھے۔ ہماری نظروں کے سامنے یہ سانپ بلائے گئے۔ میں بھی تھا اور محلّے کے دوسرے لوگ بھی۔ انھوں نے انگنائی میں ایک گول گھیرا بنا دیا اس کے بعد چاول اور ماش کچھ پڑھ پڑھ کر پھینکنا شروع کئے۔ گھیرے کے اندر ایک برتن میں دودھ بھرا ہوا رکھا تھا تھوڑی دیر بعد تین کالے سانپ ایک کونے سے لہراتے ہوئے نکلے اور جیسا کہ منّے صاحب نے کہا تھا، اس گھیرے کے اندر آکر رک گئے۔ یہ نہ جانے کیا پڑھتے ہوئے آگے بڑھے اور ان کالے سانپوں کو رسّی کی طرح اٹھا کر ایک گھڑے کے اندر ڈال دیا اور کپڑے سے منھ باندھ کر لے گئے۔ یہ لکھنؤ ہی میں نہیں بلکہ پورے یو۔پی میں مشہور تھے۔

انگریزی گورنمنٹ نے چار مہینے کا ٹھیکا دے کر نینی تال بلایا، انھوں نے اس چار مہینے کے عرصے میں بے شمار ایک سے ایک

زہریلا سانپ پکڑا۔ ایک بیحد زہریلے سانپ کے پکڑنے میں ذرا سا چوک گئے۔ سانپ نے کاٹا اور یہ اس کے کاٹتے ہی مر گئے!

●

ایک تھے استاد میر بنیاد حسین جو سیتاپور کے رہنے والے تھے۔ فلم انڈسٹری کے ڈاکٹر صفدر آہ کے دادا۔ میرا بچپن تھا اور اُن کی ضعیفی۔ بڑے سے بڑا پہلوان خواہ گاما ہو یا امام بخش۔ ہندو ہو یا مسلمان۔ جب بھی کشتی لڑنے لکھنؤ آتا تھا، پہلے ان کے پیر چھوتا تھا۔ یہ بے حد سفید رنگ کے ایک پسلی کے آدمی تھے۔ کُرتا اور پائجامہ پہنا کرتے تھے۔ یہ لکڑی کے بھی بہترین استاد تھے۔ ایک واقعہ چشم دید بیان کر دوں:۔

جاڑے کا زمانہ۔ ایک کمرے میں میں، میرے والد مرحوم اور میر بنیاد حسین۔ حلوہ سوہن کھا رہے تھے۔ بالائی والی کشمیری چائے کا انتظار تھا۔ اتنے میں پانچ آدمی ہاتھوں میں لکڑیاں لئے آگئے اور آتے ہی استاد کو بُرا بھلا کہنے لگے۔ کچھ پچھلی دشمنی تھی۔ اس زمانے میں موٹا پیسہ بھی چلا کرتا تھا۔ استاد نے میرے سامنے ایک موٹا پیسہ رومال میں جلدی سے باندھا اور انگنائی میں نکل آئے اور ان پانچوں آدمیوں پر حملہ کر دیا۔ رومال بجلی کی رفتار سے ہوا میں گھوم رہا تھا۔ لکڑیوں سے

بچنے کے لئے استاد بجلی سے زیادہ تیز گھوم رہے تھے۔ جس کے موٹا پیسہ پڑا، وہ گرا۔ استاد کے صرف دو لکڑیاں پڑیں اور دس منٹ کے اندر یہ پانچوں نوجوان بیہوش پڑے تھے اور میر بنیاد حسین بڑے اطمینان سے ان بے ہوش آدمیوں کی رگیں میرے والد کو دکھا کر لکچر دے رہے تھے کہ دیکھو، اگر یہاں ہلکی سی چوٹ پڑے تو آدمی صرف بیہوش ہوجاتا ہے۔ اور اگر اس جگہ ذرا اہٹ کر پڑجائے تو مرجاتا ہے۔ یہ سب کی سب گردن اور اس کے چاروں طرف کی رگیں تھیں۔ دس منٹ میں کیا کرگیا وہ موٹا پیسہ اور یہ سو برس کا بوڑھا جو آج تک مجھے جادو سا معلوم ہوتا ہے۔

●

ہمارے مکان کے قریب رہا کرتے تھے ایک ماسٹر ابو جعفر۔ ان سے ملنے ٹھیک پانچ بجے ایک نواب صاحب آیا کرتے تھے یہ دونوں ایک نیم کے درخت کے نیچے حقہ پیا کرتے تھے۔ ان نواب صاحب کو حسین آباد ٹرسٹ سے پچاس روپئے ماہوار ملا کرتا تھا۔ چہرے پر بے فکری، ہمیشہ خوش نظر آتے تھے۔ ایک گھنٹے تک گپ بازی ہوتی تھی۔ سیکڑوں واقعات شکار کے اور نہ جانے کہاں کہاں کے، سحر بیانی سے بیان کرتے تھے۔ ہم بچے دور کھڑے دیکھا کرتے تھے۔ اور

سنا کرتے تھے۔ باپ مرے اور ان کو پانچ لاکھ روپیہ ملا۔ سب شکار اور مختلف قسم کے شوقوں میں اُڑا دیا۔ ماں مریں پھر چار لاکھ ملا، وہ بھی اُڑا دیا۔ پھوپا مرے سات لاکھ ملا، وہ بھی اُڑا دیا۔ چچا بھی لاولد مرے پھر پانچ لاکھ ملے، وہ بھی اڑا دیئے۔ نوابین کو وثیقہ ملا کرتا ہے۔ ان کا سات سو روپیہ ماہوار وثیقہ تھا۔ وہ بھی لاکھوں کا بیچا اور آخری بار وہ بھی اُڑا دیا ہم سب بچّوں نے ایک بار شکار کے قصّے سنتے سنتے پوچھا کہ "آخر آپ نے اتنا روپیہ اُڑایا کس طرح؟" کہنے لگے "اب زبان سے کیونکر بتاؤں۔ اگر ایک بار پھر مل جائے تو اُڑا کر تم بچّوں کو دکھا دوں گا کہ کس طرح اُڑایا۔"

یہ پچاس روپئے مہینے میں بھی اتنے ہی خوش نظر آتے تھے جتنے لاکھوں روپئے کے زمانے میں تھے۔ نہ ماتھے پر شکن اور نہ مفلسی کا غم! ایک بار انڈے خرید رہے تھے میں نے پوچھا۔ "نواب صاحب انڈے خرید رہے ہیں؟" بولے۔ "نواب صاحب نہیں خرید رہے ہیں۔ یہ انڈے زمانہ خرید رہا ہے۔" جب زمانہ اور وقت ایک حال پر نہیں رہتا تو اپنی حالت کا غم پاگل پن نہیں تو اور کیا ہے۔ انسان کو ہر حال میں خوش رہنا چاہیئے۔ ہر وقت خوش رہنا چاہیئے۔ کیونکہ یہ وقت بھی پلٹ کر آنے والا نہیں ہے۔ آج اگر اس وقت کا فائدہ نہ اٹھایا گیا تو کل اس وقت کا بھی غم منانا پڑے گا۔

●

ایک تھا پاگلوں کا خاندان جو سب کے سب پاگل تھے۔ جن میں نمایاں طور پر تین پاگل لیکن بالکل بے ضرر۔ یعنی ایسے پاگل جو کسی کو کوئی نقصان نہیں پہنچاتے تھے بلکہ روتوں کو ہنسا دیتے تھے۔ ایک تھے ان میں سے، امراؤ صاحب جو چوسر بھی کھیلتے تھے اور ناممکن پانسوں کا نام لے کر وہی پھینک بھی دیا کرتے تھے۔ محلّے کے بڑے بڑے سنجیدہ قسم کے بزرگ کو "کہو جنیاں کیسی ہو؟" کہکر مخاطب کرتے تھے۔ اکثر افیم کی تعریف میں یہ گنگنایا کرتے تھے ؎

پوچھا موسیٰ نے خدا سے کہ میں کھاؤں افیوں
ہاتفِ غیب سے آئی یہ صدا "ہوں ہوں ہوں"
اس کے اوصاف تو تم مجھ سے نہ پوچھو پیارے
بوندی بادل میں کبھی میں بھی گھٹک لیتا ہوں

انھیں سڑی کی بتائی ہوئی ایک ترکیب نے اس زمانے میں ایک بہت بڑی بازی جیت لی۔

'سائمن کمیشن' لکھنؤ آیا۔ قیصر باغ میں بہت بڑی دعوت۔ پولیس کا سخت پہرہ، کیونکہ کئی مقامات پر "سائمن واپس جاؤ" کے نعروں سے ہندوستانی ان کا استقبال کر چکے تھے لکھنؤ میں انگریز حکام نے پورا

انتظام کیا تھا کہ کوئی ان کے قریب نہ پہنچ سکے۔ امراؤ صاحب نے ترکیب بتائی کہ آج کل ہَوا قیصر باغ کی طرف کی ہے۔ بڑے بڑے کنکوؤں پر "سائمن گو بیک" لکھو اور اس طرح پیچ لڑاؤ کہ کنکوے کٹ کٹ کر ٹھیک اس پارٹی میں گریں۔ یقین مانئے۔ پارٹی ہورہی تھی بڑے بڑے افسر موجود تھے۔ پولیس اور ملٹری کا پہرہ دُور دُور تک تھا اور پارٹی میں سیکڑوں کنکوے کٹ کٹ کر گر رہے تھے جن پر لکھا ہوا تھا۔ سائمن گو بیک !

آزادی کی یہ جنگ کچھ لوگوں کی نہیں بلکہ دیش کے بیالیس کروڑ آدمیوں کی جیتی ہوئی ہے۔ جس میں اس پاگل نے بھی حصّہ لیا ہے۔

●

بابا ہزارا کے گدی نشینوں میں ایک تھے ست گرو جن کو لاکھوں روپیہ بابا ہزارا کا ملا تھا۔ یہ کبھی کبھی شری ناتھ، بتّو لال، شیام ناتھ اور پیتو لال کے گھر پتھّر والی بانکوں کی مشہور گلی میں آیا کرتے تھے۔ تاش اور جوئے کے سلسلے میں اور دیوالی میں کوڑی کے سلسلے میں۔ ان مبارک محفلوں میں ہوتے تھے مرزا محمد حیدر۔ ممّے صاحب کے بیٹے جنھوں نے ایم۔ اے کیا تھا۔ اپنی ساری زندگی اور تمام ڈگریاں جوئے اور ریس کی نذر کر دیں۔ سیّد آغا مرحوم

ان کے بڑے بھائی سنجھو مرحوم بھی آتے تھے۔ نظیر حسن، امیر حسن وغیرہ۔ ایک نوجوان جن کا نام فرقت تھا، ایک آنکھ ذرا سی دبی ہوئی تھی کسی باہر کے محلے سے آتے تھے اور جب یہ رئیس نوجوان آتا تھا تو سب فلش آپس میں مل کر کھیلتے تھے۔ اور یہ ہندو مسلم اتحاد ان غریب کی جیب ہمیشہ خالی کروالیا کرتا تھا۔ پتے ایسے میں، ان کی آنکھ بچا کر ملائے جاتے تھے اور ان کو لوٹا جاتا تھا۔

ایک دن پہلی تاریخ۔ سب کے پاس مال ہی مال۔ اور یہ شخص آیا۔ نہ جانے کس نے پتے بانٹے اور اس آنکھ دبی ہوئی نوجوان کے پاس تین یکے آگئے۔ جو اس کھیل میں سب سے بڑے ہوتے ہیں۔ چالیں چلی جانے لگیں۔ بہت سی چالیں ہوگئیں۔ اب اس نے جان بوجھ کر کسی سے ماچس مانگی۔ آرام سے سگریٹ سلگائی تاکہ سب کو چوری سے تاش بنانے کا موقع مل جائے۔ بڑی جلدی میں تین بادشاہ بنائے گئے۔ آدھے گھنٹے تک چالیں ہوتی رہیں اور اس دن ہم سب کا ایک ایک پیسہ جیت کر لے گیا، اور چلتے وقت یہ بھی کہہ گیا کہ میں نے اپنے پتے دیکھ کر یہ حرکت کی تھی کہ تم لوگ پتے چوری سے بنالو اور سب کے سب مرد۔

●

یہ ہم سب کی زندگی کا بدترین مہینہ تھا۔ صرف قرض پر کام چلتا رہا۔ بہرحال ست گرو بھی کبھی کبھی آتے تھے، اور ہم لوگ رئیس ہو جاتے تھے۔ ست گرو نے ایک کرکٹ کلب بھی شروع کیا تھا۔ ہم تو ہر کھیل میں گھستے تھے۔ اور ہر کھیل اچھا کھیلتے تھے، وہاں بھی گھسے بہترین نیلے کوٹ، کئی سفید گرم پتلونیں ملیں۔ قمیضیں ملیں اور اچھے سفید جوتے۔ کچھ مہینے یہ سلسلہ جاری رہا۔ کئی بار ہم نے ست گرو سے کسی کی موت کا بہانہ کرکے روپئے بھی وصول کئے۔ عجیب بات ہے ہمیشہ دو چار سے زیادہ روپئے نہیں دیے لیکن جب یہ جھوٹ بول کر مانگے کہ کسی طوائف یا لڑکی پر طبیعت آگئی ہے تو اس کام کے سلسلے میں سّو سے کم کبھی نہیں دیئے آج بھی سُنا زندہ ہیں۔ حالات اور عمر نے ہر شوق میں کمی ضرور کردی ہے مگر شوقین مزاجی کا وہی عالم ہے۔

●

ایک تھے کلکتہ کے احمد بندے علی۔ کبھی کبھی لکھنؤ آیا کرتے تھے۔ جب ہم رنگون سے کلکتے آئے ہیں تو ان سے ملاقات ہوئی۔ عجیب و غریب آدمی تھے۔ ان کے دو چار دوست ہندو اور دو چار مسلمان، سب کی سگریٹ کے ذمہ دار۔ سب کے کپڑوں کے ذمہ دار، غرض سب

کی ہر قسم کی مفلسی کے ذمہ دار۔ اس زمانے میں ہزاروں روپیہ ماہوار خرچ کرتے تھے۔ ایک طوائف ضرور نوکر رہتی تھی۔ جب اس پر غصہ آتا تھا دوسری نوکر ہو جاتی تھی، لیکن پہلی طوائف کی تنخواہ جاری رہتی تھی، اور اسی کے کمرے کے سامنے اس کو جلانے کے لئے دوسری کے گھر جایا کرتے تھے۔ وہ طوائف اور ہم سب دل ہی دل میں ہنسا کرتے تھے۔ روز رات کو شراب ضرور پیتے تھے اور ہم سب کو لے کر کسی اچھی گانے والی کا گانا ضرور سننے جاتے تھے۔ جوا سب کو روپیہ دیکر کھلواتے تھے۔ جتنا جیت جاؤ، لے جاؤ اور جتنا ہار جاؤ بس اتنا ہی دے جاؤ۔ جس دن اتفاق سے جیت جاتے تھے، بے انتہا خوش ہوتے تھے۔ اس طرح لاکھوں روپئے انھوں نے اُڑا دیئے۔

ایک دن بارہ بجے رات کو جگایا۔ نشہ میں دھت! زبردستی سب کو گانا سنوانے پکڑ لے گئے۔ ہم لوگ ایک طوائف کے مکان پر پہنچے۔ ہم سب کو ایک کمرے سے دوسرے اور دوسرے سے تیسرے میں بٹھا دیا گیا۔ آجتک یہ راز میری سمجھ میں نہیں آیا کہ اس وقت مجھے وحشت سی کیوں ہونے لگی تھی۔ ہم سب بیٹھے ہی تھے کہ باہر سے دروازہ بند ہونے کی آواز آئی۔ میں نے چونک کر کہا۔ "یہ دروازہ کیوں بند ہوا؟" سب میری وحشت پر ہنسنے لگے کہ ہوا ہوگا، آپ سے کیا۔ کچھ منٹ بعد مجھ سے نہ رہا گیا کسی بہانے

اٹھا۔ چاروں طرف کمرے میں نظر دوڑائی۔ ایک جگہ کونے میں ایک چھوٹے سے تخت پر ——— ایک تازہ کٹی ہوئی لاش پڑی تھی۔ اوپر چادر پڑی تھی۔ جیتا جیتا خون ٹپک رہا تھا۔ میں نے چادر اُلٹی اور سب بے تحاشا چیخ اُٹھے۔ یہ تھی وجہ دروازہ بند ہونے کی، اور ہم کو پھنسوانے کی۔ دروازہ ٹھوکا گیا، کھٹ کھٹایا گیا، دھڑ دھڑایا گیا۔ بند! کوئی جواب نہیں۔ سب کے حواس غائب۔ میری لیڈرشپ میں سب باتھ روم میں گھُسے۔ ایک جالی توڑی گئی اور پائپ لائن سے اتر کر۔ کس طرح ؟ اللہ جانے! ہم لوگ ایک گھوڑے پر پھاندے اور بھاگے۔ جب ہم لوگ احمد صاحب کی بڑی موٹر میں بیٹھ رہے تھے تو پولیس کے بہت سے سپاہی اس بلڈنگ میں گھس رہے تھے۔

اسی رات کو احمد صاحب نے نہا دھو کر نماز پڑھی اور توبہ کی۔ شراب پینے کی۔ گانا سُننے کی، طوائف کے گھر جانے کی۔ صرف بارہ گھنٹے تک یہ توبہ رہی ——— پھر وہی زندگی۔

ہماری اردو ناول پڑھنے کی ابتدا عبدالحلیم شرر سے ہوئی یہ ہمارے محلّے میں اکثر سر وزیر حسن مرحوم سے ملنے آیا کرتے تھے اس زمانے میں وزیر حسن وزیر گنج میں رہا کرتے تھے اور بیرسٹر تھے۔ یہ وہی وزیر حسن

ہیں جو آگے چل کر لکھنؤ کے چیف جج مقرر ہوئے۔ یہ سجاد ظہیر، علی ظہیر اور ڈاکٹر حسین ظہیر ایسی مشہور شخصیتوں کے والد تھے۔ شرر کی ہم نے تمام ناولیں پڑھی ہیں۔ ان کے علاوہ فدا علی خنجر اور اردو کے سب ہی لکھنے والوں کی ناولیں ہماری نظر سے گذری ہیں۔ ہم اس زمانے میں" اودھ پنچ کے پرچے بھی پڑھا کرتے تھے۔ جبکے اڈیٹر سجاد حسین اور بعد میں ممتاز حسین عثمانی تھے جو اس زمانے کے سب سے بڑے ادیب، سیاست داں اور شاعر تھے۔ ممتاز حسین عثمانی نے نہ جانے کتنے خطوط منطق آرا بیگم بنام لارڈ ارون، اودھ پنچ میں لکھ ڈالے۔ لارڈ ارون اس زمانے کے وائسرائے تھے۔ میرے خیال میں یہ ابتدائی باغیوں میں سے ایک سرپھرا باغی تھا جس نے عجیب ڈھنگ سے اخبار میں آزادی کا نعرہ لگایا۔ افسوس ہے کہ اس بے پناہ شخصیت کا تذکرہ، اس روشن دماغ، جینیس کا ذکر ہم آج کل کے کسی ادیب، کسی شاعر اور کسی سیاست داں سے نہیں سنتے۔ ایسا طنز نگار چراغ لے کر ڈھونڈنے سے نہیں مل سکتا۔ تصدیق کے لئے اودھ پنچ کے پرچے پڑھ لیجئے جن کے اوراق پریشان آج بھی طنز نگاری اور انشا پردازی کا وہ نمونہ نظر آئیں گے جو آپ اپنی مثال ہیں۔

●

ہمارے مکان کے سامنے رہا کرتے تھے ڈاکٹر ہادی حسین مرحوم

۱۰۹
جن کے لڑکوں سے یعنی زوّار اور لیاقت سے ہماری بہت دوستی تھی۔ ان کے گھر میں "طلسم ہوش رُبا" کی تمام جلدیں اور نہ جانے کون کون سی کتابیں "طلسم نور افشاں" پڑھ ڈالیں۔ جس کا یہ اثر ہوا کہ اس زمانے میں مختلف قسم کے پلاٹ بناتے تھے، اپنے آپ کو ہیرو تصور کرتے تھے۔ مثلاً وہ افراسیاب آیا۔ وہ میں نکلا، گویا کوکب روشن ضمیر نکلا۔ جب کبھی اسکی لڑکی بُرّاں شمشیر زن کی یاد آتی تھی فوراً کوکب روشن ضمیر اس کے باپ کی جگہ اس کا عاشق بن جاتا تھا۔ جب کبھی ملکۂ بہار کی یاد آتی تھی افراسیاب بن جاتا تھا۔ واقعی یہ چھ سات جلدیں بلکہ چھ سات ہزار صفحوں کا دفتر بھی خوب ہے۔ ہزاروں جادوگر، مجال ہے، ایک کا دوسرے سے نام مِل جائے۔ سیکڑوں عشق مگر کیا مجال ایک کا عشق دوسرے کے عشق سے مل جائے۔ غرضکہ ایک سلسلہ ہے، ایک دریا ہے جو اُسی رفتار اور اُسی زور شور سے بہتا چلا جارہا ہے۔ اردو، ہندی اور فارسی کی شاعری بھی موجود ہے۔

ہر جادوگر کی نرالی شان اور اس کے نام کی مناسبت سے۔ مثلاً ملکۂ بہار کا ذکر، اس کا جادو۔ جب وہ لڑنے نکلے گی بہار کا موسم آجائے گا۔ اس کا گلدستہ چلتے ہی ہزاروں لڑنے والے اپنا گریبان پاگلوں کی طرح پھاڑ ڈالیں گے۔ ان کتابوں کے متعلق میں نے پٹنے کے سر سلطان احمد اور بڑے بڑے ادیبوں کی موجودگی میں پروفسر امیر علی کو کہتے سُنا ہے کہ

فینٹسی کی دنیا میں یہ کتابیں ساری دنیا کی اہم ترین اور دلچسپ کتابوں میں ہر لحاظ سے سب سے زیادہ بلند ہیں۔ کاش! ان کا انگریزی میں ترجمہ ہوتا اور ساری دنیا دیکھتی کہ اُردو میں بھی کیسے کیسے شہ پارے موجود ہیں۔"

یہ کتابیں میرے والد کے بچپن میں " آغا میر کی ڈیوڑھی کے قریب ایک نواب رہتے تھے۔ نواب فغفور مرزا مرحوم ، اکثر اُن کے مکان پر لکھی گئیں ___ اور کس طرح ؟ سیکڑوں آدمیوں کا مجمع ہوتا تھا۔ احمد حسین قمرؔ افیم کی پیالی سامنے رکھے بول رہے ہیں اور منشی نول کشور مرحوم کے آدمی لکھتے جا رہے ہے۔ گھر سے نوکر گھبرایا ہوا آیا۔ احمد حسین قمرؔ سے کہا " چلئے بیگم صاحب کی طبیعت اکدم سے خراب ہوگئی "۔ انھوں نے اشارہ کیا اپنے چھوٹے بھائی محمد حسین جاہ کو وہ اُٹھ کر کرسی پر بیٹھ گئے اور شروع ہو گئے۔ وہی افیم کی پیالی، وہی روانی۔ اسی طرح لکھا جا رہا ہے۔ دو ڈھائی گھنٹے کے بعد وہ پھر آ گئے۔ بھائی سے پوچھا " ہاں کہاں تک پہنچے ؟ " انھوں نے جواب دیا " آپ یہاں تک چھوڑ گئے تھے کہ افراسیاب لڑنے کو تیار ہو رہا ہے۔ ملکہ بہار کی موجودگی میں میں نے قلعے کے اندر کی جنگی تیاریاں دکھا دی ہیں"۔ دیکھیئے وہ قلعہ کا پھاٹک کھُلا۔ وہ لشکر پر ملکہ بہار کا پہلا گلدستہ پڑا۔ پھول بکھرے موسم بہار آ گیا۔ لوگ پاگل ہونا شروع ہو گئے۔ پھر افیم کا دَور چلا۔ پھر وہی روانی

پھر منشی نول کشور کے آدمی لکھنے میں مصروف ہو گئے ـــــــ ! یوں لکھے گئے ہیں یہ جواہر پارے جن کا دنیا کے ہر ادب میں کوئی جواب نہیں ہے۔

●

اب میں پلٹوں اپنے سگے بہنوئی سید محمد حسین عرف لاڈلے صاحب کے کیرکٹر کی طرف۔ یہ دلچسپ کیرکٹر نہ جانے کیسے مجھ سے رہا جا رہا تھا بڑا ہی ظلم ہوتا اگر میرے بچپن اور ان کے ادھیڑ عمر کی جھلکیاں آپ کے سامنے نہ پیش کی جاتیں۔

یہ کلکتے میں جوٹ کی بزنس کرتے تھے۔ چار چھ مہینے لکھنؤ میں رہتے تھے اور چار چھ مہینے کلکتے میں۔ انھوں نے اپنے چھوٹے بھائی کو جن کا نام سید سجاد حسین عرف میاں جانی رکھا تھا۔ بی۔ اے پاس کروایا۔ کلکتے میں اسی جوٹ کے بزنس کی ٹریننگ بھی دی اور غالباً یہ پہلے ہندوستانی تھے جو سر عثمان جمال کے جنرل مینجر بن کر امریکہ گئے اور نیو یارک میں چالیس سال سے رہتے ہیں۔ جوٹ کا بزنس کرتے ہیں۔ انھوں نے شادی نہیں کی یہ عجیب و غریب شخصیت کے مالک ہیں۔ چالیس سال سے برابر اپنے خاندان بھر کے ہر غریب اور صاحب ضرورت لیکن ایک دو صاحب بلا ضرورت کو بھی دو سو۔ تین سو، پانچ سو، سات سو روپے ماہوار بھیجتے رہتے ہیں اس کے علاوہ شادی بیاہ، غمی اور تہوار کے موقعوں پر بھی بھیجا کرتے

ہیں ۔ یہ چھوٹے بھائی ہیں اور ان کے بڑے بھائی کی شادی ہماری بہن کے ساتھ ہوئی تھی ۔ بڑے بھائی صاحب کی پہلی شادی ہمارے چچا زاد بھائی سید محمد نواب کشمیری کی بہن سے ہوئی تھی جو تھوڑے ہی عرصہ بعد اللہ کو پیاری ہوگئیں ۔ نواب کشمیری ہندوستان کے سب سے بڑے کیریکٹر ایکٹر تھے ۔ انھوں نے "یہودی کی لڑکی" میں بوڑھے یہودی کا رول ادا کرنے کے لئے اپنے تمام دانت نکلوا دئے تھے ۔ یہ بات ہر شخص مانتا ہے کہ ان سے بہتر کیرکٹر آرٹسٹ ہندوستانی فلم انڈسٹری اب تک پیدا نہیں کرسکی اور شاید آئندہ بھی ان کا مثل پیدا نہ ہوگا ۔ کچھ سال ہوئے کینسر کے مرض میں ممبئی میں انتقال ہوا ۔ دو مصرعے میں نے کہے جو ان کی قبر پر لکھے ہوئے ہیں ۔

نام رہ جائے گا نواب ترا
مل سکے گا نہ اب جواب ترا

●

تو یہ ہمارے پھوپی زاد بھائی لاڈلے صاحب جب سے ہم نے ہوش سنبھالا ، خاندان بھر میں ، محلے بھر میں بلکہ شہر میں سب سے زیادہ غصہ ور یہی تھے ۔ ان کے غصے سے سب ہی ڈرتے تھے ۔ کیا بچے ، کیا بڑے ، کیا بوڑھے ۔ حد ہوگئی ، محلے والے اور شہر کے ملنے جلنے والے بھی ڈرتے تھے ۔ نہ جانے کس وقت کیا کہہ جائیں ۔ "شہدا" تو تکیہ کلام تھا ۔

بات بات پر کہتے تھے ان کے استاد مولوی سید صادق صاحب تھے۔ بس یہ لاڈلے صاحب سے تم اور تو کر کے بات کرتے تھے۔ اور لاڈلے صاحب بھی ان کا بیحد ادب کرتے تھے۔ مولوی صاحب ایک دن کہیں لنگی باندھ کر ہماری مسجد میں آگئے۔ لاڈلے صاحب نے ان کو آداب کیا۔ ان کی لنگی پر ان کی نظر پڑی۔ بڑی عزت سے قریب بلایا۔ بہت سے لوگ موجود تھے۔ بولے "آپ میرے بزرگ ہیں، استاد ہیں، باپ کے برابر ہیں، مگر اس کے ساتھ ساتھ شُہدے بھی ہیں، بدمعاش ہیں یعنی موالی ہیں۔ یہ لُنگی باندھ کر یہاں مسجد تشریف لائے ہیں۔" مولوی صاحب سیکڑوں باتیں سناتے مسجد سے باہر چلے گئے۔

لاڈلے صاحب کپڑے نایاب پہنتے تھے۔ جوتا اور موزے بھی بہت عمدہ ہوتے تھے، اور عینک بھی بیحد قیمتی لگاتے تھے۔ سگریٹ کے عادی نہیں تھے مگر کبھی کبھی لوگوں کے سامنے صرف اس لئے پیتے تھے کہ بہترین سگریٹ کسی کو پیش کریں۔ اور اپنا سونے کا سگریٹ ہولڈر کام میں لائیں۔ پورے لکھنؤ میں یہ ایک ہی تھے جن کی ساری زندگی دکھاوے میں، اپنے آپ کو نمایاں کرنے میں گذر گئی۔ ان کا ایک اور خاص لفظ تھا 'پوزیشن'۔ چوبیں گھنٹے ان کی زندگی اسی لفظ کے چاروں طرف گردش کیا کرتی تھی ——!

ایک صفت ان میں اور تھی۔ چاہے خود تکلیف اٹھالیں، مگر

دوسروں کے کام ضرور آئیں گے، اور جب غصہ آئے گا تو سب سے کہتے پھریں گے کہ میں نے اس کے ساتھ یہ سلوک کیا تھا۔ یہ شہدا نکلا۔ ڈپٹی کمشنر کمشنر، اور گورنر سے ملنے کے دلدادہ۔ اور بلائے بھی جاتے تھے۔ غرض مصنوعی شہرت کے عاشق۔ بڑے بڑے ادیب، مشہور شاعر اور ہر فن کے استاد ان سے ملنے آیا کرتے تھے۔ منشی فدا علی خنجر۔ امانت۔ فصاحت، نواب تقی صاحب ہندوستان کے سب سے بڑے چوسر باز۔ مولانا محمد شفیع لکھنؤ کے سب سے بڑے کنکوّے باز۔ منجھو صاحب اور سجاد حسین سوز خوان جن کی آواز اور سوز خوانی کا مثل اب مل نہیں سکتا۔ غرض مرغ باز۔ بٹیر باز، مرثیے خواں، حدیث خواں، قومی لیڈر، سبھی کو بلایا کرتے تھے۔ ایک دن دیکھا کہ نواب چُنن جن کا اصل نام غضنفر تھا مشہور ہاکی کے کھلاڑی، انھیں ساتھ لئے آرہے ہیں۔ شاید ان کو کوکین کے پان یا کسی اور شوق کے سلسلے میں روپیوں کی ضرورت ہوگی۔ نواب چُنن کے متعلق کچھ سال پہلے میں نے دھیان چند کو بمبئی میں یہ کہتے ہوئے سُنا ہے مسٹر جنبل اور دوسرے ہاکی کے کھلاڑیوں کی موجودگی میں کہ " چنن ایسا فل بیک نہ ہمارے ملک میں پیدا ہوا ہے اور نہ اب پیدا ہوگا۔"

یہ پہلی اولیمپک ہاکی ٹیم میں چُنے گئے تھے۔ انھوں نے اس زمانے کے انگریز افسروں سے کہا تھا کہ دو چیزیں ملیں گی تو یورپ جاؤں گا۔ ایک

نوجوان کمسن لڑکا میرے ساتھ جائے گا۔ اور دوسرے کو کین کے پان۔ یہ دونوں چیزیں نہیں ملیں، اور یہ بندۂ خدا نہیں گیا۔ مجبور ہو کر ہندوستانی ٹیم نے ان کی جگہ مشہور ریلوے کے ایک کھلاڑی ہیمنڈ کو چن لیا۔

بہرحال لاڈلے صاحب کے گرد اہل کمال کا ایک گھیرا رہا کرتا تھا لاڈلے صاحب کی اور ہماری بچپن سے چوٹ چلا کرتی تھی۔ ہم ان سے ڈرتے بھی بہت تھے لیکن کرتے بھی وہی تھے جسے وہ منع کرتے تھے۔ اور ان کا ساتھ دیتے تھے ہمارے والد صاحب۔ لاڈلے صاحب مختلف قسم کی سخت سے سخت سزائیں دیتے تھے اور ہم ان سزاؤں کے باوجود کرتے اپنی ہی من مانی تھے۔ ڈلریا دودھ والی کے باغ میں لڑکوں کے ساتھ فٹبال کھیلنے کو منع کرتے تھے اور ہم کہاں ماننے والے۔ ایک بار یہ ہم کو پکڑنے دوڑے اور ہم اس انداز سے بھاگے کہ لاڈلے صاحب کو یہ یقین کہ بس اب میں نے پکڑا اور اب۔ اس باغ میں بڑے بڑے گوبر کے چھوت سکھانے کے لئے رکھے رہتے تھے۔ یہ ہمارا تعاقب کر رہے ہیں۔ ہم جان بوجھ کر گوبر کے چھوت کی طرف بھاگے اور اسے پھاند گئے۔ یہ بھی ہمارے ساتھ پھاند گئے۔ اب ہم نے بھاگتے بھاگتے اونچا سا گوبر کا چھوت تاکا اور اسے پھاند گئے۔ پہلے کی طرح اسے بھی انھوں نے پھاندنے کوشش کی۔ مگر ـــــــ ناکام! گردن تک گوبر میں دھنس گئے۔ ہم نے پھر اسی طرح

فٹ بال کھیلنا شروع کر دیا۔ ایک دودھ والے نے انھیں باہر نکالا۔ اور ہم پھر اپنی جان لیکر بھاگے۔ خیر یہاں تو ان کے ہاتھ نہیں آئے لیکن گھر پر خوب ہی خوب پٹائی ہوئی اور ایسی ایسی کڑی سزائیں ملیں کہ آپ یقین مانیے کوئی کمزور قسم کا لڑکا ہوتا تو مرگیا ہوتا۔

جسمانی سزاؤں کے علاوہ سب سے بڑی سزا یہ ملی کہ دوسرے دن اتوار تھی۔ کنکوے کا میدان لڑنے والا تھا۔ ہم نے چھٹی کا دن سمجھ کر تار، سادی اور کنکیاں لاکر رکھیں۔ کنکیوں کے کنّے باندھے۔ تار کے ٹکڑے کرکر کے باندھا۔ سادی چرخی پر چڑھائی۔ سارا انتظام کنکیاں لپٹانے کا کیا۔ لاڈلے صاحب نے دیکھا اور صبح تڑکے ہی مولوی صاحب بلالئے گئے ہمیں دن بھر پڑھانے کے لئے۔ مولوی صاحب نے ہر عذر سننے سے انکار کر دیا۔ گیارہ بجے پیشاب کا بہانہ کام آیا۔ جلدی سے باورچی خانے میں گھسا۔ شامی کباب روٹیوں میں رکھکر اور ایک لوٹے میں پانی بھر کر بھاگا۔ ماما یعنی کھانا پکانے والی چیخی۔ اس کے چیخنے سے سب ہمیں پکڑنے دوڑے۔

ہم پہلے کوٹھے پر پہنچ کر پہلا زینہ بند کر چکے تھے، پھر دوسرا اور پھر کنکوا بڑھا دیا۔ نیچے سے ہمارے والد، لاڈلے صاحب اور مولوی صاحب نے طوفان مچانا شروع کر دیا۔" اتر آو، ورنہ مار ڈالوں گا۔"

ہم نے بجد اطمینان سے جواب دیا، "رات کو، ابھی نہیں۔" اور پھر

کٹی ہوئی کنکیا لپٹانے لگے۔ لاڈلے صاحب لمبی سی سیڑھی لے آئے۔۔۔ اور اوپر آنے کے لئے لگا دی۔ ہم نے کئی بار سیڑھی پھسلا پھسلا دی۔ کبھی لاڈلے صاحب، کبھی والد صاحب اور کبھی مولوی صاحب زمین پر تشریف لے آتے تھے، آخر تھک ہار کر سب لوگ کھانا کھانے بیٹھے۔ شامی کباب سب غائب تھے۔ بڑی بہن کے اشاروں کی خوشامد کے بعد ہم نے کچھ کباب کاغذ میں لپیٹ کر نیچے پھینکے۔ یونہی رات ہوگئی۔ نہ جانے کس کس کا کوٹھا پھاند کر پھوپی اماں کے مکان پر سونے پہنچ گئے۔

وہاں سنا قدرت متاکو والے کے مکان پر مولود شریف ہے۔ بڑے بڑے لڈو تقسیم ہوں گے۔ جی للچایا۔ قدرت کا مکان پھوپی اماں کے مکان سے ملا ہوا تھا۔ دیکھا تو لاڈلے صاحب، ابا اور مولوی صاحب تینوں کے تینوں چلے آرہے ہیں۔ ایسا لگا کہ یہ تینوں ہمارے حصے کے لڈوؤں کو روندتے چلے آرہے ہیں۔ پھوپی اماں کے مکان کے باہر ایک نکٹی کبڑن کی دوکان تھی۔ وہ کبڑن رات کو مکان کے اندر، پاٹ کے نیچے جو جگہ تھی اس میں بڑے بڑے کدو رکھ جاتی تھی تاکہ تازہ رہیں۔ غصے میں اٹھ کر ہم وہ سارے کدو کوٹھے پر لے گئے اور وہاں سے مولود شریف میں برسانا شروع کر دیے۔ پہلا کدو مولانا کے سر پر، جب تک وہ سنبھلیں سنبھلیں دوسرا کدو لاڈلے صاحب کے سر پر۔ لگاتار کدو پھینکنا شروع کر دیے۔ کیسا

مولود شریف اور کیسا کچھ مجمع درہم وبرہم ہوگیا۔ کسی کی سمجھ میں کچھ نہ آیا۔ جب کوئی بات سمجھ میں نہیں آتی ہے تو اس کی ہیبت طاری ہوتی ہے۔ سب چلا رہے تھے کہ جنّات کدّو پھینک رہے ہیں۔ ہر شخص کو اپنے سر پر کدّو اور پیچھے جنّات دکھائی دے رہا تھا۔ ہم نے پھوپی امّاں کی چھت پر سے لوگوں کے ساتھ لاڈلے صاحب، والد صاحب اور مولوی صاحب کو بھی بھاگتے دیکھا۔ دومنٹ کے اندر اندر میدان صاف تھا۔ ہم قدرت کے کوٹھے پر پھاندے۔ سارے لڈّو لیکر بھاگ کھڑے ہوئے۔

صبح جتنے لڈو کھائے گئے کھائے باقی دوسرے محلّے میں جاکر بیچ ڈالے اور ان لڈّوؤں کی رقم سے ببولال اور رادھیکا پرشاد کے گھر فلش کھیلتے رہے۔ صبح نکشی ترکاری والی نے ہلڑ مچایا۔ کدّو کے ٹکڑے چن چن کے لائی۔ معاملہ کھل گیا۔ اور ہم پھوپی اماں کے گھر سے بھی نکال دیے گئے۔ اب رات کو سونے کا سوال تھا۔ ہر گھر کا دروازہ ہمارے لئے بند ہوچکا تھا۔ محلّے کی مسجد میں سونے گئے۔ جاڑے کا زمانہ قیامت کی سردی پڑ رہی ہے۔ توبہ توبہ نماز پڑھنے کی چٹائیاں لپیٹ کر سوگئے۔ صبح صبح سردی پورے شباب پر لاڈلے صاحب، والد اور مولوی صاحب نماز پڑھنے آگئے۔

ہم تو ریشم کے کیڑے کی طرح اپنے خول میں گھسے رہتے لیکن لاڈلے صاحب کی نظر ہم پر پڑ گئی اور ہم فوراً چٹائی سے نکل کر بھاگے۔ دروازہ

والد صاحب اور مولوی صاحب سے رکا ہوا تھا۔ تنہا لاڈلے صاحب ہمارے پیچھے دوڑ رہے تھے۔ کسی طرح پکڑ نہیں پائے تو والد اور مولوی صاحب بھی ہاتھ پھیلائے ہمارے قریب۔ اور قریب آگئے۔ ہم نے نکل بھاگنے کے لئے جست کی، اور لاڈلے صاحب اور مولوی صاحب سمیت مسجد کے حوض میں — ! لاڈلے صاحب اور مولوی صاحب تو میری وجہ سے حوض میں گرے، لیکن والد تو مجھ سے الگ تھے وہ خدا جانے کیسے حوض میں آ رہے۔

اس حوض میں تین تین چار چار دن کا پانی بھرا رہتا ہے۔ اور دسمبر جنوری کے زمانے میں اتنا ٹھنڈا کہ کہا جاتا ہے، کہ جب مجرم کسی طرح اپنا جرم قبول نہیں کرتا تو اتنے ہی ٹھنڈے پانی میں بس ایک ڈبکی دے دی جاتی ہے اور وہ گھبرا کر سب کچھ قبول دیتا ہے۔ ہم مسجد کے دروازے پر کھڑے سن رہے تھے۔ تینوں کی ملی جلی تھرتھراتی، کانپتی آوازیں آرہی تھیں۔ "اُف میں مرگیا۔ کس بلا کی ٹھنڈک ہے۔" کوئی بولا "میرے ہاتھ پاؤں اینٹھ گئے۔ کہیں فالج کا تو اثر نہیں ہے۔" مولوی صاحب چیخے۔" خدا کا واسطہ، مجھے اس ٹھنڈے پانی میں سے تو نکالو، میں جا جا رہا ہوں۔ مجھے نہ زمین نظر آ رہی ہے نہ آسمان۔"

ہم ہنستے ہوئے بھاگے اور بھاگ رہے تھے کہ دیکھا کہ بالائی والی دوکان کھول رہی ہے۔ بالائی کے طباق اندر سے لاکر دوکان کے پڑے پر

رکھتی ہے اور پھر اندر جاتی ہے۔ بھاگتے بھاگتے دونوں ہاتھوں سے بالائی کا ایک بڑا سا لونذا اٹھالیا۔ یہ صبح کا ناشتہ ہوگیا۔ پھر پھوپی اماں کے مکان میں گھسا۔ باورچی خانے میں پہنچکر خوب سی چائے پی اور پھر بھاگ گیا۔ محلّے کے بزرگ گھیر گھار کر گھر لے گئے۔ وہاں سخت سے سخت سزائیں دی گئیں۔ اقرار لئے گئے اور میں دو چار دن کے بعد پھر شروع۔ اگر میں لکھنے بیٹھوں تو ان واقعات کا ایک دفتر بن جائے۔

●

بہر حال ایک بہت دلچسپ واقعہ ان بڑے بھائی صاحب کا اور کہہ دوں۔ ایک دن فٹ بال کا فائنل میچ تھا۔ میں فٹ بال کھیلتا تھا اور بہت ہی اچھا کھیلتا تھا۔ بھائی صاحب اور میرے والد اڑ کر بیٹھ گئے کہ جانے نہیں دیں گے۔ وقت قریب آتا جا رہا تھا۔ ہماری اُلجھنیں بڑھتی جا رہی تھیں لیکن کسی طرح نہیں جا سکتے تھے۔

یہ میچ کرسچین کالج گراونڈ پر تھا۔ جو ہمارے محلّے سے صرف پانچ منٹ کا راستہ ہے۔ اتفاق سے میچ سے کچھ منٹ پہلے چند شاعر آ گئے۔ ان شاعروں کو دوسرے مکان یا کسی اور بیٹھکے میں محض اس لئے نہیں بٹھایا گیا کہ ہم کہیں بھاگ نہ جائیں۔ چنانچہ دروازے ہی پر کھڑے کھڑے ان شاعروں سے باتیں شروع ہوئیں۔ میں نے موقع غنیمت جان کر نیکر پہنی

جرسی پہنی، فٹ بال کے جُوتے پہنے اور ان لوگوں کے مجمع میں سے، جیسے بجلی چمکتی ہے اس طرح دروازے سے نکل کر بھاگ گئے سب تو چیختے رہے مگر پیچھے دوڑے صرف بڑے بھائی صاحب۔ میں دوڑتا ہوا جب فیلڈ پر پہنچا ہوں تو میچ شروع ہونے میں کچھ سکنڈ باقی تھے۔ سیدھا دوڑتا ہوا فیلڈ میں گھس گیا۔ سیٹی بجی اور میچ شروع ہوگیا۔ ہزاروں آدمیوں کا مجمع، زبردست میچ ہو رہا ہے۔ دیکھتا کیا ہوں کہ ایک نہایت معقول آدمی فیلڈ میں گھسنے کی کوشش کر رہے ہیں۔ لوگ انھیں پکڑ کر گھسیٹ لیتے ہیں۔ یہ دوسری طرف سے گھستے ہیں اور اُدھر کے لوگ انھیں پکڑ کر گھسیٹ لیتے ہیں۔ یہ تھے ہمارے بڑے بھائی صاحب جو فیلڈ میں گھس کر ہم کو پکڑنے کی ناکام کوشش کر رہے تھے۔

تھوڑی دیر بعد لوگ انھیں پاگل سمجھے۔ اب جدھر سے یہ گھسیں، لوگ انھیں اٹھا کر باہر پھینک دیں ہاف ٹائم ہوا ان کی یہی کوشش۔ میچ ختم ہوا۔ ہماری ٹیم جیت گئی۔ ان کی ہمیں پکڑنے کی وہی کوشش۔ ہماری ٹیم دو گول سے جیتی تھی اور دونوں گول ہمیں نے کئے تھے۔ کافی چوٹ بھی آئی تھی، بہت تھک بھی گیا تھا۔ پھر جیتے ہوئے کپ بھی لینا تھے۔ ڈر اکہ یہ اب مجھے پکڑ نہ لیں۔ اپنے کیپٹن مسٹر جوئل سے سب کچھ کہہ دیا۔ مسٹر جوئل انگریز تھے۔ ان کی وجہ سے بہت سے یوروپین اور

اینگلو انڈین مرد اور عورتیں بھی میچ دیکھنے آئے تھے۔ مسٹر جوبل نے ان سب کے کان میں کچھ کہا اور میرا ہاتھ اپنے ہاتھ میں لیکر ہنستے ہوئے بولے۔ "کوئی بات نہیں سب ٹھیک ہوجائے گا" ہم لوگ کپ لینے چلے کپ لے کر جو پلٹے تو دیکھا کہ بڑے بھائی صاحب بہت سے انگریز اور اینگلو انڈین مرد اور عورتوں کے ہاتھوں پر ہوا میں بلند ہیں اور سارا مجمع ایک انگریزی قسم کا گانا۔"لا۔ لا۔ لا" گا رہا ہے اور نہ جانے کتنے بچے تالیاں بجا بجاکر اس مجمع کا ساتھ دے رہے ہیں اور بڑے بھائی صاحب ان کے ہاتھوں پر پھڑک رہے ہیں۔

●

ان سے ایک آخری جھوٹ رنگون جاتے وقت بولا کہ تین سو کی نوکری ملی ہے۔ ایک چائے کی کمپنی کا مینجر بن کر جا رہا ہوں نذریں ہوئیں، نیازیں بٹیں اور ہم ہیرو بن کے رنگون کی ایک فلم کمپنی کے لئے روانہ ہوئے۔

یہ بھی عجیب وغریب واقعہ ہے۔ فٹ بال کا ایک میچ کھیل کر ایک دوکان پر شربت پی رہا تھا۔ ایک پارسی صاحب بھی شربت پی رہے تھے، انھوں نے ہمارے بھی شربت کے پیسے دیتے ہوئے کہا کہ "میرا نام فریدون ایرانی ہے۔ میں ایک فلم ڈائرکٹ کر رہا ہوں، جو رنگون میں

ایک ہندوستانی تاجر بنا رہا ہے۔ یہ فریدون ایرانی وہ نہیں ہیں جو محبوب کے یہاں کیمرہ مین ہیں۔ یہ آج بھی بمبئی میں رہتے ہیں۔ یہ تھئیٹر کمپنیاں بنایا کرتے ہیں۔ جو کچھ عرصے کے بعد ختم ہو جاتی ہیں۔ مشہور ایکٹرس پریم لتا کے شوہر بھی ہیں۔ میں نے کہا "ضرور بنائیے فلم، لیکن مجھ سے کیا واسطہ؟" کہنے لگے۔ "تم ہیرو بنو گے۔" میں دیر تک مذاق سمجھتا رہا۔ یہ اسی وقت ہمیں تانگے پر امین آباد لے گئے۔ تین سو روپئے ہمیں دیئے اور ایک اگریمنٹ پر ہم سے دستخط کروائے۔ ان کی تصویر "شان سبحان" کے نام سے بن رہی تھی۔

ایک ضروری بات تو کہنے سے رہی جا رہی تھی کہ اس عرصے میں میرے والد کا انتقال ہو چکا تھا اور اب گھر کی نگہداشت بڑے بھائی صاحب کرتے تھے اور ہم کو چوبیس گھنٹے لائق بنانے کی کوشش میں لگے رہتے تھے۔ لیکن ہم جب سالانہ امتحان ہوتا تھا کسی نہ کسی باہر کے مشاعرے میں جھوٹ بول کر چلے جایا کرتے تھے۔

چنانچہ ہم نے یہ تو کہا نہیں کہ ہیرو بن کر جا رہے ہیں۔ بلکہ ایک ٹائپ خط اپنے نام کا خود ہی اپنے پتہ پر منگوا لیا...... کہ چائے کی کمپنی میں اسسٹنٹ مینجر کی نوکری ملی ہے۔ اس لئے رنگون جا رہے ہیں۔ چائے کی کمپنی میں نوکری کی خوشی سب سے زیادہ بڑے بھائی صاحب کو

ہوئی۔ ایک ایک کو پکڑ کر گھنٹوں کہتے " دیکھی میری کوشش ! اتنے بڑے شہدے کو چائے کی کمپنی کا مینیجر بنوا دیا۔ پرسوں رنگون جا رہا ہے۔"

سنا ہے جب میری یہ تصویر لکھنؤ آئی اور انھیں معلوم ہوا تو اس سینما میں گھسے جا رہے تھے کہ جلا دوں گا۔ بڑی مشکل سے سب نے سمجھایا بجھایا تو مانے۔ اس کے بعد یہ بھی سنا کہ چھپ کر ایک دن تصویر بھی دیکھ آئے۔ اور قریب کی سیٹوں پر کچھ جاننے والوں نے میرے ہر سین پر "شہدے شہدے" کی آوازیں سنیں۔

●

ہمیں لکھنؤ تو چھوڑنا ہی پڑے گا اس لئے آئیے آپ کو اس زمانے کے لکھنؤ کی ذرا سی جھلک اور کچھ تاریخی محلّے دکھاتے چلیں۔ میرے ساتھ آئیے۔ میرے ہی محلہ وزیر گنج سے آغا میر کی ڈیوڑھی کی طرف ذرا تکلیف فرمائیے۔ ریل کے پُل سے ذرا پہلے بائیں ہاتھ کی طرف مہاراجہ صاحب محمود آباد کی چھوٹی رانی صاحبہ کی وہ بڑی سی کوٹھی دکھائی دی۔ اس جگہ ایک زمانے میں نواب فغفور مرزا صاحب کا بڑا سا محل تھا۔ جس محل میں "طلسم ہوشربا" ایسی ہوش ربا کتاب کی کچھ جلدیں لکھی گئیں۔ شاید ایسے ہی وقتوں کے لئے لکھنؤ کے بے نظیر شاعر خواجہ حیدر علی آتشؔ نے کیا خوب کہا ہے ؎

زمینِ چمن گل کھلاتی ہے کیا کیا؟
بدلتا ہے رنگ آسماں کیسے کیسے

یہ بے مثل شاعر اس زمانے میں جبکہ سب ہی دولت و امارت کے خواب دیکھا کرتے تھے، شرافت اور خاندان ہی سب کچھ سمجھا جاتا تھا کہتا ہے ؎

پتلوں سے خاک کے یہ گڑھے بھر چکیں کہیں
دھبہ مٹے زمیں کے نشیب و فراز کا

یعنی یہ اونچ اور نیچ، غریبی اور امیری ایک دھبہ ہیں، ایک داغ ہیں اس زمین کے لئے۔ جتنی جلدی یہ دھبا مٹ جائے اتنا ہی اچھا ہوگا۔

●

اب ذرا منہ گھمائیے۔ وہ سامنے چھوٹی لائن کا پل ہے جس پرسے ترمینیں نینی تال، کاٹ گودام وغیرہ دن رات گذرتی رہتی ہیں اب ذرا سا آگے بڑھیئے۔ سیدھے ہاتھ کی طرف گھومیئے۔ وہ نواب حامد علی خاں عرف بابو صاحب کی سلطنت منزل آگئی۔ اس کے پہلے یہ چھوٹا سا آغا کا ایرانی ہوٹل ہے جو بٹیر باز، مرغ باز اور ریس کھیلنے والوں کا اڈا ہے۔

اب آغا میر کی ڈیوڑھی کے اسٹیشن سے ہوتے ہوئے

اور آگے بڑھئے۔ وہ دیکھئے خدائے سخن میر تقی میرؔ کی ایک بلندی پر قبر دکھائی دی جو صرف مشہور ہے کہ میر کی قبر ہے۔ یقین سے نہیں کہا جاسکتا۔ قبر کے ذرا اوپر پھر ایک پُل ہے جہاں سے رات دن ٹرینیں پھر گزرتی رہتی ہیں اور آپ کو یہ مقطع یاد آتا ہے ؎

سرھانے میرؔ کے کوئی نہ بولو
ابھی ٹک روتے روتے سوگیا ہے

حالانکہ پہلا مصرعہ یوں مشہور ہے کہ "سرھانے میر کے آہستہ بولو"۔ یہ میرؔ کے کلام کا اعجاز ہے کہ ان کے غلط اشعار بھی اسقدر سب کو پسند ہیں۔

●

اور آگے بڑھئے، پل کے اندر گھسئے۔ کچھ سکنڈ کے بعد پل سے نکلئے۔ سامنے نواب باقر علی خاں مرحوم کی بہت بڑی کوٹھی دکھائی دیگی۔ ہم والد مرحوم کے ساتھ ان کے گھر آیا جایا کرتے تھے۔ یہ بہترین شکاری تھے۔ ان کا نشانہ کبھی نہیں چوکا۔ بڑے بڑے انگریز افسروں کے ساتھ شکار کھیلنے نینی تال کی ترائی میں، گھنے سے گھنے جنگلوں میں جایا کرتے تھے۔ شیر یہ مارتے تھے اور نام گورنر بہادر یا کمشنر صاحب کا ہوتا تھا۔

مجھے اچھی طرح یاد ہے۔ ایک دن دو گھوڑوں کی گاڑی پر ان کے ساتھ میرے والد اور میں چلے آرہے ہیں۔ شاید ان کے گاؤں سے جو لکھنؤ

سے اٹھارہ میل ہے۔ دو قازیں فضا میں تیز تیز اُڑ رہی تھیں۔ انھوں نے اپنی دونالی، شیر کے شکار والی رائفل میں دو کارتوس بھرے۔ چلتی ہوئی گاڑی میں صرف ایک بار اوپر دیکھا پھر منہ ہماری طرف گھما لیا۔ یک بیک ایک فائر پھر دوسرے فائر کی آواز آئی۔ اب جو دیکھتا ہوں تو دو قازیں زمین کی طرف تیزی سے گر رہی تھیں اور یہ بہترین نشانہ باز انھیں دیکھکر مسکرا رہا تھا۔

●

اب سیدھے ہاتھ سے ذرا سی چڑھائی چڑھتے ہوئے تین چار سو گز اور آگے بڑھئے ——— وہ آگیا میڈیکل کالج۔ اس سے ملا ہوا شاہ مینا کا مزار۔ نوچندی جمعرات کا دن۔ ہزاروں آدمیوں کا مجمع، سیکڑوں رنگ کے برقعے۔ کچھ شرماتی لجاتی ہوئی سی ہندو عورتیں جن کے بارے میں میر صاحب نے کہا ہے ؎

صبحِ چمن کا جلوہ ہندی بتوں میں دیکھا
صندل بھری جبینیں، ہونٹوں پہ لالیاں ہیں
ان گل رخوں کے قامت لہکے ہیں یوں ہوا میں
جس رنگ سے لچکتی پھولوں کی ڈالیاں ہیں

چلتے ہیں یہ تو ٹھوکر لگتی ہے میر دل کو ؎ چالیں ہی دلبروں کی سب سے نرالیاں ہیں

آہا ہا ہا ــــــ کیا بے نظیر آواز ہے۔ یہ تو بے نظیر قوّالی گا رہی ہیں مشہور و معروف شاعر بیدؔم شاہ کی غزل ــــــ واہ کیا خوب شعر ہے ؎

دینے والے تجھے دینا ہے تو اتنا دیدے
کہ مجھے شکوۂ کوتاہئ داماں ہو جائے

●

وہ دیکھا، سامنے کیا دکھائی دے رہا ہے؟ ہاں امباڑہ ہے۔ نواب آصف الدولہ کا امباڑہ۔ اتنا بڑا امباڑہ ساری دنیا میں نہیں دکھائی دے گا۔ یہ ہزاروں اوپر بنے ہوئے ایک ہی قسم کے در ہیں۔ زمین کے اوپر بھی اور زمین کے نیچے بھی۔ یہ "بھول بھلیاں" کے نام سے مشہور ہیں۔ بہت سے انگریز اس میں پھنس کر جان دے چکے ہیں۔ ہر دروازہ ایک ہی قسم کا۔ جہاں ایک دروازے سے اندر داخل ہوئے اور گھوم کر دیکھا پچاسوں ویسے ہی دروازے دکھائی دیں گے۔ کسی دوسرے دروازے میں گھسے معلوم ہوا یہ راستہ وہ نہیں ہے جہاں سے داخل ہوئے تھے۔ آٹھ دن گذر جائیں باہر نکلنے کا دروازہ دیکھنا نصیب نہ ہوگا۔

جانتے ہیں یہ امباڑہ کیونکر بنا؟ رات کو بنایا جاتا تھا۔ ہاں صرف رات کو، جب لکھنؤ میں قحط پڑا۔ نواب آصف الدّولہ نے

خزانوں کا منہ کھول دیا۔ کیسے کیسے شریف اور رئیس۔ کیسے کیسے اونچے خاندان والے، سب ہی رات کی تاریکی میں بنایا کرتے تھے۔ روشنی جلانے کا حکم نہ تھا۔ کوئی کسی کو پہچان نہ سکتا تھا اور سچ تو یہ ہے کہ پہچاننے کی کوشش بھی نہیں کرتا تھا۔ سب ہی ایک دوسرے سے منہ چھپاتے تھے اس طرح کسی کے آگے ہاتھ نہ پھیلانے والوں کے بچے بھی پل گئے۔ اور ایک بے نظیر چیز بھی بن گئی۔ جبھی تو اُس وقت کے ہند و مسلمان اپنی اپنی دکانیں صبح صبح یہ کہہ کر کھولتے تھے کہ" جس کو نہ دیں مولا اس کو دلائیں آصف الدولہ۔" دیکھ چکے امامباڑہ آپ!

اب ذرا اونچا ٹیلہ دیکھیے۔ یہاں مدرسہ ہے مولویوں کا جن کو مولانا عبدالباری صاحب قبلہ تعلیم دیتے ہیں۔ ان میں ایک ناممکن بات یہ ہے کہ ان کو سنّی اور شیعہ دونوں اپنا قبلہ سمجھتے ہیں۔ ایک اور بھی ہیں۔ مولانا سید باقر صاحب قبلہ۔ انھیں بھی دونوں فرشتہ سمجھتے ہیں۔

وہ دیکھیے سامنے حسین آباد کا امامباڑہ۔ وہ رہا شیش محل اور وہ رہی پکچر گیلری۔ اس میں تمام نوابوں کی تصویریں ہیں جو اودھ میں لوگوں کے دلوں پر راج کر چکے ہیں۔ ہاں یہ خوبصورت تصویر جگت پیا واجد علی شاہ کی ہے جو اودھ کے آخری نواب تھے۔ یہ بڑے رنگین مزاج تھے سنا ہے ان کی سیکڑوں بیویاں تھیں۔ ذرا اس اونچے گھنٹہ گھر پر چڑھ

چلیئے تو پھر آپ کو بتاؤں گا کہ ان کی کہانی کیا ہے ــــــــــ چلیئے ــــــــــ ارے ابھی سے آپ کی سانس پھولنے لگی۔ ہاں صاحب! یہ لکھنؤ کی سب سے اونچی جگہ ہے۔ وہ دیکھئے ایک طرف بڑا سا چوک بازار نظر آرہا ہے۔ ککڑیاں بک رہی ہیں اور آواز آرہی ہے "لیلیٰ کی انگلیاں ہیں مجنوں کی پسلیاں ہیں، کیا عمدہ ککڑیاں ہیں۔"

وہ رہی تحسین کی مسجد۔ اس چوک میں دو بہت مشہور طوائفیں اور گانے والیاں ہیں۔ جن کا نام ننھوا اور بچھوا ہے۔ شریف اپنے بچوں کو ان کے گھر تہذیب سکھوانے لایا کرتے ہیں۔ اچھا آپ کو وہ تاریخی بات یاد ہے نواب آصف الدولہ کے زمانے کی؟ نہیں؟ تو سنیئے۔ جب غزل کے سب سے بڑے شاعر میر تقی میر نواب آصف الدولہ سے بگڑ گئے تھے اور دربار میں آنا جانا ترک کر دیا تھا تو ایک دن بادشاہ کی سواری اسی چوک بازار سے گزر رہی تھی۔ کسی نے کہا کہ وہ تحسین کی مسجد میں میر صاحب نماز پڑھ رہے ہیں۔ نواب نے سواری روک لی۔ کسی نے جاکر کہا کہ جہاں پناہ آپ کو یاد فرما رہے ہیں۔ معلوم ہے میر صاحب نے کیا جواب دیا؟ کہا کہ "سڑک پر ملنا شریفوں کا شیوہ نہیں۔ میں یہ نہیں چاہتا کہ میری بھی سبکی ہو اور اُن کی بھی۔ اس لیئے حاضر نہیں ہو سکتا امید ہے کہ مجھے حضور معاف فرمائیں گے۔"

۱۳۱

سنا آپ نے ایک غریب شاعر کا جواب، جو اِس کتابوں کی دوکان پر بیٹھا رہتا تھا۔ اور اکیلا بیٹھا پڑھا کرتا تھا۔ یہ دوکان آج بھی موجود ہے۔ جی ہاں آپ سچ فرما رہے ہیں۔ واجد علی شاہ کی باتیں بتاتے بتاتے دماغ کہاں سے کہاں چلا گیا۔ جی ہاں، تھوڑا تھوڑا پاگل ہوں میں۔ وہ تو بچپن سے ہوں۔ آپ جانتے ہی ہیں۔

ہاں صاحب، تو واجد علی شاہ کو بدنام بہت کیا ہے انگریزوں نے۔ آپ نے سنا ہوگا حال ہی میں مسعود الحسن ادیبؔ نے کچھ کتابیں ڈھونڈھ نکالی ہیں۔ تنّو کتابوں کا مصنف تھا یہ بادشاہ۔ فقہ سے لے کر موسیقی تک پر ایک ایک رسالہ لکھ دیا۔ بے مثل شاعر۔ ٹھمریاں اور ہولیاں تو ایسی کہی ہیں جن کا جواب ہی نہیں۔ آج تک گائی جاتی ہیں ——— ! وہ دیکھئے، وہ سبزی منڈی سے ملا ہوا غفراں مآب کا امامباڑہ ہے۔ شاید ان ہی کے کوئی بزرگ یا کسی اور بہت بڑے مولوی کا انتقال ہوا۔ وصیّت یہ کی کہ میرے جنازے کی نماز صرف وہ پڑھائے جس کی صبح کی نماز کبھی قضا نہ ہوئی ہو۔ لکھنؤ بھر کے مولویوں نے انکار کر دیا۔ اور اسی واجد علی شاہ نے ان مولوی کی نماز جنازہ پڑھائی اور تمام مولوی ان کے پیچھے کھڑے ہوئے۔ سنا آپ نے ——— ؟

●

دیکھیئے وہ نخاس جہاں کی شیرمال ساری دنیا میں نہیں مل سکتی۔ اور وہ سوداگر کا امامباڑہ۔ اور وہ رہا چوباری محلہ۔ یہاں آپ جانتے ہیں کون رہتا تھا؟ انیسؔ۔ اپنے رنگ کا واحد شاعر مرثیہ گو۔ عرب کے تمام کردار ہندوستان کے ماحول میں اس طرح پیش کیئے کہ اپنا مقام خود بنالیا۔ ورنہ مرثیہ کہنے والے کا درجہ شاعر سے کم سمجھا جاتا تھا۔ انیسؔ ایک مجلس پڑھ رہے ہیں۔ خواجہ حیدر علی آتشؔ بھی موجود ہیں۔ انیسؔ نے جناب حُر کی شان میں یہ بند پڑھا:۔

زور بازو کا نمایاں تھا بھرے شانوں سے
دستۂ[۵۱] فولاد دبا جاتا تھا دستانوں[۵۲] سے
برچھیوں اُڑتا تھا دب کے فرسِ[۵۳] رانوں سے
آنکھ لڑ جاتی تھی دریا کے نگہبانوں سے
خودِ[۵۴] رومی کی جو ضو[۵۵] تا بہ فلک جاتی تھی
چشمِ[۵۶] خورشید میں بجلی سی چمک جاتی تھی

---

۵۱ فولاد کا ہاتھ ۵۲ پنجے کا غلاف ۵۳ گھوڑا
۵۴ روم کی بنی ہوئی لوہے کی ٹوپی ۵۵ چمک ۵۶ سورج کی آنکھ

آتشؔ سے نہ رہا گیا۔ کھڑے ہو کر چیخ کے بولے "کون کہتا ہے بگڑا شاعر مرثیہ گو تم شاعر ہی نہیں شاعرگر ہو۔ شاعری کا مقدس تاج تمہارے ہی سر کے لئے زیبا ہے۔ مبارک ہو۔" یہ کہکر آتشؔ اپنی جگہ بیٹھ گئے۔

انیسؔ کے مرثیے میں کیا نہیں ہوتا۔ زبان، بندش، روزمرہ تخیل، نفسیات، مہاکات۔ غرض شاعری کی ہر صفت آپ کو ان کے مرثیوں میں ملے گی۔

سنئے۔ ایک زمانے میں بمبئی آئے مولانا محمد علی جوہرؔ ایک عجیب سی محفل تھی۔ میں تو گھس ہی جاتا ہوں بہانہ ڈھونڈ کے ایسی محفلوں میں۔ اردو شاعری کے سلسلے میں فرمانے لگے کہ "ہندوستان نے صرف تین شاعر پیدا کئے جو تین بھی ہیں اور چار بھی۔ اوّل انیسؔ، پھر میر تقی میرؔ۔ آدھا غالبؔ اور آدھا آتشؔ"۔ جی ہاں وہ تو میرا دماغ بھٹکتا ہی رہتا ہے۔ ذرا گھومئے۔ وہ دیکھئے گومتی کتنے حسن سے بہ رہی ہے۔ کیا فرمایا آپنے؟ اس کا پانی: جی ہاں لکھنؤ والوں پر اثر نہیں کرتا۔ باہر سے آنے جانے والوں کو ضرور بیکار کر دیتا ہے۔

آیئے اب طبیعت گھبرا گئی۔ تانگا لیں اور گومتی کی ٹھنڈی سڑک سے ہوتے ہوئے ذرا رفاہ عام اور گولہ گنج کے محلوں کی سیر کر لیں کہاں ہے۔ تانگہ مل ہی نہیں رہا ہے۔ آیئے اِکّا لے لیں۔ یہ دوپلّی ٹوپی

۱؎ یہ میری نوجوانی کا وہ ابتدائی زمانہ تھا جب پہلی دفعہ میں بمبئی بھاگ کر آیا۔ ہندوستانی اسٹیج زوروں پر تھا۔ رتن شاہ سینوز اطہر، منشی آغا۔ آغا محمود وغیرہ بے پناہ ایکٹر، شریفہ ایسی قیامت کی ہیروئن اور منشی نازاں احسن صاحب اور منشی بیتاب ایسے ڈرامہ نویس موجود تھے۔

اب تک یہاں پہنی جاتی ہے ؟ جی ہاں ہندو اور مسلمان سب ہی پہنتے ہیں ۔ کیا وضعدار لوگ ہیں ۔ ہماری اور آپ کی طرح انگریزی موٹی سی ہیٹ نہیں پہنتے ۔ ارے یہ تو دوپلی ٹوپی اِکّے والے کی، تیز ہوا سے اُڑی جا رہی ہے ۔ ہر دفعہ ہاتھ سے روکتا ہے، کہیں سچ مچ اُڑ نہ جائے ۔ آپ سے کیا ۔ آپ خاموش رہیئے ۔ نہیں تو یہ اِکّے والا ایسا جملہ چپکا دیگا کہ جنم جنم یاد رہے گا ۔ یہ لکھنؤ ہے ۔ اجی چھوڑیئے ——— ! تو شوق فرمایئے دل میں حسرت کیوں رہ جائے ——— " بھیّا اِکّے والے ایسی ٹوپی کیوں پہنتے ہو جو ہوا سے اُڑی جا رہی ہے ——— ؟ "حضور : یہ غیرت دار ٹوپی ہے ۔ ہوا کے اشارے سے اُڑ جاتی ہے ۔ آپ کی بے غیرت موٹی ہیٹ تھوڑی ہے کہ سَو جوتے مارو پھر بھی وہیں کی وہیں جمی رہتی ہے ۔ بے کمھار کے لونڈے ذرا بچ کے ۔ ابے ہٹ کے چل نہیں تو چپاتی بن جائے گا ——— ! "

سُن لیا جواب آپ نے ؛ منع کیا تھا کہ یہ لکھنؤ ہے ۔ سمجھ بوجھ کے جملے بازی فرمایئے ——— ایک بہت موٹے آدمی نے ہاتھ کے اشارے سے اِکّا رکوایا ۔ کیونکہ اِکّے میں دو آدمی تھے اور گورنمنٹ کی طرف سے تین آدمیوں کے بیٹھنے کی اجازت ہے ۔ ذرا ہم کو بھی امین آباد چھوڑ دینا ۔ بہت موٹے آدمی نے اِکّے والے سے کہا ۔ اِکّے والے

نے معصوم بن کر جواب دیا کہ "صرف تین آدمیوں کو بٹھانے کی اجازت ہے چار کو نہیں۔" موٹے صاحب ہنس کے کہنے لگے کہ "دو بیٹھے ہیں تیسرا میں ہوں۔ یہ چار کہاں سے ہو گئے۔ کیا بھنگ پیئے ہے۔"؟ اکّے والے نے تیور بدل کے کہا کہ غلط فہمی میں نہ پڑیے گا۔ آج ہی کسی لکڑی کی ٹھیکی پر اپنا وزن کرا لیجیے۔ ڈھائی گدھوں کے برابر نکلے گا آپ کا وزن حضور!"

پھر اکّا روانہ ہو گیا۔ سُنا یہ دوسرا جملہ آپ نے ـــــ؟

اب اِکّا ریل کے چھتے کے نیچے سے گذرا جہاں بارش کی وجہ سے بہت کیچڑ ہو گئی تھی۔ ایک پنجابی نوجوان سفید شلوار، سفید قمیص اور سفید صافہ باندھے گذر رہا تھا۔ تھوڑی بہت کیچڑ اُن پر اچھل کر پڑی۔ دوڑ کر اُنھوں نے اِکّے والے کا گھوڑا پکڑ لیا اور لغت کی تمام گالیاں دُہرا ڈالیں۔ اِکّے والا خاموشی سے سنتا رہا۔ کوئی جواب نہیں دیا اس کی نظریں دور سے آتے ہوئے ایک تیز موٹر کو دیکھ رہی تھیں جس کا وہ شاید انتظار کر رہا تھا۔ یک بیک موٹر تیزی سے گذر گئی اور پنجابی نوجوان کے سفید کپڑے کیچڑ کے سبب سے بالکل کالے ہو گئے۔ اس نے غصے سے گھوم کر موٹر والے کی طرف دیکھا پھر پلٹ کر اِکّے والے کی طرف دیکھا جو ہاتھ جوڑے پوچھ رہا تھا کہ "اب مجھے اجازت ہے حضور! کیا

میں جا سکتا ہوں ؟" پھر اِکّا روانہ ہوا ـــــ!

●

یہ رفاہ عام کلب آگیا۔ یہاں ایک زمانے میں معین الادب سے بگڑ کر چند سر پھرے نوجوانوں نے ایک انجمن "معراج الادب" کے نام سے بنائی تھی اور اس انجمن کے اکثر مشاعرے یہاں ہوا کرتے تھے جی ہاں میں بھی تین چار بار شرکت کر چکا ہوں۔ جی ہاں ایک مشاعرے میں نانک چند ناناکؔ کا شعر جو پیارے صاحب رشیدؔ مرحوم کے شاگرد تھے، آج تک یاد ہے۔ فرماتے ہیں ؎

اے یادِ چمن کر لے کہیں اپنا ٹھکانا
وہ کل سی تڑپ آج تہِ دام نہیں ہے

اسی طرح میں مشہور و معروف حکیم مُنّے آغا صاحب کا ایک شعر یاد آگیا جو بہت خوبصورت آدمی تھے۔ سرِ شام چوک بازار سے گذرتے تھے۔ ہر طوائف اور گانے والی ادب سے اپنے کوٹھے سے ان کو سلام کرتی تھی اور یہ سب کو "جیتی رہو۔ بی جیتی رہو" کہتے ہوئے گذر جاتے تھے۔ ہاں وہ شعر ملاحظہ فرمایئے ؎

وحشت میں سکوں صبح نہیں شام نہیں ہے
شاید مری قسمت ہی میں آرام نہیں ہے

●

لیجئے وہ آگیا تھیئٹر کا بڑا سا ہال۔ ہر ہندوستانی ڈراما یہاں کھیلا جاتا ہے۔ اور آگے بڑھیئے۔ یہ آگیا کرسچین کالج اور یہ سیدھے ہاتھ کی طرف اب شروع ہو گیا گولہ گنج کا محلہ۔ یہ مشہور بیرسٹر پنڈت بگت نراین کے بیٹے مشہور شاعر اور بیرسٹر آنند نراین ملا کی کوٹھی آگئی۔ جی ہاں ضرور ہوتے ہیں مشاعرے یہاں۔ میں بھی شریک ہوا ہوں ایک مشاعرے میں۔ منظور صاحب جو مشہور استاد مولانا صفی کے بیٹے ہیں اور شیعہ اسکول کے ہیڈ ماسٹر۔ ان کا ایک شعر کانوں میں گونجا کرتا ہے ؎

دیوانہ ہے اور وسعتِ دنیائے تخیل
وہ بھی نظر آتا ہے جو موجود نہیں ہے

بے مثل شاعر حضرت آرزو لکھنوی کے ایک مطلع نے ہنگامہ مچا دیا تھا مشاعرے میں۔ فرماتے ہیں ؎

نقشِ قدم اس کا کہ مرا خطِ جبیں ہے
اب ایک ہیں دونوں کوئی پہچان نہیں ہے

کیا خوب تھا ایک اور شعر ؎

خلوت کدۂ دل کا بھرم جائیگا اے شوق
آواز نہ دینا کہ یہاں کوئی نہیں ہے

[1] یہ لکھنؤ میں صرف ایک تھیئٹر تھا جو ممّے صاحب کا تھیئٹر کہلاتا تھا کیونکہ انھیں کی زمین پر بنا ہوا تھا۔ یہ والد ہیں مرزا محمد حیدر ایم۔اے مرزا طاہر اور مرزا اکبر کے جو ہمارے محلے میں رہتے ہیں۔

یہ آگیا مقبرۂ عالیہ۔ اور ذرا آگے بڑھئے میاں اِکّے والے صاحب، ذرا سیدھے ہاتھ پر ــــــ! یہ مکان آج بھی نواب واجد علی شاہ کے ادبی و رنگین دور کی یادگار کالکا بندادین مرحوم کا ہے جو واجد علی شاہ کے دربار میں تھے۔ کتھک ناچ کی جان۔ جی ہاں انھیں کے بیٹے ہیں شنبھو اور لچھو مہراج۔ شنبھو سب سے چھوٹے، لچھو مہراج ان سے بڑے اور سب سے بڑے ہیں اچھن مہراج۔ اور سب سے اچھا وہی ناچتے ہیں اسی گھرانے کی شاگرد ہیں مشہور فلم اسٹار ستارا دیوی۔

یہ جھاؤلال کا پل آگیا۔ اور وہ رہا امین آباد۔ ملک کی آزادی کی ہر لڑائی یہیں سے لڑی گئی ہے۔ اس سامنے والے امین الدولہ پارک سے۔ ذرا بھیّا اِکّے والے تیز چلو۔ بائیں ہاتھ کی طرف ــــــ یہ آگیا نظیر آباد اور یہ "جاپنگ مارٹ" جو عراق کے شیخ کاظم خدام کی ملکیت ہے یہ رہی اونچی سی لائبریری اور وہ سامنے دکھائی دے رہا ہے تاریخی قیصر باغ۔ اس قیصر باغ میں اودھ کے تمام راجاؤں اور مہاراجاؤں کے چھوٹے چھوٹے حسین محل ہیں۔ مہاراجہ محمود آباد کا چھوٹا سا محل سب سے خوبصورت ہے۔ جی ہاں۔ یو۔پی کے گورنر سر ہارٹ کورٹ بٹلر یہیں ٹھہرا کرتے ہیں۔ یہ کون صاحب جا رہے ہیں آہستہ آہستہ۔ ذرا ٹھہریئے ابھی بتاتا ہوں۔ ارے، یہ تو نیاز فتحپوری ہیں۔ اردو رسالہ نگار کے اڈیٹر۔ اے صاحب

نہ اس رسالے کے معیار کا کوئی جواب ہے اور نہ اس ظالم نیاز فتحپوری کے قلم کا۔ یہ اپنے رنگ کا واحد طنز نگار اور تنقید نگار ہے۔ سجاد حسین اور ممتاز حسین عثمانی ایڈیٹرز اودھ پنچ کے بعد اب یہ ایک شخصیت پیدا ہوئی ہے۔

●

یہ آگیا مہاراجہ محمود آباد کا حسین ترین محل۔ جب گورنر ہٹلر صاحب آکر یہاں ٹھہرتے تھے تو شام کے قریب انگرکھا، بردار پائجامہ اور دوپلی ٹوپی پہن کر بیٹھتے تھے۔ جی ہاں موتی لال نہرو بھی شریک ہوتے تھے۔ ان محفلوں میں اور مہاراجہ محمود آباد کے ساتھ حسنو مشہور ناچنے والی اور گانے والی کا گانا سُنا کرتے تھے۔ ہاں ہاں انگریز تھے اور گورنر تھے ہٹلر صاحب تو کیا ہوا؟ یہ لکھنؤ پر اپنے ادب کی کان ہے جو اس کان میں داخل ہو گا اس کو یہاں کے آداب سیکھنا پڑیں گے ــــــــ ابھی تھوڑے دن کی بات ہے جب تقسیم کے بعد میں لکھنؤ گیا ہوں، پاکستان بن چکا تھا۔ تو اسی لکھنؤ میں میری آنکھوں نے آپ جانتے ہیں کیا دیکھا؟ باہر سے آئے ہوئے سکھوں کی پانوں کی دو کانیں لگ گئی ہیں۔ سندھی پالیوں میں بٹیر اور مرغ لڑا رہے ہیں۔ مشرقی بنگال سے جو بنگالی آئے ہیں وہ دریائے گومتی کے کنارے کنکوا یعنی پتنگ لڑا رہے ہیں ــــــــ ایک مشاعرے میں شریک ہوا۔ عجیب و غریب نام کے شاعر سُنے اور دیکھے۔ ایک سکھ تھے ہری سنگھ تشنہ

ایک سندھی صاحب تھے للوانی نکہت تخلص۔ ایک چکروتی صاحب تھے جن کا تخلص جوہر تھا۔ غزلیں پڑھ رہے تھے اور ہال تالیوں سے گونج رہا تھا۔ جی ہاں ایک منسٹر پریسیڈنٹ تھے اس مشاعرے کے۔ جو دفتر میں ہندی پرچار کے حامی ہیں اور زندگی میں اردو پرچار کے۔ ہاں صاحب انھوں نے بھی اپنی غزل پڑھی ——— یہی نہیں تھوڑے دن کے بعد محرم آگیا۔ ہر قوم کے لوگ محرم کے دس روز مجلسوں میں شریک ہوتے دکھائی دیئے۔

دسویں محرم جس دن امام حسینؑ کی شہادت ہوئی ہے مسلمانوں میں سب سے بڑا غم کا دن ہے۔ سکھ نوحے پڑھتے دکھائی دیے۔ کچھ سندھی ماتم کرتے۔ دیکھا آپ نے لکھنؤ کی ہوا اور گومتی کے پانی کی تاثیر——!

اب میں ذرا تھک گیا ہوں اور میرا خیال ہے آپ بھی تھک گئے ہوں گے۔ کہاں تک بیان کروں۔ لکھنؤ کے ذرّے ذرّے میں اور اس کے باغات کے پتّے پتّے پر ہزاروں ادبی داستانیں لکھی ہوئی ہیں جن پر ہندو مسلمان سکھ اور عیسائی ہر قوم کے خون کی مہریں نظر آئیں گی۔ اور ان سب کی ملی جلی آوازیں۔

یہ آوازیں اس لکھنؤ اور اودھ کی پربہار فضا میں ہمیشہ گونجتی رہیں گی اور آنے جانے والے کو للکار کر کہتی رہیں گی کہ گذرنے والے

سُن اور پڑھتا جا کہ ؎

چمن کے پتے پتے پر لکھی ہے داستاں تیری
ہزاروں لاکھوں اس حسین دلھن کو چھوڑ کر بیوفائی کر گئے

مگر یہ دلھن آج تک بنی سنوری اسی انداز سے ان کو یاد کرتی رہتی ہے۔ اللہ اس کا سہاگ، اس کی رونق اور اس کی محفلیں ہمیشہ قائم رکھے۔

"ہزاروں اٹھ گئے پھر بھی وہی رونق ہے محلس کی۔"

●

اب بہر حال ہم لکھنؤ سے رنگون جانے کے لئے کلکتہ روانہ ہوئے۔ کلکتے پہنچے اور کلکتے سے رنگون جہاز کا نوّے روپئے سکنڈ کلاس کا کرایہ ملا۔ اور مشہور ایکٹر منے آغا کے مشورے پر سولہ روپئے کا ڈک کا ٹکٹ خریدا۔ باقی روپئے ہم دونوں نے بچا لئے۔ قضا و قدر کا معاملہ۔ ہمارے جہاز کو اس سال کا سب سے بڑا طوفان ملا۔ نہ جانے کیونکر جان بچی، اور رنگون خیریت سے پہنچے۔ تین دن تک آسمان سر پر گھومتا رہا، چوتھے دن ذرا ہوش آیا۔ اور ہماری تصویر "شان سجان" کی مہورت ہوئی۔ چہرے پر رنگ پوتا گیا۔ نئے نئے کپڑے پہنائے گئے اور کیمرے کے سامنے لاکر کھڑا کر دیا گیا۔ اس نئے ماحول سے وحشت ہو ہی رہی تھی کہ بچپن کی سب سے بڑی کمزوری جس کے سامنے کبھی ٹھہر نہ سکا۔ یعنی ایک خوبصورت ہیروئن بھی قریب آکر کھڑی ہوگئی۔

مکالمے دیے گئے۔ وہ بھی عشقیہ مکالمے۔ منشی احسن مرحوم کے لکھے ہوئے تھے۔ کیمرہ، تیز روشنی اور اس حسین عورت کے سامنے آنکھیں چکا چوندھ ہو گئیں۔ اور اتنے آدمیوں کی موجودگی میں، عشقیہ ڈائلاگ کسی طرح نہیں بولے گئے۔ کبھی تم کی جگہ دُم نکلے اور کبھی دَم نکلے! کٹ! کبھی شرما کر کیمرے کی فیلڈ سے باہر نکل کر بول دوں۔ پھر کٹ! کبھی ہیروئن کو غلط جگہ پکڑ لوں۔ پھر کٹ!

ڈائرکٹر کا چہرہ غصے سے سُرخ ہوگیا۔ اس طرح میرے قریب آیا جیسے مجھے کھا جائے گا۔ لیکن آتے ہی مجھے شاباشی دی۔ اطمینان دلایا ہمت بڑھائی۔ شاٹ شروع ہوا۔ اس بار ڈائلاگ شاید ٹھیک ہوگیا مگر ہیروئن کو اس طرح چمٹایا۔ اور اس کے شانے کے بجائے نہ جانے کون سا حصہ اس کے جسم کا دبا ڈالا کہ وہ کس کے چیخی ـــــ اور پھر کٹ!

اس شاٹ کو ڈائرکٹر او کے کہتا تھا اور ہیروئن کہتی تھی کہ "دوبارہ یہ شاٹ لیجئے' وہ ٹھیک نہیں تھا" وجہ پوچھی تو بولی "ہیرو سے پوچھیے"۔ ڈائرکٹر نے میری طرف سوالیہ نظروں سے دیکھا۔ میں نے کہا "آپ ہی لوگ فیصلہ کرلیں۔ میں تو بیہوش تھا۔ بہرحال شاٹ وہی رہا۔

چائے پر ہیروئن نے کہا "عجیب آدمی ہو۔ یہ بھی نہیں جانتے

ہو کہ عشق کیونکر ہوتا ہے ؟ " میں نے آہستہ سے کہا کہ "عشق تو زبانی ہوتا ہے، خطوں سے ہوتا ہے، نظر سے ہوتا ہے۔ دل سے ہوتا ہے، رُوح سے ہوتا ہے۔ لیکن یہاں تو ڈائرکٹر نے چمٹانے اور دبانے کو کہا تھا۔ جب چمٹا لیا، دبا لیا تو عشق کہاں رہ گیا۔" کہنے لگی کہ چمٹایا بھی غلط طریقے سے۔" میں نے کہا "چمٹانے کا ہر شخص کا طریقہ الگ الگ ہوتا ہے۔ میری جس طرح اس وقت سمجھ میں آیا اس طرح چمٹا لیا۔"

غرض، آپ مانیں یا نہ مانیں صرف اس شاٹ کی وجہ سے تصویر خاصی کامیاب رہی۔ نہ جانے سنسر نے کس طرح چھوڑ دیا وہ شاٹ۔ گھبراہٹ میں یہ ہاتھ غلط جگہ پڑ کے بڑا کام کر گیا۔ لوگ ہال میں چیختے تھے " ابے ایک دفعہ ہماری طرف سے اور ایک ہاتھ مار دے۔"

دراصل لوگوں کے معیار کو بگاڑنے اور بنانے کی ذمّہ داری بہت کچھ فلم والوں پر عائد ہوتی ہے۔ اس شاٹ پر بھی لوگ تڑپ اٹھتے تھے۔ اور "تجربہ" ایک مسلم تصویر میں، جس کی ہیروئن سخت پردہ میں رہتی تھی، جسے محبوب صاحب نے ڈائرکٹ کیا تھا اور میں رائٹر کی حیثیت سے تھا۔ میں نے اس میں کہیں ہیرو اور ہیروئن کو ملوایا ہی نہیں۔ صرف ایک جھلک دیکھی تھی۔ نہ ایک دوسرے سے بات کر سکے نہ مل سکے لیکن عشق کا وہ بے پناہ جذبہ کار فرما تھا کہ لوگ اس پر بھی جھوم جھوم

اُٹھتے تھے۔

●

بہر حال رنگون والی یہ تصویر کافی چلی۔ مالکوں نے خوب پیسہ کمایا۔ لیکن سب کی نیتیں خراب۔ پیسہ کمانے پر بھی کئی مہینے کی تنخواہیں سب کی مار دیں۔ روز تنخواہ آج ملتی ہے، کل ملتی ہے۔ نتیجہ ظاہر۔ رنگون میں جان پہچان کے تمام ہوٹل والے مارے گئے۔ اب ہمارے مکان کے چاروں طرف قرضدار ہی قرضدار۔ کہیں نکلنا ناممکن ——!

ایک یہودیوں کا خاندان۔ ایک اینگلو برمیز خاندان قریب ہی رہتا تھا۔ اور ایک ایرانی برمیز خاندان، ایک ہندوستانی برمیز خاندان دور رہتا تھا کئی میل ہمارے گھر سے۔ ہندوستانی برمیز ملے جلے خاندان زیر بادی کہلاتے تھے۔ ہم یہودی خاندان کی چاروں جوان لڑکیوں سے ایک اینگلو برمیز خاندان کی لڑکی سے، ایک ایرانی خاندان کی لڑکی سے اور ایک زیر بادی خاندان کی لڑکی سے بہ یک وقت عشق فرما رہے تھے۔ ہر لڑکی نہایت شریف۔ اور ہر لڑکی کو یہ اُمید کہ یہ ہم سے شادی ضرور کرلے گا۔ ہر لڑکی کھاتے پیتے گھرانے کی۔ چنانچہ کئی ماہ ناشتہ کہیں چائے کہیں، دن کا کھانا کہیں، سہ پہر کا ناشتہ اور کھانا کہیں سے

ایک جا کھاتے نہیں عاشقِ بد نام کہیں
دن کہیں، رات کہیں، صبح کہیں شام کہیں

انگریزی فلمیں دیکھنے کو پیسے بھی وہیں سے آتے تھے۔ واشنگ کا بل وہیں سے۔ ایک اینگلو برمیز گھرانے کی خوبصورت لڑکی نے دسمبر میں ایک گرم سوٹ بھی سلوا دیا تھا۔ اور زیر بادی مسلمان لڑکی نے ایک شیروانی عید کے موقع پر۔ ایرانی برمیز لڑکی نے چائے، کیک، بسکٹ کے سوا اور کوئی تواضع نہیں کی۔ یہودی لڑکیاں سب سے زیادہ سیانی نکلیں۔ صرف آلو کے کچالو اور ہرے مٹر کھلایا کرتی تھیں۔

ان میں ہر لڑکی ہر اعتبار سے حسین تھی، اور آپس میں کچھ اس قسم کا مقابلہ کروا دیا گیا تھا کہ ہر لڑکی جان بیچ کر ہمیں حاصل کرنے کی کوشش کر رہی تھی۔ ان ناسمجھ ابھرتی ہوئی جوانیوں کی سمجھ میں یہ نہ آیا کہ آخر اس شخص میں کون سے لال جڑے ہیں۔ میرے ایسے ان کو ہزاروں مل سکتے تھے۔ صرف ایک تصویر کا ہیرو تھا۔ بالکل معمولی وضع قطع کا نوجوان البتہ رنگ سُرخ و سفید اور باتیں بے پناہ کرنے والا۔ کیا مجال لڑکی ایک بار مل لے اور پھر دوبارہ یاد نہ کرے۔

نوجوان لڑکی کو بس میں کرنے کی ایک ترکیب قیامت ہے۔ آپ لڑکی کے دل میں تھوڑا گھر کرنے کے بعد کسی دوسری سے ملنے کا شوق

ظاہر کریں اور کسی نہ کسی طرح اس کو یہ منظر دکھا بھی دیں۔ پھر اس غریب کی موت یقینی ہے۔ وہ تن من دھن یہاں تک کہ، کوئی چیز آپ سے عزیز نہ رکھے گی۔ یہ ترکیب مجھے کسی نے بتائی نہیں۔ صرف رنگون کے مشاہدات نے سکھائی اور ــــــ ہمیشہ کامیاب رہی۔ سو فیصدی کامیاب!

●

نوجوان لڑکیوں کی تباہی جب اُن کے بڑوں سے برداشت نہ ہوسکی، تو مجھ کو جان سے مار دینے کی دھمکی دینے لگے۔ پہلے تو میں دھمکی ہی سمجھا، لیکن واقعی میں ختم کر دیا گیا ہوتا اگر چھ فٹ کچھ انچ کا لمبا چوڑا ایک پوربی نوجوان رام لکھن مجھ سے یہ نہ کہہ دیتا کہ "بھیّا بس چوبیس گھنٹے کے اندر رنگون چھوڑ دو۔" اِس گنڈے سردار کے منہ سے یہ الفاظ سنتے ہی میں چوکنا ہوگیا۔

اس دن رجب کی تیرہ تاریخ تھی۔ خان بہادر چاندو صاحب کی عالیشان کوٹھی پر ایک محفل قصیدہ خوانی تھی۔ مجھے خبر ملی اور دن بھر کوشش کر کے ایک بہت ہی عمدہ حضرت علی علیہ السلام کی شان میں قصیدہ پڑھا۔ ایک ایک شعر پر محفل جھوم جھوم اٹھی۔ اس کروڑ پتی آدمی کے بہت سے جہاز تھے۔ ہم قصیدہ پڑھنے میلوں پیدل گئے تھے۔ ایک پیسہ پاس نہ تھا۔ محفل کے بعد خان بہادر صاحب نے خاص طور پر ہمارے

قصیدے کی بیحد تعریف کی۔ پھر بولے، "مانگو کیا مانگتے ہو؟" میں نے کہا "کلکتے تک کا جہاز کا کرایہ اور کچھ سفر خرچ۔"

اسی وقت جہاز کا پاس اور سو روپئے نذر کر دیے گئے۔

اور میں کلکتے کا خواب دیکھتا ہوا گھر روانہ ہوا۔ ایک بجے رات کے قریب گھر پہنچنے ہی والا تھا کہ رام لکھن راستے میں پھر ملا۔ میرا ہی دیر سے انتظار کر رہا تھا۔ کہنے لگا "گھر مت جانا۔ ایرانی لڑکی کا باپ ریوالور لئے تمھارا منتظر ہے، اور زیر بادی باپ پولیس لیکر آیا ہے۔ اینگلو برمیز لڑکی کا باپ اپنی لڑکی کو زخمی کر کے چھرا لئے تمھاری راہ دیکھ رہا ہے۔ اس کے یہاں بچّے کے آثار ہیں۔"

میں نے مسکرا کر کہا" اور بھیا یہودیوں کی کیا حالت ہے؟ کیوں نہ ان سب لڑکیوں کے باپوں کو یہاں میرا انتظار کرنے دو۔ موقع اچھا ہے۔ ان بیچاریوں کی تسلی کر آئیں۔" رام لکھن مسکرایا بھی اور بھوچکا بھی ہوا۔ کہنے لگا" بھیا بڑے بڑوں سے واسطہ پڑا۔ تمھارا ایسا نہ دیکھا جو اس وقت بھی مذاق کر رہا ہے"۔ میں نے کہا" میرے کپڑے تو لا دو اس نے کہا" ہم دونوں مار ڈالے جائیں گے"۔ میں نے پھر کہا" اچھا ایک نظر یہودیوں کو تو دیکھ لینے دو۔ وہ تو خاموش ہیں"۔ اس نے کہا بھیا! راون کی سی حالت نہ ہو تو میرا ذمہ۔ تم اپنے شوق میں مارے

جاؤ گے اور میں تمہاری محبت میں مارا جاؤں گا۔ بھگوان کا واسطہ یہاں سے جلدی چلو۔"

یہ باتیں ہو ہی رہی تھیں کہ اینگلو برمیز کے دو افراد نظر آ گئے۔ اس نے کہا "بھاگو" اور ہم دونوں سر پر پاؤں رکھ کر بھاگے۔ باقی رات ایک سڑے ہوئے یوپی والوں کے ہوٹل میں گذاری اور صبح تڑکے ہم لوگ جہاز پر تھے۔ نو بجے کے قریب جہاز روانہ ہوا اور ایک بار پھر ہم نے اطمینان کی سانس لی۔

●

جہاز رنگون کو خیرباد کہہ رہا تھا۔ رام لکھن اب بھی دور کھڑا ہاتھ ہلا رہا تھا۔ آہستہ آہستہ کنارا دور ہوتا جا رہا تھا۔ ہزاروں باتیں اور نہ جانے کتنے حسین چہرے، ان کی ملاقاتیں نظروں میں ناچ رہی تھیں اور میں کھڑا سوچ رہا تھا کہ ان میں کی ہر لڑکی شریک حیات بنا لینے کے قابل تھی۔ کاش! میں کسی سے شادی کر لیتا۔ مگر کیسے کرتا۔ احساس کمتری۔ جس کا کسی لڑکی کو وہم بھی نہ تھا۔ آگ کی طرح میرے دل و دماغ میں چوبیس گھنٹے دہکا کرتا تھا۔ اس پنجابی بیوی کے بچپن کے سنے ہوئے جملے آج بھی کانوں میں گونج رہے تھے۔ "تم کچھ نہیں کر سکتے۔ تم کسی قابل نہیں ہو۔" پھر آنکھوں کے سامنے وہ منظر آیا۔ وہ گھڑا ٹوٹا۔ وہ گھبرا کر

۱۴۹

اٹھی۔ ڈھیلے آنا بند ہو گئے۔ اس نے گھبرا کر میرے ان عزیز کو پکارا پھر ج

آشیاں اُجڑا گیا، ہم ناتواں دیکھا کئے

میں نے آنکھیں بند کر کے سر کو ایک جھٹکا سا دیا اور ایک طرف

ایک لمبی سانس بھر کر نکل گیا۔ جہاز اب پورے سمندر میں تھا اور میں ایک جگہ کھڑا چائے، ٹوسٹ اور انڈے کھا رہا تھا۔ اور سوچ رہا تھا کہ سوائے لپٹانے چمٹانے کے اور کوئی حرکت تو مجھ سے ہوئی نہیں، پھر یہ بچے کے آثار ہونا کیا معنیٰ! پھر وہی پنجابی بوڑھے مرد کی کمسن بیوی نظروں کے سامنے گھومی۔ ایک ایک کر کے سارے واقعات سامنے آتے رہے۔ اس کا مجھے سمجھانا۔ میرا گھبرانا۔ وحشت۔ ہول۔ آخر میرا بھاگنا۔ اس کا پیچھے دوڑنا میرے رشتے کے بھائی ـــــــ وہ سارا منظر! ایسا محسوس ہوا جیسے رنگون کی ہر لڑکی ان رشتے کے بھائی کی اس حرکت کی شکار ہو رہی ہے۔

سر چکرانے لگا۔ بادل کی گڑگڑاہٹ کان سننے لگے۔ اُف! کاش! میں یہ سب گناہ کر سکتا۔ میری سلگائی ہوئی آگ اور ان کی گھٹی ہوئی تمناؤں سے نہ جانے کس کس نے فائدہ اٹھایا ہو گا۔ ان زخمی ہرنیوں کو کیسے کیسے اناڑی شکاریوں نے شکار کیا ہو گا۔

اکثر دوست رنگون کی عاشقی کے زمانے میں پوچھتے تھے اور میں بڑے فخر سے مسکرا دیا کرتا تھا۔ ان کو میری بزدلی کی کیا خبر تھی۔ میں تو

تسکین کے لئے صرف اُن عورتوں کے پاس جا سکتا تھا جو پیسہ لے کر جوانیاں بیچتی ہیں۔ جو یہ نہیں کہتیں کہ اب آپ میں وہ اگلا سا دم خم باقی نہیں رہا۔ جن کے چہرے ہر قسم کے جذبات سے خالی۔ جن کی آنکھوں میں صرف دوسرے گاہک کی تلاش اور بس..........!

●

رنگون کی یہ حسین لڑکیاں اور ان کے علاوہ کتنے حسین خواب دیکھتا ہوا کلکتے پہنچ گیا۔ قبل اس کے کہ کلکتہ پہنچوں، رنگون کا ایک یادگار واقعہ اور سُن لیجیے :۔

میں تین چار دن ایک سرکس میں بھی کام کر چکا ہوں۔ ہوا یہ کہ ہمارے کمرے سے بالکل ملے ہوئے کمرے میں سرکس کی خوبصورت برمیز ہیروئن آکر ٹھہری تھی۔ اس کے پاس ایک "شی گوریلا" رہتی تھی۔ بڑے سے پنجرے میں بند۔ اس کی لمبی لمبی سانسیں سن کر کبھی کبھی ہماری سانس رکنے لگتی تھی۔ اور خیال آتا تھا کہ اگر کسی دن یہ ظالم ہمارے کمرے میں گھس آئی تو ہمارا کیا حال ہوگا۔ ہمارا دروازہ کھلا ہوا تھا، اور رہ رہ کر یہی خیال آ رہا تھا کہ کہیں گوریلا بیگم صاحبہ تشریف نہ لے آئیں۔ دروازہ بند کرنے اٹھا ہی تھا کہ واقعاً وہ اندر تشریف لے آئیں۔ نہ جانے کیسے چھُٹ گئی تھیں دیکھتے ہی دم نکل گیا۔ چوتھی منزل سے برابر والے

کمرے میں کود گیا۔ کیونکر ؟ کس طرح ؟ کچھ نہیں معلوم۔ یہ بھی ہمارے ساتھ پھاندیں۔ سامنے ان کی مالکہ کپڑے بدل رہی تھیں۔ بے تحاشا ان سے لپٹ گیا۔ انھوں نے ڈانٹ کر ان محترمہ کو پنجرے میں بند کیا اور نیم عریاں حالت میں پھر کمرے میں واپس آئیں۔ مجھ کو دیکھا۔ سر سے پاؤں تک پسینے میں شرابور، کانپ رہا تھا۔ انھوں نے تسلی دی تھپ تھپایا اور تھوڑی دیر کے لئے کمرے کا دروازہ بند ہو گیا۔ ہر طرف خاموشی چھا گئی۔ کبھی کبھی "شی گوریلا" کی لمبی لمبی سانسوں کی آوازیں سنائی دیتی تھیں، جو ہم دونوں کے کمرہ بند ہو جانے کے بعد اور زیادہ تیز ہو گئی تھیں۔

دوسرے دن ہم سرکس میں ملازم ہو گئے تھے۔ ایک بہت بھاری پتھر ہمارے سینے پر رکھکر، پبلک کے سامنے لوہے کے بڑے ہتھوڑے کی مسلسل ضربے کس طرح توڑا جاتا تھا ؟ ہمیں بالکل نہیں معلوم۔ پتھر ٹوٹتا تھا تالیاں بجتی تھیں اور ہم کھڑے ہو کر ادھر اُدھر پبلک کے سامنے سینے پر ہاتھ رکھ کے جھک جھک جاتے تھے۔ شی گوریلا کے سلسلے میں اب بھی ہم کسی آئیٹم پر تیار نہ تھے۔ اور یہ محترمہ جنھوں نے شی گوریلا سے ہماری جان بچائی تھی کمرہ بند کرنے کے سلسلے میں ہم پر بڑی مہربان تھیں۔ سینے پر پتھر توڑنے والا آئیٹم دوسرے کو دیا گیا، اور یہ ایک دن ہم سے بڑے پیار سے بولیں " ڈیر آج تم ہمارے ساتھ شیروں کے جھرمٹ میں چلیے گا۔ اُن کے

بیچ میں سوئے گا۔" ڈیر نے کہا" مرجائے گا نہیں سوئے گا۔" ہنس کر بولیں۔" تم آؤ تو سہی۔ کچھ نہیں ہوگا۔"

گھنٹی بجی اور ایک، دو، تین، چار، پانچ، چھ، سات، آٹھ نو شیر نکل آئے۔ یہ ہمارا ہاتھ پکڑ کر اسٹیج پر لے گئیں۔ شیر ایک لائن میں ایک کے پیچھے ایک اسٹیج کی دیوار سے ملے ہوئے گھومنے لگے۔ چاروں طرف لوہے کی مضبوط جالی لگی ہوئی تھی۔ میں نے بھاگنے کی کوشش کی۔ ایک شیر گرجا۔ میں قریب قریب بے ہوش ہو چکا تھا۔ اب ان شیروں کے بیچ میں سونے کا وقت آیا۔ میرے کانوں میں ایک ہنٹر کی آواز کے ساتھ کئی شیروں کے گرجنے کی آواز آئی۔ آنکھیں کھولیں تو شیروں کو اپنی طرف آتے دیکھا۔ ایک جست میں دروازہ کھول کر اسٹیج کے باہر پبلک میں۔ اب جو وہاں سے بھاگا تو سیدھا رنگون کی سڑک پر۔ تالیاں بے تحاشا بج رہی ہیں۔ لوگوں کے قہقہوں کی آوازیں دور تک سنائی دیتی رہیں اور میں بھاگتا رہا، بھاگتا رہا۔ پھر میں نے کبھی سرکس کا رُخ نہیں کیا، اور یہ گوریلا کے سلسلے میں عشق کی داستان وہیں دم توڑ گئی۔

●

اسی سلسلے میں رنگون تو چھوڑ ہی رہے ہیں کیوں نہ آپ ان لوگوں سے مل لیجیے جو رنگون میں رہتے تھے اور ہماری ہی طرف کے تھے۔

۱۵۴

حکیم عیش۔ مشہور شاعر اور حکیم۔ یہ ہمارے استاد حضرت آرزو لکھنوی کے شاگرد۔ کافی پڑھے لکھے بہت اچھے حکیم اور بہت اچھے شاعر۔

رام لکھن، فیض آباد کا تھا۔ رنگون کے چنے ہوئے بدمعاشوں کا سردار۔ اس کا کافی اثر تھا۔ ہنس مکھ، ملنسار۔ دوستوں کا دوست، محبت کرنے والا۔

عظیم بازید پوری جو بعد میں فلمی رائٹر بنے۔ اس وقت ہماری فلم "شان سبحان" میں کام کر رہے تھے۔

نظامی، ایک رئیس پنجابی تاجر جس کا بہت اثر تھا۔ ان کی ایک فلم کمپنی بھی تھی۔ ڈائرکٹر راج ہنس اور مشہور ایکٹر صادق علی سے پہلی بار انھیں کی کمپنی میں ملاقات ہوئی۔

ہیرالال۔ آجکل کے ولین، اس زمانے کے ہیرو۔ یہ عشق کے سلسلے میں بھاگ کر ایک ہیروئن کے ساتھ رنگون آئے تھے اور پہلی بار مشہور و معروف ڈائرکٹر نندا سے بھی ہماری ملاقات ہوئی۔ جن کی ایک فلم ادھوری چھوڑکر یہ بھاگ گئے تھے اور وہ ان کو پکڑنے رنگون آئے تھے۔

خان بہادر چانڈو صاحب شیعہ خوجہ۔ کروڑپتی تاجر جن کے بہت سے جہاز تھے۔

مسٹر سیمسن ملابار کے ویٹ لفٹنگ کے استاد۔ ان کے یہاں ہم کبھی کبھی ورزش کرنے جایا کرتے تھے۔

مسٹر ولیم، ایک انگریز جوان۔ گورنمنٹ آفسر۔ ان کی بیوی بیحد خوبصورت تھیں۔ یہ لکھنؤ کے تھے اور بہت ہی اچھی زبان بولتے تھے۔ ہمارے مکان کے سامنے ایک اونچی بلڈنگ میں رہا کرتے تھے۔ اور حیرت ہے شعر خوب سمجھتے تھے۔ یہ ہماری نظر میں پہلی دفعہ یوں سمائے کہ ایک دن قریب شام یہ چھت پر اس کام میں لگے ہوئے تھے۔ جس کو سمجھنے کا بچپن میں ہمیں بڑا ہی شوق تھا۔ ہم دیر تک محو نظارہ رہے۔ اور شاید انھوں نے بھی ہمیں دیکھتے دیکھ لیا۔ کیونکہ دوسرے دن جب وہ اپنی موٹر میں بیٹھنے والے تھے، مجھے دیکھکر مسکرائے۔ میں نے کہا "گڈ مارننگ سر" کہنے لگے " آداب عرض ہے۔ میں لکھنؤ کا ہوں۔ ولیم نام ہے۔"

میں دنگ رہ گیا۔ اس صفائی سے انھوں نے کہا۔ پھر میں نے اپنا نام بتایا اور جیسے ہی میں نے کہا" میں بھی لکھنؤ کا ہوں" انھوں نے مجھے گلے لگالیا اور سہ پہر کی چائے پر بُلا لیا۔ گھنٹوں ان سے باتیں رہتی تھیں شعر و شاعری ہوتی تھی۔ یہ بڑے روشن خیال تھے۔ ہمیشہ کہا کرتے تھے کہ انگریزی حکومت اب زیادہ چل نہ سکے گی۔ اور اب ہم کو جانا ہی پڑے گا ہم نے اس ملک کو جیت لیا۔ اس پر قبضہ کرلیا۔ پھر بھی اپنا نہ بنا سکے آجتک

یہاں کے لوگ ہمارے لئے غیر ہیں اور ہم ان کے لئے۔ ہم لوگ آج تک ولایتی خواب دیکھتے ہیں اور جب ہم کسی کو اپنا نہیں سکتے تو وہ ہمیں کیوں اپنا سمجھے گا۔"

ایک دن اسی سلسلے میں فرمانے لگے کہ "دوسروں کو خوش رکھنے کے لئے انسان کو بڑی سے بڑی قربانی کرنا پڑتی ہے۔" میں نے کہا "درست"

کہنے لگے "اک ذرا سی خوشی کے لئے دوسرے کا دل کبھی نہیں توڑنا چاہیئے۔" میں نے کہا "بالکل ٹھیک۔"

کہنے لگے "جو کام محبت سے ہو سکتا ہے وہ طاقت سے نہیں ہو سکتا" میں نے کہا "آپ سچ کہتے ہیں۔"

کہنے لگے "اب اپنی مثال لے لو۔" میں چونکا!

مسکرا کر بولے "تم چھت پر سے چھپ کر دیکھو گے ضرور کیونکہ تم کو اس حرکت سے خوشی حاصل ہوتی ہے۔ اور میں وہ حرکت کھلی ہوئی چھت پر کروں گا ضرور، کیونکہ اس سے مجھے خوشی حاصل ہوتی ہے۔ نہ تمھارا دل ٹوٹے اور نہ میرا اس لئے برابر یہ حرکت جاری رکھوں گا۔ تم چھپ کر نہ دیکھا کرو۔ اطمینان سے دیکھا کرو۔"

میں نے آہستہ سے کہا کہ ضرور حرکت کیجیئے، لیکن وقت بدل

دیکھیئے۔ ذرا اندھیرا ہو جانے دیا کیجیئے۔"

کہنے لگے "کیسے مسلمان ہو۔ عربی کا وہ جملہ سُنا ہے کہ دوسروں کا دل خوش کرنا حج اکبر ہے۔ یعنی جس حج میں بہت ثواب ہے۔ اور تم مجکو کا فر بنانا چاہتے ہو؟ ہرگز وقت نہیں بدلوں گا۔"

اس دن سے ہم چھت پر اُس وقت تو کیا کسی وقت نہیں گئے۔ بالکل جانا چھوڑ دیا۔ ایک دن میں نے پوچھا "کیسے مزاج ہیں ولیم صاحب؟"

فرمایا" اللہ کا کرم ہے۔ ہر نعمت اُس نے دی ہے مگر آنکھیں ڈھونڈا کرتی ہیں۔" میں نے کہا "کس کو؟" مسکرا کر بولے " ہفتہ کی شام کو ٹھیک اسی وقت تم کو۔"

میں نے ہنس کر کہا کہ" ہفتہ کے بجائے جمعہ کا دن رکھ لیجیئے۔ مسلمان ہوں ثواب سمجھ کر ضرور حاضر ہوں گا۔"

وہ بہت ہنسے۔ یوں ہی ہم دونوں دیر تک ہنستے رہتے اگر ان کی خوبصورت بیوی ایک طرف سے آکر اس ہنسی میں شریک نہ ہو جاتیں یک بیک میری آواز پھنس گئی اور وہ دونوں ہنستے رہے۔

●

لیجیئے وہ ہمارا جہاز رک گیا۔ وہ سامنے کلکتہ نظر آنے لگا۔ یہ وہی کلکتہ ہے جس کے ایک ایک ذرّہ سے مجھے محبت ہے۔ اپنے وطن لکھنؤ

۱۵۷

سے کچھ کم، پھر بھی بہت زیادہ۔ کلکتے ہم بچپن سے اب تک پچاسوں بار گئے۔ گول کوٹھی میں چیت پور روڈ پر ٹھہرا کرتے تھے۔ قریب ہی کباب پراٹھے والوں کی دو کانیں۔ ان سے ذرا آگے ملیح آباد کے ایک چاپ والے کی دوکان جس کا مزہ آجتک زبان پر ہے۔

مٹیا برج میں جان عالم، جگت پیا واجد علی شاہ کی قبر۔ وہاں کی بالائی۔ ذکریا مسجد۔ وہاں کے ہندوستانی ہوٹل۔ آم کے رس سے بنا ہوا پرتوں والا موٹا سا آم کا امرس۔ بہترین میووٗں کی دو کانیں۔ وہاں کے خوشنما تالاب اور چھوٹے چھوٹے پارک۔ سوناگاچی۔ باڈ بازار چورنگی کے سامنے دور تک پھیلے ہوئے میدان۔ بے نظیر فٹ بال گراؤنڈز بہترین فٹ بال کا معیار۔ ہندوستان کے چنے ہوئے کھلاڑیوں کا مرکز۔

وہ ہے رشید سینئر، وہ میوہ لال۔ وہ ایسٹ بنگال ریلوے کا صمد، جو میری نظر میں ہندوستان کا سب سے بہتر کھلاڑی تھا۔ ایک بار بابی طالع یار خاں سے بمبئی میں صمد کا ذکر آیا۔ انھوں نے میری نظر کو اور وسیع کر دیا۔ کہنے لگے "صمد صرف ہندوستان ہی کا نہیں، دنیا بھر کے بہترین کھلاڑیوں میں سے ایک تھا۔"

ایک زبردست برما اور چائنا کی ملی جلی ٹیم یورپ جا رہی تھی اس کا میچ بنگال سلکٹیڈ سے ہوا۔ دو گول اس ٹیم نے کر دیے۔ اور چھ بار

فٹ بال گول پوسٹ سے ٹکرا ٹکرا کر رہ گیا۔ سارا وقت وہی ٹیم کھیلتی رہی ہمارے کھلاڑی جان لڑائے ہوئے تھے کہ اور گول نہ ہونے پائیں۔ میچ ختم ہونے میں مشکل سے چار پانچ منٹ باقی تھے۔ پھر بھی لاکھوں آدمی صرف ایک ہی نام لیکر چیخ رہے تھے صمد، صمد، کہاں ہو تم۔ یک بیک ایک بڑی مونچھوں والا اونچے قد کا آدمی بجلی کی طرح بال لے کر چلا۔ چھ کھلاڑیوں کو جھکائی دیتا ہوا گول کے قریب اور ——— گول! ہنگامہ ہوگیا۔ بال سنٹر میں رکھا گیا۔ اب اور زوردار "صمد" کی آوازیں۔ ڈیڑھ دو لاکھ آدمی ایک ساتھ چیخ رہے تھے "صمد صمد!" آدھا منٹ باقی تھا۔ صمد پھر اسی شان سے چلے۔ پھر اُدھر کے کھلاڑی اس پر جھپٹے۔ یہ پھر سب کو جھکائیاں دیتا گول کے قریب۔ اور پھر ریفری کی وسل بجی اور ——— گول تھا میچ برابر رہا۔ لاکھوں آدمی صمد کو ہاتھوں پر اُٹھائے ہوئے جن میں میں بھی تھا۔ پھول برس رہے ہیں۔ یہ اپنی بڑی بڑی مونچھوں کو بل دے رہے ہیں۔ اور لوگ کلکتے کی سڑکوں پر ان کو لئے پاگلوں کی طرح گھوم رہے ہیں۔

یہ آگیا 'ہوڑا برج'۔ جب کوئی بڑا جہاز آتا تھا' یہ پل کس طرح آہستہ آہستہ کھلتا تھا اور جہاز گزر جانے کے بعد کس طرح آہستہ آہستہ بند ہوتا تھا۔ یہ ہم گھنٹوں دیکھا کرتے تھے۔ اور لکھنؤ آکر سب کو بتایا کرتے تھے۔

یہ آگئی کنگس روڈ ہوڑا۔ اور یہ آگئی نمبر ۹ کی ہماری کوٹھی جس میں ہم لوگ ایک زمانے میں رہا کرتے تھے۔ یہ ہیں ہماری گاڑیاں اور موٹریں یہ ہیں وہ آوازیں جو صبح صبح کوٹھی کے باہر سے آیا کرتی تھیں۔ "میم صاحب مرغی والا۔ میم صاحب بطخ والا۔ میم صاحب انڈے والا۔"

یہ آگئی رپن اسٹریٹ۔ ارے یہاں تو لکھنؤ کے مشہور شاعر حکیم ناطق اور ملکۂ ترنم اختری فیض آبادی رہتی ہیں۔

یہ آگیا پارک سرکس اور یہ آگئی چورنگی۔ اور یہ تو "گیلسٹن مینشن" ہے۔ گیلسٹن جو ایک زمانے میں ریس کا سب سے بڑا اونر اور ٹرینر تھا یہ کروڑپتی انگریز سنا ہے جب ریس کورس میں بوکیز کے رنگ میں ٹننگ کرنے گھستا تھا تو اس کے ڈر کی وجہ سے بڑے بڑے بوکیز گھوڑوں کا بھاؤ مٹا دیا کرتے تھے۔ اور ایک زمانے میں جب بوڑھا ہوکر ولایت واپس ہوا ہے تو کروروں روپئے تباہ ہوچکے تھے اور دوستوں نے لندن جانیکا کرایہ دیا ہے اسے۔ یہ ہے ایک کامیاب جواری کا انجام جو ایک زمانے میں ریس کورس کا بادشاہ کہلاتا تھا۔

وہ رہا وکٹوریہ میموریل! کیا خوبصورت ٹرام ٹالی گنج کی طرف جارہی ہے۔ یہ آگیا بانک بازار جہاں کے "رس گلے اور رس ملائی" مشہور ہے۔ اب ذرا پلٹیے، پھر یہ آگیا دھرم تلّا۔ نیو مارکٹ ——— واسل مُلّا کی دوکان۔ یہاں سے ہر قسم کے ریڈی میڈ کپڑے آپ لے سکتے

ہیں ـــــ ارے یہ سامنے تو خلیل رہتے ہیں۔ سائیلنٹ کے زمانے سے لیکر اب تک کے ہیرو۔ میڈنس فلم کمپنی میں آئے ہوئے ہیں ۔ یہ ہندوستان کے واحد ہیرو تھے جو مرنے سے کچھ مہینے قبل تک ہیرو ہی رہے ۔

یہ سامنے آگیا 'نیو سینما' نیو تھیٹرز کا ۔ دیکھیے وہ سینما سے کون نکلا ۔ سہگل جن کی آواز کا کوئی جواب نہیں ۔ ارے ! ان کے ساتھ پنکج ملک ، نتن بوس ۔ دیوکی بوس ۔ نیمو ، پرتھوی راج ، جگدیش اور نواب کشمیری بھی ہیں ـــــــ !

پھر واپس ہوجیئے پارک سرکس کی طرف ـــــــ ولزلی اسٹریٹ سے پہلے آئے گا مدرسہ کالج ، اور اس کے مشاعرے۔ مٹیا برج کے مشاعرے۔ جن میں آئیں گے جمیلؔ مظہری ، وحشتؔ کلکتوی۔ ناملؔ لکھنوی نشترؔ کلکتوی۔ منی لال جوآنؔ اور علامہ آرزوؔ لکھنوی ۔

مشاعرے کے دو چار دن بعد جب کبھی گھومتے ہوئے خضر پور نکل جایئے تو ناوکؔ لکھنوی کی فوٹوگرافی کی دوکان پر آرزوؔ صاحب ۔ منی لال جوآنؔ ، پرتوؔ لکھنوی ۔ آرزوؔ صاحب کے شاگرد ۔ ان کے علاوہ اور بہت سے ان کے شاگرد بیٹھے نظر آئیں گے ۔ ان ہی شاگردوں میں میں بھی آپ کو مل جاؤں گا ۔ پھر سامنے سے محسن کسٹم والے آئیں گے جو ملک کے مشہور پلیئر ہیں ۔ پھر اکڑتے ہوئے ذاکر بھائی آئیں گے۔ یہ خان بہادر

۱۶۱

مرزا ابو جعفر صاحب کے چھوٹے بھائی ہیں۔ یہ بھی کسٹم میں ہیں۔ یہ وہی ہیں جنھوں نے جب ہاکی کے گول کیپر تھے تو بال منہ کھول کر روک لیا تھا اور گول نہیں ہونے دیا تھا۔ ایک مہینے تک منہ بند نہیں ہو سکا۔ صرف دودھ دیا گیا۔

ارے! آج تو چھٹی کا دن ہے۔ یہ سب لوگ بھاگتے ہوئے کہاں جا رہے ہیں؟ اوہو! یہ تو نواب چھٹن یعنی غضنفر کی ٹیم کا اور دھیان چند کی ٹیم کا میچ ہونے والا ہے۔ پہلی اولمپک ٹیم یورپ جانے کیلئے چنی جائے گی۔ ہم بھی سب کے ساتھ میچ دیکھنے بھاگے۔ اُف یہ آگئیں بنگالی حسین سانولی عورتیں۔ یہ کالے کالے بنگالی مرد جن کے کرتے اور دھوتیاں دیکھنے کے قابل ہیں۔

ارے! یہ تو بنگالی گانا ہے۔ کیا لوچ ہے لفظوں میں اور مٹھاس ہے گانے والے اور گانے والیوں کے گلوں میں۔ یہ تو سب کے سب شریف لوگ ہیں۔ واہ کیا بات ہے! یہ فن کس قدر بلند نظر آ رہا ہے۔ یہ بولتے کس طرح ہیں! منہ سے پھول جھڑتے ہیں۔ کچھ سمجھ میں نہیں آتا لیکن لہجے کا اتار چڑھاؤ اور الفاظ کی نرمی دل کھینچے لیتی ہے۔

اُف یہ عورتیں! ان کے چلنے کی ادا۔ معلوم ہوتا ہے گنگا جی صبح کے ہلکے ہلکے دھندلکے میں آہستہ آہستہ بہہ رہی ہوں۔ آنکھیں کالی ہرن جیسی،

لمبے کالے بال ذرا بھیگے اور کھلے ہوئے۔ رنگ سانولے۔کسی کا ذرا گہرا کسی کا ذرا ہلکا۔سنا ہے کرشن جی کا بھی یہی رنگ تھا۔ یہ تمام ہنگامے بچپن سے آجتک دیکھے تھے۔ نہ جانے کتنی بار کلکتے آئے اور بڑی للک سے آئے کلکتہ ہمیں آدھا لکھنؤ معلوم ہوتا تھا۔ وائے قسمت! وطن چھوٹا تو سوچا تھا کہ اپنے جانے پہچانے کلکتے میں بس جائیں گے۔افسوس! اسے بھی چھوڑنا پڑا۔ لکھنؤ چھوڑنے کا غم تو تھا ہی۔ اس کمبخت کلکتے کے چھوڑنے کا غم بھی کچھ کم نہیں ہے۔بقول مرزا غالب ؎

کلکتے کا جو ذکر کیا تونے ہمنشیں!
اک تیر میرے سینے پہ مارا کہ ہائے ہائے

●

بہرحال اسے تو آگے بڑھ کر چھوڑنا پڑے گا۔ فی الحال اپنے کلکتے میں پہنچے۔ اپنی نظر میں مکمل ایکٹر بن چکے تھے، حالانکہ آتا جاتا کچھ نہیں تھا۔ لکھنؤ میں گھر والوں کو معلوم ہوچکا تھا۔ سب ہم پر فاتحہ پڑھ چکے تھے کہ لڑکا بھانڈ بن گیا ہے۔ دو چار فلموں میں کام ملا۔ ایک مسلم فلم آمینہ میں کام ملا۔اور وہیں سے اختری فیض آبادی سے ملاقات ہوئی۔ جو اب بیگم اختر کے نام سے ہندوستان کے کونے کونے میں مشہور ہیں۔ یہ اس فلم کی ہیروئن تھیں اور ایک بار شاعری کا شوق پھر

جاگ اُٹھا۔

اختری نے مجھے شاعری پر پھر اُبھارا۔ اور ہم نے بے تحاشا غزلیں کہنا شروع کر دیں۔ انھوں نے ہماری بہت سی غزلوں کی ریکارڈنگ بھی کی۔ غزلیں خاصی کامیاب رہیں۔ میرے بہنوئی خان بہادر مرزا ابوجعفر کشفی ایم۔ اے بھی اس زمانے میں موجود تھے۔ وہ کلکتہ پریسیڈینسی کے انسپکٹر آف اسکولس تھے۔ میرے بڑے قدردان۔ ان کی موجودگی میں مشاعروں میں شرکت ہونے لگی۔ اور سچ مچ کافی رنگین غزلیں پھر کہنا شروع کر دیں۔ جو کافی مقبول ہوئیں۔

رسالوں میں مختصر کہانیاں لکھیں۔ بہت پسند کی گئیں۔ لیکن ادبی ماحول میں سوائے تعریفوں کے کچھ ملتا تو ہے نہیں اس لئے مجبوراً ایکٹر بنے رہے، اور زندگی آگے بڑھتی رہی۔ اسی عرصے میں میڈن کمپنی میں کام ملا۔ اور یہاں بلبلِ بنگال کجّن سے ملاقات ہوئی۔ ان کے ساتھ بھی کئی فلموں میں نمایاں کردار ادا کئے۔ مگر فلمیں کافی پھُس پھُسی تھیں۔ اس پر ہماری ایکٹنگ سونے پر سہاگا۔ پھر بھی ہم اپنے آپ کو کسی بڑے سے بڑے ہیرو سے کم نہ سمجھتے تھے۔

اُف جوانی بھی کیا بلا ہوتی ہے۔ صبح گھوڑے سواری۔ ورزش پھر کام پر جانا۔ دن بھر کام کرنا۔ پھر دس بیس میل سیر سپاٹا۔ گلابی رنگ

پیروں میں قیامت کا دم خم، کیا مجال جو شعلہ رخوں کی نظریں نہ اٹھیں اور نہ بھڑکیں۔ بس اب رہ بھی کیا گیا ہے ہیرو بننے میں۔ صرف ایک کسر یعنی ہیروئن سے اچھے تعلقات۔ پھر انسان مکمل ہیرو!

یہ تھے وہ اوصاف جن پر ہیرو بننے کا دارومدار ہوتا تھا۔ اور اگر کبھی کبھار ہم سے ملاقاتیں ہونے لگیں ان حسن والوں سے، تو گفتگو اور روانی توبہ! کیا مجال جو میں ہی میں نہ نظر آؤں۔

ایک دن گل حمید سے اتفاقیہ ہماری ملاقات ہوئی۔ اتنا خوبصورت نوجوان اور ایسے حسین سانچے میں ڈھلے ہوئے جسم والا ہیرو ہندوستانی اسکرین پر ہم نے آجتک نہیں دیکھا۔ ہم نے اس کو ایسٹ انڈیا فلم کمپنی میں پہلی بار دیکھا جو ایک مارواڑی کی تھی۔ گھنٹوں اس کو دیکھتے رہے۔ دل چاہتا تھا کہ یہ باتیں کرتا رہے اور ہم اسے دیکھتے ہی رہیں۔ اسی دن ہماری آنکھیں کھلیں کہ نہ کبھی ہم گل حمید بن سکتے ہیں اور نہ کبھی اچھے ہیرو۔ دوسرے جنم میں اگر پیدا ہوئے تو پھر دیکھا جائے گا۔ اس جنم میں ہیرو بننے کا شوق ہی جاتا رہا۔

●

ایک دن معلوم ہوا کہ منشی جی اکڑ کر گھر بیٹھ رہے۔ ڈائرکٹر عذرا میر جو ہماری غزلوں اور کہانیوں کی تعریف سن چکے تھے، ان کی

نظر مجھ پر پڑی۔ فرمانے لگے " تم ہماری فلم کے مکالمے لکھو۔ میرا خیال ہے بہت کامیاب رہوگے۔"

میں نے کچھ سین کے مکالمے لکھے جو عذرا میر کو بہت پسند آئے۔ اب منشی جی آبھی گئے تو کوئی پوچھتا نہیں۔ فلم کے سارے مکالمے ہم نے لکھے۔ بہت پسند کئے گئے۔ کچھ دن بعد ان منشی جی کو ڈائرکشن ملا اس زمانے کا معیار ملاحظہ ہو:۔

ہم ان کو ڈائرکشن کا مشورہ دینے لگے اور مکالموں کی اصلاح فرمانے لگے۔ اور نعرہ لگانے لگے " ہندوستان فلم انڈسٹری زندہ باد!"

اس زمانے میں ایک فلم کی ڈائرکشن اور لکھائی ملی۔ اپنے منہ اپنی تعریف اچھی نہیں لگتی۔ مگر ایک جوہر مجھ میں ہمیشہ سے ہے۔ وہ یہ کہ اپنے آپ کی پرکھ! دنیا کچھ بھی کہے، میں ہوں کتنے پانی میں یہ ضرور سمجھ لوں گا۔ اور یہ جوہر مجھ کو انتہائی کامیاب بنانے میں بہت ہی مفید ثابت ہوا۔

ابھی حال کا واقعہ ہے کہ میں نے مشہور ہیرو سنیل دت کی ایک تصویر "مجھے جینے دو" لکھی۔ تصویر کافی کامیاب رہی۔ ریلیز سے پہلے ہم لوگوں نے تصویر دیکھی۔ سب نے یک زبان ہوکر کہا کہ اس فلم کا کوئی جواب نہیں۔ آغا صاحب تو ساری دنیا کے واحد مصنف بن گئے ہیں۔ میں خاموش رہا۔ سنیل صاحب نے پوچھا " کیوں آغا

صاحب! کیا رائے ہے؟"

میں نے کہا "کونے میں تشریف لائیے۔" آئے اور کہنے لگے "فرمایئے؟" میں نے کہا کہ "کچھ حصے تو خوب ہیں لیکن باقی اگر دوبارہ لکھنے کا موقع مل جائے تو دس گنا بہتر لکھ دوں گا۔"

بہر حال میں نے اس زمانے میں لکھنے اور ڈائرکشن سے انکار کر دیا۔ بہانہ پیش کیا کہ وقت نہیں ہے اور اس واقعے کی کلکتے میں دھوم مچ گئی۔ لوگوں نے کہا "بڑا جینیس ہے۔ موڈ نہیں تھا انکار کر دیا۔" میں چپ رہا کہ اب کون کہے بڑا جاہل ہوں۔ مجھے اس فن کی الف بے تک نہیں معلوم۔

●

اس زمانے میں بہت سی ہیروئنوں میں سے ایک تھی ہیروئن (ک) جن پر مالک کروڑوں روپے صرف کرنے کو تیار رہتے تھے، اور صرف کرتے تھے۔ ان سے ہمارا بے تحاشا عشق چل رہا تھا۔ عشق کیا چل رہا تھا اپنا کام چل رہا تھا۔ اچھا کھانا مل رہا تھا۔ بہترین سگریٹ ملتی تھی۔ کبھی کبھی تحفے تحائف ملتے تھے۔ موٹر میں گھومنا ملتا تھا۔ بڑے بڑے صوفی، رئیس، شاعر اور مولوی رشک سے دیکھتے تھے اور ہم مزے کرتے تھے۔ مگر صحیح معنوں میں مزے کبھی نہیں کیے۔ وہی پرانا خوف، وہی

۱۶۷

ڈر۔ کہ ایک بار حرکت کی اور لعنت برسی۔ قلعی کھلی، اور دودھ کی مکھی کی طرح یا دامن کی گرد کی طرح جھاڑ دیئے جائیں گے۔

چنانچہ ہر حسین اور ہر مہ جبین سے ملتے رہے۔ سب سے یہی ظاہر کیا کہ عشق حقیقی فرما رہے ہیں۔ اور اس عشق حقیقی کا بہاؤ ایسی جگہ لے جاتا تھا جہاں طوفان کا کوئی اندیشہ نہ ہو۔ اور طبیعت کی روانی کی لہریں کسی ایسے کنارے سے ٹکرائیں جس کی صورت دیکھنا پھر زندگی میں نصیب نہ ہو۔ اور اس حرکت کے سلسلے میں کبھی یورپ کے کنارے سے ٹکرایا کبھی خالص ہندوستانی ہونے کی حیثیت سے ہندوستان کے کنارے سے۔ کبھی مسلمان ہونے کی حیثیت سے عرب کے کنارے سے ٹکرایا۔ کبھی حضرت موسیٰ کو ماننے کے پھیر میں یہودیوں کے سمندر کے تھپیڑے کھائے۔

مختصر یہ کہ اس مختصر سی زندگی میں شاید ہی کوئی قومی اور مذہبی گھاٹ ایسا بچا ہوگا جس کے کنارے سے یہ بیتاب موج نہ ٹکرائی ہو۔!

مگر عشق حقیقی اپنے مقام پر کہ دامن تر بھی نہ ہو اور ہوشیار بھی رہو۔ یہی وجہ ہے کہ آج تک سیرابی نصیب نہیں ہوئی۔ اور آج بھی جب کبھی آنکھیں بند کر کے سوچتے ہیں تو ایک سلسلہ ہے جو گھنٹوں جاری رہتا ہے کہ یہ کر سکتے تھے اور وہ کر سکتے تھے۔ وہ اس حسین کے چمکتے ہوئے موتی جیسے دانت۔ وہ اس حسین کی بدمست و مخمور نیم باز آنکھیں۔ وہ اس حسین کی بھرپور اٹھتی جوانی

وہ ایک شعلہ رو کا بھبوکا رنگ۔ وہ ایک سرو قد کا لچکتا، بل کھاتا جسم
وہ ایک پری پیکر کی صراحی دار گردن۔ وہ ایک حسینہ کے بھرے بھرے
عریاں بازو۔ اور وہ دکھائی دیے ایک ماہ پیکر کے لمبے گھنیرے بال۔
اور وہ نظر آئے کسی دوشیزہ کے چاندی جیسے پیر۔ جن کو غالبؔ لگن میں
دھونے کے خواہش مند رہتے تھے۔

یہ مرزا صاحب کی بھی سب سے بڑی کمزوری تھی اور ہم سید
صاحب کی بھی۔ گھنٹوں کے بعد اس خواب گراں سے چونکتا ہوں۔ کبھی
ٹیلیفون نے کان مروڑا۔ کبھی بیگم صاحبہ نے۔ کبھی بچّوں نے تو کبھی
دوستوں نے۔ پلٹے تو کہانی لکھنا شروع کی۔ اور سچ مچ کیا لکھا۔ کیونکر
لکھا۔ یہ اللہ بہتر جانتا ہے۔ لوگ کہتے ہیں کہ دوسروں کو لکھنا سکھاؤ۔ تم
اتنے اچھے مصنف ہو۔ ہزاروں مصنف بنا سکتے ہو۔ ان سے کون کہے
کہ ہم خود کس طرح بنے؟ یہ ہم کو خود نہیں معلوم اور نہ کبھی معلوم ہو سکے گا۔
اور معلوم کر کے کریں گے بھی کیا۔ کسی حقیقت کے متعلق یہ سوچنا کہ یہ کیونکر بنی
کیسے وجود میں آئی جہالت نہیں تو اور کیا ہے۔

●

ایک ہیروئن کے عشق کے سلسلے میں مالک ہم سے کافی
بدظن رہتے تھے۔ اور اب ہم ان کو کس طرح سمجھاتے تھے کہ دوسرے عشاق

کی خبر بھیجیے حضور۔ ہم تو اس سلسلے میں بالکل معصوم ہیں اور ان کو ہماری بات کا کسی طرح یقین نہ آتا۔ بہرحال بات یہاں تک بڑھ گئی کہ کلکتہ چھوڑ دو، ورنہ تمھارا خون کر دیا جائے گا۔ ایک ہزار پر فیصلہ ہوا اور کلکتے بھر کے عشق کو ہم نے ایک ہزار روپے پر بیچا۔ تین سو کے کپڑے بنوائے اور بمبئی روانہ ہوئے۔

●

اس سے قبل کہ کلکتہ چھوڑیں آیئے آپ کو ایک عظیم شخصیت آغا حشر سے ملوادیں جو ہندوستانی تھیئیٹر کا بے تاج بادشاہ مشہور ہے۔ ان کے ڈرامے دو دو سال چلا کرتے تھے۔ آدمی بےحد دلچسپ، ادھا دھند گالیاں بکنے والے، اور بڑی خوبصورت گالیاں۔ ان کو جوئے سے سخت نفرت تھی۔

کلکتہ سے کمپنی کہیں باہر جانے والی تھی۔ اور بڑے بڑے ایکٹر "مانگ پتا" کھیل رہے تھے۔ ایک روپے کا بادشاہ مانگا تھا ایک نے۔ دوسرا تاشوں کی گڈی ہاتھ میں ہے ایک پتا اس کی طرف کھلا رکھتا تھا۔ اور ایک اپنی طرف۔ ہر پتے پر وہ کہتا تھا۔ "بادشاہ اندر" اور دوسرا کہتا تھا "بادشاہ باہر"۔ اور لوگ بھی دیکھ رہے تھے۔ اندر سے آغا صاحب آگئے۔ موٹی سی گالی دے کر چیخے کہ "اس بادشاہ

کی تو ماں کی .... جو ایک روپئے میں اندر چلا آئے اور ایک روپئے میں باہر چلا جائے۔" سب اٹھ کر بھاگے۔ یوں تو ڈرامے کی دنیا میں کوئی جواب نہیں تھا حشر کا۔ مگر ان کی قابلیت کلکتے میں ایک بار ظاہر ہوئی۔

کلکتے میں ایران کے مشہور شاعر عرفی کا جنم دن منایا جا رہا تھا۔ مولانا ابوالکلام آزاد بولے۔ نواب نصیر حسن خاں خیال بولے۔ سلیمان ندوی بولے۔ ان سب کے بعد لوگ چیخے "حشر صاحب! حشر صاحب!!" یہ بیباک مصنف کھڑا ہوا۔ اس نے کہا:-

"دوستو! عرفی ایران کا شاعر تھا۔ اُس زمانے میں پیدا ہوا تھا جب بچے بھی تلوار باندھتے تھے۔ گھوڑے کی سواری کرتے تھے بات بات پر گردن دے دی جاتی تھی۔ میں اپنے ملک کے سب سے بڑے شاعر انیس کے بارے میں کچھ کہنا چاہتا ہوں۔ انیس نے اس زمانے میں تلوار کی تعریف کی ہے جب تلوار ٹوٹ چکی تھی۔ گھوڑے سواری ختم ہو چکی تھی۔ ملک اُجڑ چکا تھا۔ لوگ بہار کا موسم بھول چکے تھے۔"

ایک گھنٹے تک یہ بے مثل مقرر جس کو ہم پہلی بار سن رہے تھے بولتا رہا۔ انیس کے مرثیے کے بند پر بند سناتا رہا۔ پہلے عرفی کا شعر پڑھے پھر اسی مضمون کا انیس کا بند پڑھے۔ ایک بند انیس کا آج تک مجھے

۱۷۱

یاد رہ گیا۔ جو گھوڑے کی تعریف میں ہے حشر نے سنایا تھا اور صحیح معنوں میں تغزل کی بھی جان ہے ؎

پھرتا تھا کیا صفوں میں فرس[۱] جھوم جھوم کے
سُرعت[۲] بلائیں لیتی تھی مُنہ چوم چوم کے
پامال[۳] تھے پرے سپہِ[۴] شام و روم کے
غل تھا یہ غول[۵] میں پسرِ سعد[۶] شوم[۷] کے
رخش[۸] ایسا روم[۹] و رے[۱۰] میں نہیں شام[۱۱] میں نہیں
یہ شوخیاں تو گردشِ[۱۲] ایام میں نہیں

۱؎ فرس = گھوڑہ ۲؎ سرعت = تیزی
۳؎ پامال تھے پرے = یعنی کچلی جارہی تھیں فوج کے سپاہیوں کی قطاریں۔
۴؎ سپہ = فوج
۵؎ غول = حلقہ۔ یہاں معنی ہیں فوج کا گھیرہ
۶؎ پسرسعد = سعد کا بیٹا (مخالف فوج کا کمانڈر)
۷؎ شوم = کمبخت، بدبخت
۸؎ رخش = گھوڑہ
۹؎ ۱۰؎ ۱۱؎ روم۔ رے۔ شام = عراق اور مڈل ایسٹ ہیں یہ جگہیں ہیں۔
۱۲؎ گردشِ ایام = دنوں کی رفتار۔ رات اور دن کا آنا جانا۔ گذرتے ہوئے رات دن۔
ہماری قسمت کے ساتھ رات دن شوخیاں کرتے رہتے ہیں۔

ایک گھنٹہ بولتا رہا یہ شخص اور تالیاں بجتی رہیں۔

ایک بار کسی نے کہہ دیا کہ "حشر صاحب صرف اُردو جانتے ہیں۔ ہندی اور سنسکرت نہیں جانتے۔" غصہ آگیا اور "بھیشم پرتگیا" ایسا نایاب ڈرامہ لکھا۔ یہ پہلا مسلمان ہے، جسے بنارس ہندو یونیورسٹی کی طرف سے سونے کا مڈل ملا۔

یہ ایک ایسا ڈرامہ نویس تھا جس کا مثل ڈرامے کی دنیا آج تک پیدا نہ کرسکی۔ اسے اگر ہم ہندوستان کا شیکسپیر کہیں تو غلط نہ ہوگا۔ شراب کے خلاف ایک ڈرامہ لکھا۔ دو سال کلکتے میں چلتا رہا۔ یہ اثر ہوا کہ سیکڑوں شراب پینے والوں نے شراب سے واقعی توبہ کرلی۔

ایک دن خود پئے جھومتے چلے جا رہے تھے۔ کچھ لوگ قریب آئے۔ بولے " حضور قسم لے لیجئے ہم نے محض آپ کی بدولت شراب چھوڑی اور آپ خود پئے ہوے ہیں۔"

ہنس کر بولے۔ " ایک رائٹر اگر نہ پئے تو اس کو شراب کی اچھائی برائی کا پتہ کس طرح چلے ؟ "

ایک من چلے آغا جانی کشمیری نے زور سے کہا۔ "کبھی زہر کے متعلق کوئی ڈراما لکھئے " آواز آئی " اس ملک میں سب تو بے غیرت بستے ہیں اور یہ سبجکٹ غیرت داروں کے لئے ہے۔ لہذا فیل ہوجائے گا۔"

۱۷۳
زوردار قہقہے فضا میں گونجتے رہے اور یہ لڑکھڑاتے ہوئے آگے بڑھ گئے۔

●

ہاں صاحب تو ہم ممبئی کے لئے روانہ ہو رہے تھے کہ ہوڑہ اسٹیشن پر ہمیں ایک نہایت حسین صورت دکھائی دی۔ یہ بے چاری زار و قطار رو رہی تھی۔ اسٹیشن کا ماحول، ہر مسافر اپنے کام میں مصروف۔ ہم نے اس کے چاروں طرف نظر دوڑائی۔ لوگوں کی بے حسی پر غصہ آیا کسی میں اتنی شرافت نہیں جو اس حسینہ سے کم از کم رونے کا سبب پوچھے آخر وہ شرافت ہمیں میں نکلی۔ معلوم ہوا ممبئی کی رہنے والی ہے۔ کسی بہت بڑے مسلمان گھرانے کی۔ ایک لفنگا بھگا کر لے آیا تھا۔ اب سوائے خودکشی کے کوئی چارہ نہیں۔ ہم نے جھوٹی تسلی دی۔ ممبئی میں گھر پہنچانے کا وعدہ کیا۔ اور لپک کر اس کا بھی ٹکٹ لے آئے سکنڈ کلاس کا۔ جس میں ہم خود جا رہے تھے۔ اس زمانے میں سکنڈ کلاس کے ڈبے میں مسافر کم اور سناٹا زیادہ رہتا تھا۔ بدقسمتی دیکھئے کہ جب بھی اپنی ہمدردی اور ترس آزمانے کا وقت آتا کوئی نہ کوئی کمبخت قسمت کا مارا وہاں ضرور پہنچ جاتا۔ حد ہوگئی بدقسمتی کی کہ کلیان آگیا۔ کلیان کیا آیا کہ اپنا کلیان ہوگیا۔ یہاں سے اس پر ترس آنے کے بجائے اپنے حال پر ترس آنے لگا۔ دو بدمعاش جو شاید شروع ہی سے ہمارے پیچھے لگے تھے اور شاید اسی اسٹیشن کے منتظر تھے۔

بڑھ کر ایک نے اس کو پکڑا۔ دوسرے نے کہا۔ "اچھا اسی بدمعاش کے ساتھ بھاگی تھی!" یعنی میرے ساتھ! کئی ہاتھ مجھ پر پڑے۔ میں سمجھتا تھا کہ وہ میری طرف سے کچھ صفائی پیش کرے گی، مگر وہ خوبصورت بلا ایک سے لپٹ کر اس طرح رونے لگی جیسے اسٹیشن پر رو رہی تھی۔ بولی۔

"ہاں، یہی وہ بدمعاش ہے جو مجھے دھوکا دیکر بھگالے گیا تھا۔"

سُنا آپ نے! قسمت دیکھئے۔ راستے بھر کوئی نہ کوئی کالنٹے نما مسافر ضرور ڈبے میں مرتا رہا ہے جس نے ہزاروں کاری زخم دل پر لگائے ہیں۔ مگر اس وقت کوئی نہیں تھا اور ہم پٹ رہے تھے۔ اسٹیشن کا ماحول، ہر مسافر اپنے کام میں مصروف۔ ہمیں لوگوں کی بے حسی پر غصہ آرہا تھا۔ آخر فیصلہ یہ ہوا کہ سارا پیسہ اور نئے نئے کپڑے چن چن کر جو بھی ان کو پسند آئے انھوں نے لے لئے۔ اور اب جو میں ممبئی پہنچا تو مبلغ ایک روپیہ بارہ آنے جیب میں پڑے تھے اور پیٹی میں وہی پرانے کپڑے۔ اسٹیشن پر گاڑی رُکی۔ میں سکنڈ کلاس سے اترا۔ سامنے ایک ہوٹل کا آدمی ملا۔ اس نے پوچھا آپ کون صاحب ہیں؟" میں نے کہا "ہیرو۔ کلکتے سے آرہا ہوں۔ رنجیت فلم کمپنی نے بلایا ہے۔" وہ سرآنکھوں پر بٹھاکر بوری بندر کے قریب ایک ہوٹل میں لے گیا۔ اور میرے آنے کے سلسلے میں دعوتیں شروع ہوگئیں کہ جیسے ایک سونے کی چڑیا جال میں

پھنسا کر لائی گئی ہے۔

●

دعوتیں ہوٹل کے مالک اور مینیجر کی طرف سے ہوتی رہیں

اس ہوٹل کا مالک رات کو شراب ضرور پیتا تھا اور دو چار آدمیوں کو ساتھ پلاتا بھی تھا۔ رات گئے تک یہ لوگ کرسیوں پر بیٹھے فضول کی باتیں کیا کرتے اور بے ہنسی کی بات پر خوب ہنسا کرتے تھے۔ ہم زیادہ دیر تک ان کے ساتھ نہیں بیٹھتے تھے کیونکہ ان سب کو ہماری صحت اور تندرستی کا بڑا خیال تھا۔ ہیرو کو شراب نہیں پینا چاہیئے۔ رات کو جلدی سونا چاہیئے صبح سویرے اٹھنا چاہیئے۔ ورزش کرنا چاہیئے۔ ناشتہ اچھا کرنا چاہیئے۔ چنانچہ ہم نے کہہ دیا تھا کہ دودھ خالص ہونا چاہیئے۔ تازے پھل ہونا ضروری ہیں۔ انڈے دو نہیں چار۔ توس پر مکھن خالص اور بہت سا۔ ایک انتظام اور ہم نے کر رکھا تھا۔ صبح صبح اوپر کی چھت پر کوئی نہ جانے پائے۔ ہم ورزش کرتے ہیں۔ حالانکہ سامنے والی بلڈنگ میں دو لڑکیوں سے اشارے بازی ہوا کرتی تھی۔ دن کے کھانے میں مرغ اور رات کے کھانے میں کئی قسم کی ترکاریاں ضرور ہوں۔ رات کو سوتے وقت ایک بڑا گلاس دودھ کا اور نہ جانے کیا کیا۔

پیسے کا کوئی سوال ہی نہ تھا۔ ہم ہیرو تھے! ہزاروں روپئے

آئیں گے یہ سب کو یقین تھا۔ کہاں سے؟ کیونکر؟ یہ صرف ہم جانتے تھے۔ آنے جانے کا کرایہ بھی ہوٹل سے لے لیا کرتے تھے۔ چھوٹی رقم کیا کمپنی سے مانگیں۔ مہینہ بھر بعد آٹھ دس ہزار ایک دم سے لے لیں گے۔ دھوبی اور واشنگ کا بل بھی ہوٹل ہی دیتا تھا۔ ہم کو تو صرف ایک بل ادا کرنا تھا ہوٹل کا۔ بس۔

اِدھر اُدھر سے کچھ لڑکیاں اور کچھ بے فکرے نوجوان بھی آنے لگے۔ ان کی تواضع میں پان سگریٹ، چائے اور اکثر کھانا بھی ہوٹل ہی کے سر ہوتا تھا۔

●

زمانہ آگے بڑھتا گیا۔ بمبئی بھر کی فلم کمپنیوں میں صبح سے شام تک خاک چھاننے کے بعد بھی کام نہ مل سکا۔ مہینہ ختم ہو رہا تھا۔ ہوٹل کے کرایے کے علاوہ تھوڑے کر کے دو سو کے قریب نقد بھی لئے تھے۔ اور اتنی ہی رقم دوستوں کی خاطر داری اور واشنگ وغیرہ کے بل کے سلسلے میں ہوگئی تھی۔ میں تو اسی بھرم میں کچھ دن اور نکال لے جاتا، مگر ایک صاحبزادی بہت ہی خوبصورت۔ ہمارے پاس آیا کرتی تھیں۔ وہ ایک کمپنی کے مالک کی محبوبہ نکلیں۔

ایک دن انھوں نے وعدہ کیا کہ تم رنجیت میں کام مت کرو

میں فلاں کمپنی کے مالک سے بات کر کے تم کو وہاں رکھواتی ہوں ۔ مگر شرط یہ ہے کہ عشق مجھ ہی سے کرتے رہو گے ۔ جس دن کسی دوسری ہیروئن کی طرف متوجہ ہوئے، میں خودکشی کر لوں گی ۔ میں نے قسم کھا کر اپنی وفا کا یقین دلا دیا ۔

اس کمپنی کا مالک جس کی یہ محبوبہ تھیں بہت دنوں سے پریشان تھا کہ یہ کمبخت کون ہیرو کباب میں ہڈی نکل آیا ۔ اس کا پتہ لگانا چاہیئے اتفاق سے ہم کئی بار ان کے پاس نوکری مانگنے جا چکے تھے اور وہ صاف انکار کر چکے تھے ۔ یہی صاحب ایک دن اِن صاحبزادی کا تعاقب کرتے کرتے سرِ شام ہمارے ہوٹل میں آگئے ۔ ہم مزے سے ان صاحبزادی کے ساتھ ہوٹل کے مالک کی کرسی پر بیٹھے چائے نوش فرما رہے تھے۔ اس عرصہ میں ان صاحبزادی کا ایک اور عاشق ۔ ایک گجراتی تاجر کا لڑکا بھی پیدا ہو چکا تھا ۔ یہ کپڑے کی تجارت کرتا تھا ۔ ان نئے عاشق نے کچھ اپنی شان اور کچھ ہماری خوشامد کے طور پر ایک گرم شیروانی اور ایک گرم سوٹ کا کپڑا ہمیں نذر کیا تھا اور سلائی کے دام بھی انھیں نے دیے تھے گو کہ ہم نے جھوٹ موٹ بہت انکار بھی کیا ۔ اتفاق سے وہ بھی ساتھ بیٹھے تھے ۔ ہوٹل کا مالک بھی تھا کہ وہ مالک صاحب آگئے ۔ اور میں اُچھل پڑا ۔ میں نے چائے پیش کی ۔ مسکرا کر چائے پینے لگے ۔ پھر

مسکرا کر مجھ سے پوچھا "کہیں نوکری ملی ؟"

جس طرح انھیں دیکھ کر میں اُچھل پڑا تھا۔ اسی طرح ان کے اس سوال پر ہوٹل کا مالک اُچھل پڑا۔ میں نے ڈھیٹ بن کر کہا۔"میں تو رنجیت کا ہیرو بن کر آیا ہوں۔" ہوٹل کے مالک کی تسلی ہوئی لیکن انھوں نے پیچھا نہیں چھوڑا۔ کہنے لگے "پھر ہمارے پاس نوکری مانگنے کیوں آئے تھے ؟"

ہوٹل کے مالک کے ہاتھ سے چائے کی پیالی چھوٹ گئی۔ میں نے جھوٹی مسکراہٹ زبردستی لاکر کہا۔" وہ کوئی اور ہوگا۔ آپ کو شک ہو رہا ہے ؟" بولے "شک دور کیئے لیتا ہوں" اور فون اٹھا کر رنجیت فلم کمپنی کے نمبر ملائے۔ سارا بھانڈا پھوٹ گیا۔ ہم کو سب کے سامنے چار سو بیس ثابت کر دیا۔ ہم نے لاکھ لیپا پوتی کی کہ چندو لال شاہ آجکل کڑکا ہو رہا ہے۔ ہمارے ہزاروں روپیئے نہیں دیسکتا اس لئے بہانے تراشتا ہے۔ مگر کچھ چلی نہیں۔ وہ صاحبزادی ہمیں خوب بُرا بھلا کہہ کر اس مالک کے ساتھ چلی گئیں۔

یہ تھی ان کی محبت ! ان تاجر صاحبزادے نے غصے میں سگریٹ زمین پر پٹخی اور کچھ انگریزی قسم کی گالیاں دیتے وہ بھی چلے گئے۔

۱۷۹

●

ایک اور ضروری بات رہی جا رہی ہے۔ اس ہوٹل کا مالک پنجابی ہندو تھا۔ اور اس زمانے میں ہندو مسلم فساد اپنے شباب پر تھا۔ ہم شاید اسی وقت شہیدوں کی فہرست میں آجاتے اگر اپنا نام ہوٹل میں 'راجندر کمار' نہ لکھوا چکے ہوتے۔ ہم نے اکڑ کر کہا " اس میں بگڑنے کی کون سی بات ہے۔ کل ہی چندو لال شاہ سے پیسے لاکر تمھارا سارا بل چکا دوں گا اور اس کے بعد لاکھ خوشامد کروگے اس ہوٹل میں نہیں ٹھہروں گا جہاں بیکار بیکار اتنی بے عزتی ہوئی ہے۔"

بڑی موٹی سی پنجابی زبان میں گالی دیکر اس نے کہا "راجندر کمار دے پتر! اگر کل تک سارا بل ادا نہ کیا تو تیرا کیا حشر ہوگا اپنی آنکھوں سے دیکھ لینا۔"

ہم نے کہا "فضول کی بات مت کرو۔ اپنا بل بناؤ اور ابھی ہمارے کمرے میں بھیجو۔ کل تک تمھارے روپئے ضرور آجائیں گے۔ بکواس بند کرو۔" یہ کہکر ہم اپنے کمرے میں گھس گئے۔ کچھ دیر بعد بیرا بل لایا۔ چار سو ننانوے روپئے کا تھا۔ ہم نے رکھ لیا اور بستر پر پڑے پڑے سوچتے رہے کہ کیسے اس ننانوے کے پھیر سے نکلیں۔

اب ذرا رات زیادہ ہونے لگی۔ ہم نے کمرے کا دروازہ

بند کیا۔ پرانی بنیائن اتار کر نئی سی بنیائن پہنی۔ پھر قمیص پہنی۔ اس کے اوپر دوسری اور پھر تیسری قمیص پہنی۔ دو پائجامے، اس پر نیا گرم سوٹ جو اس گجراتی تاجر کے لڑکے نے بنوا دیا تھا۔ اس کے اوپر وہی نئی کالی شیروانی۔ جیبوں میں سیفٹی ریزر۔ بلیڈز، برش اور صابن رکھا۔ اب ہم اس وقت کا انتظار کرنے لگے کہ وہ لوگ اچھی طرح شراب میں مدہوش ہو لیں۔ ہمیں وقت کا اندازہ تھا۔ چنانچہ جب شور و غل کی آوازیں آنے لگیں تو ہم چلے:

وہ آوازیں آج ہماری شان میں تھیں۔ قصیدہ، غزل، رباعی، جو جس کو آتا تھا ہماری شان میں پڑھ رہا تھا۔ ہم نکلے اپنے کمرے سے دو گھنٹے کے بعد۔ لدے پھندے اس شان سے کہ ؎

ہم بھی چلتے ہیں اِک خَشَم لیکر

ٹھیک سے چلا نہیں جا رہا ہے۔ آہستہ آہستہ چل رہا ہوں۔ دیوار کا سہارا لیکر سیڑھیوں سے اتر رہا ہوں اور نشے میں ان لوگوں کی گرجدار آوازیں آ رہی ہیں۔ " سور دا پتّر حرام کا کھا کھا کر موٹا کتنا ہوا ہے۔ کل سب کھایا پیا نکل جائے گا۔" ایک اور آواز۔ "مجھے شک ہے اس کی باتوں سے۔ یہ صرف نام کا ہندو ہے۔" دوسری آواز۔ " کل یہ بھی دیکھ لیں گے۔" کوئی اور بولا۔" نہ جانے یہ کل تک آئے گا بھی یا نہیں۔ ابھی دیکھ لو۔" ایک

گُنڈا کھڑا ہو کر بڑے رُعب سے چیخا۔ " اِدھر آ، کِدھر جا رہا ہے؟"
میں نے جھنجلا کر کہا، "چندو لال شاہ کے مکان پر۔ ابھی آج ہی رات کو روپیہ لا کر تمھارا بل دیتا ہوں اور ہوٹل چھوڑتا ہوں۔"
دوسرا بدمعاش قریب آکر کہنے لگا۔" ٹھہر ہمیں کچھ شُبہ ہے، پہلے وہ دور کر لینے دے۔" میں نے بڑے اطمینان سے کہا" سیٹھ جی۔ ان کو سمجھائیے کیوں کھوٹی کرتے ہیں۔ چندو لال اگر سو گئے تو میں روپیہ نہ لا سکوں گا۔ پھر آپ جانیں اور آپ کے یہ لوگ۔"
ایک نشے میں ڈوبی ہوئی گرجدار آواز آئی" جانے دے سالے کو، نہیں تو تیرے دیکھنے میں میرا روپیہ مارا جائے گا۔" میں چلا تو ایک اور تگڑے قسم کے بدمعاش نے کہا کہ" سیٹھ جی میں بھی ساتھ ساتھ جاتا ہوں۔" اور لڑکھڑاتا جھومتا میرے ساتھ ہو لیا۔ دس پندرہ قدم کے بعد ہاتھ بڑھا کر اپنا شبہ دور کرنے کی کوشش کرتا تھا کہ ہم ہندو ہیں یا مسلمان اور ہر بار میں یہ کہہ کر ڈانٹ دوں کہ " اماں کیا کرتے ہو یار، لوگ دیکھیں گے تو کیا سمجھیں گے؟" بوری بندر پر ٹرام ملی دو ٹکٹ دادر کے خریدے۔ باتوں کا تو بادشاہ ہوں۔ دو منٹ میں اس گُنڈے کو رام کر لیا۔ بھنڈی بازار میں جب ٹرام رک کر چلی، میں دھڑ سے اتر گیا اور وہ گُنڈا چیخا۔" ابے یہ

مسلمانوں کا محلّہ ہے۔ مار ڈالا جائے گا۔" ٹرام گھنٹی بجاتی دور چلی گئی اور میں نے اطمینان کی سانس لی۔

●

میں آگے بڑھا تھا کہ ایک غریب بوڑھے پر ایک بدمعاش حملہ کرنے والا تھا۔ میں بیچ میں آگیا اور اس بوڑھے کو بھگا دیا۔ اس بدمعاش نے پہلے تو مجھے گالیاں دیں۔ جب میں نے طریقے سے سمجھانا چاہا تو چھری نکال کر مجھ پر حملہ آور ہوا۔ میں گھبرا کر ایک زینے پر چڑھ گیا۔ لوگوں نے پوچھا "کس کے پاس آئے ہو؟" یقین مانئے بالکل الل ٹپ، یو ہیں، پھولی ہوئی سانس سے کہہ دیا "منّے صاحب زردوزی والے کے پاس۔" انھوں نے کہا "تیسرے مالے پر جاؤ۔" تیسرے مالے پر گیا وہاں سچ مچ منّے صاحب نکلے، جو زردوزی کا کام کرتے تھے۔ میں اچھی طرح ان کو پہچانتا تھا۔ ہمارے محلہ وزیر گنج لکھنؤ کے رہنے والے تھے۔ جاتے ہی سفید جھوٹ بولا۔ "ہندوؤں نے لوٹ لیا۔ بڑی مشکل سے جان بچاکر بھاگا ہوں۔" حالانکہ میں خود ہندوؤں کو لوٹ کر بھاگا تھا۔

میری اس چوری اور سینہ زوری پر سب کی ہمدردی میرے ساتھ ہوگئی۔ ڈٹ کر کھانا کھلایا گیا۔ کئی پیالیاں چائے پی

اور زمین کے فرش پر سو گیا۔ اتنی گہری نیند مجھے بہت دنوں کے بعد آئی تھی۔ بے فکری تھی، سکون تھا۔ اطمینان تھا۔ غرض ہر طرح کا آرام تھا۔ اگرچہ زمین پر لیٹا تھا اور تکیہ کہیں سے نہیں ملا تھا تو ایک گتّے پر اچکن تہہ کر کے سرہانے رکھ لی اور آرام سے سو گیا۔

صبح متّے صاحب نے جگایا۔ سامنے بالائی، چائے، کباب اور روٹی رکھی تھی۔ خدا کا شکرانہ ادا کیا۔ صرف پانی کی ایک دو کلّیاں کر کے شروع ہو گیا۔ قریب قریب ایک مہینہ ہم ان کے ساتھ رہے۔ دن میں سوٹ پہن کر اِدھر اُدھر کام کی تلاش میں جاتے تھے۔ کام کہیں نہ ملنا تھا نہ ملا۔

●

ایک دن کہیں سے پلٹ رہا تھا کہ راستے میں کمال امروہی[1] اور ان کے مشیرِ کار فراہیم خاں سے ملاقات ہوئی۔ ہماری ان کی ملاقاتیں کلکتے میں نجم الحسن بامبے ٹاکیز اور نیو تھیٹرز کے ہیرو کے مکان پر ہوا کرتی تھیں جو اس زمانے میں نیو تھیٹرز کلکتہ میں تھے۔ رہنے کی اس وقت ان کو بھی بڑی پریشانی تھی۔ ان کے پاس کچھ مال ضرور تھا۔ فوراً متّے صاحب سے سفارش کروا کے ایک کمرہ لیا گیا اور ہم لوگ جے جے اسپتال کے سامنے والی بلڈنگ کے پہلے مالے پر ایک کمرے میں رہنے

[1] آجکل کے مشہور فلم پروڈیوسر اور ڈائرکٹر

گئے ۔ جس کے نیچے ہوٹل تھا اور تنور بالکل ہمارے کمرے کے نیچے ۔ معلوم ہوتا تھا جہنم کے پہلے مالے پر کمرہ کرائے پر لے رکھا ہے۔

کمال صاحب کے دس بیس روپئے جو بھی ان کے پاس تھے ختم ہو رہے تھے ۔ کھانے پینے میں بھی کمی ہونے لگی تھی ۔ چنانچہ جب کسی ہوٹل میں جاتے صرف دو دو روٹیوں اور ایک پلیٹ سالن کے پیسے ہوتے اور میں جب تک روٹیاں اور سالن آئے آئے پیاز اور کچومر کی کئی پلیٹیں کھا جایا کرتا تھا ۔ پیاز اور کچومر مفت ملا کرتا تھا ۔ کام کہیں کسی کو نہیں ملا پیسے بالکل ختم ہو گئے ۔ ایک صبح چائے نہیں ملی ۔ دن کا کھانا نہیں ملا۔ ایک بیڑی تک نہیں ملی ۔ رات کسی طرح کاٹی ۔ دوسرا دن ہوا ۔ وہی سناٹا اپنی مجبوری پر میر صاحب کا یہ شعر رہ رہ کر یاد آ رہا تھا ؎

یاں کے سفید و سیہ میں ہمکو دخل جو ہے سو اتنا ہے
رات کو رو رو صبح کیا ' یا دن کو جوں توں شام کیا

واقعاً اس شعر کے معنی اسی زمانے میں سمجھ میں آئے۔ جب تیسرا دن ہوا تو کمال صاحب صحیح معنوں میں مر رہے تھے اور فراہیم خاں دعائے توبہ پڑھ رہے تھے ۔ میں نے گھبرا کر کہا "آؤ ۔ روپئے کا انتظام ہو گیا "۔ یہ سُن کر دونوں میں اتنی قوت آگئی کہ میرے کندھے کے سہارے 'حاجی ہوٹل' تک آگئے ۔ ایک چھوٹے سے کمرے میں خوب ڈٹ کر کھانا

کھایا ہوٹل کی ہر بہترین چیز ہماری میز پر تھی۔ یہ دونوں ہوٹل سے نیچے اترے۔ میں حاجی کے پاس گیا۔ پیچھے سے آواز آئی "آٹھ روپیہ دس آنہ تین بھائی۔"

میں نے ایک روپیہ چھ آنے حاجی سے اور لئے۔ باہر نکلنے لگا تو حاجی صاحب نے فرمایا "روپے؟" مجھے خود پتہ نہیں کہ میں نے کن کڑے تیوروں میں کہا ہوگا "ہوئے۔ آجائیں گے" کہ حاجی صاحب نظریں گھماکر دوسرے گاہک سے متوجہ ہوگئے۔ باہر آکر بہت سے پان کئی بیڑی کے بنڈل اور کئی ماچسیں خریدیں۔

راستے میں کچھ ریس والے ملے جو اوّل نمبر کے بدمعاش اور خونی تھے۔ اس گلی میں انھیں کا راج تھا۔ یہ لوگ ریس کے گھوڑوں کی بٹ لیتے تھے۔ میں نے ان ہی کی کتاب غور سے پڑھ کر دس روپے دو گھوڑوں پر لکھوا دیئے۔ گویا بک بٹ کر دیا۔ گھوڑے تو انھوں نے لکھ لئے لیکن کمال اور فراہم خاں کی آدھی جان نکل گئی۔ دونوں ان گنڈوں سے خوب واقف تھے۔ آئے دن وہ ذرا ذرا سی بات پر چاقو مارا کرتے تھے۔ دونوں نے نہا دھوکر وضو کیا۔ نمازیں پڑھیں اور شام تک دعاؤں میں مصروف رہے۔

شام کے قریب کسی نے دروازہ کھٹکھٹایا۔ غریب زور زور

سے تسبیح پڑھنے لگے۔ میں نے دروازہ کھولا۔ وہی دونوں گنڈے سامنے کھڑے تھے۔ میں بھی دھک سے ہوگیا۔ پوچھا کیا ہے؟ "کہنے لگے " تمھارے گھوڑے آگئے۔ چونکہ فیورٹ تھے صرف تیس روپئے بنتے ہیں میں نے کہا لاؤ ــــــــ اس وقت کوئی کہانی بڑی سے بڑی رقم پر جیت کر وہ خوشی نہ ہوتی جو اِن تیس روپیوں کی ہوئی تھی۔

روپیہ لیکر چلے۔ راستے میں ہماری بلڈنگ کے کچھ کھاتے پیتے دو آدمی دکھائی دیئے۔ میرے دماغ میں فوراً خیال آیا۔ دو تین آدمیوں کو کھانے کی دعوت دی اور پھر حاجی کے ہوٹل میں۔ اِس بِل کے علاوہ دس روپئے اور حاجی صاحب کی خدمت میں پیش کئے اور معافی مانگی کہ اس وقت روپئے گھر پر بھول آئے تھے۔

گھر پہنچکر کمال صاحب چیخے "یہ کوئی موقع ہے دعوتوں کا۔ آپ کی نادانی کی حد ہوگئی۔" میں نے کہا دیکھتے جائیے یہ چھوٹی سی دعوت کیا رنگ لاتی ہے۔"

جب ہم پھر مفلس ہوئے تو انھیں تینوں شریفوں سے روپئے قرض لینا شروع کر دیے۔ ایک سے دس چار دن کے وعدے پر۔ جو تھے دن دوسرے سے پندرہ لئے۔ دس واپس کر دیئے پانچ سے پھر کوشش جاری ہے۔ لڑ رہے ہیں۔ پانچویں دن تیسرے سے بیس لئے پندرہ واپس

کر دیے پانچ سے پھر لڑ رہے ہیں۔ اسی عرصہ میں دوسروں سے بھی دوستی ہوگئی تھی اور یہ سلسلہ ڈیڑھ مہینے تک جاری رہا۔ بڑی ساکھ کیا زبان کے پکے ہیں آغا صاحب! کام کسی کو اب بھی نہ ملنا تھا نہ ملا۔ اب ایک جگہ جا کر پھنس گیا یہ سلسلہ۔ آخری آدمی کے ایکسو تیس[۱۳۰] روپئے ہو گئے تھے۔

قسمت کی ستم ظریفی دیکھئے! ہندو مسلم فساد پھر بھڑک اُٹھا اور زوروں پر۔ یہ آخری دن تھا وعدے کا۔ بھنڈی بازار میں ٹرام کے منتظر کلکتے کے ایک ڈائرکٹر کپور صاحب مل گئے۔ ان کا ہم نے کیمرہ اور دس روپئے زبردستی چھین لئے۔ مسلمانوں کا محلہ تھا۔ بیچارے سٹپٹا گئے۔ کچھ نہ کہہ سکے۔

ہماری ان کی ملاقات کلکتے میں ہوئی تھی۔ یہ وہاں ایک ہوٹل میں مقیم تھے۔ ایک دن ہمارے پاس آئے اور کہنے لگے "ایک اسٹوری لکھنا ہے۔ پلاٹ اِس قسم کا ہونا چاہیئے۔ آج کے چوتھے دن اسٹوری مل جائے تو میڈن سے تین ہزار مل جائیں گے۔ ہزار تم لینا دو ہزار میں لے لوں گا۔" میں نے کہا منظور ہے۔

یہ مجھے اپنے ہوٹل میں لے گئے۔ دن بھر لکھا۔ رات بھر لکھا دوسرے دن لکھا۔ دوسری رات بھر لکھتے رہے۔ پھر دن بھر لکھکر، مکمل

اسٹوری ان کے حوالے کردی۔ اوراب جو سویا تو دوسرے دن بارہ بجے بیرے نے جگایا۔ آنکھ نہیں کھلتی تھی اس نے جھنجوڑا۔ معلوم ہوا کہ کپور صاحب کمرہ چھوڑ کر گئے۔ میڈن پہنچے۔ معلوم ہوا اسٹوری بک گئی چار ہزار کی اور سارا روپیہ وصول کر کے ڈائرکٹر صاحب لاہور روانہ ہو چکے تھے۔ اس دن کے بعد آج ملے تھے یہ کپور صاحب ممبئی میں۔

کیمرہ دوسو کا بکا۔ قرضہ ادا کر دیا گیا۔ باقی رقم سے ہم لوگ زندگی کی جنگ پھر لڑنے لگے۔ زمانہ گذرتا گیا۔ مختلف جگہوں پر کمرے کرایے پر لیتے رہتے اور چھوڑتے رہتے تھے۔ جگہ ایسی تلاش کرتے تھے جہاں سے ہم کو قرض آسانی سے مل سکے۔ دوکان دار اچھے ہوں دوسروں پر اعتبار کرنے والے۔ ایک بلڈنگ کا ذکر دلچسپی سے خالی نہ ہوگا۔

●

اس بلڈنگ کے پیچھے ایک بڑا سا احاطہ تھا۔ اس میں چور خونی، گرہ کٹ اور اسی قسم کے خطرناک لوگ رہا کرتے تھے۔ یہ ایک بجے رات تک پر اپنے گراموفون پر گھسے ہوئے ریکارڈ بجاتے تھے اور اس قدر طوفان مچاتے تھے کہ کوئی سو نہیں سکتا تھا۔ اس بلڈنگ میں ہمارے ملنے والوں میں ایک لڑکی سخت بیمار پڑی۔ اس غریب لڑکی کو نہ دن کو سکون تھا اور نہ رات کو۔ آدھی آدھی رات تک ایک طوفان بدتمیزی، ہنگامہ

ہلڑ۔ اِن گنڈوں سے کہے کون۔

ایک مرتبہ بلڈنگ کے کچھ لوگوں نے پولیس میں رپورٹ کی تھی۔ جس کے نتیجے میں دو آدمی زخمی کر دیے گئے تھے۔ اب کون کہے ان سے! جنوری کا زمانہ تھا۔ یہ گنڈے احاطے میں بستر بچھائے لیٹے تھے۔ اس دن قیامت کی سردی تھی۔ ہوا بھی بہت تیز تھی۔ میں نے اوپر کے ایک مالے کے اندر کے باتھ روم میں کئی بالٹیاں جمع کیں اور ان میں خوب سی برف رکھی اور کالے رنگ کی پڑیا سب میں گھول دی۔ دو گھنٹے بعد نیچے جاکر پہلے پولیس کو فون کیا کہ گُنڈے بلڈنگ کو آگ لگانے کی کوشش کر رہے ہیں اور جلدی سے اوپر آکر چھ سات سیاہ رنگ کی سرد بالٹیاں احاطے میں اچھال دیں۔ اکدم سے کیا ہنگامہ ہوا ہے۔ کیا شور مچا ہے۔

ہماری احتیاط کی داد دیجیے۔ اس سے پہلے کہ بلڈنگ میں آگ لگائی جائے۔ پولیس نے سارے گنڈے پکڑ لیے۔ یہ سب سچ مچ بلڈنگ کو آگ لگا رہے تھے۔ دیکھنے کے قابل وہ منظر تھا۔ کالے رنگ میں رنگے ہوئے گُنڈے کانپتے ہوئے پولیس کے خوف سے نہیں سردی سے۔ پولیس کے ساتھ جا رہے تھے۔ اور ہم سب مزہ لوٹ رہے تھے۔ کچھ دن کے بعد.......

●

اسی بلڈنگ میں ایک شادی ہوئی۔ قسم قسم کے کھانے پکے۔ ہم لوگوں کو نہیں بلایا گیا۔ ہم نے ایک قریب کی دوکان سے جہاں سینگ کے کنگھے بنتے تھے، بہت سا بُرادا خریدا اور حجام کی دوکان سے بہت سے بال سمیٹے۔ ٹھیک اسی وقت جب سارے مہمان کھانا کھانے بیٹھے ہم نے آگ پر بُرادا چھڑکا اور مٹھی بھر بال ڈالے۔ پوری بلڈنگ کی سانس گھٹنے لگی۔ کیسا کھانا۔ تمام مہمان ابکائیاں لیتے اور قے کرتے بھاگے۔

میزبان اور ان کے ایک عزیز ہمارے پاس آئے، ہاتھ جوڑنے لگے۔ ہم نے کہا " واہ یہ کیا بات ہوئی۔ ہم نے اگر یہ دوا نہیں بنائی تو ہمارا پندرہ روپیہ مٹی میں مل جائے گا۔ ہم نہیں مانتے اور کیوں مانیں جبکہ آپ حضرات کو اتنی شرم نہیں ہے کہ ہم پڑوسیوں کو کھانے کی دعوت ہی دے دیتے۔"

پندرہ روپئے تو اسی وقت جیب سے نکال کر ہم کو دے دیے اور نیچے جاکر ان لوگوں نے ہمیں بہت سی بریانی، سالن، روٹیاں اور مٹھائی بھیجی۔ یہ واقعہ آج بھی کمال صاحب سے ملاقات ہوتی ہے تو مزے لے لے کر دہرایا جاتا ہے اور ہنستے ہنستے برا حال ہو جاتا ہے۔

●

اسی مفلسی کے زمانے میں ایک طرحی مشاعرہ ہوا۔ آستاں کہاں، وغیرہ قوافی اور مجکو ردیف۔ اس میں آشیاں کے سب سے بہتر شعر پر سونے کا مڈل دیا جانے والا تھا۔ یہ اس زمانے کے ایک مشہور بیرسٹر کی جانب سے تھا۔ ہم نے بڑی محنت سے غزل کہی اور اس شعر پر مڈل مل گیا ؎

وہی بجلی جلانا جس کا شیوہ تھا نشیمن میں
قفس میں اب دکھاتی ہے نشانِ آشیاں مجکو

●

آج اُنیس بیس سال کے بعد اپنی زندگی کی کچھ جھلکیاں لکھنے بیٹھا ہوں۔ صبح کے آٹھ بجے ہیں اور ان ہی بیرسٹر قاضی کبیرالدین صاحب مرحوم کی چھوٹی بیٹی جو اکیس سال سے میری بیوی ہیں۔ سامنے بیٹھی ہوئی اخبار پڑھ رہی ہیں۔ اور چائے پی رہی ہیں۔

بہرحال دوسرے دن سونے کا مڈل ایک سو دس روپے کا بیچا گیا۔ اور زندگی آگے بڑھتی گئی۔ اس عرصے میں ہمارے گھر آنے لگی تھیں مختلف قسم کی ادبی ہستیاں۔ مثلاً خواجہ احمد عباس، شکور جعفری محسن عبداللہ۔ اور کیرم کے چیمپین عبدالستار۔ گولڈ مڈل کے روپیوں میں

کیرم بھی خرید اگیا تھا۔ اور بیکاری میں رات دن کیرم ہونے لگا۔خواجہ صاحب کی بیحد کوشش کے بعد کمال صاحب کو "بامبے ٹاکیز" میں اسٹوری لکھنے کی جگہ ملی اور ہم سب لوگ ملاڈ اٹھ گئے۔ اسی عرصے میں مشہور فنکار ممتاز علی نے میری سفارش ہمنسو رائے سے بامبے سینٹینل کے ایڈیٹر کارنی ین کے ذریعے کی، اور ہم کو بلایا گیا۔

ہمنسو رائے سے دیر تک فلمی کہانی کی تکنیک پر بات چیت رہی۔ انھوں نے مجھ سے ایک راجپوتی ماحول پر کہانی لکھنے کو کہا۔ ہم گھر لوٹے۔ معلوم ہوا فراہیم خاں نے کمال صاحب کو خاصا ہماری طرف سے بدظن کر دیا تھا۔ بغیر کچھ کہے سُنے گھر سے باہر نکلا۔ نہ کہیں اور رہنے کا ٹھکانہ تھا اور نہ جیب میں پیسے تھے۔ ملاڈ کے پان والے سے قرض لے کر خواجہ احمد عباس کے مکان پر پہنچا۔

اس زمانے میں یہ بامبے کرانیکل" میں ملازم تھے۔ رات کی ڈیوٹی پر جارہے تھے۔ نہا کر ایک انھیں کا سلیپنگ سوٹ پہنا۔ انھوں نے دو پیکٹ گولڈ فلیک کے منگادیئے۔ اپنے کپڑے دھوکر پھیلائے جن پر صبح ان کے نوکر سے استری کروائی۔ کھانا کھایا ساری رات چائے اور سگریٹ کی مدد سے اسٹوری لکھتا رہا۔ یہ پہلی تصویر راجپوتی ماحول میں "وچن" کے نام سے لکھی اور اسٹوری رائٹر

۵۱؎ آجکل کے مشہور فلم پروڈیوسر۔ ڈائرکٹر جرنلسٹ اور ادیب

بن گیا۔ وہ رات بھی کبھی نہیں بھول سکتا۔ صبح جب خواجہ صاحب ڈیوٹی سے واپس آئے تو کہانی کا انجام لکھ رہا تھا۔ کافی محنت کے بعد کہانی کا END لکھا گیا۔ اور ہم ملاڈ روانہ ہوئے۔

کہانی ہمنسو رائے کو بے انتہا پسند آئی۔ خود سننے کے بعد دوسروں کو بلا کر سنوائی اور بہت تعریف کی۔ سچ بات تو یہ ہے کہ میری اس بے پناہ کامیابی میں خواجہ صاحب کا ہاتھ بہت کچھ ہے۔ یہ ہمیشہ پیسوں اور سگریٹ سے ہمیں نوازا کرتے تھے اور ہمیشہ کہا کرتے تھے کہ "ایکٹنگ چھوڑ کر رائٹنگ میں آجاؤ۔" زیادہ تر ہم انھیں کے گھر میں رہا کرتے تھے۔ مختلف کتابیں اور رسالے پڑھتے تھے۔ علمی، سیاسی، ادبی بحثیں ہوا کرتی تھیں۔ دماغ میں روشنی پیدا ہوتی تھی۔

یہ اس زمانے میں کانگریس کے بڑے ہمدرد تھے۔ ہم سب کے گروپ کا ایک ہی مذہب تھا۔ مسلم لیگ کی مخالفت۔ ہنگامے مچاتے رہتے تھے۔ زبان سے۔ قلم سے۔ پیسوں سے۔ غرض جس طرح کانگریس کی مدد ہو سکتی تھی، دل و جان سے کرتے تھے۔

آج بھی ۱۹۶۴ء میں الکشن کے زمانے میں نہ جانے کس قسم کی مسلم لیگ نے پھر جنم لیا تو پھر ہم نے "انقلاب" میں ایک خط لکھ مارا اس لئے نہیں کہ ہم میں کوئی سیاسی بیداری پیدا ہوگئی ہے۔ جی نہیں! بلکہ

یہ سلسلہ شروع ہوتے دیکھا، پچھلا زمانہ یاد آیا اور بالکل غیر ارادی طور پر لکھ مارا۔ اس کانگریس سے ہمیں جیتے جی نجات نہیں مل سکتی بچپن میں بابو بشن پرشاد کا ماحول، جو سخت کانگریسی تھے۔ جوانی میں خواجہ احمد عباس کے ماحول نے اسے اور پختہ کیا۔ ہاں شادی کے بعد اس میں کچھ کمی ہو سکتی تھی۔ مگر ——— سبحان اللہ! میری شریکِ حیات یعنی بیوی، جو میرا خواب بھی ہیں اور خیال بھی ہیں، سخت کانگریسی خیال کی، بلکہ آدھی ہندو۔ ہندو یوں کہ بائیس سال سے کیا مجال جو گھر میں گائے کا گوشت آسکے۔

سُنا ہے جب لیگ کے خلاف کانگریس میں عبداللہ بریلوی کی طرف سے یہ بڑے زور و شور سے کام کر رہی تھیں تو کچھ مسلمان بھائی انھیں دیکھ کر تھوکا کرتے تھے۔ میرا خیال ہے کہ گاندھی جی کی یہ سودیسی چیلی، جو دیکھنے میں کافی کمزور ہے۔ اندر سے اتنی سخت ہے اور اتنی ارادوں کی پکی کہ آج بھی ایک محترمہ الکشن میں کھڑی ہوئیں، کانگریس کی طرف سے۔ جن کا نام بیگم صفیہ زبیر تھا۔ ہماری بیگم صاحبہ کی اُن سے زندگی کے کسی زاویے پر یکسانیت نہیں تھی۔ ایک دن، تو دوسرا رات ایک آگ تو دوسرا پانی۔ ہمیشہ کسی نہ کسی بات پر دونوں میں بحث رہتی حیرت ہو گئی، ایک دن دیکھتا کیا ہوں کہ صبح سے شام تک جان توڑ

کوشش ہو رہی ہے ان کو جتوانے کی۔ مختلف محلوں کی تیز قسم کی لڑکیاں بیگم صاحبہ کی ہدایت پر جان توڑ کام کر رہی ہیں۔ ان کو کھلانے کھلائے جا رہے ہیں۔ نہ جانے کون کون سے طریقے ان کو سکھائے جا رہے ہیں پوری کوشش کہ بیگم صفیہ زُبیر جیت جائیں۔

میں نے جان کر پوچھا کہ "حضور آپ، اور اِن صاحبہ کے لئے ؟" کہنے لگیں "اگر کانگریس ہندوستان بلا کر کسی پاکستانی کو اپنی طرف سے کھڑا کر دے تو میں کانگریس کے نام پر اسی طرح اپنا فرض پورا کروں گی۔"

میں نے ان کو چھیڑنے کے لئے کہا کہ "اب کانگریس وہ کانگریس نہیں رہی۔ اب اس میں کیسی کیسی ہستیاں آگئی ہیں۔ ذرا ان پر بھی تو غور کیجیے" جل کر کہنے لگیں۔ "اب اپنی ہی مثال لے لو مسلمانوں میں کتنی ناکارہ ہستی ہو، لیکن اس سے اسلام پر کیا حرف آتا ہے ؟"

●

مڈل ایسٹ کے سفر سے پلٹ کر ہم اس قدر مفلس ہو گئے تھے کہ قرضہ ہی قرضہ، اور ایک بار پھر فاقہ مستی کا عالم۔ ایک اسٹوری لکھنے کا پاکستان سے آفر آیا۔ میں نے سوچا فاقے کرنے

سے بہتر ہے کہ کچھ رقم وہیں سے جا کر لے آؤں۔ گھر جو پلٹ کر آیا تو دیکھا۔ بیگم صاحبہ دونوں بچوں کو لئے بیٹھی ہیں۔ ایک کاغذ لکھا تھا وہ دکھایا گیا۔ لکھا تھا "پاکستان جا کر بچوں سے کوئی واسطہ نہیں رہے گا۔" میں نے کہا "میں تو کچھ مہینوں کے لئے جا رہا ہوں۔" کہنے لگیں "جاؤ لیکن اس کاغذ پر دستخط کر دو۔ پھر جب آؤ گے تو دیکھا جائے گا۔"

میں نے بچوں کی طرف دیکھا۔ دونوں نے ماں کا ساتھ دیا۔ میں نے کاغذ مروڑ کر پھینک دیا اور جانے سے توبہ کر لی۔ اسی سال ایک ہندو رائٹر اور ڈائرکٹر صاحب گئے اور کافی مال بنا کر کراچی سے آ گئے۔ عجیب سا پاگل پن ہے۔ ہندو جائے تو آزاد خیال کہلائے اور مسلمان جائے تو پاکستانی قرار دیدیا جائے۔

●

ایک بار ہمارے گھر میں کانگریس سے جل کر کانگریس کو بُرا کہا گیا۔ اور چونکہ یہ بالکل غیر ممکن بات ہے اس لئے اس کا ذکر دلچسپی سے خالی نہ ہوگا۔

میں ایک دن بمبئی میں لکھنؤ کے ایک نوابوں کے گھرانے کے ایک صاحب کو لے آیا۔ یہ بیحد مفلس تھے اور ایک زمانے میں کانگریس میں بھی کام کر چکے تھے۔ مجھے ان پر ترس ان کی پریشانی کی وجہ سے

آیا۔ اور دلچسپی یوں ہوئی کہ زبان خوبصورت بولتے تھے۔ بیگم صاحبہ سے کانگریس کا ذکر کیا۔ اور ان کو کھانا پکانے کی فوراً نوکری مل گئی۔ دوسرے دن کھانا جو پکایا تو حد کا بدمزا۔ تیسرے دن اس سے زیادہ بدمزا پکایا۔ یہ بیچارہ نواب زبان بے پناہ بولتا تھا۔ بیگم صاحبہ نے پوچھا "مسالے کون کون سے ڈالتے ہیں نواب صاحب؟"

فرمانے لگے۔" اب کیا عرض کروں۔ بمبئی میں تو اِن مسالوں کا آپ نے کبھی نام بھی نہ سنا ہوگا۔" بیگم صاحبہ جل گئیں۔ ایک ہفتہ تک کھانا بُرے سے بُرا ملتا رہا۔ روز بیگم صاحبہ ان سے کہتیں اور روز یہ کوئی نہ کوئی نیا جملہ سنا دیتے۔

ایک دن فرمایا کہ "مزے پر نہ جائیے حضور۔ یہ ملاحظہ فرمائیے کہ گلابی رنگت میں نے کیسی بخشی ہے اس سالن کو۔" بیگم صاحبہ نے کہا کہ "کھانا کھانے کی چیز ہے۔ دیکھنے کی نہیں۔" بولے "پہلا نوالہ نوش فرمانے سے پہلے پہلے تو دیکھنے ہی کی چیز ہے۔"

نتیجہ یہ ہوا کہ بیگم صاحبہ نے حساب کر دیا ان کا اور یہ چلتے چلتے کہنے لگے کہ "چار بندگانِ خدا کا تو کھانا پکتا ہے اس گھر میں ہزار پانچ سو کا پکے تو دکھاؤں کہ کیا ہوتا ہے کھانا۔" بیگم صاحبہ نے بہت جل کر کہا کہ "چار کا تو پکتا نہیں آپ سے، چار سو کا کیا پکائیں گے

آپ۔" فرمانے لگے "حضور! دراصل آپ کی قسمت میں نہیں ہے یہ کھانا۔ کانگریس کے ہر بڑے لیڈر نے کھایا ہے۔ جب جاکر یہ دن دیکھنا نصیب ہوا اور آج حاکم بنے بیٹھے ہیں۔"

بیگم صاحبہ نے ان کی تنخواہ دیتے ہوئے کہا کہ "نواب صاحب اگر پہلے سے یہ معلوم ہوتا کہ کانگریسی اتنا بدمزہ کھانا کھاتے ہیں تو ہرگز کانگریس میں شریک نہ ہوتی۔" کہنے لگے کہ "سرکار آغا صاحب فرماتے تھے کہ سرکار پڑھی لکھی بہو بیگم صاحبہ ہیں۔ تمام امام اور پیغمبر جان کر بدمزہ کھانا نوش فرماتے تھے تاکہ دنیا سے کسی قسم کا بھی ذرا سا لگاؤ پیدا نہ ہو جائے۔ وہ ساری زندگی بدمزا کھانا کھاتے رہے اور حضور آٹھ دن میں چیخ اٹھیں۔"

ان کی اس دلیل پر مجھ کو بے ساختہ ہنسی آگئی۔ بیگم صاحبہ بھی بے تحاشا ہنس پڑیں۔ ان کو پھر رکھ لیا گیا اور جب تک خود سے نہیں گئے، چالیس روپئے ماہوار لیتے رہے۔

شاید ہی کوئی بچا ہو گا عزیزوں میں، دوستوں میں جس پر انھوں نے کوئی نہ کوئی فقرہ نہ چست کیا ہو۔ بدری کا نچ والا جو کئی مرہٹی، گجراتی اور ہندی میگزینوں کے اڈیٹر ہیں۔ ڈائرکٹر او۔ پی۔ دتا مشہور گانے لکھنے والے راجندر کرشن۔ مشہور کامیڈین گوپ مرحوم سب

۱ یہ لطیفہ میں نے ایک بار اردو ادب کے ایک سچے اور بے لوث عاشق پروفیسر نظام الدین گوریکر کو بھی سنایا۔ یہ سینٹ زیویرز کالج کے پروفیسر ہیں اور ہماری بیگم صاحبہ کے عزیز بھی۔ بچوں کی طرح دیر تک ہنستے رہے۔

ہی ان کی زد میں آچکے ہیں۔ اور آج تک ان کو یاد کرتے ہیں۔

●

بہر حال بامبے ٹاکیز، کی یہ پہلی کہانی " وچن " کافی کامیاب رہی۔ اس کہانی میں ہیرو اشوک کمار اور ہیروئن دیو کا رانی تھیں۔ ہم دو سال بمبئی ٹاکیز میں رہے۔ ہمنسو رائے روز ایک کہانی کا پلاٹ ہمیں دیدیتے تھے اور ہم کو روز اس پلاٹ پر پچاس ساٹھ صفحے لکھنا پڑتے تھے جو ٹھیک سات بجے ہمنسو رائے کو سنائے جاتے تھے۔ سُننے کے بعد ان کی آواز آتی تھی " پھاڑ کر پھینک دو کل کے لئے یہ سبجکٹ ہے "۔

پھر لکھ رہے ہیں۔ یہ سلسلہ دو سال تک جاری رہا۔ کسی دن ناغہ نہیں ہوا۔ نہ اتوار اور نہ کسی چھٹی کے دن۔ اس کے علاوہ سیریو اور مختلف کتابوں کے بارے میں پوچھا کرتے تھے۔ وہ کتابیں بھی روز پڑھنا پڑتی تھیں۔ مختلف قسم کے کھیل بھی ہوتے تھے۔ ٹینس، گھوڑے سواری وغیرہ۔

اسی زمانے میں بمبئی ٹاکیز میں واچا۔ ایس مکرجی۔ گیان مکرجی۔ نظیر اجمیری۔ محسن عبداللہ۔ پائی۔ نجم الحسن نقوی۔ حسن صاحب امیا چکرورتی مرحوم اور لوگ بھی تھے جو آگے بڑھ کر کسی نہ کسی رُخ سے

۲۰۰
فلم کی نمایاں شخصیتیں ضرور ہے۔

●

ایک دلچسپ واقعہ رہا جا رہا ہے :۔

جس دن ہمیں بمبئی ٹاکیز سے اپوائنٹ منٹ لیٹر ملنے والا تھا۔ ہم صبح اُٹھے۔ موسم بیحد خوش گوار تھا۔ ٹھنڈی ٹھنڈی ہوا چل رہی تھی۔ ایک لڑکی رنگین ساری میں سردی سے ٹھٹھرتی جسم چراتی چلی جا رہی تھی۔ گداز بھرا ہوا جسم۔ اگر آپ نے کبھی غور کیا ہو گا تو یہ کمبخت سردیوں میں بڑا جان لیوا منظر ہوتا ہے۔ میں نے ذرا راستہ روک کر آہستہ سے کہا " ہلو کیا ارادہ ہے ؟ کیا صبح صبح سیر کا ؟ "

میں روز صبح کو دو چار میل تیز تیز سیر کو ضرور جاتا ہوں چنانچہ آج بھی صبح اُٹھکر پہلا کام یہی کرتا ہوں۔ صبح صبح سویا سویا حسن دیکھنے کو ملتا ہے اور جب پلٹو تو دُھلا دُھلایا حسن۔ دن بھر طبیعت بشاش رہتی ہے۔

وہ لڑکی جو سکڑی ہوئی تھی ذرا گھبرائی۔ پھر حسین سی مسکراہٹ دیکر نکل گئی۔ میں نے کہا کوئی بات نہیں پھر کبھی کرم فرمائیے گا۔ اب ہم گیارہ بجے کے قریب جو بمبئی ٹاکیز گئے تو وہ صاحبزادی موجود۔ پھر ہم نے مسکراہٹ پیش کی اور انھوں نے قبول کرتے ہوئے ایک مرے

۲۰۱

ہوئے سے شخص کے کان میں کچھ کہا۔ اس مرے ہوئے شخص نے محسن عبداللہ کے کان میں کچھ کہا ـــــــــــ! وہ مسکرائے۔ بعد میں محسن سے معلوم ہوا کہ وہ مجھے کہتے تھے کہ یہ پکّا بدمعاش ہے۔ اس کمپنی میں مرت آنے دو۔ محسن نے سنا ہے ڈانٹ کر کہا " ابے اُلّو کے پٹھے! ساری زندگی میں ایک خوبصورت آدمی نے تیری بیوی کو پسند کیا۔ اس پر بھی اکڑ رہا ہے۔ تجھ کو تو اس کا شکریہ ادا کرنا چاہیئے"۔ معاملہ ختم ہوا ہمیں نوکری مل گئی۔

●

بمبئی ٹاکیز کا ایک اور واقعہ لکھ دوں پھر آگے بڑھوں

ایس۔ مکرجی سے ہماری بہت بنتی تھی۔ اور اشوک کمار، نظیر اجمیری کے بہت دوست تھے۔ ہم کیرم بہت ہی اچھا کھیلتے تھے اور ان سے کیرم ہوتا تھا اور دو تین امریکن سگریٹ کے پیکٹ روز جیتا کرتے تھے ایک دو گیم جان کر ان سے ہار جاتے تھے کہ کہیں یہ سلسلہ بند نہ ہو جائے۔ دو سال تک ہم نے ایک پیسے کی سگریٹ نہیں خریدی۔ انہیں کی پیتے تھے۔ ان کو اشوک کمار بار بار سمجھایا کرتے تھے کہ آغا تم سے بہت اچھا کھیلتا ہے۔ تم کبھی نہیں جیت سکتے۔ اور وہی گیم ہم جان کر ان کو جتوا دیتے وہ خوشی سے اُچھل پڑتے۔ دوسرا گیم دو پیکٹ

۲۰۲
پر کھیلتے ۔ اشوک انھیں سمجھاتے کہ وہ کمبخت جان کر تم کو جتوا دیتا ہے نکرجی بھی یہ بات اچھے طریقے سے جانتے تھے مگر تعریف نظیر اجمیری کی کرتے تھے ۔ نتیجہ یہ ہوتا تھا کہ روز دو پیکٹ ہم رکھتے تھے اور دو ایک پیکٹ ایس ۔ نکرجی چھین لیتا تھا ۔ جس کی کلائیاں بہت مضبوط ہیں اور دل چڑیا کا ہے ۔ یہ شخص ہمنسو رائے کے ڈبے سے بھی سگریٹیں مار دیا کرتا تھا جبکے سامنے یہ سگریٹ پیتا نہیں تھا ۔ ان میں سے آدھے سگریٹ اس کو ڈرا کر ہم اینٹھ لیا کرتے تھے ۔

●

ایس مکرجی سے ہمارے اُس زمانے سے آج تک ویسی ہی دوستی چلی آرہی ہے ۔ آج تک چوٹ موٹ کا وہی سلسلہ جاری ہے یہ ہمارے فٹ بال کلب میں کبھی کبھی آکر ۔ وہ پیسہ جان کر لگواتا ہے ۔ اور ہم اس کا بدلہ ریس کورس کے ممبروں کے احاطے میں جا کر نکال لیتے ہیں ۔ اسی سلسلے میں یہ بھی عرض کردوں کہ بڑی مشکل پڑتی ہے اس بہترین دوست کے ساتھ کام کرنے میں اور شاید اس کی طرف سے کام لینے میں ۔ کیونکہ جب صاحب سلامت ہی بڑے بڑے القابوں سے ہو تو پھر کام کس طرح ہو سکے ۔

میں نے اس کے ساتھ زندگی بھر کام نہیں کیا سوائے

ایک بار جب میں بالکل مجبور ہوگیا تھا۔ اور اس نے بُلایا۔ یہ بہت بڑا بلکہ ہندوستان کا سب سے بڑا پروڈیوسر بن چکا تھا۔ اور اب تک ہے۔ پڑھا لکھا خوبصورت آدمی۔ یار باش۔ اچھے جملے کہنے اور سُننے کا عاشق۔ چوٹ موٹ کا دلدادہ۔ ہفتے میں ایک بار ملے بغیر بھی قرار نہیں اور کام بھی کرتے نہیں بن پڑتی۔

اگر یہ شخص پیسے سے بے تحاشا عشق نہ کرتا ہوتا۔ اور زندہ رہنے کے لئے دوسروں کا بھی ذرا خیال رکھتا۔ کافی پڑھا لکھا ہونے کی حیثیت سے ادب کی اور ادیبوں کی دل دہی کرتا رہتا تو میرا ذاتی خیال یہ ہے کہ صحیح معنوں میں اس سے بڑا پروڈیوسر فلم انڈسٹری میں کوئی نہ ہوتا۔

●

بہر حال جب میں پارٹیشن کے بعد مڈل ایسٹ کے سفر پر گیا اور پلٹا ہوں جس کا ذکر آگے صفحوں میں آئے گا تو بیکاری اور مفلسی ایک بار پھر اتنی ہی تھی جتنی ابتدا میں۔ مگر اس زمانے میں لطف آتا تھا اور اس زمانے میں دِلی تکلیف تھی۔ کیونکہ گھر، بیوی دو بچے۔ پھر قیامت کا نام۔ وچن سے لیکر نجمہ۔ انمول گھڑی، تقدیر اور ہمایوں وغیرہ ان کے علاوہ پچاس کے قریب کہانیاں، مکالمے

۲۰۴

اور سنیریو لکھ چکا ہوں۔ بہترین رائٹر مانا جاچکا ہوں۔ یہ کون جانے کہ بالکل مفلس ہے۔ اور ظلم یہ کہ کمبخت مفلس کی سترہ تصویریں سلور جوبلی اور گولڈن جوبلی منا چکی ہیں۔ یہ ایسی تکلیف تھی جو برداشت سے باہر تھی۔

مشہور ڈائرکٹر محبوب صاحب سے ایک زمانے میں خیالات ملتے تھے۔ بے پناہ چیزیں لکھ دیں۔ اب نہ ان سے خیالات ملتے ہیں اور نہ دوسروں سے۔ آخر اب لکھا کس طرح جائے۔ دنیا مجھے گرا ہوا سمجھتی ہے۔ میں دنیا بھر کو اپنے معیار سے گرا ہوا سمجھتا ہوں۔ ہر اعتبار سے انسانی معیار سے بھی اور فن کے اعتبار سے بھی۔

اتنے میں فلمالیہ کمپنی ایس مکرجی نے شروع کی اور اس کمپنی کے سلسلے میں مجھے ایک نوجوان ڈائرکٹر ملا۔ آر۔ کے نیر۔ جو بہت کے بعد میرے معیار پر پورا اترا۔ میرے اس کے خیالات ملے، طبیعت ملی، مزاج ملا۔ پھر ایک بار دل ٹھہرا۔ بھولی بسری اُمیدوں نے پھر کروٹ بدلی اور "یہ راستے ہیں پیار کے" اور "لو اِن شملہ" لکھ ڈالا اسی عرصے میں سبودھ مکرجی کی "جنگلی" بھی لکھ ڈالی۔

●

آیئے آپ کو جنگلی لکھنے کے زمانے کے کچھ دلچسپ واقعات سناتا چلوں۔ ملاڈ کے چھوٹے سے ٹکڑے میں جو بمبئی کا باہری

۲۰۵

علاقہ ہے برسوں ہوئے، ایک دفعہ میں نسیم بانو اور ان کے شوہر احسان کے گھر دن کا کھانا کھانے گیا تھا۔ گھر میں صرف نسیم بانو تھیں جو سُنا کھجوریں تل رہی ہیں ـــــ مجھ سے بیٹھنے کو کہا گیا۔ اور کہا گیا کہ احسان صاحب کام سے باہر گئے ہوئے ہیں بس ابھی آتے ہوں گے۔ اتنے میں ایک چھوٹی تین چار سال کی خوبصورت سی دُبلی پتلی بچّی اندر سے نکلی، جو چاکلیٹ کھا رہی تھی۔ میں نے کہا "آداب عرض ہے۔" غور سے مجھے دیکھتی رہی۔ میں نے پھر کہا "آداب عرض ہے۔" پھر کوئی جواب نہیں۔ مگر ایک چاکلیٹ عجیب معصومیت سے میری طرف بڑھا دی۔ میں زمین پر اکڑوں بیٹھ گیا۔ میں نے سکرا کر منہ کھول دیا۔ اور اس بچّی نے چاکلیٹ منہ میں دے دی۔

سولہ سال کے بعد اب "جنگلی" لکھنے بیٹھا تو سبودھ صاحب نے کہا کہ "نسیم بانو کی لڑکی سائرہ کچھ دن ہوئے تعلیم حاصل کرکے پلٹی ہے۔ کیا خوبصورت لڑکی ہے۔" ایک دن دیکھا تو وہی بچّی نکلی جس نے چاکلیٹ کھلائی تھی۔

کیا سچ مچ یہ وہی لڑکی ہے؟ میں نے غور کیا اور اشارے سے اپنی طرف بلایا۔ فلمالیہ میں ایک لڑکی نیچی نظریں کئے، میری طرف بڑھی۔ اور میرے منہ سے بے ساختہ یہ مصرعہ نکل گیا۔

ع۔ نیچی نظریں چال متوالی شباب آنے کو ہے

قریب پہنچکر اس لڑکی نے میری طرف نظر نہیں اٹھائی چُپ کھڑی رہی۔ میں نے کہا "آداب عرض ہے" کوئی جواب نہیں میں نے کہا "اجی آداب عرض ہے"۔ کوئی جواب نہیں۔ صرف نازک سا ہاتھ اٹھاکر چاند سے ماتھے پر رکھ لیا۔ میں نے کہا "اس گنہگار کی طرف نظر اٹھاکر دیکھئے تو حضور!" اب اس نے مسکراکر میری طرف دیکھا۔ آنکھیں ملیں۔ معلوم ہوا دو چھلکتے ہوئے پیمانے کسی نے پیش کر دیئے اور یہ پیمانے دیکھ کر میں نے آہستہ سے کہا ع

ساغر کو مرے ہاتھ سے لینا کہ چلا میں

صراحی دار گردن۔ اور آنکھوں کی ساخت! میرا دعویٰ ہے کہ نہ نسیم بانو میں یہ حسن ہے اور نہ لاکھوں حسینوں میں ڈھونڈے سے مل سکے گا یہ حسن۔ مگر اس سے زیادہ بدقسمتی اور کیا ہو سکتی ہے کہ اس پیکر حسن کو دیکھ کر دل نے زندگی میں پہلی بار عجیب مزہ لوٹا کہ کاش ہماری کوئی بیٹی ہوتی اور کاش ایسی ہی ہوتی۔ لیکن ایسی قسمت کہاں۔ یہ تو بڑے خوش نصیبوں کی بات ہے۔

بہرحال، یہ پاگل کا خواب دیکھتا ہوا، میں اس سوال سے چونک اٹھا ـــــــــ "آپ مجھے ڈائلاگ سکھائیں گے ـــــ؟"

میں نے کہا "ضرور"۔ پھر پوچھنے لگی: "کیسا کروں گی میں کام؟" میں نے اطمینان دلاتے ہوئے جواب دیا "جیسا کوئی نہیں کر سکے گا!" اب کی شکایت نما آواز آئی "لوگ کہتے ہیں کہ میں کام نہیں کر سکوں گی۔" میں نے کہا "میرے ساتھ آؤ۔ ابھی چل کر ڈیلاگ کی ریہرسل کرینگے اور ریہرسل کے بعد چل کر تھوڑا سا زہر خریدیں گے۔" گھبرا کر کہنے لگی۔ "زہر کیوں؟" میں نے کہا "خرید کر رکھ لیں گے۔ اور جو لوگ یہ کہتے ہیں کہ تم تصویر میں کام نہیں کر سکتیں، ان کو اس تصویر کی کامیابی کے بعد کھلا دیں گے۔"

اس جواب پر بے مثل ترشے ہوئے ہیروں کی کان مسکرا اٹھی۔ اب یہ ہمارے ساتھ ٹہل کر ریہرسل کو چلی۔ معلوم ہو رہا تھا کہ بہار آگئی ہے۔ اور اس بھری بہار میں ایک ہارسنگار کا پھول ہوا میں جھونکے کھاتا چلا آ رہا ہے۔

عجیب سی بحث اکثر ہوتی رہتی ہے اس لڑکی کے متعلق آج تک کچھ لوگ خصوصاً فلم انڈسٹری والے یہ کہتے ہیں کہ "سائرہ بانو خوبصورت ضرور ہے، مگر نسیم بانو یعنی ان کی ماں ان سے زیادہ خوبصورت ہیں۔ میرا خیال ہے کہ یہ کہنے والے اب تک مغلیہ اور راجپوتی زمانے کے خواب دیکھ رہے ہیں۔ یہ لوگ ۱۹۶۴ء میں آنے کو تیار ہی نہیں ہیں۔

اگر اس زمانے کی پڑھی لکھی لڑکی دیکھی جائے، اور اس زمانے کا حسن پرکھا جائے تو صرف یہ فیصلہ ہوسکتا ہے۔ آج کل خرام ناز یعنی آہستہ آہستہ چلنے کی ادا تیز تیز چال نے لے لی ہے۔ خاموشی کی جگہ آڑے ترچھے اور ترشے ہوئے جملوں نے لے لی ہے۔ گھنیری اور لچکاتی ہوئی چوٹی کا مقام زلفِ پریشاں نے چھین لیا ہے۔ سادگی کی ادا بانکپن نے چھین لی ہے۔ آہستہ آہستہ ہائے اور اُف کہنے کی جگہ سیاست کی بیداری، مشرقی اور مغربی تعلیم نے بل جُل کر حاصل کرلی ہے۔ آجکل کی لیلیٰ بھی بحث کرسکتی ہے۔ رائے بھی دے سکتی ہے۔ ہوائی جہاز میں اُڑ بھی سکتی ہے۔ موٹر بھی چلا سکتی ہے۔ گھوڑے کی سواری بھی کرسکتی ہے۔ چاند تک پہونچنے کی کوشش بھی کرسکتی ہے۔ اگر وقت پڑے تو نوکری اور مختلف قسم کے کام بھی کرسکتی ہے۔ اور اگر غصہ آجائے تو قتل عام بھی کرسکتی ہے۔ اس معیار پر رکھ کر سائرہ بانو کو ذرا دیکھئے۔

ابھی کچھ دنوں کی بات ہے کہ یہ وہی چاکلیٹ والی لڑکی، ایک تصویر میں ناچ رہی تھی۔ معلوم ہو رہا تھا کہ ایک سکنڈ میں ہزاروں بجلیاں تڑپتی ہیں اور تڑپ کر نکل جاتی ہیں لطف کی بات یہ ہے کہ پھر بھی یہ قدم شرافت کے دائرے سے باہر نہیں پڑ رہے تھے۔ اور اس ناچ میں بھی وہ پڑھی لکھی سائرہ بانو نظر آرہی تھی۔

سنا ہے آؤٹ ڈور میں کسی ہیرو کو لاتیں مارنے کا سین تھا۔ یہ بھی سنا گیا ہے کہ غصّے میں آکر سچّی سچّی لاتیں رسید کر دیں۔ ایک داڑھی والے مولوی صبح صبح تیز تیز چلتے ہوئے ان کے مکان کی سمت دیکھے جاتے ہیں۔ سُنا ہے یہ اردو اور فارسی عرصے سے پڑھا رہے ہیں گھر کا ماحول ہندوستانی ہے۔ صحبت زیادہ تر لکھنؤ، الہ آباد اور جھانسی والوں کی ہے۔

بہرحال یہ خاندانی حسُن آدمؑ و حوّاؑ کے زمانے سے اس خاندان کی میراث بنا ہوا ہے۔ ایک کمی اس خاندان میں پائی جاتی ہے اور وہ ہے ذوقِ لطیف کی کمی۔ آپ بہت دیر تک ان کے پاس بیٹھکر اکتا جائیں گے۔ حسن ہی حسن دیکھنے کو ملے گا۔ نظر کی جنتیں۔ جس کو غالبؔ نے جنّتِ نگاہ کہا ہے۔ مگر غالبؔ کا دوسرا ٹکڑا فردوس گوش یعنی کانوں کی جنّت آپ کو نہیں سنائی دے گی۔

تھوڑے دنوں کے بعد "جنگلی" تصویر ریلیز ہوئی۔ عجیب سا منظر تھا۔ اس رنگین تتلی کو ہر پریس کا بھونرا گھیرے ہوئے تھا۔ ایک ایک سکنڈ پر کیمرے کِڑکِڑ ہو رہے تھے۔ اور ایک غریب رائٹر دور کھڑا حیرت سے دیکھ رہا تھا کہ کیا سچ مچ یہ وہی لڑکی ہے جس نے بچپن میں چاکلیٹ کھِلائی تھی! اور ابھی کچھ دن پہلے پوچھ رہی تھی کہ کیا میں کام

کرسکوں گی ؟ لوگ تو کہتے ہیں کہ میں کام نہیں کرسکتی۔ اس وقت بے ساختہ یہ جی چاہا کہ بڑھ کر پوچھوں کہ کیا وہ زہر اب بھی رکھا ہوا ہے جو ایک زمانے میں میں نے آپ سے خریدنے کو کہا تھا۔ اگر ہو تو اب میں کھاؤں گا، مجھے عنایت فرما دیجیۓ۔

●

اسی قسم کا ایک واقعہ "لو ِبلن شملہ" کے بعد گذرا۔
ایک دن ہم نے دن کا کھانا ایس مکرجی کے مکان پر کھایا۔ یہ مکرجی صاحب کا اصرار تھا کہ میں کہانی ششی کپور کو سناؤں اور معاملات طے کرلیۓ گئے۔ کھانا کھاکر گروتو ولا کے نیچے کے کمرے میں ہم لوگ گپ کر رہے تھے کہ ایک نوجوان لڑکا کتابیں لے کر کالج سے واپس ہوا۔ اس نے مکرجی کو پیار کیا اور مجکو سلام کر کے اندر بھاگا۔ میں نے مسکرا کر کہا کہ" ہیرو تو گھر ہی میں موجود ہے۔" مکرجی نے کہا" اس کو زبان کون سکھاۓ گا ؟ ایک جملہ نہیں بول سکتا۔" میں نے کہا " میں سکھاؤں گا۔"

چنانچہ دوسرے دن سے محنت شروع ہوئی۔ اور یہ خوبصورت سا گندمی رنگ اور اونچے قد کا بنگالی نوجوان لڑکا ہیرو بن گیا۔ جس کا نام جواۓ مکرجی ہے۔ جب تصویر ریلیز ہوئی، سب

کیمرہ مَین اور اخبار والے ان کو گھیرے ہوئے تھے۔ کیمرے کڑ کڑ ہو رہے تھے۔ اور دور کھڑا ہوا ایک رائٹر دیکھ رہا تھا۔ جس کا نام بعد کو معلوم ہوا آغا جانی کشمیری ہے۔

●

اسی قسم کا ایک واقعہ "نجمہ" لکھنے کے بعد ہوا۔ ہم اور محبوب صاحب تیز بارش میں چلے جا رہے تھے۔ موٹر محبوب صاحب چلا رہے تھے۔ تار دیو سے چلے ہمارا کچھ اور ہی ارادہ تھا۔ مگر محبوب صاحب ہم کو زور دے کر گھر لے چلے۔ میرن ڈرائیو پر موٹر رک گئی نہ آج چلتی ہے نہ کل۔ پانی زوردار پڑ رہا تھا۔ میں نے پریشان ہو کر محبوب صاحب سے کہا کہ "خدا کے لئے اتریئے تو، سانس گھٹی جاتی ہے۔"

بھاگ کر ہم لوگ ایک مکان میں گھسے۔ یہ مرحومہ جدّن بائی کا مکان تھا۔ موہن بابو نے۔ جو جدّن بائی کے شوہر تھے اور عجیب و غریب ادا سے پان کلّے میں دبائے مسکراتے رہتے تھے۔ ایک قہقہہ مارا، اور ہم لوگوں کے لئے چائے کی گرم گرم پیالیاں آگئیں۔ شاید یہ لوگ چائے پی ہی رہے تھے۔ پھر باہر سے گھنٹی کی آواز آئی اور ایک لڑکی برساتی اوڑھے۔ ہاتھوں میں کتابیں لئے اندر داخل ہوئی۔ ہم لوگوں کو سلام کیا۔ ہم لوگوں نے غور سے دیکھا

محبوب صاحب نے چپکے سے میرے کان میں کہا کہ "ہم لوگ "تقدیر" تصویر کے لئے ہیروئن تلاش کر رہے ہیں، کیا رائے ہے ــــــ؟" میں نے چپکے سے کہا "مناسب خیال ہے"۔

دوسرے دن ان کو بلوایا گیا۔ فریدوں ایرانی نے ان کا کیمرہ ٹسٹ لیا۔ اور ان کا نام 'نرگس' رکھا گیا۔ آج یہ صرف ہندوستان ہی کی نہیں، ساری دنیا کی بہترین ہیروئنوں میں سے ایک ہیروئن مانی جاتی ہیں۔

ابھی تھوڑے عرصے کی بات ہے۔ ان کی تصویر لبرٹی میں "مدر انڈیا" ریلیز ہوئی۔ زمانہ ان کو گھیرے ہوئے تھا۔ کیمرے کڑ کڑ کر رہے تھے۔ پھولوں کی ان پر بارش ہو رہی تھی اور دور کھڑا ہوا ایک رائٹر بارش، طوفان، محبوب صاحب کی موٹر کا رُکنا اور نہ جانے کیا کیا سوچ رہا تھا۔

●

ساری دنیا ایک طرف تھی اور ڈائرکٹر آر کے۔ نیر ایک طرف کہ اگر لونگا تو سادھنا ہی کو "لو ان شملہ" میں ہیروئن لوں گا نہیں تو تصویر نہیں ڈائرکٹ کروں گا۔ چنانچہ یہ پیروں اور میروں کی سرزمین کا سندھی حسن آخر کار لے لیا گیا۔ اور تصویر شروع ہوئی۔

۲۱۳

سچ مچ یہ نوجوان پڑھی لکھی لڑکی جس کا نام سادھنا ہے ہزاروں اداؤں کی مالکہ بھی ہے۔ سر سے پیر تک اداؤں میں ڈوبی ہوئی۔ نظر قاتل، ادا قاتل۔ غرضکہ قتل کے سامان جتنے سادھنا کے پاس موجود ہیں اتنے سازو سامان کم لڑکیوں کے پاس ہونگے۔

سب سے بڑی خوبی اس میں یہ ہے کہ اس کے اندازِ گفتگو میں وہ مسیحائی ہے کہ اگر کسی مُردے کو بھی پکار لے تو میرا خیال ہے کہ وہ ایک کروٹ ضرور لے لیگا۔ اس کی اداؤں پر ایک بار زندہ ہوکر پھر مر مٹے گا۔ اس کی زبان بھی صاف ہے، نظر بھی صاف ہے اور ہاتھ بھی صاف ہے۔ طبیعت کی شریف، نظر کی شریف، دِل کی شریف۔ یہ اپنے شکار کو دور سے شکار کرنا خوب جانتی ہے۔ اسے معلوم ہے کہ اس شکار پر کس ادا کا تیر چلایا جائے کہ یہ ہچکی تک نہ لے، اور لطف یہ ہے کہ مرنے والا بڑی خوشی سے جان دیدے۔

کبھی کبھی یہ مسکرا کر پوچھ بھی لیتی ہے کہ اگر جان باقی ہو تو ترکش میں ابھی اور بھی بہت سے تیر باقی ہیں۔ اور اس سادگی کی ادا پر بسمل چیخ اٹھتا ہے ؎

تو مشقِ ناز کر، خونِ دو عالم میری گردن پر

●

بڑا ظلم ہوتا اگر میں میناکماری کا نام بھول جاتا، ساری عبادت گناہ بن کر رہ جاتی۔ سنئے صاحب ہم نے ایک تصویر ڈائرکٹ کی تھی جس کا نام "تحفہ" تھا۔ ملک کی تقسیم کے اس زمانے میں کچھ کچھ آثار دکھائی دے رہے تھے۔

ہم نے سیٹھ گنیش داس جو اس تصویر کے پروڈیوسر تھے۔ ان سے بہت کہا کہ اگر اتفاق سے یہ ان ہونی ہو گئی تو ہماری یہ تصویر جس میں اوّل سے آخر تک ہم نے ہندو مسلم اتحاد کوٹ کوٹ کر بھرا ہے، مذاق بن کر رہ جائے گی۔ وہ کسی طرح نہ مانے۔ ہم بھی اندر سے یہی چاہ رہے تھے کہ وہ انکار کر دیں اور ہم سے کہدیں کہ گھبرائیے نہیں، یہی تصویر بنائیے۔

تصویر بن کر تیار ہوئی۔ لوگوں کو دکھائی گئی۔ بیحد پسند کی سب نے۔ میری ڈائرکشن اور لکھائی کی بے پناہ تعریفیں کیں اور کہا کہ خیر تم فلمی گاندھی اور جواہر لال تو نہ بن سکو گے لیکن فلمی ابوالکلام اس تصویر کے بعد ضرور کہلاؤ گے۔ ڈائرکٹر برؔوا مرحوم نے کلکتے میں یہ تصویر دیکھی اور خاص طور پر ایک خط لکھا ہمیں جس میں میری ڈائرکشن اور لکھائی کی بیحد تعریف تھی۔

تصویر کی تعریف میں لکھا کہ " اتنی حسین اور لطیف چیز میری نظر سے کم گذری ہے۔" اتنے میں آ گئے جناب پارٹیشن صاحب بجلی سی گری اور ملک کے دو ٹکڑے ہو گئے۔ یہ تصویر دہلی میں ہندوؤں نے ہنگامہ کر کے اتروا دی۔ اور مسلمانوں نے لاہور میں۔ کراچی میں اچھی خاصی چل رہی تھی کہ اس آگ کے شعلے وہاں بھی پہنچے، اور تصویر اتار دی گئی۔

اس حادثے سے ایسا دل ٹوٹا کہ اب تصویر ڈائرکٹ کرنے کی ہمت نہیں پڑتی۔ شاید یہ بچپن کا وہ اثر تھا کہ ایک بار تندرست حسن اور بھرپور جوانی سے ٹکرا کر ناکام رہا۔ اور پھر ایسے طوفانوں سے ہمیشہ دامن بچاتا رہا۔ اس تصویر کی ناکامی کے بعد بالکل وہی عالم ہوا۔ ممکن ہے۔ اگر وہ تصویر میں خراب لکھتا اور خراب ڈائرکٹ کرتا تو میری یہ حالت نہ ہوتی۔ اب ہم نے ڈائرکشن سے بھاگنا شروع کر دیا جہاں کسی تصویر کی ڈائرکشن ملی، دل، جگر، گیسو اور ہر قسم کی بیماریاں مول لی جانے لگیں۔

مگر ایک بار مجبوری کی وجہ سے پھر مجھے پھنسنا پڑا۔ مفلسی کے کچھ کچھ آثار نظر آنے لگے تھے، اس لئے " مغرور" لکھنے اور اس کی ڈائرکشن کیلئے تیار ہونا پڑا۔ تصویر بننا شروع ہوئی۔ بہت کچھ بن گئی

کہ اس تصویر میں ایک دم سے تشریف لے آئیں مینا کماری۔ یہ اس بچپن والے پنجابی حسن سے بہت ملتی جلتی تھیں جس کا ذکر آپ میرے بچپن کے اوراق میں پڑھ چکے ہیں۔

جس دن پہلی بار میں نے انھیں دیکھا ہے اسی دن سے میری بیماریاں نوجوان ہو گئیں۔ میں یہاں تک بیمار رہنے لگا کہ جب ڈائرکشن کا وقت آئے اور سٹ لگے تو بس اب مرا اور اب مرا۔ گھبرا کر کبھی لکھنؤ بھاگ جاؤں، کبھی کسی پہاڑ پر اور کبھی کسی مزار شریف پر۔ بار بار رحمان جو اُس زمانے میں ہمارے ہیرو تھے 'تحفہ' کے اور مغرور کے۔ ہم کو گھنٹوں سمجھاتے تھے اور ہم ہاں ہاں کر کے پھر نہیں نہیں کر دیتے تھے۔

رحمان آج بھی موجود ہیں اور صرف میرے خیال میں نہیں بلکہ ساری انڈسٹری کے خیال میں یہ افغانی پڑھا لکھا نوجوان اپنے رنگ کا ایک ہی اداکار رہا ہے۔ چنانچہ کسی طرح سٹ پر جانے اور ڈائرکٹ کرنے کی ہمت نہیں پڑی۔ آخر تنگ آکر پروڈیوسر واڈیا صاحب نے مجھ سے مشورہ کر کے ساتھ کو لے لیا۔ جن کو ہم کیمرا مین کی حیثیت سے لیکر آئے تھے یہ تصویر بن رہی تھی اور ہم حکیموں، ڈاکٹروں اور دماغی ڈاکٹروں کے پیچھے صرف یہ دکھانے کے لئے گھوم رہے تھے کہ ہم سچ مچ

بہت بیمار ہیں۔ بہر حال یہ جادو آجکل ایک تصویر ' غزل ' لکھنے کے سلسلے میں ، نہ جانے کیونکر مشہور ہیرو سنیل دت صاحب نے اتروا دیا۔ کبھی کبھی ہم نے اور سٹ پر جاکر بہت کچھ رائے مشورہ بھی دیتے ہیں۔ میرا خیال ہے کہ یہ اپنے انداز کی بالکل انوکھی تصویر ہوگی۔ اس کی ہیروئن ہیں وہی مینا کماری۔

یہ مشرقی حسن کا بے مثل نمونہ ساری دنیا میں چراغ لے کر ڈھونڈنے سے بھی نہ مل سکے گا۔ جس کا نام مینا کماری ہے۔ یہ مسلمان لڑکی عجیب آن اور عجیب ادا کی مالکہ ہے۔ جی ہاں مسلمان لڑکی اس لئے لکھ رہا ہوں کہ زبان پر اتنی قدرت، جتنی بڑے سے بڑے شاعر اور زباں داں کو ہوگی۔ شعر بھی سمجھے گی اور شعر کا حسن بھی سمجھے گی۔ مینا کماری ایک ایسی حسین غزل ہے جس کا مطلع چست۔ حسن مطلع چست، ہر شعر، ہر مصرعہ اپنی جگہ چست۔ اس کو قدرت نے وہ آواز بخشی ہے کہ مومن کا مصرعہ یاد آتا ہے ؎

شعلہ سا لپک جائے ہے آواز تو دیکھو

●

غزل کے ہیرو سنیل دت ہیں۔ ان کی معصوم مسکراہٹ ذرا ذرا ابھرا ہوا اونچا جسم۔ خوبصورت بڑی بڑی آنکھیں۔ چمپئی رنگ

تر ہونٹ۔ تھوڑا خشک مگر تھوڑا نہ جانے کیونکر شاعرانہ مزاج۔ باتیں کرنے کا طریقہ بالکل بچوں کا ایسا۔ ضد بھی بچوں کی ایسی۔ یہ اپنی ہر بات اور ذرا سا نکتہ بھی اگر کسی کہانی میں لائیں گے تو چیخ چیخ کر آپ کو منوانے کی ہر ممکن کوشش کریں گے۔ ناکام رہیں گے تو بچوں کی طرح ضد کریں گے پھر بھی نہ مانیئے تو یہ بھی آپ کی کوئی بات نہیں مانیں گے جو آپ نے اس سلسلے میں کہی ہے۔ حالانکہ اپنے دل میں یہ قائل ہوں گے کہ بات آپ ٹھیک کہہ رہے ہیں۔ پھر آپ مجبور ہو کر اسی جگہ پر کوئی اور نئی بات پیش کر دیں گے خواہ وہ پہلی بات سے تھوڑی کمزور ہی کیوں نہ ہو۔ یہ بچوں کی طرح خوش ہو جائیں گے چہرہ بشاش ہو جائیگا۔ فرمائیں گے "اب کوئی بات بنی ہے۔ اب لائیے آپ کوئی چیز!"

یہ طبیعت کے بیحد شریف، محبتی، ارادوں کے پختہ اور جان توڑ محنت کرنے والے آدمی ہیں۔ پڑھے لکھے۔ ہم سے بہت محبت کرتے ہیں۔ بس ایک ہی معاملہ میں ہماری ان کی نہیں بنتی۔ یہ بہت زیادہ شریف آدمی ہیں۔ ہو سکتا ہے اندر سے بھی اتنے ہی شریف ہوں۔ اور ہم اندر اور باہر، دونوں رُخ سے، ہر معاملے میں ان سے بہت کم شریف ہیں۔ یہ جوا نہیں کھیلتے۔ ہم رمی اور برج کے دلدادہ۔ یہ خوبصورت لڑکیوں کو نہیں تاکتے "سب کے سامنے۔" لڑکیاں ان کو تاکتی

ہیں تو جھینپتے ہیں "سب کے سامنے"۔ ہم ہر ہر رخ سے لڑکیوں کو "سب کے سامنے" تاکتے ہیں۔

یہ ہر چھوٹے سے چھوٹے کام کا پلان پہلے سے بناتے ہیں۔ ہم بڑے سے بڑے معاملے کو اس کی حالت پر چھوڑ دیتے ہیں کہ آگے بڑھ کر خود ہی پلان کی صورت میں سامنے آجائیگا۔ یہ بی۔اے پاس ہیں ماشاء اللہ سے اردو اور ہندی بھی جانتے ہیں اور بقول ان کے دو سال لکھنؤ میں بھی رہ چکے ہیں۔ اور ہم نرے جاہل۔ وہی ڈگریوں کا چکر! جیسا کہ میں پہلے کہیں عرض کر چکا ہوں۔

ہم چاہتے ہیں کہ اسکرپٹ لکھنے کے معاملے میں ہمارے اور ان کے سو فیصدی خیالات مل جائیں مگر یہ ارتھمیٹک پچاس ساٹھ فیصدی پر جاکے رک جاتی ہے۔ اس سے آگے نہیں بڑھتی۔ بہرحال اب ان سے دوستی عجیب قسم کی بن کر رہ گئی ہے۔ میں دوست کم بناتا ہوں اور جب بنا لیتا ہوں تو پھر چھوڑے نہیں جاتے۔ میری کمزوری بن کر رہ جاتے ہیں۔ اس لئے زیادہ بناتا نہیں۔ ہمارا ان کا عشق فارسی کا یہ مصرعہ بن کر رہ گیا ہے ؎

نے تاب وصل دارم نے طاقتِ جدائی

یعنی نہ تو وصل کی تاب ہے اور نہ جدائی کی طاقت۔

●

اس سلسلے میں بمبئی کے کچھ دوستوں کا ذکر کرتا چلوں۔

ایک میرے دوست ہیں شرما صاحب۔ یہ پروڈیوسر کو فائنانس بھی دلواتے ہیں اور خود بھی کبھی کبھی تصویر بنانے کے خواب دیکھتے ہیں۔ یہ ہمارے مریدوں میں ہیں۔ ان کو ہماری تصویروں کے اچھے اچھے مکالمے زبانی یاد ہیں۔ جس طرح موقعے موقعے سے اشعار پڑھے جاتے ہیں۔ اسی طرح یہ ہمارے ڈائیلاگ دہراتے ہیں۔ انھوں نے اپنا نام ہماری محبت اور عقیدت میں ابرار علی رکھا ہے اور فرماتے ہیں کہ آپ کا اسسٹنٹ بنکر اسی نام سے ڈائیلاگز لکھوں گا۔ کب اور کیونکر؟ یہ راز آج تک نہیں کھُلا۔ ان کی بیوی اور بچے کا عرصہ ہوا انتقال ہوچکا ہے۔ زندگی میں نہ ذمہ داری ہے اور نہ اپنے سے محبت! صبح سے شام تک دوسروں کے کام کی فکر میں موٹے ہوتے جاتے ہیں۔ اس کو اتنے روپیوں کی ضرورت ہے۔ وہ آجکل فاقے کر رہا ہے۔ اگر خود بھی اسی عالم میں ہیں تو دوسروں سے قرض لاکر اس کو دیں گے۔

کسی کی تصویر شروع کروا دیں گے۔ کسی کی ادھوری تصویر ختم کروانے کی فکر کریں گے۔ اور ہفتے میں ایک دن جس دن سخت مفلس ہوں گے۔ ان سب کو بیٹھکر گالیاں دیں گے کہ مرا جارہا ہوں۔ سب کا

کام کرتے کرتے کسی کو میرے پیسے دینے کی کوئی فکر نہیں۔ پھر کہیں سے کچھ مل جائے گا اور یہ پھر اسی طرح شروع ہو جائیں گے۔

●

ایک صاحب ہیں کیول کپور۔ "یہ راستے ہیں پیار کے" تصویر کے سلسلہ میں یہ پروڈیوسر بنے۔ دُبلے پتلے مختصر سی پسلیوں کے آدمی۔ خوبصورت قسم کے جملہ باز۔ یہ آج بھی ڈائرکٹر آر۔کے۔ نیر کے ساتھ ہیں۔ اور "یہ زندگی کتنی حسین ہے" کے پروڈیوسر ہیں۔ ان کی زندگی کتنی حسین ہے اس کا اندازہ اس سے ہو سکتا ہے کہ یہ چوبیس گھنٹے خوش رہیں گے۔ مفلس ہوں تب بھی ہنس کر ایک ہی نعرہ ماریں گے کہ مفلسی کی وجہ سے لنگڑا ہو رہا ہوں۔ پیسے ہوں گے تو بمبئی اور ریس کورس خریدنے کی کوشش کریں گے۔

یہ آپ سے جھوٹ پر جھوٹ بولیں گے اور ہر بار پہلے جھوٹ پر کچھ اس طرح پردا ڈال دیں گے کہ دوسرا جھوٹ مانتے ہی بنے گا۔ اور پھر نیا جھوٹ کچھ اس طرح معصوم بن کر بولیں گے کہ پھر آپ کو یقین کرتے ہی بنے گا۔ ان کی آواز پڑی ہوئی تو نہیں کہی جا سکتی۔ ذرا ذرا پھنسی ہوئی ہے۔ میرا خیال ہے اس آواز کو کھولنے کے لئے ہمیشہ چیخ کر باتیں کرتے ہیں۔ اور ہزاروں آدمیوں کے بیچ میں پتہ چل جاتا ہے کہ کیول کپور

۲۲۲
اُدھر بیٹھے ہیں!

●

ایک زمانے میں فلم انڈسٹری میں راج تھا خوبصورت ہیروئن کا اور پروڈیوسرز کا۔ پھر راج آیا ڈائرکٹرز اور پروڈیوسرز کا اب راج آگیا ہیرو اور میوزک ڈائرکٹرز کا۔ نہ جانے کیوں ہم ہندوستانی اس سلسلے میں ایرانی اور افغانی مزاج بن گئے ہیں۔ بس یہ سمجھ لیجئے کہ ہیرو کسی نہ کسی جگہ کا جیسے والیٔ ملک ہوتا ہے۔ اور میوزک ڈائرکٹر ان کا منہ چڑھا دوست۔ ان دونوں کی خوشی کے بغیر آپ تصویر نہیں بنا سکتے۔ اور بنے بھی کس طرح؟ انھیں کی وجہ سے آپ کو تصویر بنانے کا پیسہ ملے گا۔ خواہ آپ فلم انڈسٹری کے آدمی ہوں یا ہومیوپیتھک کے ڈاکٹر ہوں۔ یا کسی ہوٹل کے باورچی ہوں یا درزی یا موچی ہوں، جو بھی ہوں ان دونوں قوموں کو خوش کیجئے اور تصویر بنا لیجئے۔

مجھ کو عرصے سے، اس ہیرو کی قوم سے زیادہ اور میوزک ڈائرکٹر کی قوم سے کم، مگر وحشت ضرور رہی ہے۔ کیونکہ بجائے اہل قلم یا ڈائرکٹرز کے جو آپ کی کہانی اسکرین پر دکھلائے گا، جو بھی آپ نے کاغذ پر لکھی ہے۔ یہ کون ہوتے ہیں حکم فرمانے والے! ہمیشہ میں نے بغاوت کی ہے۔ فاقے کئے ہیں۔ مرگیا ہوں۔ پھر زندہ ہوا ہوں۔ دوسرا

جنم لیا ہے۔ مگر باغی ضرور رہا ہوں۔ یہی سبب ہے کہ آج تک خود کو ڈی تصویر نہیں بنا سکا۔

عجیب بات ہے کہ یہ قوم ادبی، ذہنی، جسمانی اور روحانی، غرض ہر معیار پر آپ سے اور زمانہ بھر سے اپنے کو اونچا سمجھے گی بلکہ کبھی کبھی یہ بھی ظاہر کرے گی کہ آپ ان سے انسانیت اور عزت کے سلسلے میں بھی بہت گرے ہوئے ہیں۔ صرف ایک واقعہ عرض کر دوں تاکہ سند رہے اور وقت ضرورت کام آئے اور آپ کو میری بغاوت اور ان کی حکومت کا پورا پورا اندازہ ہو جائے۔

●

ایک بار ایک بہت ہی بڑے ہیرو نے مجھے ایک فلم کی کہانی لکھنے کا سندیسہ بھیجا۔ عام طور پر کہانی آج اسی قوم کی منتخب کی ہوئی ہوتی ہے اور بجائے ڈائرکٹرز اور پروڈیوسرز کے کہانی لکھنے والا انھیں کے دولتکدہ پر دکھائی دے گا۔ اور یہ نادر شاہ کی روح دنیا کے سب سے بڑے ڈائرکٹرز کے تجربے، دنیا کے سب سے بڑے سیاست دانوں کے نچوڑ۔ غرضکہ سب سے بڑے ہاکی پلیرز کی اسٹکیں سب سے بڑے فٹ بال پلیرز کی ٹانگیں کہانی لکھنے کے دوران کبھی اسٹیلن کی ایسی کی تیسی پھیر دیں گی۔ کبھی کنیڈی کی کمزوریاں بیان

فرمائے گی۔ کہ اگر کنیڈی ’یہ‘ کر جاتا تو کبھی گولی کا نشانہ نہ بنتا۔ وہ لوگ جو ہمیشہ ان کے ساتھ رہتے ہیں۔ فوراً ہاں میں ہاں ملائیں گے۔ ان کے خیال کی نزاکت اور ان کی سوجھ بوجھ کی تعریفیں کریں گے۔ اور آپ نے غلطی سے اگر ذرا بھی دخل دیا‘ یا بحث کی کوشش فرمائی تو اس کا اثر کہانی پر پڑے گا۔ اور آپ کہانی کے اس سلسلے کے علاوہ ہر سلسلے میں مارے جائیں گے۔ ہو سکتا ہے کہ اپنی کہانی آپ کبھی سُن بھی نہ سکیں اور صرف اسکرین پر دکھائی جائے آپ کو۔

●

ایک ہیرو جن کی عظمت کسی اوتار یا پیغمبر سے آج کل فلم انڈسٹری میں کم نہیں ہے‘ مجھ سے فرمانے لگے کہ ”کتنی ہی بحث کر لیجئے ہوگا وہی جو میں چاہونگا۔“

میں نے کہا ”درست! قسمت کے معاملے میں اللہ میاں کی بھی یہی تعریف ہے۔ ہر جتن کر ڈالئے‘ ہوگا وہی جو وہ چاہے گا۔“ بہر حال! میں یہ عرض کر رہا تھا کہ ایک ہیرو نے مجھے کہانی لکھنے ایک اسٹوڈیو میں بلایا۔ اس دن میری طبیعت ذرا خراب تھی۔ مگر گیا۔ دن کا کھانا انہیں کے دسترخوان پر کھایا۔ اب قوالی کا دور شروع ہوا۔ کچھ لڑکیاں اور وہ ہیرو۔ میں نے سب سے اجازت لیکر کوچ پر بیٹھنے کی

درخواست کی۔ طبیعت واقعاً خراب تھی۔ ایک طرف سہارا لیکر ذرا سا لیٹ بھی گیا۔ گانے اور قوالیوں کے درمیان کئی بار ان کی نظریں اٹھیں، آخر نہ رہا گیا۔ کہہ ہی دیا کہ "کچھ اچھا نہیں معلوم ہوتا آغا صاحب ہم لوگوں کے ساتھ قالین پر آ ہی جائیے۔"

میں نے عذر کیا......... تھوڑی دیر کے بعد پھر کہا "اب آجائیے۔ میر تقی میر کی غزل گائی جارہی ہے۔" میں نے پھر عذر کیا .... تھوڑی دیر کے بعد پھر فرمایا "اب آجائیے مرزا غالبؔ کی غزل گائی جارہی ہے۔" میں نے پھر داد نہیں دی۔ پھر ایک فلمی شاعر کی غزل شروع ہوئی۔ جو بدقسمتی سے میرے دوست بھی تھے .... آخری بار پھر فرمایا گیا کہ "اب تو ان کی غزل گائی جارہی ہے اب نیچے آجائیے۔" میں نے جل کر کہا کہ "جب میرؔ اور غالبؔ کی غزلوں پر نیچے نہیں حاضر ہوا تو اِس کمبخت کی غزل پر کیوں اصرار فرمارہے ہیں آپ، ہرگز نہیں آؤں گا۔"

محفل ختم ہوئی۔ ہم سے اسٹوری لکھنے کو نہیں پوچھا گیا۔ کسی اور نے کہانی اور مکالمے لکھے۔ اور یہ افسانہ بیماری کے سلسلے میں یہیں دم توڑ گیا۔

●

بمبئی کے دوستوں میں ایک ہیں موہن داس اہوجا۔ یہ

کافی رئیس آدمی ہیں۔ فلمی فائنانسر اور ڈسٹری بیوٹر۔ یہ بھی ہمارے خاصے ماننے والوں میں ہیں۔ ہمارے ساتھ پیدل چلیں گے۔ ہمیں پکچریں دکھانے لے جائیں گے۔ ہر طرح کی خاطر مدارات کریں گے لیکن جب تصویر بنانے کا معاملہ آئے گا تو حساب کتاب کے سلسلے میں ایسے دشمن نظر آئیں گے کہ ہم ڈر کے یہ کہدیں گے کہ ہم تصویر مفت لکھ دیں گے کوئی پیسہ نہیں لیں گے۔ صرف دوستی میں لکھیں گے۔ مگر اپنی تصویر نہیں بنائیں گے۔

یہ اس بات پر اڑیں گے کہ دوستی اپنی جگہ اور بزنس اپنی جگہ۔ آخر معاملہ ختم ہوجائے گا۔ ہم تصویر بنانے سے انکار کردیں گے اور پھر ان سے وہی تعلقات اور ویسی ہی دلچسپ باتیں شروع ہوجائیں گی۔

●

مبئی کو، خصوصاً اردو کے عاشقوں کو احسان مند ہونا چاہیے۔ ایک خوبصورت سی مسکراہٹ والے کا جس کے منہ میں ہمیشہ پان دبا رہتا ہے۔ گورا رنگ، چھریرا بدن، بال تھوڑے ماتھے پر بکھرے ہوئے اور کبھی سر پر ٹوپی بھی ہوتی ہے۔ صاف ستھرا پیجامہ، اجلی شیروانی جس کے بٹن کبھی بند کبھی کچھ کھلے۔ یہ ہیں پروفیسر

نجیب اشرف ندوی۔ جن کے بھانجے ہیں دسنوی، پرنسپل صابو صدیق انسٹیٹیوٹ کے۔ جوانی سے اب تک ندوی صاحب نے ادب اور زبان کی بڑی خاموشی سے بیحد ٹھوس خدمت کی ہے۔ اور اب دسنوی ایسا بھانجہ بخشا جو اردو اخبارات کے ذریعے، کتابوں کی اشاعت کے ذریعے مشاعروں کا سہارا لیکر، علی سردار جعفری ایسے بے مثل شاعر۔ ناقد، صاحب نظر اور ادیب سے، میر و غالب کے دیوان مرتب کروا کے نہ صرف اردو بلکہ ہندی میں بھی۔ کبھی انجمن ترقی اُردو کا سہارا لیتے ہوئے زبان و ادب کی عبادت گاہیں کچھ اس طرح قائم کر رہے ہیں جس طرح پچھلے ہندو اور مسلمان بادشاہوں نے مذہب کی خدمت انجام دیتے ہوئے مسجدیں اور مندر بنوائے تھے۔

اس آسمان ادب میں اعجاز صدیقی، کرشن چندر، راجندر سنگھ بیدی، ساحر۔ جاں نثار اختر، علی سردار جعفری۔ کیفی اعظمی مجروح سلطانپوری، عصمت چغتائی اور شہاب مالیرکوٹلی اور نہ جانے کتنے چمکتے ہوئے ستارے نظر آئیں گے۔ جن کا صرف ایک ہی مذہب ہے۔ زبان اور ادب کی خدمت۔ جوانوں میں ایک سر پھرا علی سردار جعفری بوڑھوں میں ذرا سی بات پر تیور بدل لینے والا شہاب مالیرکوٹلی۔ ادھیڑ عمر والوں میں نجیب اشرف ندوی جنکے پان سے سرخ ہونٹوں پر ہمیشہ

معصوم سی دلفریب مسکراہٹ رہتی ہے۔ دور سے جوانی رخصت ہوتے ہوئے دیکھنے والوں میں، مگر پھر بھی ہنسنے والوں میں دسنوی۔

●

یہ اس دور کی ہنسی حسین جھیلیں ہیں جن کے سوتے سمندر سے جاکر مل جاتے ہیں اور نظر ان کی گہرائی کا پتہ نہیں چلا سکتی۔ بڑا ظلم ہوگا اگر ایک گوشہ نشین پیدائشی بیمار ادیب اور شاعر کا ذکر نہ کروں۔ یہ ہیں آرزو صاحب ایسے رنگین اور اپنے دور کے سب سے بڑے زباں داں کے بجد خشک جانشیں پر تو لکھنوی۔

آرزو صاحب کے زباں داں ہونے کی دلیل میں ایک ت یاد آگئی پہلے وہ سُن لیجئے:۔

ایک دن جوشؔ صاحب لیٹے ہوئے تھے۔ میں اور کچھ ادیب پیروں کے پاس بیٹھے تھے۔ الفاظ پر قدرت رکھنے والے جوشؔ نے ایک ٹھنڈی سانس بھر کر نہ جانے کس عالم میں یہ جملہ کہا کہ:۔

"وقت بھی کیا کمینی چیز ہے۔ کمبخت ذرا تو قائم رہے۔ اس وقت جیسے تم لوگ محبت سے میرے پیروں کے پاس بیٹھے ہو۔ اسی طرح یہیں بمبئی میں کبھی کبھی میں آرزو صاحب مرحوم کے پاس گھنٹوں بیٹھا کرتا تھا اور آرزو رکھتا تھا کہ کوئی نئی بات، کوئی

آبدار موتی اس سمندر کی زبان سے نکلے اور میں اپنے
دامن میں چھپا لوں۔"

ہاں صاحب۔تو یہ پرتو صاحب اس سمندر کے جانشین ہیں۔ مگر نہ جانے اندھا کنواں کیونکر بن کر رہ گئے۔ بےحد سیدھے سادے۔ پرہیزگار پڑھے لکھے، علم عروض پر پورا عبور رکھنے والے۔ شاید شعر کہنے سے قبل ہی یہ اس کی تقطیع کر لیتے ہیں۔ ان کا ایک مطلع مجھے بہت پسند ہے جو انھوں نے شاید اتفاق سے تقطیع کرنے سے پہلے ہی لکھ لیا تھا ؎

خونِ دل بھر لیا اس شرم سے پیمانے میں
کوئی محروم نہ سمجھے مجھے میخانے میں

●

بمبئی کے دوستوں میں بچپن کی یادگار لکھنؤ کی آغا میر کی ڈیوڑھی کے قریب، جوبلی اسکول میں ساتھ پڑھنے والے، زندہ دل بےحد پان کھانے والے، بلکہ منہ اگالدان بنا لینے والے۔ بےحد خوبصورت لکھنے والے، شاعر مزاج۔ ایک ہیں مرزا وجاہت۔ اگر انھیں آپ سے کچھ دیر تک بات کرنا ہوگی تو یہ پان کی پیک تھوک کر آپ سے بات کرینگے جسکا موقع بہت کم آتا ہے۔ اگر انھیں صرف ایک آدھ جملہ کہنا ہے تو منہ اونچا کر کے کہہ دیں گے۔ اور اگر آپ کی باتیں سُننا ہیں اور بیچ بیچ

میں ذرا بولنا ہے تو صرف "ہوں ہوں" کہہ کے سارا مطلب ادا کر دیں
گے اور اس "ہوں ہوں" کے معنی ہر موقع پر الگ الگ ہوں گے جو آپ
بخوبی سمجھ لیں گے۔ ان سے ملاقات ہونے کے بعد ممبئی میں ایسا محسوس
ہوتا ہے کہ آپ رجب علی بیگ سرور یا چکبست کے کسی گھرانے والے
سے مل رہے ہیں۔ فوراً چوسر بچھائی جائے گی۔ ڈھیروں کبوتروں
کی بیٹ پڑی ہوئی چادر آ جائے گی۔ ایک نواب آصف الدولہ کے
زمانے کا تکیہ لا کر رکھا جائے گا۔ اور چوسر شروع ہو جائیگی۔

بد قسمتی سے ممبئی میں ہمیں ایک چوسر جانتے ہیں یا
یہ۔ چنانچہ ہماری ان کی دوستی اب چوسر کی ایک بازی بن کر رہ گئی
ہے۔ کسی فلم کمپنی میں ملے، ایک ہی نعرہ "ہوتی ہے؟"

مد ہو گئی۔ پونا گیا میں۔ یہ بھی تھے۔ ہم لوگ کام کے
سلسلے میں گئے تھے۔ ایک طرف ہندوستان کا سب سے بڑا اداکار دلیپ
کمار بیٹھا ہوا ہے اور دوسری طرف اللہ غنی! پروڈیوسر آصف صاحب
یہ آصف بھی عجیب و غریب آدمی ہیں جن کا صرف یہ شوق ہے۔ بڑی
تصویر بنانا۔ ہر کام کرنے والے کو محنت سے زیادہ دے دینا، خود مفلس
رہنا ہر طرف سے پریشان ہو کر ان کے پاس جائیے۔ اور یہ آپ کو پسند
بھی کرتے ہوں۔ کام بتائیے، سگریٹ کا ایک لمبا کش مار کر اور چٹکی

بجا کر گل جھاڑیں گے اور کہیں گے " ہوگیا اور سچ مچ آپ کا کام ہو بھی جائے گا۔

یہ مختلف قسم کے نشانات پڑے ہوئے ہاتھی کے دانت ہیں، جو دیکھنے میں بزرگ معلوم ہوتے ہیں مگر پھر بھی بد وضع۔ ان کو دیکھکر آپ کو وحشت ہوگی لیکن ملنے کے بعد خوشی۔ ان کو دیکھکر پرانے زمانے کا پہلوان شاعر ناسخ یاد آجاتا ہے جو سیروں کھانا کھا جاتا تھا ہزاروں ڈنڑ کرتا تھا اور پھر بھی مشہور شاعر تھا۔

بہرحال یہ سب بیٹھے ہوئے ہیں، کام کا انتظار ہے۔

مرزا صاحب اور ہم لگے ہوئے ہیں۔ چوسر ہو رہی ہے۔ اُس دن بدقسمتی سے ہارے ہوئے تھے مرزا صاحب۔ چنانچہ شام کے کھانے تک ہوتی رہی۔ کسی طرح نہ مجھے اٹھنے دیا اور نہ خود اُٹھے یہانتک کہ کام لینے والے تنگ آکر اُٹھ گئے۔ میں نے کہا مرزا صاحب! وہ سب گئے۔ بولے "ہوں ہوں" یعنی جانے دو، تم کھیلتے رہو۔ اور ہم دونوں کھیلتے رہے۔

●

عجیب ظلم کی بات ہے کہ میں بھولے جا رہا تھا ایک دشمن نما بے مثل دوست کو جس کا نام بابو راؤ پٹیل ہے۔ فلم انڈیا میگزین

کا اڈیٹر۔ یہ آدمی، عجیب و غریب آدمی ہے۔ یہ کیا ہے؟ یہ خود اسکی سمجھ میں آج تک نہ آسکا۔ لیکن آیئے ہم بتائے دیتے ہیں۔ یہ بھٹکا ہوا دماغ ہے مثل و بے نظیر انگریزی لکھتا ہے۔ اس کے لکھنے میں آگ ہی آگ ہے۔ یہ نہ معلوم کس حرکت پر، شاید بچپن میں کسی سے بگڑ چکا ہے اور ساری زندگی اس کا غصہ نہیں اتر سکا۔ اس کا بدلہ غصہ میں آکر ہر ہندو، مسلمان، سکھ، عیسائی اور پارسی سے لینا چاہتا ہے۔ میرا خیال ہے جس پر بچپن میں غصہ آیا تھا اس بیچارے کو، اسکے مذہب کا بھی پتہ نہیں، شاید بہت چھوٹا ہوگا اس زمانے میں۔

یہ اپنے رنگ کا واحد لکھنے والا ہے۔ اسکی صحبت میں بیٹھ کر آپ یہ محسوس کرنے لگیں گے کہ ابھی آپ زندہ ہیں مرے نہیں۔ ساتھ ہی ساتھ ذرا گھبراہٹ بھی ہے۔ فائدہ نظر آئے گا ہندو مسلمان کی بحث شروع کردے گا۔ نقصان نظر آئے گا، ہندو مسلم اتحاد پر لکھنے لگیگا۔ جوش آجائے گا اور ذرا قابلیت دکھانا چاہے گا تو مسلمانوں کے مذہب پر ایک خوشگوار لکچر دیدے گا۔ جس گھرانے میں پیدا ہوا ہے جب وہ خون رنگ لائے گا جوش میں آکر کٹر ہندوؤں کے اصولوں پر لکچر دیدیگا۔

●

سخت ترین ہندو مسلم کشمکش کا زمانہ۔ پاکستان بن چکا

تھا۔ اس کا باورچی مسلمان اور کٹّر قسم کا۔ میں نے ایک دن پوچھا کہ "بڈھا کہیں یہ زہر نہ دیدے کھانے میں۔ پورا گھرانا میٹھی نیند سو جائے گا۔" کہنے لگا "تو مسلمان ہے۔ یہ بھی نہیں جانتا کہ مسلمان سامنے سے آکر لڑتا ہے۔ چوری چھپے نہیں۔"

اس کا صرف ایک واقعہ سُن لیجئے ورنہ لکھنے کو تو بہت کچھ دل چاہ رہا ہے۔ ایک زمانے میں جب ہم مڈل ایسٹ سے سخت مفلس ہو کر پلٹے ہیں تو ہر دوست کو پرکھ کر دیکھ لیا! نہ ہندو دوست کام آیا اور نہ کٹّر قسم کا مسلمان! اب سُنیئے۔ ہم ایک دن لائن میں کھڑے بس کا انتظار کر رہے ہیں۔ جیب میں صرف ایک روپیہ تھا۔ یہ اپنے بڑے موٹر پر گذرا۔ مجھے دیکھ کر موٹر روکی۔ پہلا جملہ یہ کہا:۔

"ٹیکسی کیوں نہیں لی تو نے؟"

میں نے کہا "تیرا اجارہ ہے؛ نہیں لی۔"

کہنے لگا "مفلس ہو رہا ہے آجکل؟"

میں نے جل کر کہا کہ "تجھ کمینے سے کیا؟"

کہنے لگا "آ تو سہی"

اور اس نے گھسیٹ کر موٹر میں بٹھا لیا اور آہستہ آہستہ ہمیں کھُلوا ہی لیا اور ہم کھُلے۔ کچھ انکم ٹیکس اور کچھ گھر کے خرچ کے لئے چند ہزار کی

ضرورت تھی۔ اور سخت ضرورت۔"

کہنے لگا "کل دن کے کھانے پر آجائے گا روپیہ روتا کیوں ہے؟ میاں بھائی بن۔"

میں نے کہا "اسے بہت دیکھے ہیں تیرے ایسے۔ جب کٹر قسم کے مسلمان دوست کام نہ آئے تو تو ہندو کیا کام آئیگا؟"

صاحب دوسرے دن کھانے پر بیٹھے ہی تھے کہ گھنٹی بجی اور اس کا ڈرائیور ہزاروں روپے کی چیک آکر دے گیا۔ اور اس کمبخت کافر نے کبھی پلٹ کر روپیوں کا تقاضا ہی نہیں کیا۔ جب بھی فراہم ہوا میں نے تھوڑا تھوڑا کر کے دیا پھر بھی کچھ ضرور باقی رہ گئے ہوں گے۔

بہر حال یہ انسان ایک ہی وقت میں رام بھی ہے اور راون بھی! یہ علم کا ایک زبردست دریا ہے جس کے سینے میں آگ ہی آگ ہے۔ جس کا دامن بیحد وسیع اور بہاؤ اتنا تیز ہے کہ جدھر جی چاہے بہہ نکلے گا اور اپنا راستہ خود پیدا کر لے گا۔

●

میاں انور: میری بیگم صاحبہ کے عزیز اور بزرگ۔ سورت کے رہنے والے۔ آواز زوردار۔ باتیں کرنے کا طریقہ زوردار۔ چونکہ شاعر ہیں شعر سنانے

کا لہجہ زوردار۔ میاں انور عجیب و غریب مجموعہ ہیں کچھ اچھی حرکتوں کا۔ ہمدرد نمازی، منہ پر داڑھی بھی ہے۔ جلسے بازی بھی فرماتے ہیں۔ رمی کے شوقین، انگریزی بھی پڑھے ہیں اور ساتھ ہی ساتھ اچھے ہندوستانی گانے اور اچھی ہندوستانی صورتوں کے شوقین ہیں۔ اگر سال میں دو تین بار بمبئی میں ان کے مسجد اور قبرستان ملے جلے مکان پر قوالی نہ ہو اور کچھ صاحب نظر احباب کو مدعو نہ کرلیں تو یہ زندہ نہیں رہ سکتے۔ میرا خیال ہے کہ قوالی نے ان کو خدا رکھے اتنی لمبی عمر بخشی ہے، ورنہ اللہ کو پیارے ہو چکے ہوتے۔

ایک دن پروفیسر فیضی نے جو مڈل ایسٹ کے سفیر بھی رہ چکے ہیں اور ان کے ساتھ کے پڑھے ہوئے بھی ہیں، دونوں میں تو تکار بھی ہوتی ہے، میری موجودگی میں ہنسکر کہا کہ "انور تو اتنا پڑھا لکھا آدمی ہے اور تونے ساری زندگی میں[۵۱] کچھ نہیں کیا۔ بیڑیاں پیتا رہتا ہے اور کھانستا رہتا ہے"۔ ایک زوردار قہقہہ مار کر میاں انور کہنے لگے کہ "تیری قسم فیضی، اگر دوبارہ زندگی ملی تو پھر اسی طرح گزار کر تجھے دکھا دوں گا۔"

ایک دن مجھے شام کے کھانے کی دعوت دی اور فرمانے لگے کہ "میاں آغا اک بہت ہی بوڑھے شاعر چھٹی مرتبہ حج کر کے واپس آئے ہیں۔ شام کو آجاؤ ان کے ہاتھ بھی چومیں گے اور شاعری بھی سنیں گے۔" میں قریب شام پہنچا۔ میاں انور نے اپنی زوردار آواز میں میرا تعارف کروایا اور کہا

[۵۱] فیضی صاحب برسوں ولایت میں رہ چکے ہیں انگریزی اور عربی کے جید عالم ہیں مگر اردو کے الفاظ کبھی کچھ زیادہ اور کبھی کچھ کم

"ان کے ہاتھ چومو۔" میں نے ان بجید بزرگ کے ہاتھ چومے۔ اب شاعری شروع ہوئی۔ میری بیوی میاں انور کے گھرانے کی بہت سی عورتیں، دوسرے گھرانوں کی کچھ عورتیں۔ کچھ بوڑھی، کچھ جوان، کچھ بچیاں سبھی موجود تھیں۔ بجید بوڑھے حاجی شاعر نے ایک شعر پڑھا جس کا مطلب یہ تھا کہ اے حسینہ تیرے وصل میں اب وہ لطف نہیں ملتا جو ایک زمانے میں ملا کرتا تھا۔ میاں انور سے نہ رہا گیا۔ انھوں نے آہستہ سے واد دیتے ہوئے کہا کہ "حضور! اس میں حسینہ کا کیا قصور، آپ کی عمر کا تقاضا ہے۔" تمام عورتیں اُٹھ کر بھاگ گئیں مجھ سے بھی نہ رہا گیا۔ میں بھی اُٹھ کر دوسرے کمرے میں چلا گیا۔ سب کی ملی جلی ہنسی کی آوازیں آرہی تھیں مگر میاں انور نہایت سادگی سے اُن بزرگ کے قریب سر جُھکائے بڑے اعتقاد سے بیٹھے ہوئے تھے۔

●

عصمت چغتائی مشہور مزاحیہ نگار عظیم بیگ چغتائی کی کچھ ہوں گی بہرحال قریب کی عزیز ضرور ہوتی ہیں۔ عظیم بیگ نوجوانی میں میرے ہیرو رہ چکے ہیں اور آجکل یہ محترمہ میری ہیروئن ہیں عجیب و غریب کھٹا میٹھا زبان کا وہ نشہ ہے اس جادوگرنی کی عبارت میں کہ جب دل چاہے گا ہنسا دے گی۔ جب دل چاہے گا رُلا دے گی۔ جب دل چاہے گا اور اگر آپ کو ضرورت بھی محسوس ہو تو اچھا خاصا مرد بنا دے گی۔ ان کی نہ جانے کس طرح شاہد لطیف سے

۲۳۷

شادی ہوگئی جو فلم کے مشہور ڈائرکٹر ہیں۔ گوکہ میں بہت ہی قریب تھا بمبئی میں ان دونوں سے مگر کیوں شادی ہوئی؟ کس طرح ہوئی؟ کیا راز تھا؟ کیا اسباب تھے؟ مجھے آج تک نہیں معلوم ہو سکے۔ عصمت کو ذرا سا چھیڑ کر وہ سکون ملتا ہے کہ آپ دو عالم فراموش کر سکتے ہیں جب یہ آپ کو لغت کا ہر لفظ جو اُن کو یاد ہے دہرائیں گی اور آپ یہ محسوس کرنے پر مجبور ہو جائیں گے کہ ہر وہ لطف آپ کو میسر آ رہا ہے جو ایک خوش قسمت انسان کو بھرپور جوانی میں مل سکتا ہے۔ اس سلسلے میں علی سردار جعفری پر کہا ہوا ایک جملہ لکھتا چلوں پھر ان پر کہا ہوا ایک جملہ عرض کروں گا۔ پھر ان کی بے نقط ....

جوشؔ صاحب کراچی سے آئے۔ شالیمار ہوٹل میں ٹھہرے۔ اس رات کو مسز مرزا دہلی کی اُردو کی بہترین ایرانی شاعرہ، جگن ناتھ آزاد اور مختلف قسم کے ہندوستانی شاعروں کا کافی مجمع تھا۔ علی سردار کہیں مرغ پکوا کر لائے۔ سب ہی مزے میں تھے۔ میں نے مسکرا کر کہا کہ" علی سردار نے کیا اچھا مرغ پکوایا ہے۔" علی سردار نہ جانے کیا سمجھے، کہنے لگے کہ" ہاں صاحب میں تو بہت اچھا باورچی ہوں۔" میں نے برجستہ جواب دیا کہ" یہ جملہ اس سے فرمایئے جو جانتا نہ ہو۔ میں آپ کو اچھی طرح جانتا ہوں۔" دس منٹ تک سب ہنستے رہے۔

ہاں صاحب، تو یہ عصمت چغتائی میری فلمی رائٹنگ جوٹ موٹ نہ جانے کیوں بہت پسند فرماتی تھیں۔ ایک دن مجھ سے مل کر فرمانے لگیں کہ تم

ایک اکیلے رائٹر ہو جس کے ساتھ میں نے مل کر کئی بار لکھنے کی خواہش ظاہر کی ہے اور تم اتنے کمینے ہو کہ تم نے ہمیشہ جھوٹ بولا۔ ہاں کہتے ہو اور اس کے بعد برسوں مرجاتے ہو۔" میں نے مسکرا کر کہا کہ "عصمت آپا ساری جوانی تو آپ نے شاہد کے ساتھ بیکار گزاردی۔ اس عمر میں ناچیز یاد آرہا ہے آپ کو۔"

ارے صاحب وہ وہ الفاظ اور وہ وہ ترشے ہوئے جملے میں نے سنے ہیں کہ آج تک یاد کرکے جھومتا رہتا ہوں اور مزہ لیتا رہتا ہوں۔

عصمت آپا زندہ باد !

●

خواجہ احمد عباس کی بیوی مجی، کیسے کہوں کہ مرگئیں! بے حد پڑھی لکھی، دھان پان، ہمیشہ کی بیمار۔ مگر اک شگفتہ کلی، جو ایک تبسم کے لئے نہیں کھلی تھی بلکہ جس نے اپنی زندگی کو تبسم بنا لیا تھا اور زبان کی گل فشانی، توبہ! ہزار محبوب ایک طرف اور اس کی کوثر میں دھلی ہوئی پاکیزہ اور ستھری زبان ایک طرف۔ آج تک وہ حسین جملے کانوں میں گونجا کرتے ہیں جو کسی طرح فراموش نہ ہوسکے۔ بہت دنوں کے بعد ملنے گیا کہنے لگیں " روز اِدھر سے فٹ بال میچ دیکھنے جاتے ہیں آپ، اور تیز تیز گذر جاتے ہیں، کاندھا بھی کہاروں کو بدلنے نہیں دیتے۔"

بیمار تھیں، ایک بار نرسنگ ہوم دیکھنے گیا۔ بہت دیر تک بیٹھا باتیں کرتا رہا۔ رمی ہوتی رہی۔ اتفاق سے چھکے بہت سے آگئے میرے پاس۔ پنجہ جوکر، میں چھکے کے بعد پھر چھکا پھینکوں۔ جب چوتھا چھکا پھینکا تو ہنس کر کہنے لگیں "آپ نے تو چھکے پھینک کر چھکے چھڑا دیئے۔

ایک دن میں نے چھیڑنے کو پوچھا کہ آخر آپ نے کیا سمجھ کر خواجہ احمد عباس سے شادی کی؟ ایک ایسی معصوم مسکراہٹ کے بعد جواب ملا کہ میں تڑپ اٹھا۔ کہنے لگیں " صرف ایک وجہ سے۔ چونکہ باچھو' جو خواجہ صاحب کا پیار کا نام ہے'۔۔۔ گنجے ہیں اس لئے میں نے ترس کھا کر شادی کرلی۔" میں نے مسکرا کر کہا" میں باچھو سے زیادہ گنجا ہوں، مجھ پر کیوں نہ ترس آیا حضور کو؟ کہنے لگیں " آپ گنجے ضرور ہیں مگر کشمیری خطرناک گنجے ہیں۔ یہ تو میں اپنی زبان سے نہیں کہتی کہ بدذات بھی ہیں۔"

فارسی کے اس شعر کی طرف اشارہ تھا جس کا دوسرا مصرعہ ہے:۔

اول افغان دوم کنبوہ سوم بدذات کشمیری

میں نے کہا" آپ نے آخر کہہ ہی دیا۔" مسکرا کر بولیں" بہت سوچنے کے بعد میں نے ہمت کی ہے بدذات کہنے کی۔ سوچتی تھی آپ کے منہ پر نہ کہوں۔ آپ کہیں خوشامد نہ سمجھیں، اور کہیں آپ کا دماغ نہ خراب ہو جائے۔" دیر تک میں اس جملے پر ہنستا رہا۔ آج یہ چند سطریں لکھنے بیٹھا ہوں تو یہی جملہ یاد کرکے رو رہا ہوں۔

وے صورتیں الٰہی کس دیس بستیاں ہیں
اب دیکھنے کو جن کے آنکھیں ترستیاں ہیں

ستیش بھارگوا کی بیوی "وندھنا" جن کو کمبخت ستیش نے دس بچے پیدا کروا کر ولکے دس بار مار ڈالنے کی کوشش کی ہے اور بڑا آفیسر بنا پھرتا ہے۔ مگر واہ، وندھنا کا بھی کوئی جواب نہیں۔ یہ اور تندرست ہوتی گئیں۔ اور مجھے خوشی ہے کہ ستیش بالکل جھک گیا ہے۔ اونچے قد کی گنگا جمنا کی حسین لہریں آج بھی وندھنا کی شکل میں موجیں مار رہی ہیں۔ اور ستیش راون کی طرح جلتا رہتا ہے۔

ان کے گھر جاؤ تو کھانے کا وقت ہو یا نہ ہو مگر وندھنا کچھ نہ کچھ کھلائیں گی ضرور۔ اور اتنے حسن سے پوچھیں گی کہ کون کافر انکار کر سکتا ہے۔ جب کھانے لگو تو بہت سے بچوں کی ملی جلی آوازیں آئیں گی کہ ماتا جی اب ہم کیا کھائیں؟ اور وندھنا کے گلاب کی پنکھڑی جیسے ہونٹ یہ کہتے سنائی دیں گے کہ میں تو ہوں ہی، روز مجھے کھاتے ہو، آج اتفاق سے آغا صاحب آ گئے ہیں۔ مناسب سمجھو تو آج ان ہی کو کھا جاؤ۔ مسلمان بھی ہیں، ثواب بھی ہوگا تم سب کو۔

شادی ہوگئی جو فلم کے مشہور ڈائرکٹر ہیں۔ گوکہ میں بہت ہی قریب تھا ممبئی میں ان دونوں سے مگر کیوں شادی ہوئی ؟ کس طرح ہوئی ؟ کیا راز تھا ؟ کیا اسباب تھے ؟ مجھے آج تک نہیں معلوم ہوسکے۔ عصمت کو ذرا سا چھیڑ کر وہ سکون ملتا ہے کہ آپ دو عالم فراموش کرسکتے ہیں جب یہ آپ کو لغت کا ہر لفظ جو اُن کو یاد ہے دہرائیں گی اور آپ یہ محسوس کرنے پر مجبور ہوجائیں گے کہ ہر وہ لطف آپ کو میسر آرہا ہے جو ایک خوش قسمت انسان کو بھرپور جوانی میں مل سکتا ہے۔ اس سلسلے میں علی سردار جعفری پر کہا ہوا ایک جملہ لکھتا چلوں پھر ان پر کہا ہوا ایک جملہ عرض کروں گا۔ پھر ان کی بے نقط ....

جوشؔ صاحب کراچی سے آئے۔ شالیمار ہوٹل میں ٹھہرے۔ اُس رات کو مسز مرزا دہلی کی اُردو کی بہترین ایرانی شاعرہ، جگن ناتھ آزاد اور مختلف قسم کے ہندوستانی شاعروں کا کافی مجمع تھا۔ علی سردار کئی مرغ پکواکر لائے۔ سب ہی مزے میں تھے۔ میں نے مسکراکر کہا کہ ”علی سردار نے کیا اچھا مرغ پکوایا ہے۔“ علی سردار نہ جانے کیا سمجھے، کہنے لگے کہ ”ہاں صاحب میں تو بہت اچھا باورچی ہوں۔“ میں نے برجستہ جواب دیا کہ ”یہ جملہ اس سے فرمایئے جو جانتا نہ ہو۔ میں آپ کو اچھی طرح جانتا ہوں“۔ دس منٹ تک سب ہنستے رہے۔

ہاں صاحب، تو یہ عصمت چغتائی میری فلمی رائٹنگ جوٹ موٹ نہ جانے کیوں بہت پسند فرماتی تھیں۔ ایک دن مجھ سے مل کر فرمانے لگیں کہ تم

ایک اکیلے رائٹر ہو جس کے ساتھ میں نے مل کر کئی بار لکھنے کی خواہش ظاہر کی ہے اور تم اتنے کمینے ہو کہ تم نے ہمیشہ جھوٹ بولا۔ ہاں کہتے ہو اور اس کے بعد برسوں مرجاتے ہو۔" میں نے مسکرا کر کہا کہ عصمت آپا ساری جوانی تو آپ نے شاہد کے ساتھ بیکار بیکار گزار دی۔ اس عمر میں ناچیز یاد آرہا ہے آپ کو۔"

ارے صاحب وہ وہ الفاظ اور وہ وہ ترشے ہوئے جملے میں نے سنے ہیں کہ آج تک یاد کر کے جھومتا رہتا ہوں اور مزہ لیتا رہتا ہوں۔

عصمت آپا زندہ باد !

●

خواجہ احمد عباس کی بیوی مجّی، کیسے کہوں کہ مرگئی! بے حد پڑھی لکھی، دھان پان، ہمیشہ کی بیمار، مگر اک شگفتہ کلی، جو ایک تبسم کے لئے نہیں کھلی تھی بلکہ جس نے اپنی زندگی کو تبسم بنا لیا تھا اور زبان کی گل فشانی، توبہ! ہزار محبوب ایک طرف اور اس کی کوثر میں دُھلی ہوئی پاکیزہ اور ستھری زبان ایک طرف۔ آج تک وہ حسین جملے کانوں میں گونجا کرتے ہیں جو کسی طرح فراموش نہ ہو سکے۔ بہت دنوں کے بعد ملنے گیا کہنے لگیں" روز اِدھر سے فٹ بال میچ دیکھنے جاتے ہیں آپ، اور تیز تیز گذر جاتے ہیں، کاندھا بھی کہاروں کو بدلنے نہیں دیتے۔"

●

احسان صاحب پری چہرہ نسیم کے پہلے شوہر حال ہی میں اپنی نئی آسٹیرین بیگم کے ساتھ بمبئی نازل ہوئے ہیں۔ یہ احسان میری پرانی کمزوری ہیں ہمیشہ اس خوبصورت اور معصوم ہنسی والے انسان کو دیکھ کر میں سوچا کرتا تھا کہ یہ کس طرح فلم کے پروڈیوسر بن گئے۔ ان کو تو کسی پیر صاحب کے مزار کا سجادہ نشین ہونا چاہئے تھا۔ ان کی آسٹیرین بیگم صاحبہ سے جن کا نام اِنگی فلاٹز (INGE FLATZ) ہے میری پہلی ملاقات ایرلائن ہوٹل کے ایک کمرے میں ہوئی۔ اور ان کو دیکھ کر میں دنگ رہ گیا۔ یہ بیٹی ہیں فرینز فلاٹز (FRANZ FLATZ) اور فرائیڈرک فلاٹز (FRIFDERIK FLATZ) کی۔ ان کے والد بریگنز (BREGENZ) جو ایک پہاڑی مقام ہے وہاں کے ایک تاجر ہیں۔ اور اس اعتبار سے بے حد قابل تعریف ہیں کہ اس دور میں انھوں نے اپنی بیٹی کو تعلیم و تربیت دی ہے وہ کم از کم میری نظر سے تو نہیں گذری۔

مغرب کے پڑھے لکھے گھرانے جن کو ہم ہندوستانی بڑا آزاد خیال سمجھتے ہیں' اپنے بے پناہ حسن اور تڑپاتی ہوئی اداؤں کے باوجود کتنے گھریلو کتنے محبت کرنے والے اور کتنے شریف طبیعت کے ہوتے ہیں۔ سب سے بڑی خوبی ان میں یہ ہوتی ہے کہ جو ان کے دل میں وہی زبان پر بھی ہوتا ہے۔ یہ وہ صفت ہے جو آج کل کی پڑھی لکھی لڑکیوں میں نہیں ہوتی۔ پہلی ملاقات

میں احسان میری کتاب "سحر ہونے تک" کے متعلق پوچھ رہے تھے اور میں انگریزی میں، جو میں بہت ہی غلط بولتا ہوں، مگر کیا مجال کہ بڑے سے بڑے انگریز سے بھی بولوں تو وہ ظالم میرا مطلب نہ سمجھ سکے، میں سنا رہا تھا۔ بڑی دلچسپی سے احسان صاحب سن رہے تھے اور ان کی بیگم صاحبہ بھی۔ میں ان کے چہرے کے اتار چڑھاؤ سے محسوس کر رہا تھا کہ ان بیگم صاحبہ کو نفرت ہو رہی ہے میرے اس بیان سے۔ واقعات ہی کچھ اس قسم کے تھے جو آپ میری کتاب پڑھ کر خود محسوس کر سکتے ہیں۔ پھر میں نے بچپن کے حالات اپنی کمزوریاں، اور مجبوریاں سنائیں کہ میں ان حالات کا شکار کیسے ہوا۔ کیسے کیسے طوفانوں میں پھنسا۔ کس کس طرح ان سے چھٹکارا ملا۔ کیسے کیسے زلزلے زندگی میں آئے اور انھوں نے اپنے کیسے اثر چھوڑے۔ میرے گناہ، میری مجبوریاں! حسن کی تڑپتی ہوئی لہریں یک بیک بیگم احسان کی شکل میں اپنی جگہ سے اٹھیں اور آواز آئی (Now I like you).... پہلی ملاقات: اس کے شوہر کا ایک پرانا دوست ملنے آیا ہے۔ میرا خیال ہے ہر عورت رائے دیتے ہوئے ٹال جائیگی، مگر واہ ری سچائی!

یہ عورت چیخ اٹھی کہ "ہاں اب میں تم کو پسند کرتی ہوں" یعنی اتنی دیر سے نفرت کر رہی تھی۔

اس لڑکی سے کچھ ملاقاتیں بڑی کھل کر رہیں۔ یہ اپنے وطن میں،

اپنے ہم سن لڑکوں کے ساتھ آیا جایا کرتی تھی۔ جب کوئی لڑکا اس کو پیار کرنے کی کوشش کرتا تھا تو یہ فوراً بھاگ کر ماں سے آکر کہتی تھی کہ "فلاں لڑکا' نہ ابھی مجھ سے محبت کرتا ہے اور نہ میں اُس سے محبت کرتی ہوں' پھر اسے کیا حق ہے کہ وہ مجھے پیار کرے!"

ماں ہنس کر ٹال جایا کرتی تھی۔ نہ جانے کیسے احسان صاحب اس سے ٹکرائے۔ محبتیں بڑھیں، اور وہ وقت آگیا جب یہ ماں سے کہنے لگی کہ "یہ مجھ سے محبت بھی کرتا ہے' میں بھی اس سے محبت کرتی ہوں' پھر یہ کمبخت مجھے پیار کیوں نہیں کرتا؟" ماں ہنس کر کہتیں "سچ مچ یہ بہت بُرا لڑکا ہے۔"

بہرحال لڑکی کو پہلا پیار احسان نے کیا ہوگا ——— اور وہ پیار کتنا پرخلوص اور کس قدر گرم جوشی میں کیا ہوگا۔ دسمبر کی سردی میں صبح صبح یہ سطریں لکھتے وقت وہی لطف محسوس کر رہا ہوں جیسے اس ٹھنڈی صبح میں گرم گرم پہلی چائے مزہ دے رہی ہے۔ کاش ہمارے ملک کی پڑھی لکھی نوجوان لڑکیاں اس مثال سے سبق حاصل کرسکیں جنھوں نے مغرب کی ادائیں اور آزادیاں تو حاصل کرلی ہیں مگر اخلاقی جرأتیں اور یہ سچائیاں حاصل نہ کرسکیں۔ دیکھیے' میری یادوں کے پردوں سے نکل کر ایک ایسی عورت میرے سامنے آگئی جس نے میری بات جھٹلا دی۔ اور مجھ سے یہ کہلوا ہی دیا کہ ہمارے ملک میں ایسی بھی لڑکیاں ہیں جن کی مثال ساری دنیا

میں نہ مل سکے گی۔

●

بدنصیب سش بیگم۔ افسوس ان کا نام نہیں بتا سکتا۔ اس ہنس مکھ، پڑھی لکھی، شریف عورت کی مثال میری نظر سے تو نہیں گزری۔ یہ کافی پیسے والی ہیں، اور طبیعت میں انکسار، بیحد ہمدرد قسم کی۔ ہماری مفلسی کے زمانے میں ہزاروں روپئے سے ہماری مدد کرتی رہیں۔ ان کی شادی یو۔پی کے انجینیر صاحب سے ہوئی تھی۔ آٹھ دس سال تک خاموش رہیں۔ کسی سے یہ بھی نہ کہا کہ میرا شوہر تو شادی کے قابل ہی نہیں تھا۔ دس سال بعد شوہر امریکہ گئے اور بہت کچھ علاج کروانے کے بعد شوہر بننے کے شاید قابل ہو گئے تھے۔ اس وقت تک یہ شریف اور باعصمت عورت دل ہی دل میں گھٹتے گھٹتے اور اس قدرتی جذبے کے ماتحت اپنی ہی آگ میں جلتے جلتے بوڑھی ہو چکی تھی۔ شوہر نے ہندوستان واپس آکر اس خوشی میں ان کو طلاق دیدی کہ ڈاکٹروں کا فیصلہ ہے کہ میری یہ بیماری تم سے نفرت کے سلسلے میں ہے۔ حالانکہ اس شریف شوہر نے پیسہ ہی پیسہ دیکھکر اس نیک عورت سے ٹیلیفون پر عشق فرمایا تھا۔ یہ طلاق کے بعد گھر واپس کر دی گئیں۔ شوہر نے دوسری شادی کر لی اور یہ آج تک اسی طرح بمبئی آکر اپنے گھر بیٹھی ہوئی ہیں۔ دل ضرور روتا ہو گا مگر آج تک ہم نے آنسو نہیں دیکھے۔ یہ ہے ہماری ہندوستانی لڑکی جب

۲۴۵

کی مثال سارے عالم میں چراغ لے کر ڈھونڈے سے نہیں ملے گی۔

●

سلمیٰ بیگم .... پہلے سے فرید جعفری کی انگریز بیوی جن کا نام سلمیٰ بیگم رکھا گیا تھا۔ فرید جعفری بھائی ہیں سعید جعفری کے جو آئی سی ایس تھے اور اب پاکستان میں کسی بہت بڑے عہدے پر مامور ہیں۔ یہ دونوں بھانجے تھے شکور جعفری کے۔ الہ آباد کے رہنے والے شکور جعفری "ٹائمس آف انڈیا" میں رپورٹر تھے۔ سخت ترین نیشنلسٹ انگریزوں کے خلاف، مگر ٹائی اور کوٹ پہنے بغیر کبھی گھر سے باہر نہیں نکلتے تھے۔ ان کے عجیب وغریب اصول تھے۔ ذرا سی بات شکور جعفری کی مرضی کے خلاف ہوئی، فوراً بگڑ گئے۔ لڑکی ہو یا لڑکا، بدصورت ہو یا خوبصورت کبھی معاف نہیں کریں گے۔ یہ گھرانا الہ آباد میں جواہر لال جی کے قریب ہی رہا کرتا تھا۔ اور شکور جعفری کبھی کبھی پنڈت جی کے مکان پر بھی جایا کرتے تھے۔

برسوں برسوں کا ذکر ہے ایک بار انگریزوں کے زمانے میں پریس کانفرنس ہوئی۔ سب ہی اخباروں کے رپورٹرز موجود تھے۔ شکور جعفری ہمیں بھی دعوت دے کر لے گئے۔ پریس کانفرنس ختم ہوئی۔ جواہر لال جی سے مختلف سوالات ہو رہے تھے اور وہ جواب دے رہے تھے۔ سیکڑوں رپورٹرز میں جواہر لال جی کی تیز نظر نے شکور جعفری کو بیس سال کے بعد پہچان لیا اور چیخ کر کہا

"شکور: یار جانا نہیں، مجھے باتیں کرنا ہیں تم سے۔" میں دنگ رہ گیا' کیونکہ شکور جعفری اکثر کہا کرتے تھے کہ میں پنڈت جی کے مکان پر جایا کرتا تھا اب تو مجھے پہچانیں گے بھی نہیں' اور ہم لوگ ان کا مذاق اڑایا کرتے تھے۔

بہرحال فرید جعفری کی سلمیٰ بیگم جب ولایت سے بیاہ کر آئیں تو ولایت میں اور یہاں فرید جعفری نہ جانے کتنے بچے پیدا کروا چکے تھے۔ نہ کوئی معقول رہنے کے لئے مکان اور نہ کوئی اچھا معاش کا ذریعہ، مگر واہ ری یہ انگریز بیوی۔ صبح اٹھ کر بچوں کو نہلاتی تھی، گھر کی صفائی کرتی تھی اور چوبیس گھنٹے ہنستی رہتی تھی۔ کبھی ہم نے اس کے تیور پر بل نہیں دیکھے۔ شکایت کرتے نہیں سُنا۔ ہر حال میں خوش، طبیعت بالکل بچوں کی ایسی۔ ایک بار انور مُراد جو خوبصورت بھی تھے اور ریلوے کے افسر بھی تھے۔ ان کی ہمیشہ مسکرانے والی بیوی کی موجودگی میں صفیہ بیگم کے مکان پر راگھوجی روڈ بمبئی میں سلمیٰ بیگم کو نزلہ ہوا۔ میں نے دوا بتائی کہ آلو کے کچالو بعید لال اور ہری مرچیں ڈال کر اگر کھائے جائیں تو فوراً نزلہ چلا جائے گا۔ یہ جانتے ہوئے کہ یہ انگریز عورت ہے بعید مرچیں کھا کر اس کی کیا حالت ہوگی! دیکھنے کے قابل منظر رہے گا۔ انور مراد معصوم اور حسین سی مسکراہٹ کے ساتھ بار بار روکتا رہا لیکن میں نے کچھ ایسا یقین دلا دیا تھا کہ سب نے کچالو کھائے اور سلمیٰ بیگم کا مرچیں کھا کر وہ حال ہوا کہ میں خود گھبرا اٹھا۔ فرید جعفری ڈاکٹر کو لینے بھاگے اور میں نے ان کو اس عرصے

میں نہ جانے کتنی شکر چٹا دی۔ انور مراد سنا ہے سیلون میں پاکستان کے فارن سکریٹری ہیں اور فرید جعفری بیروت میں سکونت اختیار کر چکے ہیں۔ میرا خیال ہے کہ انھوں نے بچوں کی تعداد ایک درجن تک ضرور پہنچا دی ہوگی۔ بچے تو اللہ کی دین ہیں اور اس اللہ کی پکار پر کون جواب نہیں دے گا۔ چاہے چھ سات ہو جانیکے بعد آواز ہی کیوں نہ بند ہو جائے ——!

●

چار سال ہوئے جب بمبئی کے "گے لارڈ ریسٹورنٹ" میں تاجور نے ایک لڑکی سے ملاقات کروائی تھی۔ تاجور میری بیوی کے بڑے بھائی قاضی نذیر الدین بیرسٹر کی لڑکی ہے جو پہلے "ایر انڈیا" میں تھی، آجکل یونائٹیڈ عرب میں ہے۔

یہ لڑکی سانولی سی، چھوٹی سی، خاموش سی تھی، جس کا نام تاجور نے لاآی بتایا۔ دھوپ کا چشمہ لگائے "گے لارڈ" کے اندر بیٹھی ٹھنڈی کافی پی رہی تھی۔ میں نے پہلی ہی ملاقات میں مسکرا کر کہا کہ دھوپ کا چشمہ آپ کیوں لگائے ہیں کیونکہ یہ تو بڑا ظلم ہے۔ چشمے کے اندر سے خوبصورت آنکھیں قتل عام کے لئے تڑپ رہی ہیں۔ چشمہ اتار کر کہنے لگی "لیجئے قتل ہو جایئے مگر ذرا جلدی" اور ہنس کر پھر چشمہ لگا لیا۔

میں اس لڑکی سے دو تین بار ملا کیونکہ یہ گرم گرم کڑا کے دار

سیو نما لڑکی مجھے پسند آئی تھی ۔ کئی سال گذر گئے جو بھی جاننے والا لندن جاتا اور پلٹ کر ہندوستان واپس آتا تھا اک سندھی لڑکی لالی کا ذکر ضرور کرتا تھا جو "سنگم فلمز" کے نام سے ڈسٹری بیوشن کا بزنس کرتی ہے ۔ ہندوستانی تصویریں ریلیز کرتی ہے اور مجکو بھی جانتی ہے ۔ میں دل ہی دل میں اس کے متعلق سوچا کرتا تھا کہ "مجکو بھی جانتی ہے"۔

مجھے کسی طرح یاد ہی نہ آیا کہ یہ وہی لالی ہو سکتی ہے ۔ میں نے دل ہی دل میں سوچا کہ کیوں نہ لالی کے ذریعے اپنی کتاب " سحر ہونے تک " اردو اور ہندی میں لندن سے چھپوائی جائے کیونکہ پاکستان سے یہاں رہ کر کوئی بھی معاملہ طے نہیں ہو سکتا اور میں بارہ کروڑ اردو جاننے والوں کو کس دل سے نظر انداز کر دوں ۔ زندگی میں بہت سی دعائیں مانگی ہیں مگر اتنی جلدی دُعا قبول ہوتے کبھی نہیں دیکھی ۔

لالی بمبئی نازل ہوئیں ۔ اور اب جو ملاقات ہوئی تو وہی چشمہ لگائے گڑا کے دار سیو نکلا ' جواب ذرا ذرا گداز ہو چکا ہے ' بھر چکا ہے ۔ اُسی معصوم سی مسکراہٹ کے ساتھ ہلّو کہا اُنھوں نے ۔ اور بات کی بات میں کتاب چھپوانے پر راضی ہو گئیں ' مگر شرط یہ تھی کہ سُنیں گی اور اگر کتاب بہت زیادہ پسند آئی تو کرم فرمایا جائے گا ۔

میں نے کتاب سنائی اور اس حد تک کتاب نے جادو کیا کہ خاموش حُسن

تعریف کرتے کرتے بیتاب ہو کر نور جہاں کے ولایت کے ایک اسٹیج پر کچھ گاتے ہوئے گلنے گانے لگا۔ اور اس طرح مجھ پاگل کا سب سے زیادہ بے چین خواب لالی کے روپ میں پروان چڑھتے نظر آنے لگا۔ لیکن کتاب کے ساتھ ساتھ بڑے ظلم کی بات اک اور ہوگئی ہے کہ اب لالی بھی سوتے جاگتے نظر آنے لگی ہیں۔ خدا انجام بخیر کرے۔

●

روپ کرشن چکبست بھتیجے ہیں اردو کے مایۂ ناز شاعر چکبست لکھنوی کے جن کا ایک شعر بس یہ سمجھ لیجئے کہ جیسے مومن کے اس شعر پر مرزا غالب نے کہا تھا کہ اپنا پورا دیوان دے سکتا ہوں ؎

تم مرے پاس ہوتے ہو گویا
جب کوئی دوسرا نہیں ہوتا

میرے خیال میں اگر چکبست یہی ایک شعر کہتے تب بھی اردو شاعری میں امر ہوتے۔

؎ زندگی کیا ہے؟ عناصر میں ظہورِ ترتیب
موت کیا ہے؟ انھیں اجزا کا پریشاں ہونا

شہنشاہ متغزلین حضرت جگر مرحوم گونڈے میں بیمار پڑے ہوئے اور بمبئی والوں نے مل جل کر ایک مشاعرہ منعقد کیا تھا۔ اس مشاعرے کی ساری آمدنی جگر صاحب کو بھیجی جانے والی تھی، ہزاروں آدمیوں کا مجمع تھا۔ میری نظر

ایک ادھیڑ عمر کے خوبصورت آدمی پر جا کر ٹھہر گئی جو پرانے زمانے کا جامدانی کا انگرکھا، ململ کا کُرتہ، دوپلی ٹوپی اور بردار پائجامہ پہنے ہوئے تھے۔ یہ تھے روپ کرشن چکبست جو صرف اُردو اور اُردو شاعری کے نام پر آج تک جی رہے ہیں، نہیں تو کب کے چل بسے ہوتے۔

ملئے تو اپنی لکھنؤ کی کوٹھی کا ذکر کرتے ہوئے ایسے شاعروں کا تذکرہ کریں گے جو غزل گو نہیں مانے ہوئے مرثیہ گو تھے۔ کبھی پیارے صاحب رشید کے ساقی نامے کے بند سنائیں گے، کبھی دولہا صاحب عروج کی غزل اور سلام کے اشعار سنائیں گے اور ان مخصوص محفلوں کا ذکر کریں گے جو ایسے ہی باکمال شاعروں کا کلام سننے کے لئے منعقد کی جاتی تھیں، جو عام طور پر مشاعروں میں غزل نہیں پڑھا کرتے تھے۔

ابھی تھوڑے دن کا ذکر ہے صبح میرن ڈرائیو کے سی فیس
لالی بمبئی نازل ناشتہ کرنے جا رہے تھے مل گئے۔ گھسیٹ کر اپنے
لگائے کڑا کے دار سیو نکلا، جواب صاحب! آج دولہا صاحب عروج کے کچھ اشعار
معصوم سی مسکراہٹ کے ساتھ کوٹھی میں ایک مخصوص صحبت میں سنائے تھے ؎
چھپوانے پر راضی ہوگئیں، کبھی جھک کر ل ذرا او کر و فر والے
پسند آئی تو کرم فرمایا جائے گا۔ پھرتی چھاؤں پر کرتا ہے زر والے
میں نئے کتاب

مرے اشکِ عزا کو کیا سمجھتا ہے گہر والے
کہ اِن کی حشر میں قیمت لگائیں گے نظر والے

ایک غزل کا مطلع سنایا ؎

دل جلانے میں یہ کہہ دو کہ ضرر کس کا ہے
جس میں تم آگ لگاتے ہو یہ گھر کس کا ہے

میرا خیال ہے کہ یہ لوگ گزشتہ دور کی آخری یادگاریں ہیں جو تھوڑے عرصے کے بعد افسانہ بن کر رہ جائیں گی۔

●

میں حکیمبت صاحب کے ساتھ ہوٹل سے ناشتہ کر کے نکلا اور رٹز سے ہوٹل کے رسپشن ہال میں بیٹھ گیا۔ اسی ہوٹل کا ڈبل روم دراصل اک کہانی لکھوانے کے لئے پروڈیوسر ڈائرکٹر پرمود چکرورتی نے بُک کروایا تھا سامنے میرن ڈرائیو کا سمندر موجیں مار رہا تھا۔ میں نے بغور سمندر کو دیکھا اور اس کی بل کھاتی ہوئی موجوں میں نہ جانے کہاں سے کہاں پہنچ گیا۔ پھر مجھے انیس ۱۹ سال پہلے کشمیر کا سفر یاد آیا۔ جب میں محبوب صاحب، بچو سیٹھ بمبئی فیڈرل موٹر ورکس کے مالک۔ ننھے میاں جو بچو سیٹھ کے مینجر تھے۔ مسٹر نائر جو بچو سیٹھ کے پارٹنر تھے اور بیگم محبوب یعنی سردار اختر صاحبہ کی موجودگی میں گیا تھا۔ لاہور سے راولپنڈی۔ اور سخت گرمی کے زمانے میں۔ پنڈی سے کوہ مری کی طرف

روانہ ہوا۔ کوہ مری سے کشمیر۔ راستے میں ایک ٹھنڈا چشمہ ملا۔ جس کا پانی برف سے بھی زیادہ ٹھنڈا تھا۔ اُسی وقت میں نے یہ مشہور شعر پڑھا ؎

ذرّہ ذرّہ ہے مرے کشمیر کا مہماں نواز
راہ میں پتھر کے ٹکڑوں نے دیا پانی مجھے

اس زمانے کا لاہور بھی خوب ہی لاہور تھا۔ سکھ، ہندو، اور مسلمان ایک ہی لباس پہنتے تھے، ایک ہی زبان بولتے تھے۔ ان کے شوق بھی قریب قریب ملے جلے تھے اور ایسا معلوم ہوتا تھا جیسے یہ ایک دوسرے کے رشتہ دار ہیں۔ اقبال مرحوم شاعرِ مشرق پر سکھوں اور ہندوؤں کو بھی اتنا ہی ناز تھا جتنا مسلمانوں کو تھا۔ گاما، امام بخش اور حسین بخش کی کشتی کی کہانیاں زیادہ تر سکھوں ہی سے سُنیں۔ استاد میر بُنیاد کا ذکر جن کا تذکرہ اپنے والد، کشتی اور وزیر گنج کے سلسلے میں کر چکا ہوں، ان کے متعلق بھی ایک بوڑھے سکھ پہلوان سے یہ جملہ سنا کہ چونکہ ان کی پیٹھ پر حضرت علی کا پنجہ بنا ہوا تھا۔ اس لئے وہ ساری زندگی کسی پہلوان سے چت نہیں ہوئے۔

سکھوں کے رنگین آڑے ترچھے صافے، ہر قوم کی سفید شلواریں یا بہترین سوٹ، چمکتے ہوئے جوتے، سفید سلک کی قمیصیں، مختلف قسم کی رنگین اور حسین ٹوپیاں، سنہری کلاہ، اور ان پر بندھے ہوئے صافے۔ مردوں اور عورتوں کے اونچے سرو لیسے قد، سرخ و سفید رنگتیں، کھنچی ہوئی چتونیں، تندرست

چوڑی بڈیاں، بناؤ سنگھار، اور زبردستی دل چھین لینے والی اداؤں میں ایک ایسا بانکپن تھا' اور یوں محسوس ہوتا تھا کہ اکڑتے ہوئے ہزاروں نیزے دل کو برماتے چلے جا رہے ہیں۔ اور نیزوں کی انیاں چمک چمک کر کہہ رہی ہیں کہ او جانے والے! اگر ہمت ہو تو ہم سے بچ کر نکل جانا۔

یہ شہر رنگ و بو، جس کا نام لاہور تھا ـــــ 'تھا' اس لئے عرض کر رہا ہوں کہ اتنے ملے جلے، گھُلے ملے کلچر سوائے لکھنؤ کے اور میں نے کسی شہر میں نہیں دیکھے تھے۔ اللہ جانے اب کیا حال ہے اُس اکیلے لاہور کا! سخت گرمی کا زمانہ تھا۔ انارکلی کے بازار میں موٹر میں بیٹھا بالائی کی برف دیر تک کھاتا رہا اور وہاں سے نورجہاں کے ٹوٹے پھوٹے مزار پر گیا۔ اتفاق سے ایک سانپ نظر آیا جو قبر کی طرف سے ہو کر گذر رہا تھا۔ شاید یہ سانپ نورجہاں کا وہی سب سے پہلا تاریخی عاشق ہوگا جو بچپن میں جب مرزا غیاث نورجہاں کے والد، اکیلی دودھ پیتی بچی کو جنگل میں چھوڑ کر چلے گئے تھے' اور ایک قافلے نے دیکھا تھا کہ ایک سانپ بچی کی خوبصورتی دیکھ کر مبہوت ہو گیا تھا اور حسین چہرے پر لہراتا ہوا معصوم حسن کی حفاظت کر رہا تھا۔ پھر مجھے قبر کی اداسی دیکھ کر علامہ آرزو لکھنوی کا وہ شعر یاد آیا جو انھوں نے نورجہاں کی قبر سے متاثر ہو کر کہا تھا ؎

قتالِ جہاں معشوق جو تھے، سُونے ہیں پڑے مرقد اُن کے
یا مرنے والے لاکھوں تھے یا رونے والا کوئی نہیں

کیا یہ اسی کی قبر ہے جو اپنے حسن وجمال، ایجادات وکمالات میں ساری دنیا میں مشہور تھی۔ کیا یہ اسی کی قبر ہے جس کی وجہ سے شیر افگن ایسا بہادر مارا گیا؟ کیا یہ اسی کی قبر ہے جس کے قدموں پر جہانگیر نے تاجِ مغلیہ رکھ دیا تھا؟ کیا یہ اسی کی قبر ہے جس نے گلاب کا عطر ایجاد کیا، پیشواز کا ڈزائن ایجاد کیا جو آج تک پہنا جاتا ہے؟ کیا یہ اسی کی قبر ہے جس نے مغلیہ سلطنت کی سیاست اُلٹ پلٹ کر کے رکھدی؟ کیا یہ اسی کی قبر ہے جس نے جہانگیر کو شیر افگن کے قتل کے بعد سات سال تک معاف نہیں کیا اور شہنشاہ جہانگیر ہر روز صبح صبح کمرے میں حاضر ہو کر سلام کر کے چلا جایا کرتا تھا؛ کیا یہ اُسی کی قبر ہے جس نے سات سال کے بعد جہانگیر کو معاف کر کے صبح صبح ایک پان پیش کیا تھا؟ کیا یہ اسی کی قبر ہے جس کی چوکھٹ پر شہنشاہوں کے سر جھکا کرتے تھے؟ اور آج ایک سلام کی محتاج ہے؟

اے ایرانی حسن کی ناز پروردہ، جانِ ہند میرا سلام قبول فرما۔

●

بڑی جلدی میں اقبال مرحوم کی قبر پر جانے کا اتفاق ہوا۔
یہ شاعرِ مشرق میرے خیال میں اپنے رنگ کا ہندوستان کا واحد شاعر تھا۔

اس کی ایک بحث جو نظام حیدر آباد کے ایک فارسی شعر پر اعتراض کے سلسلے میں میری نظر سے گزر چکی تھی، ایک عرصہ تک اہل ذوق کی نظر کا تماشا بنی رہی ہے۔ نظام حیدر آباد کے استاد ایرانی تھے، فارسی کے بڑے اچھے شاعر۔ تھک کر انھوں نے یہ فرمایا کہ ہماری اور اقبال کی بحث کا فیصلہ ایران کے ملک الشعرا یعنی سب سے بڑے استاد پر چھوڑ دیا جائے۔ جو وہ فیصلہ کریں گے ہم کو منظور کرنا پڑے گا۔

ایک مشہور رسالے میں یہ پڑھ کر میں چونک پڑا کہ فیصلہ اقبال کے حق میں ہوا تھا۔ یہ واقعہ یاد آتے ہی میری آنکھوں میں آنسو بھر آئے۔ میں نے سورۂ فاتحہ پڑھا اور میرے دل نے کہا کاش میں اس عظیم شاعر سے مل سکتا! اس سے دو دو باتیں کر سکتا۔

●

بہرحال راول پنڈی ہوتا ہوا جیلانی اور آغا گل کی بالائی اور پاؤں کا ناشتہ کرتا ہوا کوہ مری روانہ ہوا۔ لاہور اور پنڈی میں گرمی اتنی سخت تھی کہ میں جلد از جلد مری کے پہاڑ پر پہنچنا چاہتا تھا۔ مری پہنچکر مجھکو یقین آیا کہ اب میں بچ جاؤں گا۔ چھوٹی سی خوبصورت پہاڑی۔ مری کی عجیب وغریب پہاڑی ہے جہاں ہندو مسلمان، عیسائی انگریز مگر افسر قسم کے لوگ گرمیوں میں آیا کرتے تھے۔ مری پر میں نے لاہور کے ملے جلے سکھ اور مسلمان

کلچر کو پھر دیکھا جو مجھے سگے بھائی بھائی نظر آئے۔ سکھوں کے تمام ہوٹلوں میں انتظام صرف مسلمانوں کا تھا کوئی ہندو انتظام کرنے والا میری نظر سے نہیں گذرا۔ ایک ہوٹل کا مینجر ایک نوجوان سکھ لڑکا لالی تھا جس نے ایک رات کو کچھ عجیب و غریب "سرحدی" دکھانے کا وعدہ کیا۔ ہم سے اُس سے سَو روپے کی بٹ ہوئی کہ اگر میں ان سرحدی قبائل کے لوگوں سے صرف دو منٹ آنکھوں میں آنکھیں ڈال کر باتیں کرلوں تو بٹ میں جیت گیا اور اگر میری نظریں جُھک جائیں تو بٹ وہ جیت گیا۔ میں نے منظور کر لیا۔ شام کو ملاقات ہوئی۔ چار سرحدی قریب قریب سات فٹ کے، دَو دَو بندوقیں ڈالے ہوئے میری نظر سے گزرے جن کے ماتھے پر بل پڑے ہوئے تھے، بےحد بڑی بڑی سرخ آنکھیں تھیں۔ انھوں نے بڑھ کر مجھ سے ہاتھ ملایا اور مجکو ایسا محسوس ہوا کہ میں نے چار دیو یا چار جنوں کے ہاتھ میں اپنا ہاتھ دیدیا ہے۔ نظر جھکا کے ان کی کلائی کی ہڈی دیکھی جو میرے کاندھے کے اتنی موٹی تھی، پھر نظر اٹھا کر چہرے کی طرف دیکھا تو تاریخ میں دیکھا ہوا ایران کے نادر شاہ دُرّانی کا بھیانک چہرہ یاد آگیا۔ بڑی مشکل سے ایک منٹ تک نظر سے نظر ملائے رہا اس کے بعد سچ مچ میری نظر جھک گئی اور لالی بٹ جیت گیا۔

●

مری سے ہم لوگ کشمیر پہنچے اور سچ مچ ایسا محسوس ہوا کہ اگر جنّت

کا تخیل صحیح ہے اور قدرت کچھ اچھے کام کرنے والوں کو جنّت میں بھیجے گی تو میرا خیال ہے کہ کشمیر کا خطّہ چننے بغیر قدرت کو کوئی اور گوشہ نظر نہ آئے گا۔ وہاں کے باغات وہاں کے چشمے، گلمرگ اور پہلگام کی پہاڑیاں وہاں کے بہت ہی بڑے گلاب کے پھول، وہاں کے زعفران کے کھیت، وہاں کا حسن اور کہاں میسر آئے گا جنت والوں کو، جب تک کشمیر میں جنّت نہ بنائی جائے گی۔ میں صرف ایک مقام کا ذکر کروں گا۔

جب ہم لوگ گلمرگ جا رہے تھے، سکھوں اور مسلمانوں کے ملے جلے انتظام کے سائے میں تو یہاں بھی میں دیکھ کر دنگ رہ گیا کہ مسلمان اور سکھ کس درجہ ملی جلی قومیں ہیں اور کتنی محبّت ہے ان دونوں قوموں میں جو ساری زندگی دنیا کی بڑی سے بڑی سیاست کے باوجود الگ تھلگ نہیں ہو سکتی تھیں۔ میرا دماغ کام نہیں کرتا تھا پارٹیشن کے اس زمانے میں جب میں سنتا تھا کہ سکھ اور مسلمان ایک دوسرے کا قتل عام کر رہے ہیں اور ایک دوسرے سے الگ الگ ہو رہے ہیں، میں عرصے تک ان واقعات کو جھوٹ سمجھتا رہا، مگر جب کچھ واقعات آنکھوں سے دیکھے تو مجھے یقین آگیا کہ جنت میں رہ کر کچھ بھید اچھے لوگ بھی الگ الگ ہو سکتے ہیں اور ایک دوسرے کا قتل عام کر سکتے ہیں۔

سکھ قوم دراصل میرے خیال میں بڑی محبّتی، یار باش، بھولی

اور ایماندار قوم ہے۔ پارٹیشن کے اس عظیم الشان کشت و خون کے تھوڑے ہی دن بعد بمبئی میں پاکستان کی ایک ہاکی ٹیم کھیلنے آئی۔ ٹاٹا سے میچ ہو رہا تھا پاکستان کے مشہور پلیر نے جس کا نام خرم تھا ٹاٹا کے ایک مشہور پلیر پیرو مل کا سر پھاڑ دیا۔ دیکھتے ہی دیکھتے بمبئی کی ہاکی گراؤنڈ بدلی اور ایسا محسوس ہوا کہ آج پاکستان کی ہاکی ٹیم کا کوئی پلیر زندہ بچ کر اس ہاکی گراؤنڈ سے نہیں جا سکے گا۔ مشہور ایکٹر راج مہرہ تو اتنا گھبرائے کہ انھوں نے مجھے گھر بھاگ جانے کا مشورہ دیا۔ میرے قریب اس زمانے میں ۱۹۶۴ء کا ہونے والا ہاکی اُلمپک کیپٹن چرنجیت بیٹھا ہوا تھا اور اس کے بعد بلبیر پنجاب پولیس کا۔ اور ایک زمانے کا اُلمپک کیپٹن۔ میں نے دھیان چند مشہور ہاکی پلیر کو بھی دیکھا ہے مگر جو مزہ ڈی کے اندر ہاکی میں بلبیر کے گول کا آتا تھا وہ مزہ مجھے کہیں نہیں ملا۔ بہر حال میں بیٹھا رہا بالکل نہیں گھبرایا۔ اس پر ستم ظریفی یہ کہ ٹاٹا کی ٹیم ہار گئی۔ میچ ختم ہوا اور میری آنکھیں یہ دیکھ کر دنگ رہ گئیں کہ سو ڈیڑھ سو سکھوں کا ایک گھیرا تھا جو پاکستانی ٹیم کو اپنی حفاظت میں لئے جا رہا تھا۔ اور سب سکھ ہنس ہنس کر یہ کہہ رہے تھے کہ یار خرم سے کیا شکایت یہ سالا تو اپنا یار ہے۔ لاہور میں بھی یہی حرکتیں کیا کرتا تھا۔ بات کی بات میں ماحول بدلا اور سب قہقہے مارتے ہوئے روانہ ہو گئے۔

ہاں صاحب تو ہم لوگ ٹن مرگ پہنچے جہاں سے گھوڑوں پہ

گلمرگ جانے والے تھے۔ راستے میں ہم نے احمد پورہ دیکھا جہاں سے ہمارے دادا احمد شاہ لکھنؤ آئے تھے۔ مجھے بخار تھا، ہلکی ہلکی بارش ہو رہی تھی اور میں گھوڑے پر بیٹھا ہوا گلمرگ کی پہاڑی پر جا رہا تھا۔ راستے میں میری نظر فیروز پور نالے پر پڑی جو اتنا حسین تھا کہ میں نے نہ اس سے بہتر حسن دیکھا ہے نہ دیکھ سکوں گا۔ سچ مچ مرنے کے بعد اگر اتفاق سے میں جنت میں بھیجا گیا اور مجھ سے پوچھا گیا تو میں جنت کے بجائے فیروز پور نالا چُن لوں گا اور وہیں رہنا پسند کروں گا۔

فیروز پور نالے سے جب میں گلمرگ کی طرف ذرا آگے بڑھا تو میرا بخار اتر چکا تھا۔ جسم میں شگفتگی پائی جا رہی تھی اور نظر میں طراوت۔ آج تک مجھے یقین نہیں آتا کہ کیا دنیا میں کوئی جگہ اتنی فرحت بخش بھی ہو سکتی ہے جو آپکا کچھ لمحوں کے اندر اندر ایک سَو دو ڈگری بخار اتار دے۔

بہر حال گلمرگ وغیرہ پھر کر ڈیڑھ مہینہ کشمیر میں رہ کر میں بمبئی پلٹ رہا تھا۔ بڑی جلدی میں سفر نگ موزز' کی کشتی نما دوکان میں جاکر بارہ سَو روپئے کی شاپنگ کی۔ بل لیتے وقت میں نے ان سے پوچھا کہ کیا آپ یہودی ہیں، جو سفرنگ موزز" دوکان کا نام رکھا ہے؟ کہنے لگے جی نہیں یہ تو خالی دوکان کا نام ہے جو ہم نے ایک گورنر کے نام پر رکھدیا تھا۔ ہمارا نام تو سید صفدر حسین ہے۔ جب خاندانوں کا حوالہ دیا گیا تو وہ میرے رشتے کے چچا زاد بھائی نکل آئے۔ پھر سید حسین جلالی مرحوم کشمیر کے منسٹر کا ذکر

کیا گیا جو میرے بھی عزیز تھے اور ان کے بھی۔ بڑی جلدی میں دن کا کھانا ان کے مکان پر کھایا اور بارہ سو روپئے کا بل صرف سات سو کا رہ گیا۔ اور یہ کہتا ہوا کشمیر سے پلٹا کہ شاعر نے کیا سچ کہا ہے کہ اگر جنت زمین پر ہے تو یہی کشمیر ہے یہی کشمیر ہے یہی کشمیر ہے! مگر میں یہ کہونگا کہ یہی فیروز پور نالا ہے یہی فیروز پور نالا ہے یہی فیروز پور نالا ہے۔

●

ہائے اس کشمیر کی جنت پر مجھے مدراس سے چھ سات سو میل دور ایک جنت اور یاد آگئی۔ جب میں مدراس کی پہلی تصویر "چندر لیکھا" کے مکالمے لکھنے گیا ہوں۔ بیس سال قبل تو کچھ دن کیلئے کیپ کورن بھی چلا گیا۔ سچندرم کا حسین مندر بھی دیکھا۔ ترا ونڈرم بھی دیکھا اور پلٹ کر کوٹالم اور قرب وجوار کے کچھ پہاڑی مقامات جو دیکھے تو جیسے سب کچھ بھول گیا اور کچھ نہیں دیکھا۔ چاروں طرف ہری ہری پھیلی ہوئی پہاڑیاں، ان کے دامن میں بہتے ہوئے تیز آبشار۔ چاروں طرف آبشار ہی آبشار۔ قریب شام ان کی آواز اور دودھ کے رنگ کا پانی دیکھکر ایسا معلوم ہوا کہ آکاش سے تمام دیوی اور دیوتا اتر رہے ہیں اور ان کے قہقہوں کی ملی جلی آوازیں آرہی ہیں۔ ان آبشاروں کے پانی میں نہا کر جب باہر نکلتا تھا تو ایسا نشہ محسوس ہوتا تھا کہ جیسے میں نے بے مثل اسکاچ وسکی کے ایک دم سے پانچ پیگ پی لئے ہوں۔

.... یک بیک اعجاز اور مینو کی ملی جلی آوازیں آئیں کہ لکھنا کب سے شروع کیجئے گا اور میں اس خواب گراں سے چونک کر ہوٹل کے اس کمرے کی طرف روانہ ہوا جو فلمی کہانی لکھنے کے لئے بُک کیا گیا تھا۔

●

ایک زمانے کا لاہور کا، مگر مستقل بمبئی میں رہنے والا آرٹسٹ خوبصورت تصویریں بنانے والا، مکانوں کے خوبصورت نقشے بنانے والا، ستھرا لباس پہننے والا، ثریا بانو کا باپ اور ہر وقت مسکرانے والا عزیز مرگیا۔ میں ثریا کے پاس اس حسین آدمی کی موت کے سلسلے میں دو آنسو بہانے گیا۔اور قریب بارہ چودہ سال کے بعد گیا۔

ثریا اک زمانے کی سب سے زیادہ مشہور فلم انڈسٹری کی ہیروئن تھیں اور سب ان کو ثریا ڈارلنگ کہا کرتے تھے۔ بےمثل آواز کی مالک، بےمثل جسم کی مالک، خوبصورت آنکھوں کی مالک، خوبصورت ماں کی مالک، لطیف مذاق کی مالک، رنگین اداؤں کی مالک، بدلتی ہوئی فضاؤں کی مالک، ان سے نظر ملتے ہی موسم اور انسان یوں تبدیل ہو جایا کرتے تھے جیسے موسموں اور انسانوں کی قسمت کے رخ بدلنا ان ہی کے ہاتھ میں ہو۔ فلم انڈسٹری کا ہر پروڈیوسر اور ڈائرکٹر ان کے جاذب نظر ڈرائنگ روم میں ان کا گھنٹوں انتظار کرتا رہتا تھا۔اُس زمانے میں فلم میں ان کا ہونا اتنا ہی ضروری تھا جیسے کہ لکھنؤ میں

کھانے کے ساتھ بالائی کا ہونا ضروری ہے۔ ہم سے ان سے بڑی خوبصورت دوستی تھی، جو ہماری طرف سے قریب قریب عشق کی حد تک پہنچ چکی تھی۔ گھنٹوں ساتھ رہتے تھے۔ کبھی کبھی انگریزی تصویریں ساتھ دیکھتے تھے۔ کبھی کبھی کھانا ساتھ کھاتے تھے۔ کبھی کبھی ہنستے ساتھ ساتھ تھے، اور آج عزیز کی موت کے بعد تھوڑی دیر ساتھ ساتھ روئے بھی ہیں۔

"بمبئی ساونڈ" انگریزی رسالے کے مالک نذیر، جن کو ہم "پستہ" کہا کرتے تھے اور ثریا "مختصر سے نذیر" کہا کرتی تھیں۔ اسی ساونڈ رسالے کے ایڈیٹر زبک جن کی جاپانی بیوی ناڈیا تھیں۔ اس کے علاوہ بہت سے انگریزی، اُردو اور ہندی رسالوں کے فلم ایڈیٹر بھی ان کے حسین ڈرائنگ روم میں دیکھے جاتے تھے۔ جبتک ان پر لکھے ہوئے مضامین اِن کو نہ سنا لیئے جائیں کسی رسالے میں شایع نہیں ہوتے تھے۔

ثریا کا شباب کچھ کچھ ڈھل چکا ہے مگر سچ مچ معصومیت اب تک باقی ہے۔ باتیں کرنے کا انداز، زمانے کے اتار چڑھاؤ نے اور قاتل بنا دیا ہے۔ ان کی ماں بوڑھی ہو چکی ہیں مگر اتنی ہی حسین ہیں۔ ڈرائنگ روم خاموش رہتا ہے مگر اتنا ہی حسین

ہے۔ خاموش کمرہ زبانِ حال سے چلتے وقت مجھ سے کہنے لگا کہ غافل ہمارا ادب کر ہم کوچۂ قاتل کا ایک ٹکڑا ہیں جسمیں ابتک قاتل ثریا رہتی ہے۔ میں نے بڑے ادب سے کمرہ کو اور ثریا بانو کو سلام کیا اور یہ سوچتا ہوا باہر نکلا کہ ظالم وقت کتنی تیزی اور کتنی روانی سے آگے بڑھتا ہے۔ ساڑھے پانچ بجے شام کا وقت تھا۔ میں نے میرن ڈرائیو کے گہرے اور خاموش سمندر پر نظر ڈالی۔ ایک لمبی سانس لی اور سمندر سے پوچھا کہ ابھی کچھ ہی عرصہ کی تو بات ہے تجھکو تو یاد ہی ہوگا کہ سیکڑوں آدمی ثریا کے دروازے کے باہر کھڑے رہتے تھے کہ کب ثریا گھر سے باہر آئے گی اور کب اس کا دیدار ہوگا۔ اگر یہ یاد ہے تو یہ بھی یاد ہوگا کہ ایک بار ہم بھی اپنے دوست ارورا۔ ان کی ہاکی کھیلنے والی بیوی کرشنا اور پرکاش کی خوبصورت اور نازک سی بیوی شاردا کو لئے کھڑے تھے جو اب مسز پرکاش سے بیگم باروا بن چکی ہیں۔ ثریا کے باہر آنے کا وقت تھا اور ہم لوگ صرف ایک جھلک کے محتاج نظر آرہے تھے۔ یہ سوچتا ہوا گھوما اور نیشنل ہاکی چمپین شپ کے فائنل میچ میں تیز تیز روانہ ہوا جو آج ۱۹۶۵ء کی قسمت کا فیصلہ کرنے والا تھا۔ دو گھنٹے کے بعد طبیعت بشاش ہوگئی۔ پنجاب پولیس کی ٹیم جیت گئی۔

●

طبیعت کے معاملے میں ہماری طبیعت ڈائرکٹر آر۔ کے۔ نیر سے بہت ملتی جلتی ہے۔ میرا خیال ہے کہ اگر یہ لڑکا

میری زندگی میں نہ آتا تو میں نے لکھنے سے توبہ کرلی ہوتی۔ ایک صفت اس لڑکے میں ہم سے زیادہ ہے۔ وہ یہ کہ یہ گہرا بہت ہے اور کتنے پانی میں ہے یہ نہیں کہا جاسکتا۔ کدھر دکھائے گا، کدھر مارے گا۔ کیا کرے گا، کیا نہیں کرے گا۔ ہوسکتا ہے گہرا ہو۔ ہوسکتا ہے پاگل ہو۔ میرا ذاتی خیال ہے کہ یہ بیس فیصدی گہرا اور اسّی فیصدی پاگل ہے۔

میرے خیال میں یہ اپنے رنگ کا پہلا ہندوستانی ڈائرکٹر ہے جو اسکرپٹ کی طبیعت اور مزاج پورے طور پر سمجھتا ہے۔ جیسا لکھ دیجئے ویسا ہی اسکرین پر پیش کردے گا۔ اور کبھی کبھی تو کمزور سین بھی کھل اٹھیں گے۔ اور چونکہ اسّی فیصدی پاگل ہے۔ اس وحشت میں اتنی جلدی سین لیتا ہے کہ بے پناہ مشہور کرکٹ کا کھلاڑی مشتاق علی یاد آجاتا ہے کہ نہ جانے کب آوٹ ہوجائے گا۔

ایک اور بڑائی اس میں یہ ہے کہ باریک سے باریک نکتہ پیش کیجئے خواہ وہ ڈائرکشن کے متعلق ہو یا لکھنے کے متعلق، کبھی اپنے نام سے اس کو مارنے کی کوشش نہیں کرے گا۔ جس کا ہوگا ہمیشہ اسی کا نام لے گا۔ اور سب سے اس کی تعریفیں کرے گا۔ حالانکہ یہ چھوٹی شیمی تریب قریب ہندوستان کے تمام ڈائرکٹروں، پروڈیوسروں اور

رائٹروں میں موجود ہے۔ ایمان کی بات تو یہ ہے کہ چھوٹا منہ اور بڑی بات ان سب شیخی خوروں میں میں بھی شامل ہوں

●

کسی تصویر کی کامیابی کا دار و مدار میرے خیال میں اچھے لکھنے والے اور اچھے ڈائرکٹر کے صرف مزاج ملنے پر ہے۔ جب دونوں کا مزاج مل جائیگا، خوبصورت تصویر بن جائے گی۔ نہیں ملیگا اچھی تصویر نہیں بن سکتی۔ مگر ہمارے دیش میں لکھنے کا فن تو میرا خیال ہے سب ہی کو آتا ہے اور قریب قریب سب ہی اس کے دعویدار ہیں۔ جب جی چاہے گا خود لکھ لیں گے۔ جس سے جی چاہے گا لکھوا بھی لیں گے۔ اس خبط میں پوری انڈسٹری مبتلا ہے۔ بہتوں سے جل کر میں نے کہہ بھی دیا کہ باقی سین آپ ہی لوگ لکھ لیں اور جو زبان کی غلطیاں رہ جائیں، وہ آپ کے سامنے کانپور کے سید صاحب پان والے کی دوکان ہے، ان سے درست کروا لیجئے

عجیب بات ہے کہ انڈسٹری کے علاوہ بھی سب یہی سمجھتے ہیں۔ کسی بڑے ہوٹل میں گھسئے۔ ویٹر ہیرو کی طرف للچا کر دیکھیگا اسکی نظریں کہہ رہی ہوں گی کہ وہ کبھی ہیرو نہیں بن سکتا۔ ڈائرکٹر اور پروڈیوسر کی طرف للچا کر دیکھے گا۔ نگاہیں کہہ رہی ہونگی یہ مقام بھی حاصل نہیں کر سکتا

جب میری طرف یعنی رائٹر کی طرف مسکرا کر دیکھے گا تو اس کی آنکھیں کہہ رہی ہونگی کہ بٹا یہ کام تو ہم بھی کر سکتے ہیں، تم کیا ہو، اتفاق سے خوشامد کر کے رائٹر بن گئے ہو۔

انڈسٹری میں بڑے بڑے نام والوں کو تو چھوڑیے چھوٹے نام والوں کی بھی یہی شان ہے۔ بیسیوں خوشامدیں کر کے آغاجی، آغاجی، کہہ کہہ کے کہانی لکھوالیں گے۔ آپکے بڑے سے بڑے اور گہرے سے گہرے دوست کی سفارش لے آئیں گے۔ جب مہمل اور بے کارسی کہانی کا ایک نقشہ آپ بنادیں گے، فوراً زبان، کہانی اور اسکرین پلے کے سلسلے میں آپ کو لکچر دینے لگیں گے۔ اور ایسا محسوس ہوگا کہ یہ اب ہمنورائے ہوگئے ہیں۔ اور آپ کا وہی پرانا زمانہ بھبئی ناکیز کا پھر واپس آگیا ہے۔

بہر حال یہ تصویر جب تک تباہ نہ کرلیں گے آپ کا پیچھا نہیں چھوڑیں گے۔ معلوم ہوتا ہے آپ کو اپنی تباہی میں شریک کرنے کے لئے روپئے کا کچھ حصہ پیش کیا گیا ہے۔ لے لیجیئے اور مُردے پر فاتحہ پڑھ کر الگ ہوجایئے۔

ایک دن میں بڑی جلدی میں تھا۔ ٹیکسی میں تاج محل ہوٹل جارہا تھا۔ ٹیکسی ڈرائیور صاحب نے مسکرا کر کہا کہ آپ نے مجھے پہچانا

نہیں ؟ " میں نے کہا جی نہیں ۔"

کہنے لگے "پندرہ بیس سال پہلے میں نے آپ کے قریب کوئلے کی دوکان کھولی تھی ۔" میں نے کہا "پھر ؟ "

اُس نے کہا "اس کے بعد دو کان کی پندرہ شاخیں کھولدیں ۔"

میں نے کہا "مبارک ہو ۔" کہنے لگے " پھر چار ٹیکسیاں خرید لیں اور دو بڑے ٹرک ۔"

میں نے کہا ۔" اچھا ۔ بہت مبارک ہو ۔"

فرمانے لگے " اب ایک تصویر بنانے کا اراہ ہے ۔ اور لکھیں گے ہمارے ملک کے سب سے بڑے رائٹر آغا جانی کشمیری ۔"

میں نے کہا" عزت افزائی کا بہت بہت شکریہ ! ضرور لکھوں گا ۔"

ٹیکسی چھوڑتے وقت مسکرا کر مجھے کہنے لگے کہ "میں نے ایک ایسی کہانی بنائی ہے جس کا جواب شاید کہیں نہیں مل سکتا ۔ وہ میں آپ سے بیٹھکر لکھواؤں گا اور آپ خوش ہوجائیں گے ۔"

مجھے ڈگشت مرحوم مشہور کامیڈین کا وہ مذاق فوراً یاد آگیا کہ جب کام پر سے پلٹتے تھے ، ایک دھوبی کی دوکان سے گذرتے تھے اور اسکے گدھے کو سلام کہ کے پھر گھر جاتے تھے ۔ میں ایک دن

ان کے ساتھ تھا۔ بہت ہنسا۔ کہا یہ کیا حرکت ہے؟ کہنے لگے یہ سالا گدھا نہ جانے کب پروڈیوسر یا ڈائرکٹر بن جائے اور پیسے اچھے خاصے دے۔ پھر تو کام بھی کرنا پڑے گا اور سلام بھی۔ اسی لئے ابھی سے عادت ڈال رہا ہوں۔ میں نے بھی کوٹھے والے ڈرائیور صاحب کو سلام کیا اور مسکراتا ہوا تاج محل ہوٹل میں چلا گیا۔

●

دو سال بعد ہم کو چھوڑنا پڑی بمبئی ٹاکیز کیونکہ بغیر کسی قصور کے ہماری تنخواہ ڈیڑھ سو سے سو روپے کر دی گئی۔ رائے بہادر چنی لال نے کہا اور ہم الگ ہو گئے۔ اس عرصہ میں محسن عبداللہ سے اور ہم سے بیحد دوستی ہو گئی تھی اور جب محسن کی بیوی شاہدہ جو فلم میں نینا کے نام سے مشہور ہوئیں۔ علی گڈھ سے ملاڈ آئیں تو پھر ہم اس خاندان کے غلام بن گئے تھے۔ خوبصورت، پڑھی لکھی لڑکی جس کی مسکراہٹ پر "شالیمار فلم کمپنی" کی بنیادیں رکھی گئی تھیں۔ جن کے گلاب کی پنکھڑی جیسے ہونٹ جب کھلتے تھے تو کسی کو زندگی اور کسی کو موت کا پیغام دیدیتے تھے۔ مرنے والے بھی خوش اور جینے والے بھی خوش ان کا رنگ صحیح معنوں میں سُرخ و سفید تھا۔ اور میرا خیال ہے کہ اُس زمانے میں اس چھوٹے سے ملاڈ میں انسان تو خیر۔ سورج بھی صبح کو ان

ہی کا نام لیکر نکلتا تھا۔ یہ ہماری بڑی بہن سے بہت کچھ ملتی جلتی تھیں۔ فرق صرف اتنا تھا کہ یہ ان سے مختلف حصّوں اور مختلف زایوں میں بلکہ انسانی جامیٹری کے ہر زاویے سے زیادہ خوبصورت تھیں۔ یہانتک کہ دیکھنے والی عورتیں تک اس حسین عورت کے متعلق گھنٹوں سوچا کرتی تھیں اور جلا کرتی تھیں کہ قدرت نے اس کمبخت کو اتنا حسین کیوں بنادیا؟ ان کے رہن سہن کا طریقہ، صفائی کا خیال کپڑوں کی تراش خراش اور بناوٹ کے لحاظ سے ان کے رنگ ــــ ــــ توبہ! خاص طور پر ان کی رضائی کی نفاست، ذرا سا لچکا لگا ہوا بسنتی رنگ کی۔ ہم کو تھوڑے عرصے کے بعد یہ محسوس ہونے لگا کہ ہم کو ان سے زیادہ ان کی رضائی پیاری ہے۔

عجیب بات ہے، یا یوں کہہ لیجئے کہ اس سے زیادہ بدقسمتی اور کیا ہوسکتی ہے کہ ہم کو ان سے بالکل بہنوں کی طرح محبت ہوئی۔ کیوں؟ یہ آجتک رکھ رکھ کر دماغ پر زور دیتا ہوں، کچھ سمجھ میں نہیں آتا اور مزے کی بات یہ ہے کہ ہم ہر وقت ان ہی کے قریب رہا کرتے تھے۔ سیر تفریح ساتھ ہوتی تھی۔ سینما ساتھ دیکھا جاتا تھا۔ ناشتہ ساتھ ہوتا تھا۔ کیرم ساتھ کھیلتے تھے۔ نئی کہانی ان کو سناتے تھے۔ اور ان کی خاص ادا یہ تھی کہ بیس پچیس منٹ

میں کہانی سنتے سنتے سوجایا کرتی تھیں۔

ابھی ایک سال قبل جب یہ لوگ دنیا کے سفر پر جارہے تھے تو اپنے دوسرے شوہر ڈبلو۔ زیڈ احمد کی موجودگی میں ممبئی نازل ہوئیں۔ میں ایروڈرم ان کو لینے گیا۔ سب کی موجودگی میں فرمانے لگیں "ارے اتنے دن کے بعد ملے ہیں۔ آغا جانی گلے تو ملے ہی نہیں"۔ یہ کہا اور بڑے پیار سے لپٹ گئیں اور مجھے پھر یہی محسوس ہوا کہ بڑی بہن یا چھوٹی بہن سے گلے مل رہا ہوں۔ معصوم سی محبت بھی وہی تھی، اور کشش کا عالم بھی وہی تھا۔ اور پھر میں فرشتہ بھی نہیں ہوں۔ اب تو آپ سب بچپن سے مجھے جانتے ہیں۔ نہ جانے اس نکتے میں اللہ کی کیا مشیت تھی ورنہ صاف بات تو یہ ہے کہ پاکستان تو کبھی نہیں جاسکتی تھیں۔ اُن کو ممبئی میں رہنا پڑتا۔

ایک بہت ہی باریک نکتہ دماغ میں آگیا۔ مرد شریف ہو یا بدمعاش، بڑی حد تک یہ عورت پر ہوتا ہے یعنی عورت اس کی ذمہ دار ہوتی ہے کہ مرد سے کیونکر ملے۔ کس قسم کی ادائیں دکھائے۔ کون سے طریقے برتے۔ کس قسم کی محبت ظاہر کرے۔ کیونکر مسکرائے۔ کس طرح شرمائے۔ میرا خیال ہے جو جو خوبصورت عورت کے دماغ میں ہوگا مرد اس سانچے میں ڈھلتا چلا جائے گا۔ عورت چاہے تو فرشتوں

کے قدم ڈگمگا دے، چاہے تو فرشتہ بنا دے۔

●

اب ذرا ڈبلو۔ زیڈ احمد سے بھی مل لیجئے آپ لوگ۔
یہ پڑھا لکھا روشن دماغ آدمی ایک زمانے میں کمیونسٹ تھا۔ یعنی جب شروع شروع ہم ان سے ملے کمیونزم کی ابتدا ان سے اور ان کی پہلی بیوی صفیہؔ بیگم سے کی تھی اور اسی حلقے میں گھومنے پھرنے لگے۔ اٹھنے بیٹھنے لگے۔ بہت سی باتیں ہمیں اس اِزم کی پسند آئیں۔ مثلاً ہر آدمی کی مدد۔ سب کو ایک سمجھنا۔ سب برابر برابر ہیں۔ سب کو رہنے سہنے جینے مرنے کا حق برابر برابر ہے۔ ہر آدمی کی ایک خاص آمدنی ہونا چاہیئے جو اس کے لئے اور اس کے گھر بھر کے لئے کافی ہو اور وہ آرام سے رہ سکے۔ طبقاتی نظام غلط ہے وغیرہ وغیرہ۔

اگر آپ غور کریں تو سوائے مذہب اور اللہ کے ہر یہ خوبی آپ کو اسلام میں مل جائے گی۔ غلط فہمی میں نہ پڑیے گا صرف اسلام میں، مسلمانوں میں نہیں۔ ان کا ذکر میں نہیں کرتا۔ یہ تو ایک الگ قوم ہے۔ جس کا اسلام سے صرف نام کا واسطہ ہے۔ حضرت علی علیہ السلام کی "نہج البلاغہ" پڑھنے کے بعد مجھے ایسا محسوس ہوا کہ میں مسلمان تو درکنار، انسان ہی نہیں ہوں۔

؁ صفیہ بیگم کراچی کے سر غلام حسین ہدایت اللہ چیف منسٹر کی بیٹی۔ بمبئی کی لڑکیوں کے اسکولوں کی انسپکٹر۔

نہ جانے کب، مگر ایک بڑی دلچسپ بات میں نے اپنے کمیونسٹ دوستوں سے کہی تھی۔ جو سب کی سب سنجیدہ قابل ہستیاں تھیں میں نے کہا کہ " کوئی فرق نہیں محسوس ہوتا اگر میں یا آپ حضرات اپنے اپنے باپوں کا نام نہ بتائیں۔ یا آپ لوگوں کو یاد ہی نہ ہو کہ کون تھا ہمارا باپ۔ مگر ہم میں سے ہر آدمی ضرور یہ محسوس کرتا ہے اور کہہ بھی دیتا ہے۔ حوالہ بھی دیدیتا ہے کہ "فلاں تھا میرا باپ"۔ کیا ہرج ہے اگر یہی سمجھ کر آپ لوگ یہ کہہ دیا کریں "کہ فلاں ہے انسانوں کا باپ جس نے انسانوں کو پیدا کیا ہے"۔ تو کیا فرق پڑ جائے گا؟

بہرحال ڈبلو زیڈ احمد اب دوسری بیگم صاحبہ شاہدہ کیساتھ آئے پاکستان سے اور اب جو دیکھا تو اللہ! رسول! نمازیں! سب کچھ۔ میں نے مسکرا کر کہا "سبحان اللہ! ع میں ہوا کافر تو وہ کافر مسلماں ہو گیا۔"

مسکرا کر فرمانے لگے " جی ہاں۔ اس زندگی میں اس وقت تک سکون نصیب نہیں ہوتا جب تک آپ کو کسی بات پر یا کسی اصول پر اعتقاد نہ ہو۔ لاجک ہر دور میں بدلتی رہتی ہے۔ اور بدلتی رہیگی۔ مگر اعتقاد ہر زمانے میں انسانی خوشیوں اور انسانی دل و دماغ کی مسرتوں کا مرکز بنا رہا ہے۔ یہ ضرور ہے کہ غلط قسم کے اعتقاد کی جگہ جتنا زمانہ آگے بڑھتا جائے گا۔ صحیح قسم کے اعتقاد یعنی سچائی اور حق پر ہوتی جائیگی۔

۲۷۳

لیکن اگر اعتقاد ہی نہ ہو تو آپ کسی اصول، کسی مذہب اور کسی اِزم کو دل سے نہیں مان سکتے ہیں۔ اسی طرح دنیا اجاڑ اجاڑ کر اپنے اپنے اصولوں کی خاطر پھر سے بسائی جائیگی۔ بے گناہوں کا خون بہتا رہے گا۔ معصوم جانیں ضائع ہوتی رہیں گی۔ پھر بھی یہ فیصلہ نہ ہو سکے گا کہ کون سا اصول صحیح ہے اور کون سا غلط!

اب جگر تھام کے بیٹھو مری باری آئی

پچیس سال پہلے شاہدہ بیگم کے ملاڈ کے پہلے شوہر محسن عبد اللہ کے مکان میں بہت سے گھرانوں سے ملاقاتیں ہوئیں جن کا فلم سے کوئی تعلق نہیں تھا۔ پہلی بار ڈبلیو۔ زیڈ احمد اور ان کی بیوی صفیہ سے ہم سے ملاقات ہوئی۔ احمد ساگر فلم کمپنی میں مدھو بوس کے اسکرپٹ رائٹر اور اسسٹنٹ تھے اور صفیہ بیگم لڑکیوں کے اسکول کی انسپکٹر تھیں۔ یہ دونوں میاں بیوی ایم۔ اے تھے۔ صفیہ بیگم سر غلام حسین ہدایت اللہ کی بیٹی بھی تھیں۔ اسی طرح کے اور پڑھے لوگ بھی آیا کرتے تھے جن کی نہ جانے بیویاں کیوں بہت زیادہ خوبصورت ہوا کرتی تھیں۔ یا چونکہ پڑھی لکھی ہوتی تھیں باتیں کھُل کے کرتی تھیں بے تحاشہ کرتی تھیں اس لئے ہم ہی تڑپ اٹھا کرتے تھے اور پھر بچپن والی بیوی کی جھلک اور وہی بچپن کا شوق دل میں انگڑائیاں لینے لگتا تھا۔

چنانچہ ایک صاحب کی بیوی نے نہ جانے کیوں ہمکو اپنی طرف مخاطب کرنے کی کوشش کی۔ ممکن ہے آج کل کی سوسائٹی کا عطیہ ہو کہ شوہر کو یہ دکھایا جائے کہ آپ کے علاوہ اور بھی بہت سے نوجوان

میرے گرویدہ ہو سکتے ہیں۔ یہ کسی رخ سے بُری، بدطینت یا آوارہ مزاج نہیں تھیں۔ بلکہ بیحد پڑھی لکھی، عادت کی نیک، طبیعت کی شریف، انتہائی ہمدرد قسم کی ملنسار۔ معصوم صفت۔ لوگوں سے باتیں کرنے کا طریقہ نہایت نرم اور سادہ۔ بس ایک ہم سے باتیں کرنے کا انداز کچھ الگ ہی تھا۔ ہر ادا ہمیں دکھائی جائے گی۔ موٹر میں ہمیں قریب سے قریب تر بٹھایا جائے گا۔ باتیں گھنٹوں رہیں گی۔ کیا مجال جو آپ بھاگ سکیں۔ کبھی بالوں کی لٹ سے کھیل کر کبھی انگوٹھی منہ میں دبا کر کبھی عجیب انداز سے انگڑائی لے کر اپنے بچے کو گود میں اٹھا کر خوب بھینچ بھینچ کر پیار کریں گی اور نیم باز آنکھوں سے چوری چوری ہمیں بھی دیکھتی جائیں گی۔ اور ہم دیکھتے دیکھتے نہ جانے کہاں سے کہاں پہونچ جائیں گے۔ کن کن گڈھوں میں گھس جائیں گے۔

●

واقعی جوان اور خوبصورت ماں کے اپنے چھوٹے بچے کے ساتھ کھیلنے کی اور اس سے بچپن کے انداز میں باتیں کرنے کی ادا ایسی کمبخت زہر ہوتی ہے کہ اس سے جان بچانا قطعی ناممکن ہے۔ کالے ناگ کا زہر میرا خیال ہے اتر سکتا ہے۔ آپ بچ سکتے ہیں مگر یہ منظر دیکھ کر آپ اپنی جان نہیں بچا سکتے۔ اب ذرا میرا

۲۸۵

اندازہ لگائیے وہ معصوم بچہ جس کو چھ سات سال کی عمر میں اپنی بیمار ماں سے لپٹنے اور پاس اٹھنے بیٹھنے کو منع کر دیا گیا ہو گا۔ جس کی ساری زندگی صرف خوبصورت اور شریف عورتوں اور لڑکیوں سے بھڑ کر بیٹھنے کی مرہون منت ہو گی جس کی نظر مختلف قسم کے رنگین کپڑوں میں الجھکر زخمی ہو جایا کرتی ہو گی۔ جس کی سانس حسین عورت کے قریب بیٹھ کر اس کی بے چین سانسوں کی محتاج ہو گی۔ جس کی پریشان زندگی بکھری ہوئی زلفوں میں پناہ لینے کی آرزو مند ہو گی اب اس کو ایک ایسی شریف اور حسین عورت سے سابقہ پڑے جو بھڑ کر بیٹھنے پر خود بھی جھوٹ موٹ بے چین نظر آتی ہو۔ اور قدم قدم پر اس غریب کو بچپن والی صحیح بے چینی یاد آتی ہو۔ وہ لاہور والے حسن کی جس میں وہ ناکام رہا تھا۔ یہ کمبخت تو بچپن سے جوانی تک یہی سوچتا رہا کہ تمام بے چینیاں سچی ہوا کرتی ہیں۔ اس گدھے کو یہ کون بتاتا کہ کبھی کبھی یہ بے چینیاں صرف دکھائی جا سکتی ہیں۔ ہوتیں نہیں۔ جس مظلوم کا اس ادا کے سوا کوئی سہارا ہی نہ ہو اور یہ سہارا ابھی کسی کی شریف اور حسین بیوی سے مل رہا ہو، کسی چھوٹے بچے کی ماں سے بل رہا ہو تو کیا حالت ہوئی ہو گی اس معصوم کی۔ اسکو وہی بچپن والی کسی کی بیوی اور وہی واقعات پھر نظر آنے لگے تھے۔ صحیح معنوں میں میری ایسی کی تیسی پھر گئی تھی۔ میں

ایک بار پھر بچپن کے اس خواب اور رنگین سپنے میں کھو گیا تھا۔ میرا بچپن اس بھرپور شباب کے عالم میں ایکبار پھر پلٹ کر آ گیا تھا۔ میں ان سے ویسی ہی بچپن کی ضدیں کرنے لگا تھا اور وہ ہماری ضدیں اٹھاتی بھی تھیں۔

جب اس خواب گراں سے غم روزگار چونکاتا تھا تو پھر رائٹنگ اور شاعری کی طرف پلٹتا تھا۔ کیونکر پلٹتا تھا یہ نہیں معلوم بہر حال یہ طلسم جسم و خواہش برسوں رہا۔ یہاں تک کہ دل و دماغ کے علاوہ روح تک اس کی عادی ہو گئی۔ آج یہ چند اوراقِ پریشاں لکھنے بیٹھا ہوں۔ اور جب اس جگہ پہنچا ہوں دل وہی لطف لینے لگا اسی انداز سے دھڑکنے لگا۔ اسی ضد سے مچلنے لگا۔

●

عرصے کے بعد دوستوں میں نکتہ چینیاں شروع ہوئیں اور گھبرا کر ان بیگم صاحبہ نے ہماری شادی ٹھہرائی اور ہم نے ہاں کر دی ہماری شادی ہو گئی۔ پھر بھی ہم ان کے محتاج رہے۔ جب تک صبح یا شام کے وقت اس عبادت گاہ میں جا کر، اس مورتی کو کسی نہ کسی طرح چھو کر اس کی جنبشوں کو مختلف زاویوں سے پرکھ کر لطف اندوز نہ ہو لیتے تھے۔ طبیعت بے چین سی رہتی تھی اور سکون کسی طرح نصیب نہ ہوتا

تھا۔ اگر ان بیگم صاحبہ کا ہاتھ ہمارے کندھے پر ہے تو دل چاہیگا ساری زندگی یونہی رکھا رہے۔ ان کے ساتھ موٹر میں ہیں، بھڑے ہوئے ہیں تو دل چاہے گا کہ کمبخت موٹر ساری عمر یونہی چلتی رہے۔ اس سے آگے بڑھنے کی نہ کبھی ہماری ہمت ہوئی اور نہ انھوں نے چاہا وہ بھی یہی چاہتی تھیں اور ہم بھی یہی چاہتے تھے کہ مرتے رہیں اور پھڑکتے رہیں ان کی اداؤں پر اور دفن ہوں کہیں اور جاکر۔

غرض اس طرح یہ پاگل کا خواب آگے بڑھتا گیا اور ہم جی بھر کے دیکھتے رہے۔ یہانتک کہ بڑے صاحبزادے پیدا ہوئے اور تھوڑے دنوں بعد ایک عجیب انقلاب آیا۔ وہ یہ کہ ان بیگم صاحبہ کی ایک دم سے طلاق ہوگئی۔ اور اب ان کو صرف ہماری ہی محبت پر بھروسہ رہ گیا۔ صحیح معنوں میں ہم سے بہتر ان کا چاہنے والا اور کون ہو سکتا تھا، جس کو دو عالم میں صرف ایک ہی جنت دکھائی دے رہی ہو۔ مگر اس کے ساتھ ساتھ اب ہمیں اپنی بیوی سے، گھر سے، بچے سے عجیب قسم کی محبت پیدا ہونے لگی تھی، جو نہ کہی جا سکتی ہے اور نہ سمجھائی جا سکتی ہے۔ اس کا تعلق صرف دل اور دماغ سے ہے۔

گھنٹوں ہم سوچا کرتے تھے کہ یہ مانا کہ ہم ان بیگم صاحبہ کے بغیر جی نہ سکیں گے مگر ہماری بے گناہ بیوی اور معصوم بچے کا

کیا گناہ ہے ؟ یہ خیال رفتہ رفتہ دل میں اتنا گھر کر گیا کہ اپنی موت کے ساتھ اور بھی کئی موتیں دکھائی دینے لگیں۔ کچھ سال اور گذر گئے زمانہ اور آگے بڑھ گیا۔ چھوٹا لڑکا زہیر پیدا ہوا۔

اب ہم اپنے دل و دماغ میں، اپنی روح کی گہرائیوں میں ایک ایسی جنگ لڑ رہے تھے جو جیتی بھی جاسکتی تھی اور ہاری بھی جاسکتی تھی۔ ہماری جیت میں صرف ہماری زندگی جھلک رہی تھی لیکن ہماری ہار میں ان تین معصوم اور بیگناہ زندگیوں کا سوال تھا۔ خدا کی قسم برسوں نہ ہارتے بن پڑی اور نہ جیتتے۔ ہم اس جنت کو پاکر بھی اس کے نہ بن سکے۔ زمانہ شہرت نام اور پیسہ قدموں پر بکھرتا ہوا آگے بڑھتا گیا اور اسی کے ساتھ ساتھ میری الجھنیں اور بے چینیاں بھی اس قدر بڑھتی گئیں کہ توبہ ——— !

اب یہ ہمارے گھر آکر گھنٹوں ہمارے انتظار میں بیٹھی رہتی تھیں اور کسی نہ کسی بہانے سے ہماری بیگم صاحبہ سے باتیں کرتی رہتی تھیں۔ ایک دن میں گھر میں دیر سے واپس ہوا۔ معلوم ہوا کہ کئی گھنٹوں سے تشریف فرما ہیں۔ میں نے اسی وقت یہ شعر کہا۔

اُن کے قدم اور میری تربت
وقت نے کیسی ٹھوکر کھائی

کیونکہ اب وقت وہ آپڑا تھا کہ میں قطعی کسی فیصلے کے قابل ہی نہ تھا۔ آخر مجبور ہوکر ایک عرصے کے بعد ان کو ایک دوسرا سہارا ڈھونڈھنا پڑا اپنی جنت میں حضرت آدمؑ کو گھس کر جب ہم نے گندم کھاتے دیکھا ہوگا تو ہمارے دل و دماغ کی کیا حالت ہوئی ہوگی، اس کا اندازہ کوئی نہیں لگا سکتا اور نہ میں ان چند صفحات پر تحریر کر سکتا ہوں۔

قدم قدم پر موت دکھائی دینے لگی۔ ہر قسم کا کھانا بند۔ پرہیز۔ دوائیں۔ حکیم۔ ڈاکٹر۔ اب مرا اور اب مرا ممکن ہے ہم یہ چاہتے ہوں کہ بیوی ترس کھاکر ہم کو مرتا دیکھ کر اس جنت میں مجھ آدم زاد کو بھی داخل ہونے کی اجازت دیدیں۔ مگر آج کل کی پڑھی لکھی بیوی، جو آپ کا ہر ارادہ اور اس کا ہر سبب بھی جانتی ہے۔ اور پھر ایک حسین جوانی کے ساتھ جس کو اب وہ خوب اچھی طرح سمجھ بھی چکی ہو، ہم کسی فیصلے پر تو نہ پہونچ سکے لیکن جب بھی دل و دماغ میں جنگ چھڑی جیت دماغ کی ہوئی۔ ہم نے شکستوں پر شکستیں کھاکر ریس زوروں پر شروع کردی۔ شراب بھی کبھی کبھی پی لیتے تھے۔ بہت دنوں تک گناہ کا خیال رد کیے رکھتا تھا۔ ہزاروں کیا لاکھوں ریس میں ہارے۔ جب ہوش آجائے گھر، بیوی اور بچوں کو جہنم کا نمونہ بنادیں مگر حیرت ہے کہ اس جہنم کو بھی اس جنت کے ہاتھ نہیں بیچا جو ہماری

زندگی مزید لینے کا ہر وقت دم رکھتی تھی اور ہم ہر وقت بکنے کو تیار بھی رہتے تھے۔ گھر تباہ ہو رہا تھا، شہرت دم توڑ رہی تھی، مفلسی ہر طرف سے آرہی تھی۔ کام برسوں سے بند کر دیا تھا۔ زندگی جہنم بن چکی تھی اس کے باوجود سامنے جنّت کھڑی تڑپ تڑپ کر بلا رہی تھی۔ اور ہم کبھی قریب سے اور کبھی دور سے بس اس کی شوخیاں دیکھتے رہے۔ آخر تنگ آکر یہ جنّت اپنی تمام رنگینیوں سمیت ایک چھوٹے قد کے گندمی رنگ رقیب کے ساتھ یورپ سدھاری ــــــ اور اس سرخ رنگ صحت مند آغا ــــــ کی زندگی میں ــــــ ایک دوسرا دھچکا لگا ــــــ ویسا ہی جیسا بچپن میں لگا تھا ــــــ وہی طوفانی رات کا منظر ــــــ بجلی کی چمک ــــــ ادھا دُھند بارش ــــــ آوازیں ــــــ دو ملی جلی سانسوں کی آوازیں ــــــ دُور ــــــ بہت دُور ــــــ! ایک تڑپتے ہوئے دل کی آواز ــــــ قریب ــــــ بہت قریب ــــــ!

●

تین سال اور گذر گئے ۔ ایک دن اچانک پونا کے ایک ہوٹل میں ایک اور نئی جنّت سے ملاقات ہوگئی۔ یہ جنّت وائنا کی رہنے والی تھی اور پیرس میں اس کے بہت سے عزیز رہتے تھے ۔ اب سُنیئے حضور !

جب بمبئی میں ریس کا سیزن ختم ہوجاتا تھا تو ہم پونا ریس کھیلنے جاتے تھے۔ کبھی کبھی چھٹیاں ہوتی تھیں تو ریس دو دن ہوا کرتی۔ ہفتے کو ریس۔ اتوار کی چھٹی، پھر پیر کو ریس۔ اس لئے ہم کسی اچھے ہوٹل میں ٹھہر جایا کرتے تھے اور تین چار دن بعد بمبئی واپس آتے تھے۔

اکیبار رات کو پونا پہنچے تو کسی ہوٹل میں جگہ نہ ملی ۔ تمام ہوٹل بھرے ہوئے ۔ ریلوے گیسٹ روم اور سب کمرے بھرے ہوئے ۔ سنہہ پر بھا پردھان جو مشہور ہیروئن تھیں ہماری بے حد دوست ۔ یہ ہمیشہ موٹر، بنگلہ، اور جب ریس میں ہار جاؤں تو

ہزار پانچ سو، جو بھی مانگوں دے دیا کرتی تھیں۔ وہاں گئے، اتفاق کی بات وہ بھی بمبئی یا کہیں اور گئی ہوئی تھیں۔ شاہدہ اور احمد بھی نہیں ملے۔ بہرحال گِن گِن کر نہ جانے کتنے دوستوں کے گھر گیا اور کوئی نہ ملا۔ سب غائب۔ اب میں بیحد تھک گیا تھا۔

مجبور ہوکر ایک ہوٹل میں گھسا۔ بارہ بجے رات کا وقت۔ مینیجر سے کہا " اگر جگہ نہ ہو تو سامان دفتر میں رکھ لو، ہم باورچی خانے میں بھی سونے کو تیار ہیں"۔ مینیجر ہنسا۔ اور کہنے لگا کہ " ایک کمرہ خالی ہے تین دن سے۔ ایک یوروپین صاحب بمبئی گیا ہوا ہے اور کل سے میم صاحب بھی گئی ہیں۔ جس وقت بھی یہ لوگ آ گئے تم کو اپنے سامان کے ساتھ نکلنا پڑے گا۔"

میں نے کہا " منظور ہے"۔ اور اس کمرے میں اسی طرح سوٹ پہنے سو گیا۔ دوسرے دن ریس کھیلی پھر اتوار آ گئی۔ اس رات بھی کوئی نہیں آیا۔ میں پھر سو گیا۔

بے خبر سو رہا تھا کہ بارہ ایک بجے کے قریب کسی کے دوسرے پلنگ پر گرنے کی آواز آئی۔ گھبرا کر اُٹھا۔ دیکھا کہ ایک میم صاحب بیہوش ہوکر گری ہیں۔ جگانے کی کوشش کی۔ بالکل غافل آوازیں دیں۔ صد لئے بر نہ خواست۔ یعنی بمبئی کی زبان میں گُپ چُپ

گھبرا کر جھنجھوڑا، کبھی اِدھر ڈھلک جائے کبھی اُدھر ڈھلک جائے۔ اب تو میری بھی بری نوبت ہوگئی۔ ان کا چھوٹا بیگ جو ان کے ہاتھ سے چھوٹ کر زمین پر گر پڑا تھا، کھولا۔ اس میں سے ایک نیند آنے والی گولیوں کی شیشی ملی جو آدھی سے زیادہ خالی ہوچکی تھی۔ سن سے ہوگیا پورا کمرہ گھومتا نظر آنے لگا۔ قریب تھا کہ میں بھی غش کھا کر گر پڑوں۔ ایسے نازک موقعوں پر ہمیشہ میری عقل بیحد تیزی سے کام کرنے لگتی ہے۔ کمرے کی میز پر ایک طرف بہت سی مکھیاں کسی چیز پر بیٹھی کھا رہی تھیں۔ پہلے ہی جھپٹے میں چار پانچ مکھیاں پکڑ لیں۔ باٹپ سے گرم پانی گلاس میں لیا۔ مکھیاں اس میں ملائیں اور یہ مکھی مکسچر میم صاحبہ کو زبردستی اٹھا کر پلایا۔ اسی مکسچر کے دو گلاس اور میم صاحبہ کو پلائے یہ نسخہ میں نے بچپن میں اللہ جانے کس سے سنا تھا جو اس وقت کام آیا۔

میم صاحبہ بیہوش تھیں اور میں یہی دوا پلانے کی کوشش کر رہا تھا کہ اب جو قے یعنی الٹی آتی ہے تو سارا پلنگ ...... ایک اور ...... ایک اور آئی۔ اب صبح پانچ بجے کے قریب ان کو پورے طور پر ہوش آگیا تھا۔ یہ مکسچر انکو پھر پلانے کی کوشش کی تو انھوں نے غصے میں گلاس پر ایک ہاتھ مارا، اور گلاس سامنے والی الماری پر گر کر

چکنا چور ہوگیا۔ ــــ میں نے نیند کی گولیوں کی بچی ہوئی شیشی باہر اچھال دی۔ گھبرا کر باہر نکلا۔ بمبئی کے ایک دوست ڈاکٹر بینرجی سے اسی عالم میں ملاقات ہوئی۔ یہ چوتھے سال میں بمبئی کے جے جے اسپتال میں ابھی پڑھ رہے تھے۔ ریس کھیلنے پونا آئے تھے۔ گھبرا کر ان سے سارا قصہ بیان کیا۔ ان کو لاکر دکھایا۔ وہ فوراً ایک دوا لینے چلے، ہم سے کہنے لگے بھاگنا نہیں ڈر کر۔ نہیں تو ہم دونوں پکڑے جائیں گے۔کمرے کا دروازہ اندر سے بند کرلو۔ میں کہیں سے بھی دوا لے کر آتا ہوں۔اب ہم نے اندر سے دروازہ بند کرلیا۔

میم صاحبہ نے ہم سے کہا۔" تم نے ہم کو کیوں بچایا۔ ہم کو مرجانے دیا ہوتا۔ ہم مریں گے، ضرور مریں گے۔" یہ کہہ کر وہ لڑکھڑاتی ہوئی اُٹھیں۔ اور ہم نے اٹھا کر پلنگ پر زبردستی رکھ دیا۔ پھر اٹھنے کی کوشش کی۔ اب کی ہم ان کو دبا کر بیٹھ گئے۔ ایک بار پھر اٹھنے کی کوشش کی اور اس کوشش میں غش آگیا۔تھوڑی دیر بعد بینرجی آگئے۔ دن کے ایک بجے تک ان کو دوا پلاتے رہے۔ اس دن ہم ریس نہیں گئے۔ اور اب جو ان کی آنکھ لگی تو سات بجے شام کو کھلی۔ ریس سے بینرجی بھی آگئے تھے۔ اب یہ بالکل ٹھیک تھیں۔ ان کا شوہر دوسری جنگِ عظیم میں مارا گیا تھا۔ ایک

انگریز نوجوان سے کچھ سال بعد عشق ہوا۔ وہ شادی کرنے کے بہانے ان کا کل روپیہ، زیور وغیرہ لیکر اسی ہوٹل سے چار دن پہلے کہیں بھاگ گیا تھا۔ ان کو جب ممبئی سے ٹیلیفون پر یہ خبر ملی تو یہ نیند کی گولیاں کھاکر مر رہی تھیں اور اپنے ساتھ ہمیں بھی مارے ڈال رہی تھیں۔ مرنا بھی اسی ہوٹل میں تھا اور وہ بھی ہمارے ہی پہلو میں۔ وہ بھی قریب کے بستر پر! ہمیشہ سے ہم باتیں تو خوبصورت کرتے ہیں۔ اب جو تین دن اور تین راتیں ان کی سیوا میں صرف کیئے، خوشامد کر کے، سمجھا بجھا کے، اونچ نیچ دکھا کے، خود اپنی جان ان کے ساتھ جھونٹ موٹ دینے کو تیار ہو کے، غرض ہر طرح ذرا کے ان کی ہر ہر ادا پر تڑپ کے۔ حسین جملے اور تراشے ہوئے ٹکڑے کہہ کہہ کے، تو یہ غمزدہ عورت پھر ایک بار جینے کو تیار ہوگئی۔

یہ عرض کردوں کہ میں انگریزی پڑھی ہوئی نہیں بولتا ہوں مگر اچھی بولتا ہوں۔ کافی غلط بولتا ہوں۔ مگر کیا مجال ہے کہ دل کی بات نہ سمجھا سکوں۔

تین دن کے بعد ہم ان کو کھنڈالے لیگئے۔ پانچ دن وہاں رہے۔ اور اب جو پونا کی ریسز میں پھر پلٹے تو معلوم ہوا کہ برسوں کے بعد عاشق و معشوق کہیں سے پلٹے ہیں اور اتفاق سے پونا ریس میں

آ گئے ہیں ۔ بڑے بڑے سنجیدہ تاجر ایک ہی بات تڑپ کر پوچھتے تھے

" کون ہے یہ عورت ؟ "

ان سنجیدہ لوگوں میں ہمارے پرانے بوس یوسف فاضل بھائی بھی تھے ۔ انھوں نے بھی بڑی بے چینی سے پوچھا تھا۔

اب ہم بمبئی پلٹے ۔ ایک بڑے ہوٹل میں رہنے لگی یہ حسین اور معصوم صفت عورت . اور پھر ایک زمانہ آیا جب ہمارے قدم زمین کے بجائے آسمان پر پڑنے لگے تھے ۔

سچ مچ اس قدر حسین تھی یہ عورت کہ بڑے بڑے راجہ مہاراجہ لاکھوں صرف کرکے اسے حاصل کرنا چاہتے تھے ۔ مگر وہ تھی کہ صرف ہم کو حاصل کرنا چاہتی تھی ۔ قریب قریب تین سال تک ہم کیا چاہتے ہیں ، کیا نہیں چاہتے یہ اس کی کسی طرح سمجھ میں نہ آیا ۔ اور نہ ہم نے آگے قدم بڑھایا ۔ وہی جسم کی جنبشیں ، وہی محبت بھری پیار کی باتیں ، وہی بھڑے ہوئے موٹر میں گھنٹوں ساتھ گھومنا پھرنا ۔اس سے ہم کو بے حد سکون ملنے لگا تھا کیونکہ یہی تو ہماری زندگی تھی ۔ مگر اب وہ بہت کچھ پاگل ہونے لگی تھی ۔ اس کی کسی طرح یہ سمجھ میں نہیں آتا تھا کہ جب وہ ہمارے ساتھ سب کچھ گوارا کر سکتی ہے ۔ برسوں سے ہم دونوں ایک دوسرے کا سہارا بنے ہوئے ہیں تو پھر اتنا قریب رہ کر اتنی دُور

۲۸۷
کیوں ہیں ؟ وہ یہی سوچتی رہی اور ہم بچپن کا وہی واقعہ سوچتے رہے مجھ سے بڑا گدھا اور کون ہوگا۔ ذرا بتائیے توسہی۔ بیوی سے پورا ہوا وُکھل چکا تھا۔ بچے ہو چکے تھے۔ مگر اِدھر جب سوچا اور دِل دھڑکا کہ ایک بار بیوی سے تو عزت بچ گئی، اس عزت کو باقی رکھا جائے۔کیوں اپنے ہاتھوں اپنی عزت کھوئیں، اور مزہ بھی خراب کریں اور بعد میں مزہ کریں دوسرے۔ وہی رشتے کے بھائی ——! وہی بچپن کا ڈر ——! وہی بارش ——! وہی گرج وہی چمک ——! وہی وحشت ——! وہی رنگون والی لڑکیاں۔

●

یہاں تک کہ پارٹیشن صاحب ٹہلتے ہوئے تشریف لے آئے۔ یہ ایک ایسا انقلاب تھا جس نے ہنگامہ برپا کر دیا۔ لوگ جان بچانے کے لئے بھاگ رہے تھے۔ اُدھر سے اِدھر اور اِدھر سے اُدھر۔! گاندھی جی شہید ہو گئے۔ شاہدہ اور احمد بھی چھوڑ کر چلے گئے۔ قیامت کا منظر تھا۔ بہترین دوست جا رہے تھے۔ احباب سے احباب چھوٹ رہے تھے۔ پہلی جنت ایک دوست کے ساتھ یورپ سدھاریں۔ دوسری یہ جنت جو ہم نے ایک ہوٹل میں بنائی تھی صحیح معنوں میں پاگل ہونے لگی۔ آخر اس نے شادی کی خواہش ظاہر کی۔ بیچاری سمجھی کہ شادی کے

بعد ہی کھُلے گا۔ شاید اس خاص معاملہ میں بڑا مذہبی آدمی ہے۔' میک ' کا اصرار، میرا انکار!

اس عورت کی ہمیشہ تیوری چڑھی رہتی تھی جو اس کے حسن کو اور جان لیوا بنا دیتی تھی۔ اس لئے میں پیار سے " میک " کہتا تھا یعنی جنرل میک آرتھر! اور تیوری چڑھی ہوئی ہوتے ہوئے بھی مسکرانے کی ادا۔ معلوم ہوتا تھا کہ خزاں میں بھی بہار گھُس آئی۔

اب وہ بگڑ کر مجھ سے دور دور رہنے لگیں۔ ہم ان سے بدظن رہنے لگے۔ مگر واہ کس کیرکٹر کی عورت تھی۔ اس قدر حسین ہوتے ہوئے بھی کیا مجال جو کسی طرف نگاہ اٹھا کے بھی دیکھ لے۔ حالانکہ اس نگاہ کی حسرت بہتوں کو تھی۔ لیکن .... ہم سے بار بار شادی کا سوال۔ ممکن تھا ہم ان سے کھُل جاتے اور شادی بھی کر لیتے۔ مگر پھر وہی تین جانوں کا سوال! یعنی بیوی اور بچّوں کا خیال جو اب دل میں کافی گھر کر چکا تھا۔ بچے اب بڑے ہو رہے تھے۔ بچّوں سے مذاق بھی ہوتا تھا اور ایک نئی بولتی ہوئی معصوم جنت کی بنیاد بھی پڑ رہی تھی۔ آخر گھبرا کر تنگ آکر، اپنی طبیعت سے ڈر کر یہ فیصلہ کرنا ہی پڑا کہ وہ بھی یورپ سدھاریں۔ وہ گئیں اور ساری کیف و مستی، ساری سرشاریاں اور بیہوشیاں اپنے ساتھ لیتی گئیں۔ اب ہم زندگی کی ہر بازی ہار چکے تھے۔

مگر اس ہار میں بھی ایک جیت تھی جو صحیح معنوں میں ہماری جیت کہی جاسکتی ہے ۔ مگر اس جیت پر خوش ہونے کے لئے دِل کہاں سے لائیں؟ یہ تو بڑے ہی دل والوں کی بات ہے ۔ نہ جانے کیونکر ہم بزدل نے یہ جنگ جیت لی۔ مگر بے مثل اسٹوری رائٹر کے بجاے ، پاگل مشہور ہوگئے اگر آپ بھولے نہ ہوں تو یاد دلاؤں کہ اب میری بیوی کو پہلی جنت کے متعلق سب کچھ معلوم ہوچکا تھا اور یہ وہی زمانہ تھا کہ انھوں نے اس بات سے جل کر اور کچھ واقعی بچہ ہونے کے ڈر سے کسی قسم کی مدد دینے سے انکار کردیا تھا۔ اور ؎

"ایک ہنگامے پہ موقوف ہے گھر کی رونق"

کے بعد یقین دلایا تھا کہ اب تم میں وہ اگلا سا دَم خم نہیں رہا۔ اس لئے یکطرفہ مدد نہیں دی جاسکتی۔

اور اب ہم کبھی پہلی جنت کو ڈھونڈتے تھے اور کبھی اپنی دوسری جنت کو .... وہ دونوں جاچکی تھیں ! بمبئی بھر میں گھوم گھوم کر ان در و دیوار کو تکتے تھے۔ جن میں ہماری کھوئی ہوئی جنتیں رہا کرتی تھیں۔ ان جگہوں کو تکتے تھے جہاں جہاں ان کے ساتھ گھومے تھے، پھرے تھے، بیٹھے تھے ، باتیں کی تھیں۔ کبھی ہم نے ان کو اور کبھی انھوں نے ہمیں منایا تھا۔ بس اب ہمیں یہی ایک کام رہ گیا تھا۔

آخر کار دل کی تسکین ہر آنے جانے والی جنت میں ڈھونڈنے لگے۔ شاید یہ مل جائے اور دل ٹھہر جائے، شاید وہ مل جائے اور تسکین ہو جائے لیکن وقت کی طرح جانے والے کبھی واپس نہیں آیا کرتے۔ بڑی الجھنوں اور مایوسیوں کے ساتھ گھر آتے تھے تو اپنی بیگم صاحبہ سے پھر وہی سوال ...... ان کا پھر وہی جواب .... پھر وہی ہنگامہ۔

ہنگامے کے بعد پھر باہر چلے۔ اور پھر وہی ایک ہی جنت کی تلاش: جوانی ساتھ چھوڑ رہی تھی، تندرستی میں گھن لگ رہا تھا۔ دوست احباب مفلسی کی وجہ سے منہ چرانے لگے تھے۔ اپنے پرائے بن گئے تھے۔ اب ایک تو مفلسی، دوسرے کسی حسین جنت کو حاصل کرنے کا خواب، یہ جانتے ہوئے بھی کہ بڑھاپا اور جہنم میں جانے کا وقت آرہا ہے۔ ایک چنگاری تھی جو اسی آب و تاب کے ساتھ جلتی رہی۔ اس چنگاری نے قریب قریب سب کچھ جلا ڈالا تھا، اور اب اس کو بجھانے کی فکر شروع ہو چکی تھی۔ اور جو کچھ بچ گیا تھا۔ اس کو بچا لینے کے ارادے مچل رہے تھے ؎

پہلے تھی فکر آگ حسرت خانۂ دل کی بجھے
اب ہے اس کی جستجو کیا رہ گیا کیا جل گیا

اس اُدھیڑ بُن میں نہ جانے کتنے مزاروں کی خاک

؎ یہ شعر علامہ آرزو لکھنوی کا ہے۔

۲۹۱

چھائی ۔ ڈاکٹر اور حکیموں کی خدمت گذاریاں کیں ۔ آب حیات کی تلاش میں مختلف مقامات کے دریاؤں کا پانی پیا۔ مگر وہ زندگی واپس نہ آئی جس کی تلاش صرف کھو دینے کے بعد پیدا ہوتی ہے ۔ چنگاری اب بھی جل رہی تھی .... جس پر بظاہر راکھ آچکی تھی ۔ اور اسی آب و تاب سے دہک رہی تھی کہ ۱۹۵۰ء میں گھبرا کر تیسری جنت کی تلاش میں بغیر کچھ سوچے سمجھے اپنا سارا کام چھوڑ چھاڑ مڈل ایسٹ ، کربلائے معلیٰ اور نجف اشرف کی زیارت کے بہانے ، اپنی بیوی ، دونوں بچوں اور ایک نوکر ستار خاں کو لے کر روانہ ہوگیا۔ چھوٹا بچہ ستار خاں سے بہت مانوس تھا۔ اس لئے ان کو بھی لے جاتے ہی بنی ۔ اس زمانے میں میری بیوی کے بہنوئی آصف علی اصغر فیضی صاحب مڈل ایسٹ کے ہندوستان کی طرف سے سفیر تھے ۔ یہی وہ زمانہ تھا جب ہم ہندوستان کے مشہور رائٹر کے بجائے پاگل مشہور ہو گئے تھے ۔ واقعاً ہو گئے تھے یا بنا دیے گئے تھے ، یا اپنے کو خود بنا رکھا تھا ۔

چلو اچھا ہوا کام آگئی دیوانگی اپنی
وگرنہ ہم زمانے بھر کو سمجھانے کہاں جاتے

●

ہم لوگ ' واسنا ' (VASNA) جہاز سے ۲۰ مارچ

۲۹۲
۱۹۵۰ء کو روانہ ہوئے۔ ارادہ تھا کہ پہلے نجف، کربلا، کاظمین، سامرہ کی زیارت کریں گے اور پھر سیریا۔ لبنان ہوتے ہوئے یورپ جائیں گے پچھلے گناہ ختم ہو چکے ہوں گے۔ از سر نو گناہوں کا مزا لیں گے۔ جس کا لطف بالکل ایسا ہی ہوگا جیسا مجھے دس ماہ سگریٹ چھوڑنے کے بعد آج پھر سے پینے میں آ رہا ہے۔

ہاں صاحب "واسنا" بمبئی سے روانہ ہوا۔ میری بیوی کا دل ذرا ذرا دُکھا۔ میرا تین سال کا بچہ زہیر مغموم ہوا۔ میرا سات سال کا لڑکا سرور رویا۔ دراصل وہ نہیں رو رہا تھا بلکہ سرزمین بمبئی کا ایک چھوٹا سا ٹکڑا تھوڑے عرصے کے لئے اپنے مرکز سے بچھڑتے ہوئے تکلیف محسوس کر رہا تھا۔ چھوٹا زہیر اس کو روتا دیکھکر رو پڑا۔ ماں نے دونوں کو گلے سے لگایا۔ وہ ماں نے تو صرف اِس آواز پر" وہ دیکھو! بمبئی کا ساحل تم کو خدا حافظ کہہ رہا ہے۔" میرے چار دوست دو ہندو، دو مسلمان۔ دو عورتیں، دو مرد ہوا میں رومال ہلا رہے تھے اور یہ گھومتا ہوا حسین منظر ہمیں سلامتی سے واپس آنے کی دعائیں دے رہا تھا۔ سرور اور زہیر کی آنکھوں میں بڑے بڑے آنسو، مگر اب ہونٹوں پر معصوم سی مسکراہٹ کھیل رہی تھی۔ کیونکہ ساحل پر سیکڑوں ہاتھ رومال ہلا رہے تھے۔ میں اپنے دوستوں کو عجیب حسرت سے تک رہا تھا

یہ سوچ کر کہ کاش یہ سب میرے ساتھ ہوتے اور میرے پاس اتنا روپیہ ہوتا کہ ان کو بھی لے جا سکتا۔ یک بیک خیال کہیں سے کہیں پہنچ گیا۔ یہ معلوم ہوا کہ یہ چاروں دوست۔ میرے بچپن کے دوست زوّار۔ رضا۔ آغا بوچڑ اور میر بنّے بن گئے ہیں۔ اور یہی نہیں کہ بمبئی، در اصل لکھنؤ مجھ سے چھوٹ رہا ہے۔ یہ سوچنا تھا کہ کچھ آنسو میری آنکھوں نے بھی برسا دیئے۔ گھوم کر میری بیوی نے میری طرف دیکھا۔ وہ شاید راستہ ہی دیکھ رہی تھیں رو پڑیں۔ اگر ان کو یہ معلوم ہو جاتا کہ میں کہاں سے کہاں پہنچ کر بمبئی کے لئے نہیں، لکھنؤ کے لئے رو رہا ہوں تو وہ شاید کبھی نہ روتیں۔

●

اب میں فرسٹ کلاس کے حسین ترین کیبن میں تھا۔

بےحد پیسے والوں سے ملاقاتیں ہو رہی تھیں جو مختلف زاویوں سے تجارت کو فروغ دینے اور سستا سونا خریدنے کے بہانے زیارت کو جا رہے تھے، یا زیارت کے بہانے سستا سونا اور سستی چیزیں خریدنے جا رہے تھے۔

بہرحال یہ سب کے سب مسلمان ضرور تھے۔ پانی۔ پانی۔ ہر طرف پانی۔ جہاز چلتا رہا۔ فضا میں ہلکا سا ہنگامہ کہ پاکستان آ رہا

ہے۔ وہ، کراچی کا ساحل دکھائی دیا ــــــ! اور زیادہ ہنگامہ ــــــ! کراچی آگیا۔ اور واقعی کراچی آگیا۔ میں نے دوربین لیکر دیکھا طبیعت خوش ہوگئی۔ نذیر اور چند احباب کے جھرمٹ میں شاہدہ کا وہی خوبصورت مکھڑا نظر آیا۔ جن کی حسین مسکراہٹ پر شالیمار کمپنی کی بنیاد رکھی گئی تھی۔ اور انھوں نے مینا کے نام سے ہندوستان کے لاکھوں مردوں ہی نہیں بلکہ عورتوں کا دل بھی موہ لیا تھا۔

ان کے دوسرے شوہر ڈبلو۔ زیڈ۔ احمد باوجود تلاش کے کہیں نظر نہ آئے۔ لیکن پرانے دوست جمیل انصاری سے ملاقات ہوئی جو رائٹرز نیوز میں ہیں۔ یہ ایک زمانے میں بمبئی کرانیکل کا فلم کا صفحہ لکھا کرتے تھے اور فلموں پر تنقید بھی فرمایا کرتے تھے۔ اور مجھے خوب یاد ہے کہ واڈیا برادرس کی ایک تصویر جس کا نام بہت لمبا تھا یعنی "کہاں ہے منزل تیری" کو انھوں نے جل کر، چونکہ تصویر بہت خراب تھی" اب یہ کہاں ہے منزل تیری" لکھ دیا تھا۔ اور ڈائرکٹر محبوب صاحب کی ایک بے مثل تصویر" عورت" کو جس کا پلاٹ بابو بھائی مہتہ کا لکھا ہوا تھا اور جمیل صاحب کی نظر میں چوری تھی۔ پرل بک کے ناول مدر (MOTHER) کی معہ صفحہ کے نقل کر دیا تھا کہ یہ سچ اور یہ خیال کتاب "مدر" سے لیا گیا ہے۔ صفحہ فلاں سطر فلاں۔ لفظ فلاں۔ اور ہنگامہ ہوگیا تھا۔

۲۹۵

یہ جمیل انصاری بیگم انصاری مرحومہ کے بیٹے[1] ہیں جو اپنے زمانے کی مشہور اہل قلم تھیں اور "باغبان" کی کہانی' جو مشہور ڈائرکٹر میاں کارڈار نے ڈائرکٹ کی تھی بیگم انصاری ہی کی لکھی ہوئی تھی۔

جمیل صاحب کی حرکتیں بہت دلچسپ ہوتی ہیں۔ کبھی دس پانچ دن کمیونسٹ ہیں۔ پھر پندرہ دن کے بعد سوشلسٹ۔ اس کے بعد۔ تھوڑے دن کے لئے مسلمان ...... پھر کانگریسی ...... پھر پاکستانی آجکل کراچی میں بیمار ہیں۔ خود بخود بیمار ہیں۔ اپنی خوشی سے بیمار ہیں۔

کراچی میں شاہدہ سے مل کر اتنی خوشی ہوئی کہ بیان سے باہر ہے۔ انھیں کے مکان پر بڑی جلدی میں دن کا کھانا کھایا۔ مگر نگاہیں احمد کو ڈھونڈھ رہی تھیں۔ کاش احمد سے بھی ملاقات ہو جاتی، اور میں اپنے دونوں بچھڑے ہوئے پاکستانیوں کو اچھی طرح دیکھ سکتا۔

اُس رات مجھ کو جہاز پر کسی طرح نیند نہ آئی۔ سارا وقت ایک ہی خیال دل میں چکر کاٹتا رہا۔ بارہا کوشش کی پھر بھی یہ خیال نہ جا سکا۔ چار سال کے واقعات رہ رہ دماغ میں چکر لگا رہے تھے۔ کہ کیوں لوگ الگ تھلگ رہنے کی کوشش کرتے ہیں۔ تھوڑے عرصے کے لئے بھی مل جل کر نہیں رہ سکتے۔ اس کے بعد کون کس سے ملتا ہے۔ کہاں کی

[1] فلم انڈسٹری کے مشہور ڈائرکٹر

صحبتیں، کہاں کی دوستی، کہاں کا مذہب کہاں کی شناسائی۔ دم بھر کی صحبت کو غنیمت جانئے، پھر تو سب ایک دوسرے سے بچھڑ ہی جاتے ہیں جتنی چاہے کوشش کریں مگر بیکار۔

●

صبح ہوتے آنکھ لگ گئی۔ تھوڑی دیر کے بعد میری کیبن پر کھٹ کھٹ کی آواز آئی۔ چونک کر اُٹھا تو دیکھا بڑے صاحبزادے چائے پر بلا رہے تھے کیونکہ ایک کیبن میں میری بیوی اور بچے تھے، اور ایک میں مَیں تھا۔

اسی جہاز پر افریقہ کے ایک بہت بڑے تاجر خاندان سے ملاقات ہوئی تھی۔ جن کی دو جوان پڑھی لکھی لڑکیاں تھیں۔ دونوں صورت کی اچھی خاصی تھیں۔ چھوٹی میرے مذاق پر زیادہ اترتی تھی جس کو چھیڑ چھیڑ کر میں نے زیادہ باتیں کیں۔ بڑی چھن چھن بیگم، جس نے باتیں کرنے کا موقع ہی نہیں دیا۔ خود ہی تمام دنیا کی باتیں کرتی رہتی تھی۔ مگر صورت اور طبیعت کی اچھی تھی۔ بہرحال یہ دونوں نوجوان لڑکیاں میری بیوی کی وجہ سے مجھ سے زیادہ کھل کر باتیں نہ کر سکیں. اور نہ میں ہی جرأت کر سکا۔ وہ ہندوستانی فلم کی دلدادہ تھیں اور میری لکھی ہوئی بہت سی فلمیں دیکھ بھی چکی تھیں۔ افسوس! یہ

لوگ کراچی میں اتر گئے۔

بہرحال صبح صبح چائے پر صرف اس لئے بلایا گیا تھا کہ بیگم صاحبہ کو ان حسینوں کے کراچی میں اتر جانے کا قطعی علم نہیں تھا۔ اور شک تھا کہ صبح صبح چائے شاید انھیں کے ہمراہ پی جا رہی ہوگی......... میں نے جا کر معاملہ صاف کر دیا۔ جواب خوبصورت دیا گیا کہ " ہمیں کیا معلوم تھا کہ کراچی میں دفع ہو گئی ہیں یہ خوبصورت بلائیں۔ پہلے سے کہدیا ہوتا تو صبح صبح چائے پر نہ بلاتے۔

●

مسلسل کئی دن چلنے کے بعد فضا میں پھر شور بلند ہوا "مسقط آگیا"۔ آگیا تو ہم کیا کریں۔ مسقطی حلوا بہت ڈھونڈا، کہیں نہ ملا۔ پانی، پانی۔ میلوں پانی۔ جہاز چلتا رہا۔ ہڑّہ ہوا شزری آگیا یہ بیڈھب جگہ تھی۔ نہ جہاز آج چلتا ہے نہ کل۔ معلوم ہوا ایک انگریز پولیٹکل ایجنٹ بہادر نے پارٹی میں شراب پی لی ہے۔ انتظار ہو رہا ہے جب ہوش آئیگا تب صاحبزادے تشریف لائیں گے اور پھر جہاز چلے گا۔

کراچی سے چلنے کا ایک واقعہ یاد آگیا۔ ایک غریب بوڑھا، جو زیارت کرنے جا رہا تھا۔ اس کا کسی ٹرنک سے ٹکرا کر سر پھٹ گیا تو کپتان صاحب نے صاف کہدیا تھا کہ میں اسے نہیں لے

جاسکتا۔ گو کہ اس غریب کی مرہم پٹی ہوچکی تھی۔ میں نے انھیں کپتان صاحب سے عرض کیا کہ "چلتے کیوں نہیں ایک شرابی کے لئے سارا جہاز انتظار کر رہا ہے۔ گھنٹوں گذر چکے ہیں۔"

بولے " دو دن گذر جائیں۔ میں بغیر اس کو لئے نہیں جا سکتا۔" یہاں مجھے احساس ہوا کہ آزادی مل جانے کے بعد بھی ہم آزاد نہیں۔ نہ جانے کتنے گھنٹوں کے بعد ان کا نشہ ہرن ہوا اور وہ تشریف لائے۔ اور ان کے ساتھ شنزری کے بوڑھے شیخ صاحب مع اپنے مصاحبین نمودار ہوئے۔

ایک دلچسپ واقعہ یہ دیکھنے میں آیا کہ شیخ کے ساتھ ان کی بکریاں اور ایک ہرن کا بچہ بھی تھا۔ فرسٹ کلاس میں قالین بچھایا گیا۔ گرد کرسیاں، قہوہ کا دور چلنے لگا۔ میں دیکھتا رہا۔ کبھی قہوہ، کبھی شربت، کبھی چائے۔ ایک سلسلہ تھا جو چل رہا تھا۔ بس نماز اور کھانے کے وقت یہ سلسلہ ٹوٹتا تھا۔

اس بندرگاہ سے جتنے سوار ہوئے تھے وہ سب کے سب عرب تھے۔ ان کے شور سے ساری رات نیند نہ آتی۔ صبح ہوتے ہوتے وہی قہوہ اور چائے کا دور شروع ہوگیا۔ بےحد غصہ آیا۔ مگر کمزور مار کھانے کی نشانی۔ کیبن کا دروازہ کھول کر دیکھا۔ سارے عرب

وہیں پڑے قہوہ چڑھا رہے تھے۔ ایک نے مذاق میں مجھے بھی دیا۔ میں غصے میں پی گیا۔ پینے کو تو پی گیا، مگر خدا کی قسم افیم اس قہوہ سے کم کڑوی ہوگی۔ اتنا ضرور ہوا کہ بھوک کھل کے لگی۔ سوچا کہ یہ چورن نما قہوہ اور پیا جائے۔ اتفاق سے ایک شیخ صاحب نے پیش کیا پی گیا۔ کئی دور چلے اور میں نے کئی بار پیا۔ نتیجہ یہ ہوا کہ اُس رات قسم کھانے کو نیند نہیں آئی یہ تیسری رات تھی صبح بیگم صاحبہ سے واقعہ بیان کیا۔ اور سونے پر سہاگہ یہ ہوا کہ وہ فرمانے لگیں کہ جب دن سے کراچی کے بندرگاہ وہ دونوں جوان لڑکیاں اتری ہیں میں غور کر رہی ہوں کہ تمھاری نیند بالکل اُڑ گئی ہے۔

●

پانی، ذرا رنگ بدلا ہوا پانی۔ ہُلڑ ہوا "بحرین آگیا"

موتیوں کا خیال آیا۔ پھر جہاز میں ماحول بھی تاجروں کا۔ سوچا شاید قسمت سے ہمیں بھی کوئی موتی مل جائے۔ اُٹھا۔ ہر طرف لوگ گھڑیاں فاؤنٹین پن، مرغیاں، سگریٹ کے ڈبے لیکر آگئے۔ بلیک اینڈ وھائٹ اور ۵۵۵ سگریٹ پندرہ روپے کے پچیس ڈبے۔ لعنت ہو ہماری توبہ کے بعد سگریٹ اتنی سستی۔ اور وہ بھی وہی سی جو ہم پیا کرتے تھے، لڑائی کے زمانے میں دس دس روپئے کا ڈبا لے کر۔ کیوں نہ ہو۔ واجد علی شاہ کے وطن کے جو ٹھہرے! جوش آ ہی گیا

پندرہ روپئے کے پچیس ڈبے خریدے گئے اور یہیں سے خون ایک بار پھر منہ کو لگ گیا۔ سگریٹ کی ابتدا ہو ہی گئی "چھٹتی نہیں ہے منہ سے یہ کافر لگی ہوئی" —— بحرین میں کوئی واقعہ ایسا نہیں گزرا جس کا ذکر کیا جائے، سوائے اس واقعے کے۔

●

ایک خوبصورت بوڑھے جن کی عمر قریب قریب نوے سال کی ہوگی، سُرخ و سفید رنگ کے، جہاز میں گھسے۔ میں عرب سمجھا۔ مگر فوراً ہی اُن کے چہرے کے نقوش اُن کے ہندوستانی ہونے کی چغلیاں کھانے لگے۔ میں نے غور سے دیکھا، غصّے سے کہنے لگے کہ میرے دوست کو کھا لیا کیا اب مجھے کھانے کا ارادہ ہے۔ میں مسکرا دیا، پاگل سمجھ کے۔ کہنے لگے وہ کافر مرگیا اور مجھے اِس دُنیا میں اکیلا چھوڑ گیا میں نے پوچھا کون؟ کہنے لگے وہی الہ آباد والا کشمیری۔ نوابی گئی، میں نے وطن نہیں چھوڑا۔ بیوی بچے مرے وطن نہیں چھوڑا مگر جب سے یہ بے وفا کافر مرگیا ایک ہندوستان میں اپنا نہیں دکھائی دیتا۔ یہ کہہ کر انہوں نے جیب سے ایک تصویر نکالی اور میں چونک پڑا۔ یہ ان کی اور موتی لال نہرو کی جوانی کی تصویر تھی۔ فوراً میرا دماغ ہندوستان لکھنؤ اور الہ آباد ہوتا ہوا کلکتے پہنچا۔ اب کلکتے کے مٹیا برج میں جاکر ٹک گیا۔ بڑا سا مشاعرہ۔ اُستاد علامہ آرزو، قیامت کے شاعر

رضا علی وحشت، ثاقبِ لکھنوی، مائلِ لکھنوی سبھی موجود تھے۔ ایک ادھیڑ عمر کا آدمی سُرخ و سفید رنگ کا گیروے کپڑے پہنے اس مشاعرے میں آیا جو جانِ عالم واجد علی شاہ کے مزار پر بیٹھا کرتا تھا اور یہ مطلع پڑھ کر مشاعرہ لوٹ کر مشاعرے سے چلا گیا ؎

کچھ اس طرح کا موافق مرا زمانہ تھا
یہ برق گرتی تھی یہ میرا آشیانہ تھا

میں نے جھومتے ہوئے جہاز کے کھمبے کا سہارا لیتے ہوئے یہ شعر اُن کی طرف دیکھ کر گنگنایا۔ یک بیک وہ مجھ سے چمٹ گئے اور ــــ تم تو مجھے جانتے ہو؟! کہہ کر دیر تک روتے رہے۔ اور میں بھی روتا رہا۔ پھر گھوم کر ہم دونوں نے سمندر کی طرف دیکھا جو نہ جانے کتنے انقلاب اپنے سینے میں چھپائے ہم دونوں کو دیکھ کر مسکرا رہا تھا۔

●

ایک عجیب و غریب واقعہ رہا جا رہا تھا۔ کراچی میں جب جہاز کھڑا تھا تو اِن ہزاروں آدمیوں میں میری نظر نے لکھنؤ کے ایک دوست کو پہچان لیا۔ یہ بیچارے کراچی آگئے ہیں، شاید کسی دفتر میں کام کرتے ہیں۔ یہ دو مہینے کی چھٹی لے کر امام حسین علیہ السّلام کے روضہ پر بڑی للک سے جا رہے تھے، مگر مجھ سے مل کر بے حد تڑپ کر جو اُنھوں نے بات

پوچھی، وہ یہ تھی کہ "آغا صاحب کوئی صورت ایسی بھی نکل سکتی ہے کہ بغداد سے میں کسی طرح لکھنؤ جا سکوں، چاہے دو ہی چار دن کے لئے کیوں نہ ہو، اور جا کر وہاں کے درو دیوار کو دیکھ سکوں۔ ایک سال ہو چکا ہے آئے ہوئے۔" ہائے کیا حسرت تھی ان کی اس تمنا میں۔ ہزاروں لاکھوں غریبوں کو پاکستان جاتے وقت یہ بھی نہیں معلوم تھا کہ وہ ایک غیر ملک میں جا رہے ہیں۔ وہ تو یہی سمجھ رہے تھے کہ اس وقت جان بچانے کے لئے کراچی یا لاہور جا رہے ہیں۔ جب حالات ٹھیک ہو جائیں گے پھر واپس چلے آئیں گے۔ میں غریب کو کیا جواب دیتا میں نے کہا "میں کیا کر سکتا ہوں۔ ہاں اگر آپ ہندوستان دوبارہ واپس آنا چاہیں تو بمبئی پہونچ کر کچھ کوشش کر سکتا ہوں۔

●

نیلا نیلا پانی۔ یورپ، امریکہ اور روسیوں کی انکھوں سے ملتا جلتا پانی ——— ! سرگوشیاں کرتا ہوا پانی۔ سازشوں کا شکار پانی ——— ! پھر ہلڑ ہوا۔ "ابدان آگیا"۔ اب کی ذرا میں بھی چونکا۔ کیونکہ یہ ایران کا سب سے بڑا پٹرول والا بندرگاہ ہے۔ جس کی بدولت ایران، ایران سمجھا جاتا ہے۔ اور امریکہ والے ولایت والوں سے سرگوشیاں کرتے ہوئے نظر آتے ہیں۔

۲۰۳

.... جہاز کے ایک دوست خلیلی صاحب کسی زمانے میں ایران سے آئے ہوں گے۔ وہ نہیں تو شاید ان کے دادا پردادا۔ ہمارے ساتھ وہ بھی جہاز پر تھے۔ "ابدان" کا نام سن کر ان کا چہرہ سرخ ہو گیا۔ جسم میں خون تیزی سے دوڑنے لگا۔ اور میں بھی ایرانی حسن دیکھنے کے لئے بے قرار۔

بڑی مشکل سے جہاز کے ایک افسر کی مہربانی سے اجازت ملی اور ہم سب گھبراہٹ میں روانہ ہوئے۔ سب سے زیادہ خوشی یہ تھی کہ صرف مردوں کو اجازت ملی تھی، عورتوں کو نہیں۔ اور یوں کچھ گھنٹے کے لئے ہماری جان بچی، کیونکہ سب کی بیویاں جہاز ہی پر نظر بند ہو گئی تھیں۔ میں، خلیلی صاحب اور کراچی کے ایک خوجہ جہاز سے اترے۔ بے محل نہ ہو گا اگر ان خوجہ صاحب کا تھوڑا سا تعارف آپ سے کرادوں۔

یہ بزرگ اپنے کو بیحد قابل اور رئیس ابن رئیس دکھانے کی کوشش کر رہے تھے۔ بہر حال ایک موٹر ہم نے کرائے پر لی۔ اور گھومنے نکلے۔ خلیلی صاحب نے فارسی میں ڈرائیور سے باتیں کرنا شروع کیں۔ یہ دیکھ کر خوجہ صاحب سے نہ رہا گیا۔ وہ بھی فارسی میں گوہر افشانی کرنے لگے۔ میں حیران رہ گیا کہ خوجہ صاحب کس قسم کی فارسی

بول رہے ہیں۔ ڈرائیور سے بولے "ڈرائیور صاحب ایں راہ کجا رفتہ بودی" شاید یہ خواہ مخواہ پوچھ رہے تھے کہ یہ راستہ کہاں جاتا ہے؟ پھر ذرا ترش ہو کر بولے "من گفتم شما خاموش۔ جواب لازم" مجھے بے تحاشا ہنسی آگئی اور خلیلی صاحب کو غصہ۔ ڈانٹ کر بولے کہ "کیا بدتمیزی ہے۔ آپ اول فول بک کے سارا مزہ کرکرا کر رہے ہیں۔ کبھی تو خاموش رہیئے۔" اور خوجہ صاحب چپ ہو گئے۔

ابدان میں ہم لوگ کیفے کی تلاش میں روانہ ہوئے۔

جہاز پر آٹھ دن سے ڈبے کے دودھ کی چائے مل رہی تھی اور میں تازے دودھ کی چائے کی تاک میں تھا۔ ڈرائیور سے کہا اور اس نے کیفے ایران' کے سامنے موٹر روکی۔ ہم لوگ چلے۔ کانوں میں میوزک کی آواز آئی۔ کچھ گانے کی۔ جیسے ہی پہنچے، دیکھا کیبرے ہے۔ ایک اچھی خاصی صورت کی ایرانی لڑکی ناچ رہی ہے۔ تمام عورتیں اور مرد انگریزی کپڑوں میں۔ بیٹھے شراب پی رہے ہیں۔ کباب اور مرغ اُڑ رہا ہے۔ خلیلی صاحب نے تھوڑی دیر رُک کر ایک گہری ٹھنڈی سانس ممکن ہے جوانی یاد آگئی ہو۔ پھر بولے "کشمیری صاحب ہم لوگ زیارت کو جا رہے ہیں۔ کچھ اچھا نہیں معلوم ہوتا۔"

میں نے عرض کی "حضور چائے پئیں گے اور جو بھی وام

یہ کہیں گے دیدیں گے۔ ہم شراب پئیں نہ پئیں، ان کو کیا اعتراض ہو سکتا ہے۔ رہا ناچ، اُدھر نہ دیکھئے۔ میرا تو یہ پیشہ ہی ہے۔ آپ منہ پھیر کر چائے پی لیجئے۔ مجھے تو زیارت کے بعد بھی فلم انڈسٹری میں رہنا پڑے گا۔ خلیلی صاحب قائل تو ہوگئے مگر "نہیں" کہکر ہنس کر بھاگے۔ اور میں بھی اکیلے پن کے ڈر سے بھاگا۔ بھاگا، مگر اُلٹے پیروں۔ چلتے چلتے جتنا دیکھ سکوں دیکھ لوں۔

وہاں سے نکل کر ہم ایک اور ہوٹل میں گئے۔ سب نے کباب روٹی کھائی اور چائے پی۔ استکان والی سادی۔ دودھ کا رواج ہی نہیں۔ خلیلی صاحب اسقدر خوش تھے کہ بیان سے باہر۔ کہتے تھے "چلو یہ تو کہنے کو ہوگیا کہ ہم نے ایران کی سرزمین دیکھ لی" خلیلی صاحب اور کیفے کے بوائے سے خوب خوب مذاق رہا۔ خلیلی صاحب بار بار ہم سے ان کی ایمانداری، چیزوں کے بے حد سستا ہونے پر زور دیتے رہے۔ چائے پی کر خلیلی صاحب نے دام پوچھے۔ روٹی کباب اور چائے کے بارہ روپئے اس نے بتائے۔ یہ پہلا تجربہ مجھے ہوا کہ ایک ایرانی کو ایک ایرانی نے ایران کی سرزمین پر شہید کردیا۔

دوسرا تجربہ جہاز پر پہنچ کر ہوا۔ جب ٹیکسی ڈرائیور نے بیس روپئے مانگے۔ اور بڑی مشکل سے پندرہ منہ بنا کر لئے۔ دو گھنٹے

قبل سب یہی کہہ رہے تھے کہ یہاں پٹرول اتنا سستا ہے کہ کپڑے دھوئے جاتے ہیں۔ اور موٹر! توبہ۔ بارہ آنے فی گھنٹہ کے حساب سے ملتا ہے۔ اور اگر ایک روپیہ دیدو تو ڈرائیور تین سلام کرتا ہے۔ میں نے موٹر کا کرایہ دینے کی کوشش کی مگر اصلی ایرانی خلیلی صاحب نے ہرگز نہیں دینے دیا۔ پلٹ کر جو دیکھا تو کرورپتی خوجہ صاحب جہاز پر تھے۔ یہ شاید جب پندرہ اور بیس روپے میں تکرار ہو رہی تھی تو اسی وقت کھسک لئے تھے۔

●

"ابدان" سے بصرہ، بصرہ سے ہلّا۔ اور ہلّا سے ہم لوگ نجف اشرف کے لئے روانہ ہوئے۔ تکیے میں ٹھہرے ہمثیل بالائی کھائی اور صبح کی چائے۔ اس چھوٹے سے ہلّا کے قصبہ میں اک تاریخی چائے بن کر رہ گئی۔ تنور کی سستی روٹی بہت بڑی۔ بہترین رنگی موئی جیسے انگریزی بسکٹ گرم گرم کھایا جا رہا ہو۔ یہاں صرف اس روٹی اور پانی پر گذارہ ہو سکتا ہے۔ اس روٹی کے ساتھ بالائی کا ایک ٹکڑا جی ہاں ٹکڑا اس لئے کہ بالائی اتنی خشک کہ کاغذ میں باندھکر آپ جیب میں رکھ سکتے ہیں اور ایک گھونٹ گرم گرم چائے۔ ہائے! بہت دن یاد رہے گی یہ روٹی۔

۲۰۷

●

یہاں سے ہم لوگ کوفے کے ایک مشہور شہر کی طرف روانہ ہوئے۔ مسجد کوفہ میں داخل ہوئے۔ یہاں قریب تمام پیغمبروں کے مصلّے ہیں۔ کہا جاتا ہے کہ یہاں ہر پیغمبر نے برسوں عبادت کی ہے۔ نماز صبح میں ابن ملجم کی تلوار سے حضرت علی علیہ السلام کی شہادت کا رنگ اس مسجد میں اس قدر گہرا چڑھ چکا ہے جس نے مسجد کی تاریخ بدل ڈالی۔

اس مسجد کے سامنے حضرت کا وہ چھوٹا سا مکان ہے جس میں رسول کا داماد رہتا تھا۔ اس قدر چھوٹا مکان، داماد رسول کا آج تک یہ ہدایت کر رہا ہے کہ مساوات کی یہ شان ہوتی ہے۔ تین چھوٹے چھوٹے کمرے۔ ایک چھوٹا سا صحن۔ بس یہ ملکیت تھی علی کی۔ جو رسول کی اکلوتی بیٹی کا شوہر۔ اسلام کا بہترین کمانڈر۔ اور رسول صلی اللہ علیہ وآلہ وسلّم کا دست راست۔ یہ تھا سچا اسلامی دور ورنہ آجکل کے مسلمان صرف شاعرانہ مزاج کے مسلمان ہیں ؎

ایک ہی صف میں کھڑے ہو گئے محمود و ایاز
نہ کوئی بندہ رہا اور نہ کوئی بندہ نواز

مگر صرف نماز ہی کی صف میں ساتھ ساتھ کھڑے ہو سکتے ہیں۔ نماز

کے بعد؟ بادشاہ کی جگہ تخت پر اور غلام کی جگہ وہی زمین پر۔ اُس وقت آسمانی حکومت تھی۔ زمین پر، چٹائی پر، بوریئے پر مسلمانوں کا سب سے بڑا محمود یعنی ہمارا رسولؐ بیٹھا کرتا تھا۔ اور ایاز بھی بیٹھا کرتے تھے۔ اسی زمین کے فرش پر قرآن بھی نازل ہوتا تھا۔ مسلمانوں کو حکم بھی دیے جاتے تھے۔ بڑے سے بڑے فیصلے بھی سنائے جاتے تھے۔

میرا خیال ہے کہ یہی مساوات کا جذبہ آدمی کو آدمی بنا دیتا ہے۔ اور آدمی کی یہی وہ منزل ہے جہاں وہ ساری کائنات سے بلند نظر آتا ہے۔ میر تقی میر نے اس پوری بحث کو ایک شعر میں کہدیا ہے ؎

ہم نے یہ مانا کہ واعظ ہے مَلک
'آدمی' ہونا بہت مشکل ہے میاں

●

بہر حال کوفے سے ہم لوگ نجف کی طرف روانہ ہوئے

اور تھوڑی ہی دیر کے بعد ایک چھوٹی سی پہاڑی پر حضرت علی السلام کے روضے کا چمکتا ہوا کلس نظر آیا جو ہاتھ کے پنجے کی شکل میں ہے اور جس میں قرآن کی ایک آیت لکھی ہے۔ اور کس مناسبت سے لکھی ہوئی ہے آیت سے پہلے ایک بات کہتا چلوں:۔

"ید اللہ" حضرت علیؑ کا لقب ہے۔ اب وہ آیت سنیئے

جو اُس کے پنجے پر لکھی ہے :-

"یَدُاللہِ فَوْقَ اَیْدِیْھِمْ"

یعنی۔ "خدا کا ہاتھ سب سے بلند و بالا ہے"

اور واقعاً مجھے ایسا ہی محسوس ہوا جیسے حضرت کے اس چھوٹے سے مکان سے 'کیمرہ' اونچا ہوا، عالیشان گنبد سے ہوتا ہوا اور اونچا ہو کر سونے کے چمکتے ہوئے کلس پر جاکر رُک گیا۔ اور اس کلس نے مسکرا کر کہا کہ " ہمیشہ زندہ رہنے والوں کی کیا شان ہوتی ہے ! کچھ مجھ سے اور کچھ علیؑ کے اس چھوٹے سے مکان سے پوچھ لو۔"

یہاں کی بہترین غذا مچھلی، چاول، تنور کی روٹی اور بالائی ہے۔ واقعی ہر چیز خوب ہوتی ہے۔ مچھلی بھی تنور میں بھونی جاتی ہے۔ اور سبحان اللہ ! نجف میں ہمیں کچھ ہندوستانی طالب علم ملے جو زیادہ تر لکھنؤ کے قرب وجوار کے تھے۔ یہ سب بڑی جانفشانی سے تعلیم حاصل کر رہے تھے۔ اس قدر مذہبی رنگ میں رنگے ہوئے کہ معاذاللہ ! کاش یہ طلبا جو آگے چل کر بڑے بڑے عالم بھی ہوں گے تھوڑا سا انسانی زندگی کا بھی تجربہ حاصل کرلیں تو اسلام کے علاوہ انسانیت کی بھی بڑی خدمت انجام دے سکتے ہیں۔

میرے نقطۂ نظر سے آجکل کا مذہب زیادہ تر روایات

٣١٠

کا محتاج ہے۔ اُس دور کی روایات کا ذکر عبادت بن کر رہ گیا ہے۔ مگر آج کل کیا کرنا چاہیئے۔ کس قسم کی عبادت کرنا چاہیئے۔ یہ ایک مسلمان نہیں جانتا۔ ہر شخص عبادت صرف "اپنے لئے" کرتا ہے۔ جنّت کے شوق میں کرتا ہے۔ جہنّم کے خوف سے کرتا ہے۔ گناہوں کے کفّارے کے لئے کرتا ہے۔ مرادیں پوری ہونے کے لیئے کرتا ہے۔ روزے کی تلقین ہر عالم کرے گا۔ مگر یہ کوئی نہیں کہے گا کہ غریب روزہ داروں کے لئے تو سال بھر رمضان رہتا ہے۔ ان کو پیٹ بھر کھانا کب نصیب ہوتا ہے کوئی تو سبیل ایسی نکل آئے کہ کروروں غریب اس عالمگیر بھوک اور تنگدستی سے بچیں۔

اس شہنشاہ کے روضے پر جس نے فاقوں پر فاقے کیئے، جس نے روزے پر روزہ رکھا، سونے کی جالی چڑھانے والو! ہیرے جواہرات نذر کرنے والو! زندگی میں کبھی یہ سوچو کہ اس خطّۂ پاک میں لاکھوں اور تمھارے وطن میں کروڑوں ایسے ہیں جن کو تمھارا ہلکا سا اشارہ زندگی بخش سکتا ہے۔ قسم ہے اس پیدا کرنے والے کی جس نے تم کو، تمام عالم کو، اسلام کو، تمام بزرگانِ دین کو پیدا کیا۔ اگر تم اِن اللہ کے بندوں کی جانیں بچالو، اور ان کو کچھ بھی سہارا دیدو تو یہ خدمت اور یہ عبادت، ہر بڑی سے بڑی عبادت سے

بہتر ہوگی۔ کیا تم کو یاد نہیں ؟ قرآن تو پڑھتے ہی ہوگے ؟ جب کعبہ بنا کر خلیل اللہ نے اپنے اللہ سے کہا کہ "میں نے تیرا پہلا گھر بنایا" تو اللہ نے جناب ابراہیم خلیل اللہ کو کیا جواب دیا ؟

اس نے کہا" ابراہیم کعبہ بنا کر تم تو ایسا فخر کر رہے ہو جیسے تم نے کسی ننگے کو کپڑے پہنا دیے اور کسی بھوکے کو کھانا کھلا دیا" بس اللہ کا یہ جواب ہی دنیا کا سب سے بڑا مذہب ہے۔

●

زائرین کے جہاز پر زیارت گاہ کے خدام اسی طرح ٹوٹ کر گرتے ہیں۔ جیسے فٹ بال میچ میں۔ بال پر کھلاڑی گرتے ہیں۔ بال ایک لیکر بھاگا اور دوسرے تاک میں دوڑے اور پیچھے لگے ہی رہتے ہیں جبتک عراقی سرزمین سے زائر باہر نہ چلا جائے فٹ بال میچ تو صرف ایک گھنٹہ جاری رہتا ہے۔ مگر یہ عجیب وغریب میچ مہینوں جاری رہتا ہے۔

چنانچہ ہم سید کو بھی ایک سید صاحب مل گئے جنکا نام ہمارے ایک دوست نے بمبئی میں دیا تھا اور انھوں نے کربلا جانے سے قبل ہی نجف میں ہمیں شہید کر ڈالا۔ چونکہ انھوں نے امام حسینؑ کے روضے کے قریب ہی ہم سے معافی مانگی ہے۔ اس لئے اُن کے بارے

میں اب کچھ نہیں لکھوں گا۔ ورنہ ایک دفتر ان کی شان میں تحریر کر سکتا تھا۔ اس معاملے میں ہماری اتنی غلطی ضرور ہے کہ ہم نے ان کو سید نجفی سمجھتے ہوئے۔ کیوں اپنا خزانچی بنا لیا ؟ مالی نقصان کے علاوہ سب سے بڑا نقصان جو مجھے ہوا یعنی صرف مجھے، وہ بیان سے باہر ہے۔ میری ساری اَنا ختم ہو گئی اور اس کا خمیازہ زبانی نہیں تحریری صورت میں اپنی بیگم صاحبہ کو یہ دینا پڑا کہ ہم آغا جانی کشمیری بہ ہوش و حواس بغیر کسی لالچ یا دباؤ کے اس حقیقت کا اعتراف کر رہے ہیں کہ ہم دنیا کے بہترین گدھوں میں سے ایک نمایاں گدھے ہیں۔ یہ رقعہ اس لئے لکھ دیا کہ سند رہے اور وقت ضرورت کام آئے۔ فقط دستخط آغا جانی کشمیری۔

اس سفر میں غلطیاں تو ہم سے اتنی ہوئیں کہ سراپا غلطیاں بن کر رہ گئے۔ چھوٹی بڑی سیکڑوں غلطیاں ہوئیں مگر یہ نجف والی غلطی سب سے بڑی غلطی تھی۔ نجف میں شیرِ خدا کا مزار ہے اور تاریخی مسجد کوفہ۔ مسجد سہلا اور مشہور بازار کوفہ۔ یہاں کے لوگ صرف پانچ باتوں سے واقف ہیں۔ قہوہ۔ سگریٹ۔ کھانا۔ پینا اور نکاح ! خدا جانے کب کام کرتے ہیں اور کیا ذریعۂ معاش ہے ؟ مزہ یہ کہ یہ جگہ بھی یو۔ پی کے ان مسلمان محلّوں سے بہت ملتی جلتی ہے جہاں

کے لوگ زیادہ تر بیکار ہیں اور نہیں بتا سکتے کہ یہ کرتے کیا ہیں ؟ اور ان کا ذریعہ معاش کیا ہے ؟

●

شام کا وقت سُرخ آسمان، سُرخ پانی۔ یہ وہ پانی تھا جو تین دن تک حسینؑ اور ان کے بچّوں کو نہیں ملا۔ فرات کا تاریخی پانی ——— ! اب ہم کربلا پہنچے اور صحیح معنوں میں امام حسین علیہ السلام کے روضے پر وہ بےکسی برستے ہوئے دیکھی جس کا جواب شاید ہی کوئی تاریخ دے سکتی ہے۔ مجھ سا گنہگار گھنٹوں روضے کو دیکھتا رہتا تھا۔ یہ عدم تشدّد کا سچّا علمبردار۔ بارہ سو سال قبل کئی لاکھ کے مقابل میں صرف بہتر کو لیکر لڑا۔ یزید کے ہاتھ پر بعیت نہ کی اور تین دن کی بھوک پیاس میں کئی لاکھ سے جنگ کر کے وہ اسلام جو رسولؐ نے پھیلایا تھا اسے تباہ ہونے سے بچالیا۔ یہی تو خواجہ معین الدین چشتی جن کا اجمیر شریف میں مزار ہے فرما گئے ہیں ؎

شاہ است حسینؑ بادشاہ است حسینؑ
دین است حسینؑ دیں پناہ است حسینؑ
سر داد ونہ داد دست در دستِ یزید
حقا کہ بنائے لاالٰہ است حسینؑ

۲۱۴

ترجمہ یہ ہے کہ :-

حسین شاہ ہیں　　حسین بادشاہ ہیں
حسین دین ہیں　　حسین دین کو بچانے والے ہیں
سر دیدیا مگر　　یزید کے ہاتھ میں ہاتھ دیکر صلح نہیں کی۔
خدا گواہ ہے کہ　　"اللہ ایک ہے" کی بناؑ ہیں حسین۔

واقعی حسینؑ بنائے لا الٰہ ہیں۔ عجیب بات ہے کہ یہ کمبخت شیعہ سنی کی بحث صرف ہندوستان میں ہے اور مسلم ممالک میں بالکل نہیں ہے بغداد میں بڑے پیر صاحب کے مزار پر ہم لوگ گئے تو وہاں کے خدام نے ہم سے خود پوچھا کہ نجف اور کربلا کی بھی زیارت کی ؟ اگر نہیں کی ہو تو پہلے وہاں جاؤ پھر یہاں آؤ۔

●

اس سنی اور شیعہ کی بحث پر مجھے خواجہ حسن نظامی مرحوم یاد آگئے جن کی قریب قریب ہر تحریر میں نے پڑھی ہے۔ اور ڈھونڈھ ڈھونڈھ کر پڑھی ہے۔ مجھے ان کا رنگ بے تحاشا پسند ہے اور طنز اور مزاح کا تو جواب ہی نہیں۔

ؑ بنا یا بانی :- اس کو کہتے ہیں جو کسی بات کی بنیاد ڈالنے کی ابتدا کرے۔ شروع کرے جسکا بانی ہو۔ اور بنیاد بانی کے نام سے ہمیشہ قائم رہتی ہے۔

۳۱۵

ایک کانفرنس ہوئی احمد آباد میں۔ جس میں بہت سے شیعہ اور سنّی مولوی ایک ہی پلیٹ فارم پر اتفاق سے تیرہ چودہ سو سال کے بعد میرا خیال ہے جمع ہوئے تھے۔ نہ جانے کیونکر میں بدقسمتی کا مارا کسی ضرورت سے احمد آباد گیا اور صرف خواجہ حسن نظامی کا نام سُن کر کہ وہ بھی یہاں آئے ہوئے ہیں، اس کانفرنس میں پہنچ گیا۔ جب میں پہنچا ہوں تو یہ کانفرنس شروع ہو چکی تھی۔ شاید کسی سنّی مولوی نے حضرت علیؑ کو چوتھا خلیفہ کہہ دیا تھا اور ایک شیعہ مولوی اس پر بگڑ گئے تھے۔ اور قریب قریب یہ کانفرنس درہم برہم ہونے والی تھی کہ خواجہ حسن نظامی کھڑے ہوئے۔ کیا تقریر کی اس جادوگر نے جو آج تک کانوں میں گونج رہی ہے۔

اس نے چیخ کر کہا کہ "آپ سب حضرات سے صرف میرا ایمان زیادہ سچا ہے اور صحیح معنوں میں صرف میں مسلمان ہوں بت توہین کیجئے علیؑ ایسی شخصیت کی کہ وہ پہلے خلیفہ تھے یا چوتھے۔ اگر ان کو خلافت نہ بھی ملتی اور خلیفہ نہ بھی ہوتے تب بھی رسولؐ کے بعد دنیائے اسلام کی دوسری اہم ترین شخصیت علیؑ ہی کی ہوتی۔ خلافت نے علیؑ کا مرتبہ نہیں بڑھایا بلکہ پیدا کرنے والے کی قسم علیؑ نے خلافت کا مرتبہ بڑھا دیا۔"

لوگوں کی آنکھوں میں آنسو تھے اور سب سنی شیعہ مل کر تالیاں بجا رہے تھے۔ اور یہ حسین جادوگر بول رہا تھا۔

●

اب تھوڑا سا نجف اور کربلا کے خدام کے سلسلے میں بھی سُن لیجئے:۔ یہ قریب قریب سب کے سب سیّد ہیں۔ آل رسولؐ۔ اور بقول ان کے زمانے بھر کے سیّد اولاد ابنِ عم ہیں مگر یہ علی و فاطمہ دونوں طرف سے سیّد ہیں۔ اور واقعی حرکتیں بھی جنت دلوانے کی جیسی ہیں۔ چین سے آپ کو ایک منٹ روضے کے قریب کھڑا نہیں رہنے دیں گے۔" نواب صاحب اس کو بوسہ دو۔ سید صاحب یہ ضریح ہے اسے چومو۔ حضور سرکار یہاں تمام شہدا ہیں اسے بوسہ دو۔ کیا کر رہے ہو۔ ہم کو کچھ نہیں دو گے؟ یہ کم ہے اور دو۔ یہ کیا ہوا؟ سیّد صاحب اور دو۔ اور نکالو۔ جہنم میں جاؤ گے!"

اگر ذرا سے بھی آپ نرم ہوئے تو جیب میں جو کچھ ہے سب زبردستی نکال لیں گے۔"سامرہ" میں مجکو پچاسوں خدام نے گھیر لیا۔ کچھ کو بہت کچھ دے دلاکر اپنی جان بچائی۔ وہ بھاگے تو دوسرے لپٹ پڑے۔ اور صحیح معنوں میں مجکو گھیر لیا۔ تنگ آید و جنگ آید۔ جب ذرا سختی سے جھڑکا تو حد ہوگئی۔ عورتوں کی طرح ہاتھ

اٹھاکر مجھے کوسنے لگے۔ کتنوں کو کوئی دے آخر! اس کے علاوہ کوئی ان کا ذریعہ معاش نہیں ہے۔ سب کے سب بیکار!

ایک بات اور یہاں کے بارے میں تحریر کر دوں۔

یہاں زائر یعنی زیارت کرنے والے اکثر بیچ بھی ڈالے جاتے ہیں وہ اس طرح کہ ایک زائر کو ایک خادم لیکر جارہا ہے۔ دوسرے خادم نے پوچھا "اس ہندوستانی مُرغے کو بیچتے ہو؟" دوسرے نے عربی میں دام پوچھے۔ معاملہ پٹ گیا اور آپ فروخت ہوگئے۔ اس خادم نے آپ کو دوسرے خادم کے حوالے کر دیا۔ اب یہ اسکی قسمت ہے جتنا بھی مل جائے۔

جب خدّام آپس میں لین دین کی باتیں کرتے ہیں تو غریب ان پڑھ جاہل زائر سمجھتے ہیں کہ یہ لوگ قرآن پاک کی تلاوت فرمارہے ہیں کیونکہ زیادہ تر مسلمان عربی پڑھ سکتے ہیں مگر اس کے معنی نہیں سمجھ سکتے۔ وہ آنکھیں پھاڑ پھاڑ کر ان کی طرف دیکھ دیکھ کر لرتے ہیں اور یہ اس عربی کو قرآن کی تلاوت سمجھتے ہیں اور صلوات بھیجتے ہیں اور ہر قدم پر غریب بکنے والے کو جنت ہی جنت دکھائی دیتی ہے۔

ایک خادم، مجھکو یاد نہیں آتا، کس روضے پر زائرین کو زیارت پڑھا رہا تھا، میں بھی قریب ہی کھڑا تھا۔ اس نے نظر نیچی کی۔ زمین پر کبوتر کی بیٹ کا بڑا دھبّا پڑا تھا۔ زیارت روک کر جھکا۔ ہاتھ سے اٹھانا چاہا۔ سمجھا تھا چاندی کا سِکّہ ہے کھڑا ہوکر پھر زیارت پڑھانے لگا۔ مجھے بے ساختہ ہنسی آگئی۔ حد یہ ہے کہ انسان زیارت پڑھتے پڑھتے یہ سوچنے لگتا ہے کہ یہ کیا مانگے گا اور کتنے پر اس سے جھنکارا ملے گا۔ پھر خیال آتا ہے کہ ارے ابھی تو زیارت ہی پڑھائی جا رہی ہے۔ کربلا کے خدمت گزاروں میں صرف ایک مثال ایسی ملتی ہے جس نے بہت کچھ میرے خیال کو تسکین دی ہے۔ وہ ہیں سید علی رضا ہندی جو خادم بھی نہیں صرف تجارت کرتے ہیں۔

بس صحیح معنوں میں سچے خادم یہی ہیں۔ آپ کا کام کر دیں گے۔ ہر مدد پہنچا دیں گے اور بالکل معاوضے کے طالب نہ ہونگے کربلا والوں کی تھوڑی بہت شان اس نوجوان ہندوستانی عرب میں ہم کو ملی۔ کسی وقت کسی کام میں عذر نہیں اور عبادت کا یہ عالم کہ صبح، دوپہر، شام کسی وقت بھی روضہ پر جائیے عبادت کرتے دکھائی دیں گے۔ کافی خوشحال ہیں۔

ایک بات ہماری سمجھ میں کسی طرح نہ آئی۔ جب ہندوستان سے زائرین اتنی تعداد میں جاتے ہیں جتنے دنیا کے کسی اور حصے سے نہیں جاتے بلکہ ساری دنیا سے ملا جلا کر اتنے نہیں جاتے۔ اور در اصل یہاں والوں کی روٹیاں بھی انھیں کی وجہ سے چلتی ہیں۔ تو پھر آخر وہاں ہندوستانی بدنام کیوں ہیں؟

میں ایک حمام میں گیا۔ حمام والا مجھے دیکھ کر بولا "تم ہندی ہو؟" میں نے کہا "ہاں! تم کیا سمجھے؟" کہنے لگا "تم ہندی معلوم ہی نہیں ہوتے۔"

"یہ کیسے؟" میں نے حیرت سے کہا

بولا "تمھارے چہرے پر رونق ہے۔ ہندوستانیوں کے چہرے پر تو پھٹکار برسا کرتی ہے۔"

میرا خیال ہے غریب زیادہ جاتے ہیں اور ان لوگوں کو مال کم ملتا ہے ہندوستانیوں سے۔ سُنئے صاحب۔ یہ نئی بات ہے یہاں کے حمام اس قدر گندے، اس قدر گندے کہ جب تک انسان واقعی اُکتا نہ جائے اس کا نہانے کو دل ہی نہیں چاہے گا۔

ایک حمام جو سب سے بڑا ہے۔ قضا و قدر کہ ہم بھی نہانے گئے۔ ایک مالش کرنے والا بوڑھا آگیا۔ اس نے سب سے پہلے

ہمیں ایک لنگی پیش کی۔ ہم نے اسی طرح ڈر کر باندھی جیسے سنت ہوتے وقت بچپن میں باندھی تھی۔ پھر ایک لکڑی کی کھڑاؤں ملی یہی حرکت ہمارے بڑے صاحبزادے اور ستار خاں کے ساتھ کی گئی۔ ایسی مالش یقین مانیے دنیا کی کسی سرزمین پر نہ ہوتی ہوگی۔ تقدیر سے یہ شخص اگر بوڑھا نہ ہوتا یا ہم ذرا سا کمزور ہوتے تو خدا کی قسم ہڈی پسلی ایک ہوجاتی۔ زبردستی اوندھا لٹا کر ہمارا پاؤں پکڑ کر کئی بار سر اقدس سے ملا دیا۔ اور لطف یہ کہ ایک اور بوڑھا زور سے کمر پکڑے تھا کہ زمین سے اٹھنے نہ پاؤں۔ گھبرا کر میں نے جھٹکا مارا اور اٹھ کر بھاگا۔

دیکھا تو ستار خاں صاحبزادے کی مسکرا مسکرا کر مالش فرما رہے ہیں اور نیچی نظروں سے ہم کو دیکھتے جا رہے ہیں۔ زندگی میں پہلی بار صاحبزادے کو مالش کراتے دیکھا۔ میرا خیال ہے جب میری مرمت ہو رہی تھی تو صاحبزادے نے اس ڈر میں کہ کہیں یہ نزلہ ان پر بھی نہ گرے، نوکر سے مالش کروانا شروع کر دی تھی۔ ستار خاں کو ہنستا دیکھ کر میں جل گیا اور ان دونوں شکاریوں کو "لینا" کہہ کر میں نے ان کی طرف اشارہ کیا۔

وہ دونوں بوڑھے ادھر چلے اور ستار خاں "نہیں صاحب۔ نہیں صاحب" کہتے پچھلے پیروں باہر بھاگے اور ان کے

پیچھے ہمارے صاحبزادے صاحب ڈر کے بھاگے اور حمام میں اچھا خاصا غدر مچ گیا۔

یہاں زوّاروں کے ٹھہرنے کے لئے کوئی جگہ ہندوستانیوں کی طرف سے نہیں بنائی گئی ہے نوابوں اور راجاؤں کے روضے کچھ یہاں دیکھے اور کچھ نجف میں دیکھے۔ ہر بڑے رئیس شیعہ کی لاش بذریعہ ہوائی جہاز یہاں دفن ہونے آتی ہے۔ سنا ہے بمبئی کے مسلمانوں کی طرف سے سونے کی جالی۔ لاکھوں کی کربلا میں چڑھائی گئی ہے۔ مگر کسی سرمایہ دار کو یہ توفیق نہ ہوئی کہ غریب زائرین کے لئے رہنے کا انتظام کر دیتا۔ میرا خیال ہے یہ ایسی عظیم الشان خدمت ہوتی جس کا کوئی جواب نہ ہوتا۔ بیچارہ غریب ہر جگہ پریشان رہتا ہے۔ ہر دور میں پریشان رہتا ہے۔ زندہ ہے تو بھی مر گیا تو بھی۔ غریب زوّاروں پر ایسی ایسی مصیبتیں نازل ہوتی ہیں خصوصاً عورتوں پر، جو انھیں کا صابر دل برداشت کرتا ہے۔ پردہ، ڈک پر جہاز کا سفر۔ بدترین جگہ۔ بیماریاں، گندگی، بچّے، غربت، فاقے مگر واہ رے صبر۔ کس خندہ پیشانی سے زیارت کرتی ہیں۔

دو ایک بمبئی اور کراچی کے تاجر پیشہ دیندار مسلمانوں نے یہاں اپنے مسافر خانے بنوائے ہیں جن میں صرف انھیں کی قوم

کے افراد کو ٹھہرنے کی اجازت ہے اور کوئی نہیں ٹھہر سکتا۔ نہ جانے کیوں یا تو یہ لوگ مسلمان نہیں ہیں یا دوسروں کو مسلمان نہیں سمجھتے۔ اس کے علاوہ اور کیا وجہ ہو سکتی ہے۔ حالانکہ پڑھے لکھے ہیں۔ منہ پر داڑھی بھی ہوتی ہے۔

اتنا ضرور عرض کرنے کی جرأت کرونگا کہ ہر امام اور پیغمبر سرمایہ دار نہ تھا۔ آسمانی سلطنت تھی، ہر طرف مساوات، بیت المال سے غریبوں کی پرورش ہوا کرتی تھی۔ ہر مسلمان کا بچہ پوری قوم کا بچہ سمجھا جاتا تھا جسکی پرورش کی ذمہ دار پوری قوم ہوا کرتی تھی۔ بچپن میں حسنؑ حسینؑ رسول کی زندگی میں عام بچوں کی طرح پرورش پاتے تھے کبھی کبھی گھر میں فاقہ بھی ہو جاتا تھا۔ لباس بھی وہی جو عام عربوں کا ہوا کرتا تھا۔ علیؑ رسولؐ کی اکلوتی بیٹی کے شوہر کام کرتے تھے تو کھاتے تھے۔ خلفاء کی بھی یہی شان تھی۔ اور صرف یہ رہا ہے سچا اسلامی ہی نہیں بلکہ سچا انسانی دَور۔

مجھ کو یاد نہیں آتا کہ اس سچے انسانی دور میں مسلمانوں نے کبھی بھی شکست کھائی ہو۔ رسول سے لیکر حسینؑ کی شہادت تک۔ البتہ جب یہ انسانیت کی شان حکومت اور سرمایہ داری بنکر رہ گئی تو تاریخ کے خونی ورق یہ بتاتے ہیں کہ بغداد میں گھٹنوں گھٹنوں خون کا دریا بہ گیا...... اس گھٹنوں گھٹنوں خون پر مجھے عبداللہ بریلوی مرحوم ممبئی

۲۲۲
کرانیکل کے اڈیٹر یاد آ گئے۔ جب مرحوم مڈل ایسٹ کے سفر سے پلٹے تو رات کے کھانے پر بہت سے لوگوں کو بلایا۔ میں بھی مدعو تھا۔ سب ہی قریب قریب ممبئی کے رہنے والے تھے مگر دو ہستیاں باہر کی تھیں۔ ایک نوجوان راجہ صاحب محمود آباد اور دوسری ہستی نواب صمد یار جنگ۔ نواب صمد یار جنگ عرصہ کے بعد ایک اور دعوت میں ہم سے حیدر آباد میں پھر ملے۔ چونکہ پھر اس دعوت کا ذکر نہ آئے گا اس لئے پہلے اسی دعوت کا ذکر کر دوں۔

اس دعوت میں ایک فرانسیسی جوڑا، ایک انگریزی خاتون اور دو سرحدی قبائل کے لوگ بھی شریک تھے ...... پہلے انھوں نے ہم سے اردو شاعری پر ایک تفصیلی گفتگو فرمائی۔ ولیؔ دکنی سے لیکر میر تقی میرؔ اور غالبؔ و آتشؔ و انیسؔ کو سمیٹتے ہوئے اس دور کے تمام نمایاں شاعروں کے متعلق اور ان کے کلام کے متعلق سب ہی کچھ کہہ گئے۔ فرانسیسیوں سے بات چیت ہوئی تو فرنچ زبان میں۔ ان کے مشہور شاعر... آرٹسٹ اور نثر نگار۔ سب کے بارے میں۔ اس قدر اطمینان سے بولے جیسے وہیں کے رہنے والے ہیں۔ گھوم گھوم ہم سب کو اردو میں سمجھاتے بھی جاتے تھے۔ سرحدی قبائل کے لوگوں سے بات چیت ہوئی تو معلوم ہوا کہ ان قبائلیوں

۳۲۶

سے زیادہ۔ یہ ان کے قبیلوں، ان کی زبان، ان کی شاعری اور ان کی تاریخ کے متعلق سب کچھ جانتے ہیں۔ مجمع میں یاسؔ یگانہ چنگیزی مرحوم بھی تھے۔ انھوں نے فارسی کے شعرا کے متعلق گفتگو فرمائی۔

یہ تیز بہتے ہوئے دریا کا بہاؤ۔ اب فارسی کے شعرا کی طرف پلٹ پڑا۔ عمر خیام۔ عرفی۔ جامیؔ اور شیخ علی حزیںؔ کا کیرکٹر۔ اشعار یوں پڑھ رہا تھا جیسے ایران میں پیدا ہوا ہو۔ مجھکو اب تک یاد ہے کہ نواب صاحب نے کہا کہ "شیخ علی حزیںؔ نے پہلا مطلع کب کہا۔ کب پڑھا۔ کس طرح پڑھا؟" یہ بیان فرماتے ہوئے اور ایک مشاعرہ کا ذکر کرتے ہوئے کہ یہ طرح کا مصرع تھا...... شیخ کے والد کچھ شاگردوں کو لئے بیٹھے اپنی تازہ غزل سُنا رہے تھے۔ مشاعرہ شاید دوسرے دن ہونے والا تھا۔ انھوں نے مطلع پڑھا سب نے بڑی تعریف کی مگر پندرہ سال کا بیٹا شیخ علی حزیں خاموش بیٹھا رہا۔ باپ نے جل کر پوچھا "تم سمجھے؟"

کہنے لگے "اچھی طرح"

پھر کہا "تم نے داد نہیں دی؟"

کہنے لگے "مجھکو کچھ پسند نہیں آیا اس لئے داد نہیں دی۔ معافی چاہتا ہوں۔"

۲۲۵

باپ نے اور جل کر کہا " کیا تم اس سے اچھا شعر کہہ سکتے ہو ؟"
کہنے لگے " اگر آپ حکم فرمائیں "
انھوں نے کہا " دم ہے تو ابھی کہو۔"
تھوڑی دیر سوچتا رہا یہ نوجوان، پھر مسکرا کر کہنے لگا
ملاحظہ ہو :۔ ؎

صید از حرم کشد خم جعدِ بلند تو
فریاد از تطاولِ مشکیں کمند تو

یعنی :۔ تیری زلفوں کا خم حرم تک سے شکار کھینچ کر شکار کرلیتا ہے
جہاں شکار حرام ہے۔
فریاد ہے تیری مشک کی خوشبو سے مہکتی ہوئی کمند پر یعنی
چوٹی پر، جسکی پہنچ وہاں تک ہے
اس شعر پر ہنگامہ سا ہوگیا اور باپ نے اپنا قلمدان
بیٹے کے سامنے بڑھا دیا کہ آج سے تم استاد ہو۔
بہر حال یہ پہاڑی دریا جو سرحد کا تھا اور جس کا نام
نواب صمد یار جنگ بہادر تھا اسی تیزی سے مچل مچل کر گھنٹوں بہتا رہا۔
اور دل یہ چاہتا تھا کہ یہ رات کا کھانا کم از کم ایک رات تو جاری
رہے۔

اب حاضر ہوتا ہوں اپنے پہلے بیان پر یعنی عبداللہ

بریلوی صاحب کے بمبئی والے مکان کا رات کا کھانا اب ختم ہوا اور صمد یار جنگ نے ان سے پوچھا کہ "بریلوی صاحب! مڈل ایسٹ کی لائبریریز میں سنا ہے کہ پرانے زمانے کے کچھ کاغذات ہیں جن میں عجیب و غریب واقعات ملتے ہیں۔"

بریلوی صاحب نے مسکرا کر کہا کہ " میں نے مصر میں یا بغداد میں یا کسی اور جگہ !" کونسی جگہ بتائی بریلوی صاحب نے۔ وہ جگہ افسوس ہے کہ مجھے یاد نہیں رہی۔ چھ سو سال پہلے کا عربی میں لکھا ہوا ایک کاغذ دیکھا جو غالباً خلیفہ ہارون رشید کے دور کے بعد تحریر کیا گیا تھا۔ جس میں یہ لکھا تھا کہ رسول کے زمانے میں مسلمان اتنے مضبوط اور طاقتور ہو چکے تھے کہ رومنس کا کسی طرح بس بھی نہیں چلتا تھا کہ کس طرح انتقام لیا جائے۔

چنانچہ کسی نہ کسی بہانے رومنس صرف یہ دیکھنے آیا کرتے تھے کہ مسلمانوں کی کمزوریاں کیا کیا ہیں۔ روم سے ایک گروہ آیا جو سو بے مثل گھوڑے۔ سو بے مثل طلائی کام کی تلواریں اور سو بے مثل حسین لڑکیاں بھی اپنے ساتھ لائے۔

جب یہ شہر میں گھسے تو ایک عالیشان عمارت کے اندر

داخل ہوئے۔ یہ سمجھ کر کہ شاید یہی خلیفہ کا محل ہوگا۔ اندر جاکر معلوم ہوا کہ یہ تو ایک بیحد امیر یہودی کا عالیشان محل ہے جو یہاں کا سب سے بڑا تاجر بھی ہے۔ اس یہودی سے جب خلیفہ کے بارے میں پوچھا تو یہ معلوم ہوا کہ ایک رسول اللہ کے ابتدائی زمانے کی مسجد گر گئی ہے اور خلیفہ اپنے ہاتھوں سے اس کی مرمت کر رہے ہیں۔

یہ گروہ وہاں پہنچا۔ ابوبکر بھی تھے۔ عمر بھی، عثمان بھی اور علی بھی۔ علی دن کا کھانا کھاکر' مسجد کی دیوار سے ٹکے ہوئے ذرہ دم لے رہے تھے۔ یہ تمام تحفے پیش کئے گئے۔ پہلے تلواریں پیش کی گئیں۔ اسی وقت وہ بیش بہا تلواریں ان بہادروں میں بانٹ دی گئیں جن کی گذشتہ لڑائی میں تلواریں ٹوٹ چکی تھیں۔ اب گھوڑوں کی باری آئی۔ بیمثل گھوڑے بھی ان بہادروں میں بٹ گئے۔ جن کے پاس گھوڑے نہیں تھے۔ حسین کنیزیں بھی ان انسانوں میں۔ ان تمام لوگوں میں بانٹ دی گئیں جن کی بیویاں مر چکی تھیں یا جن کی شادی نہیں ہوئی تھی۔

بات کی بات میں یہ صرف عرب ہی کی نہیں بلکہ روئے زمین بھر کے انسانوں کی انسانی کمزوریاں تقسیم کر دی گئیں اور پھر یہ تمام لوگ شکر یہ ادا کر کے مسجد کی مرمت میں لگ گئے۔

ان لوگوں نے روم جاکر بیان دیا کہ مسلمانوں میں کسی قسم کی کوئی انسانی کمزوری نہیں ہے۔ حملہ نہ کرنا نہیں تو سب بے موت مارے جاؤگے۔

زمانہ تیزی سے آگے بڑھتا گیا.......... سیکڑوں برس کے بعد........ پھر ایک گروہ روم سے آیا۔ پھر وہی بیش بہا تحفے لے کر۔ اور انھوں نے جب دیکھا کہ تین دن لگے خلیفہ کا باغ اور محل دیکھنے کے لئے۔ خلیفہ سونے اور چاندی کے برتنوں میں کھانا کھاتا ہے قیمتی جواہرات جسم اور تاج میں جڑے ہوئے ہیں تو جاکر اعلان کیا کہ "وقت آگیا ہے۔ اب حملہ کرو۔ مسلمانوں میں ہر قسم کی انسانی کمزوریاں گھر کرچکی ہیں۔"

حملہ ہوا مسلمان پہلی بار پیٹے اور بغداد میں گھٹنوں گھٹنوں خون کا دریا بہ گیا۔ اب آپ دیکھیئے۔ یہ مذہب کہاں سے شروع ہوا۔ کیونکر شروع ہوا؟ کیا تھا یہ مذہب اور کہاں آکر دم توڑ رہا ہے؟ کیا سچ مچ ہم میں کوئی مسلمان ایسا موجود ہے جو یہ دعویٰ کرسکے کہ وہ سچ مچ مسلمان ہے۔ اُس بے پناہ طاقت کے زمانے میں اگر مسلمان چاہتے تو ایک یہودی بچ نہیں سکتا تھا۔ مگر مسلمانوں کا خلیفہ۔ رسول کا داماد ان رئیس یہودیوں کے باغوں میں سارا دن کام کرکے اپنی روزی

۳۲۹
کما تا تھا۔ یہ تھی برداشت کی قوت۔ یہ تھے اصول۔ اور یہ تھا اپنی زندگی سے دوسروں کو بھی عملی سبق دینا۔ سب انسانوں کو برابر برابر زندہ رہنے کا حق۔ خواہ اللہ کا رسولؐ ہو یا کوئی جاہل عرب۔

کعبہ میں سب ہی موجود ہیں۔ نماز کا وقت آیا۔ اللہ کے رسولؐ نے علی سے نہیں کہا اذان دو۔ عمرؓ سے نہیں کہا۔ ابوبکر سے نہیں کہا۔ بلال جو حبشی تھے اور غلام بنکر آئے تھے اُن سے کہا "ذرہ اذان تو دینا" بلال نے اذان دی۔ جن کا "ش" اور "ق" درست نہیں تھا۔ دنیا حیران ہو کر دیکھتی رہی اور یہ شرف ایک حبشی غلام کو بخش دیا گیا۔

افسوس! اب اسی سرزمین پر مسلمان قومیں یہ کہتی ہیں کہ یہ ہماری قوم کے لئے مسافر خانہ ہے۔ یہ ہمارا مکان ہے۔ یہ ہمارا مقبرہ ہے۔ اے لمبی لمبی داڑھیوں والے سرمایہ دارو! اک ذرا گردن اٹھاؤ۔ اپنے چاروں طرف پھیلے ہوئے غریبوں کو دیکھو۔ کب تک سرمایہ داری کے بار سے گردنیں جھکائے رہوگے بہانہ یہ کرتے ہو کہ داڑھی کے بوجھ سے گردنیں جھکی ہوئی ہیں۔

●

بہر حال کچھ دن رہ کر ہم لوگ کربلا سے ٹیکسی لیکر بغداد کے مشہور و معروف شہر میں پہنچ گئے۔ دو باتیں یہاں کی بہت مشہور تھیں ہمارے لئے۔ ۱ ایک خلیفہ ہارون رشید دوسرے بغدادی اونٹ۔ جاکر جو دیکھا تو ہارون رشید کے زمانے کی تو ایک چیز نہ ملی، لیکن اونٹ بہت دکھائی دیے۔ ان سے زیادہ حسین اونچائی نے اپنی طرف متوجہ کیا۔ وہ یہاں کی عورتوں کی اونچائی ہے۔ سرو قد کے بجائے پیپل و برگد قد! اور ماشاءاللہ چوڑائی میں بھی اتنی چوڑی کہ تمام شاخیں ہی شاخیں پھیلی ہوئی ہیں لیکن مزاج کی بہت اچھی۔ بیحد خلیق۔

بغداد سے چالیس میل پر طاق کسریٰ ہے جس کی بیکسی پر ٹوٹا ہوا اونچا سا کسریٰ بادشاہ کا طاق خود ہی رو رہا ہے۔ ایک زمانے میں شاہ کسریٰ یہاں خیرات دیا کرتا تھا۔ تھوڑی دور پر سلمان فارسی کا مزار ہے جو رسولؐ کے صحابی تھے اور انھیں کے متعلق رسولؐ نے فرمایا ہے کہ" سلمان ہمارے اہلبیت میں سے ہیں یعنی ہمارے گھر والوں میں سے ایک ہیں۔

بغداد سے ۵ میل کاظمین ہے اور ستر میل سامرہ۔

۲۳۱
سامرہ ہم موٹر سے روانہ ہوئے۔ بڑی جلدی میں زیارت کی۔ اس قدر خوبصورت اور سرد مقام ہے کہ گرمی کے باوجود ہم کو سردی لگنے لگی۔ ایک جگہ ہماری موٹر رکی۔ سامنے دریا موجیں مار رہا تھا۔ دریا کے اوپر بڑی پہاڑی۔ اسی کے برابر روضہ کا سُنہرا کلس چمکتا ہوا۔

●

بغداد کے ہوٹل اس قدر مہنگے ہیں کہ یورپ کے اس سے کچھ کم ہوتے ہیں۔ مگر ہیں خوبصورت۔ اور کھانا بھی مزیدار اور عمدہ۔ اور ایک آدمی کا کھانا اتنا کہ دو تین آدمی آسانی سے کھا سکتے ہیں۔

دریائے دجلہ کے کنارے پر یہ چھوٹا سا شہر بتا رہا ہے کہ کسی زمانے میں بڑا ہی حسین رہا ہوگا۔ ہمارا ہوٹل جو "فندق ضیاء" کہلاتا ہے اس قدر حسین اور صاف ستھرا ہے کہ واہ واہ۔ کمرے کے آگے برآمدے۔ برآمدے کے نیچے ہری ہری گھاس کا فرش۔ گھاس بھی اتنی ہری کہ دیکھ کر آنکھوں کو ٹھنڈک پہنچے۔ گھاس پر کرسیاں اور سامنے دجلہ آہستہ آہستہ بہتا ہوا۔

آب و ہوا کے لحاظ سے بھی اس شہر کا کوئی جواب نہیں اس گئی گذری حالت میں بھی ہر چیز خوبصورت نظر آ رہی تھی۔ اور مسلمانوں

کے گئے ہوئے کلچر کا بغداد کو دیکھکر کچھ پتہ چل رہا تھا۔

مسلمانوں کے مشہور بڑے پیر خواجہ عبدالقادر جیلانیؒ
کا مزار بھی یہیں ہے۔ جہاں مدت کے بعد ہم نے پہلی بار کچھ لوگوں کو ہندوستانی بولتے ہوئے سُنا۔ جس سے یہ پتہ چلا کہ یہاں ہندوستانی کافی آباد ہیں۔ ممبئی کے کچھ گجراتیوں سے بھی سڑک پر آتے جاتے ملاقات ہوئی جو گجراتی کے بجائے کچھ عربی نما اُردو بولے اور بیچارے ہماری خاطر مدارات کو آمادہ ہو گئے۔ پانچویں دن اس خوف سے کہ کہیں لُٹ نہ جائیں، نیرن موٹر سروس سے سرِ شام یہاں کے مشہور شہر دمشق روانہ ہوئے۔

●

دمشق: ہائے دمشق!! عجیب و غریب مقام ہے
آب و ہوا کے لحاظ سے۔ کھانے پینے کے لحاظ سے، خوبصورتی کے لحاظ سے۔ سستا ہونے کے لحاظ سے۔ چھوٹا سا خوبصورت مقام۔ چھوٹے چھوٹے صاف ستھرے خوشنما ہوٹل۔ جن میں صفائی کا اتنا خیال کہ دیکھ کر بھوک لگ آئے۔ صاف ستھرا کھانا۔ صاف ستھری جگہ، صاف ستھرے برتن۔ مٹھائی بے نظیر۔ مکھن اعلیٰ درجے کا۔ کھانے پینے کی ہر چیز افراط سے اور لطف یہ کہ بیحد سستی۔

۳۴۳
ہمارے ساتھ بس میں ایک شامی خوبصورت جوان
اس کی نازک سی حسین بیوی اور ایک ان کا کتا سفر کر رہا تھا۔ ہملوگ
بارہا ان کے حسن کا ذکر کرتے رہے۔ بلکہ یہ سمجھ لیجیے کہ انھیں کے
سہارے سفر کرتے ہوئے آ رہے تھے۔ بیوی مرد سے زیادہ خوبصورت
اور مرد بیوی سے زیادہ خوبصورت۔ فیصلہ نہیں ہو سکتا تھا کہ کون
زیادہ خوبصورت ہے۔ حد ہے کہ ان کا کتا تک خوبصورت نظر آ رہا تھا
دمشق پہنچکر ایسا معلوم ہوا کہ اسی فیصدی خوبصورتی
اور حسن قدرت نے اسی سرزمین کو بخشا ہے۔ اور بیس فیصدی ساری
دنیا کو بہ مجبوری بانٹ دیا ہے۔ اور واقعتًا ستّو میں اتنی صورتیں، اتنی
دلکش، اتنی حسین کہ لطافت شرما جائے۔ ذرا ذرا اونچا قد، دبلی پتلی
سنگ مرمر کی ترشی ہوئی مورتیاں۔ فطرت کی صنّاعی کا بہترین نمونہ۔
سُرخ و سفید رنگ۔ ڈورے پڑے کھنچی ہوئی شرابی آنکھیں۔ ستواں
ناک۔ سرخ ہونٹ گلاب کی دو پنکھڑیاں۔ سیاہ بال جن میں ذرا ذرا
گھونگھر! اتنے حسین ہونٹ اور ایسی ستواں ناک۔ میرا دعویٰ ہے
کہ دنیا کی کسی سرزمین پر اتنی کثرت سے بڑی کوششوں کے باوجود بھی
فراہم نہیں کی جا سکتیں۔
یہ اُن عورتوں کا ذکر ہے جنھوں نے کبھی میکپ کی

صورت بھی نہ دیکھی ہوگی۔ میرا خیال ہے انھیں عورتوں کے ہونٹ دیکھ دیکھ کر یورپ کی عورتوں نے لپ اِسٹک لگانا شروع کر دی ہوگی۔ کالے کالے لباسوں میں سُرخ و سفید چہرے۔ معلوم ہوتا تھا زمین پر سیکڑوں بجلیاں کوندتی پھر رہی ہیں۔ پلک جھپکتے ہی ہر طرف بجلیاں۔ نظر کہے گی وہی پہلی والی ہوگی اور اتنی ہی دیر میں نہ جانے کتنی چمک کر گذر گئی ہونگی۔ شاید ایسی ہی کوئی بجلی موسیٰ کی ضد پر طور کے پہاڑ پر چمکی ہوگی جس سے پورا کوہِ طور جل گیا تھا۔

●

بنی اُمیّہ کی مسجد دیکھی۔ زندگی میں پہلی بار اتنی بڑی
اور اس قدر خوبصورت مسجد دیکھی جس کا صحن دیکھکر عقل دنگ رہ گئی کہ دنیا میں اتنی بڑی مسجد بھی ہو سکتی ہے۔ مسجد سے ملا ہوا چھوٹا سا گرجا گھر بھی ہے۔ اسی مسجد میں مسلمان اور عیسائیوں کے درمیان ابوعبید جراح کے زمانے میں ایک بہت بڑی جنگ ہوئی تھی۔ اسی مسجد میں یزید کا تخت بھی ہے جس پر وہ بیٹھا کرتا تھا۔

یزید کا خزانہ، جہاں شہادت کے بعد امام حسین علیہ السلام
کا سر مبارک رکھا گیا تھا۔ نہ جانے کتنوں سے یزید کی قبر معلوم کرنے کی کوشش کی۔ کوئی نہ بتا سکا۔ قاتل، فاتح حکمراں کی قبر کا نشان ندارد۔

اور کربلا کے شہیدوں کی زیارت کو دنیا اُمنڈ اُمنڈ کر آرہی ہے۔

●

بنی امیہ کی مسجد کے سامنے غازی صلاح الدین کا مزار ہے۔ یہ وہی غازی صلاح الدین ہے جس نے عیسائیوں سے نہ جانے کتنی لڑائیاں لڑیں۔ رچرڈ شیر دل کے چھکے چھڑا دیئے اور آجتک مسلمان اسی کا نام لیکر فخر سے سر اونچا کر لیتے ہیں۔ کتنی بے کسی سے خاک کے فرش پر سو رہا ہے۔ معلوم ہوتا ہے جیسے تھک کر کوئی آرام کر رہا ہے۔ اس کا مزار دیکھ کر ہمیں بڑا ہی افسوس ہوا۔ اتنا بڑا غازی گرد فروالا اور اتنا معمولی مزار، ایسا بوسیدہ!

●

دمشق سے پانچ چھ میل زینبیہ ہے، جہاں امام حسین علیہ السّلام کی مظلوم بہن جناب زینب صلوٰۃ اللہ علیہا کا مزار ہے۔ شہر سے تین میل پر بڑا قبرستان ہے جس میں امام حسینؑ کی دو چھوٹی بچیوں کے مزار ہیں۔ جناب سکینہ اور جناب رقیہ۔ اور کہا یہ بھی جاتا ہے کہ رسولؐ کی دو بیویاں بھی یہاں دفن ہیں۔ شہر کے اندر وہ قید خانہ ہے جہاں حسینؑ کی شہادت کے بعد ان کے اہلبیتؑ قید کیئے گئے تھے۔ قید خانے سے ملا ہوا یزید کی بیوی ہندہ کا مکان ہے جو

اب کھنڈر ہو گیا ہے۔ شہر سے دو میل پر ایک پہاڑی ہے۔ پہاڑی کے دامن میں ایک سرد حسین چشمہ ہے۔ جو دور سے آبشار نظر آتا ہے۔ اس پہاڑی کے چاروں طرف بیحد خوبصورت مکانات اور کچھ ہوٹل ہیں جہاں لوگ پکنک کے لیئے جاتے ہیں۔ یہ جگہ اس قدر خوبصورت ہے کہ سچ مچ یہ معلوم ہوتا ہے کہ بہشت کا ایک ٹکڑا شاید قدرت کے ہاتھ سے دیکھتے دیکھتے چھوٹ گیا۔ جس کے کچھ حصّے اِدھر کچھ اُدھر بکھر گئے۔ اس پہاڑی میں ایک جگہ ہے جہاں حضرت عیسیٰ[۱] سے بہت پہلے کی زبان کندہ ہے۔ ایک غار ہے جس کے متعلق یہ سُنا کہ جناب مریمؑ[۲] حضرت عیسیٰ کی ولادت سے تین مہینے پہلے یہیں چھپی رہی تھیں۔

●

کس کمبخت کا یہاں سے جانے کو دل چاہتا تھا لیکن بیگم صاحبہ ڈریں۔ اور ہم نہ جانے کس عالم میں لبنان کی سمت ایک موٹر لے کر روانہ ہوئے۔ یہ کمبخت ڈرائیور اس قدر تیز موٹر چلاتے ہیں کہ معمولی رفتار بھی پچاس ساٹھ ہوتی ہے اور بڑھتے بڑھتے اسّی تک پہنچ جاتی ہے۔ نہ جانے کتنی بار بیگم صاحبہ چیخیں۔ میرا بڑا لڑکا

---

۱ عیسیٰ = کرائسٹ ۲ بی بی مریم = حضرت عیسیٰ کی ماں۔

٣٣٧
سرور چیخا کہ "دیکھئے اسی سے اوپر سوئی ہے۔" بار ہا ڈرائیور کو منع کیا مگر وہ کہاں سننے والا۔ ساٹھ میل کی رفتار سے تو پہاڑ کے گھومے ہوئے راستے پر موڑتا تھا اور نیچے میلوں گہری ہری ہری وادیاں سبز رنگ کے دھبے کی طرح سن سے نکل جاتی تھیں۔ آخر عاجز آ کر میں نے کہنا شروع کیا کہ "بس یار تم اتنی ہی تیز چلا سکتے ہو۔ اور تیز چلاؤ ذرا تو اور تیز ——— !" سب چیخے۔ میں نے کہا "مرنا تو ایک دن ہے ہی۔ کل نہ سہی آج ہی سہی۔" سانس روک کر میں نے پھر کہا "بس، واہ بھئی واہ!" اس مذاق پر ڈرائیور بھی ہنس پڑا اور موٹر آہستہ چلانے لگا۔

●

اب ہمارے دونوں بچے بےحد تنگ آ چکے تھے۔ ایک مہینے سے زیادہ گزر چکا تھا۔ چھوٹا زہیر ہر وقت گھر کو یاد کر کے ماں کو اتنا پریشان کرنے لگا تھا کہ بیان سے باہر۔ ظاہر ہے یہ نزلہ گھوم پھر کر ہم پر گرنے لگا۔ ہم بھی تنگ آ چکے تھے، بیروت پہنچے اور سمندر کے کنارے ایک ہوٹل میں قیام کیا۔

بیروت لبنان کا مشہور بندرگاہ ہے۔ یوں تو پورے لبنان کا دار و مدار سیاحوں پر ہے۔ خاص طور پر بیروت کا تو یہ عالم ہے کہ ہوٹلوں اور ٹیکسی ڈرائیوروں کی حکومت نظر آتی ہے۔ پولیس

کا کوئی خاص انتظام نہیں اور سو میں نوّے ٹیکسی ڈرائیور بے ایمان اور جھوٹے۔ بس چلے تو مسافروں کے کپڑے تک اتر والیں۔ ان ٹیکسی ڈرائیوروں کا اگر کوئی جواب ہے تو عراق کے خدام : میرا خیال ہی نہیں بلکہ ایمان ہے کہ جب یہ دونوں حضرات ایک جگہ مل جائیں گے تو اسی دن قیامت آجائے گی۔

بیروت بہت بڑا بندرگاہ ہے۔ ہر ملک کے تاجر آپ کو یہاں دکھائی دیں گے۔ سمندر، سمندر کے اوپر گھنے درخت گھنے درختوں کے اوپر چھوٹی چھوٹی پہاڑیاں، دور تک میلوں پھیلی نظر آتی ہیں۔ بیروت میں سب سے نمایاں چیز "امریکن یونیورسٹی" ہے یہاں ڈاکٹری کی تعلیم دی جاتی ہے۔ ایک سے ایک بڑا ڈاکٹر یہاں ہے بڑی عالیشان عمارت ہے۔ یہاں طالب علموں میں ایک ہندوستانی سکھ بھی ہے جس سے جلدی میں ہم مل نہ سکے۔ ایک شامی طالب علم نے ہمیں پوری عمارت دکھائی۔ یہاں ہم کو کچھ سندھی بزنس کرنے والے ملے۔ ان کی "انڈین آرٹ" کی دوکانیں ہیں۔

بیروت دیکھ کر ہمیں پہلی بار ایسا معلوم ہوا کہ ہم یورپ یا فرانس کے کسی بڑے شہر میں گھوم رہے ہیں۔ یہاں کچھ دن ٹھہر کر ہم لوگ "زحلے" کی پہاڑی پر پہنچے۔ "قادری ہوٹل" میں ٹھہرے

مسٹر قادری کسی زمانے میں ترکی سے آئے تھے۔ ہم لوگ قادری صاحب کو اکثر بڑے پیار سے " یو آر ول کم " (You are welcome) بھی کہتے ہیں۔ یہ جملہ ان کا تکیہ کلام تھا۔ ہمارے ہر جملے کے بعد یو آر وِلکم ضرور لگا دیا کرتے تھے۔ ان کی سب سے بڑی خوبی ان کی بیگم صاحبہ ہیں جو صحیح معنوں میں پیکرِ حسن ہیں۔ یوں سمجھ لیجیے کہ ہماری بیگم صاحبہ تک کو ان سے سچ مچ عشق ہو گیا تھا۔ اب آپ ہی اندازہ لگائیے کہ مجھے کیا ہوا ہوگا۔

ان کے پارٹنر ایک عیسائی تھے۔ ان عیسائی صاحب کی دو تین لونڈیاں تھیں جو رات دن ان کی اور ان کی بیگم صاحبہ کی خدمت کیا کرتی تھیں۔ اتنی مضبوط کہ بیان سے باہر۔ ایک دن میں اتنا کام کرتی تھیں جو ہمارے یہاں کے مرد ملازم ایک ہفتے میں کرتے ہوں گے۔

ایک ترکی لڑکی جو مضبوط بھی تھی اور خوبصورت بھی۔ رات دن ہوٹل کا کام کیا کرتی تھی۔ اور اسقدر ہنس مکھ کہ ہر وقت ہنسا کرتی تھی۔ وہ ایک دن بیمار ہو گئی اور بیماری کے عالم میں بھی کام کر رہی تھی۔ میں نے دیکھا۔ اس کی ناک سے خون بہ رہا تھا۔ بس اس دن اس کی آنکھوں میں آنسو دیکھے۔ روتی جاتی تھی اور خون پونچھتی

جاتی تھی اور کپڑے دھوتی جاتی تھی۔ پوچھنے پر معلوم ہوا کہ بخار کی وجہ سے تین دن سے سوئی نہ تھی۔ کام کرنا پڑ رہا تھا۔ ورنہ تنخواہ نہیں ملے گی اور نہ کھانا ملے گا۔

یہاں کے غریبوں کی حالت خصوصاً عراق اور مصر کے غریبوں کی حالت ہمارے ملک کے غریبوں سے کہیں زیادہ خراب ہے۔ ایک روٹی کے لئے ایک گھنٹے تک لڑائی ہوتی رہیگی۔ یہ ملک اور اس ملک کے سرمایہ داروں کی حالت تو ایک طرف رہی۔ جب یہ چھوٹے چھوٹے تجارت پیشہ لوگ غریبوں کو اس طرح دباتے ہوں گے تو اُن پر کتنا وزن پڑتا ہوگا۔ بڑا، سب کے اوپر، اس کے نیچے ذرا اس سے چھوٹا۔ اس سے نیچے۔ اور چھوٹا اور ان سب کے نیچے غریب مزدور طبقہ، جس کی سرمایہ داری کے بوجھ سے دبتے دبتے سانس گھٹی جا رہی ہے۔ یا تو وہ اٹھ کھڑا ہو اور ان سب کو گرا دے۔ یا گھٹ گھٹ کر خود جان دیدے۔ لوگ کہتے ہیں کہ کمیونسٹ بدتمیزیاں پھیلا رہے ہیں۔ کوئی یہ نہیں سمجھتا اور نہ سمجھنے کی کوشش کرتا ہے کہ یہ بدتمیزیاں خود حالات کی پھیلائی ہوئی ہیں۔ یہ فطرت کا تقاضا ہے کہ جتنا جس چیز کو دبائے گا اتنا ہی وہ چیز ابھرے گی خواہ وہ کوئی اور جذبہ ہو یا انقلاب!

۲۴۱

●

ان تمام ملکوں کے مسلمانوں کی حالت ناقابلِ بیان ہے۔ ہر لحاظ سے ہم سے گرے ہوئے ہیں۔ تعلیم میں، خیالات میں۔ کردار میں۔ غرض ہر طرح سے پست ہیں اور یہ الگ الگ حکومت بنانے کا نتیجہ ہے۔

ہم ہندوستانی جب انگریزوں کی حکومت میں سالانہ ہندو مسلم کشت وخون کی ملی جلی ہولیاں اور قوالیاں گاتے ہوئے ان سے بدرجہا بہتر نظر آتے ہیں تو آزادی کے بعد، دونوں مل جُل کر کہاں سے کہاں پہنچ جاتے۔ مگر یہ تو اب ایک دیوانے کا خواب ہوکر رہ گیا۔

●

بہرحال زحلے سے ایک دن ہم لوگ روئنس آف بال بیک (Ruins of BaalBeck) پہنچے جو اس حسین پہاڑی سے ساٹھ میل دور ہے۔ رومن آرٹ کا وہ نمونہ دیکھا کہ عقل حیران رہ گئی۔ بڑے بڑے پتھروں کے آرچز، جن کے کھنڈر ان کی عظمت کا پتہ دے رہے ہیں۔

یہ کھنڈر بتا رہے ہیں کہ ایک زمانے میں یہاں رومن چرچ

تھا اور چرچ کے بہانے رومن بادشاہوں کی عیاشی کا اڈّہ بھی تھا ایک ایک ستون گز وں لمبا اور صفت یہ کہ ہر ستون ایک ہی پتھر کا۔ گھوڑے ، بیل ، بکرے قربان گاہوں میں بھینٹ چڑھائے جاتے تھے ، اور حسین عورتیں بادشاہوں کی قربان گاہوں یعنی محلوں میں جہاں رات دن برہنہ ناچ ہوتا تھا حاضر ہوتی تھیں۔ مختلف قسم کی شرابیں پی جاتی تھیں۔

رسولؐ کے بعد ہی خلفاءکے دَور میں مسلمانوں کے مشہور جنرل ابو عبید جرّاح نے انھیں رومن کے خلاف عمل جرّاحی کی اور جب سے یہ عظیم الشان جگہ "روئنس آف بال بیک" کے نام سے مشہور ہو گئی۔ سنا ہے ایک عرصے کے بعد غازی صلاح الدین بھی اس جگہ کی بو سونگھتا ہوا ادھر سے گذر گیا تھا۔

میرا دعویٰ ہے کہ لبنان میں دس سال بعد ایک مسلمان نظر نہ آئے گا۔ اتنا دلکش اور عمدہ پروپگنیڈہ عیسائیت کا پہلی بار لبنان میں دیکھا۔ حالانکہ یہاں کے مسلمانوں کی حالت عراق اور مصر کے مسلمانوں کو دیکھتے ہوئے اتنی گری ہوئی نہیں ہے۔

یہاں کی پہاڑیوں پر انگور کی بیلیں اتنی کثرت سے ہیں کہ میں پہلے انھیں کسی جنگلی چیز کی بیلیں سمجھا۔ بعد میں معلوم ہوا کہ یہ تو وہ

۳۴۳

انگور ہے جس کی شراب "عرک" کے نام سے مشہور ہے۔ یہاں کی رنگین پہاڑیاں اس قدر خوبصورت نظر آتی ہیں کہ قدم قدم پر کسی مصوّر کی بہترین پینٹنگ کا دھوکا ہوتا ہے۔ مختلف گاؤں دور سے ایسے معلوم ہوتے ہیں جیسے کسی عاشق نے اپنی محبوبہ کے لئے بہترین رنگین پھولوں کا گلدستہ بنا کر چھوڑ دیا ہو۔ یہاں حسن بڑا تندرست حسن ہے۔ لطافت سے کوسوں دور۔ گاؤں میں کوئی کوئی صورت ایسی نظر آجاتی ہے جو کچھ دیر کے لئے اپنی طرف مخاطب بھی کرلے۔ مگر جس نے دمشق کا حسن دیکھا ہے وہ نظر اٹھا کے بھی نہیں دیکھے گا۔

چار پانچ دن ٹھہر کر ہم لوگ بھمدون کی پہاڑی پر پہنچے اور تین دن کے بعد پھر بیروت اور بیروت سے ایک اٹیلین جہاز لے کر مصر کے مشہور شہر اسکندریہ کا رخ کیا۔

●

بھمدون کی پہاڑی پر گہرے سرخ رنگ کے کچھ لوگ صبح اور شام دکھائی دیتے تھے۔ مگر اور لوگوں سے الگ تھلگ۔ پوچھنے پر پتہ چلا کہ سامنے کی پہاڑیوں پر رہتے ہیں۔ لوگوں سے بہت کم ملتے ہیں۔ اور یہ نصیری قوم کے لوگ ہیں جو حضرت علیؑ کو خدا مانا کرتے تھے۔ نہ جانے اب بھی مانتے ہیں یا نہیں!۔

●

ہم لوگ اسکندریہ کیا پہنچے معلوم ہوا ممبئی پہنچ گئے ویسی ہی عالیشان عمارتیں. ویسی ہی چوڑی چوڑی سڑکیں اور آگے بڑھے تو ویسا ہی میرن ڈرائیو۔ سبحان اللہ! ہم لوگ شام کی گاڑی سے قاہرہ روانہ ہوگئے۔ یہ گاڑی چلتی کم ہے اور شور زیادہ مچاتی ہے۔ بس معلوم ہوتا ہے کہ جیسے کوئی لوکل ٹرین ممبئی کے چرچ گیٹ سے روانہ ہوئی اور گرانٹ روڈ۔ دادر وغیرہ ہوتی ہوئی اندھیری جا رہی ہے۔

●

مصر کا بھی عجیب و غریب حساب ہے۔ یہاں آپ نے کسی سے بات کی اور اس نے آپ سے بخشش مانگی۔ ٹکٹ خریدئے تو ٹکٹ بیچنے والا بخشس مانگے گا۔ آگے بڑھیے تو ٹکٹ کلکٹر اور آگے بڑھیے تو اسٹیشن ماسٹر ٹہلتا ہوا آجائے گا۔ فرسٹ کلاس میں ایک ڈاکٹر نے مجھ سے بات کرنے کی کوشش کی۔ میں خاموش رہا۔ اس نے پھر کوشش کی۔ میں پھر خاموش رہا۔ دلچسپ آدمی تھا۔ کہنے لگا " یا تو تم گونگے ہو یا صرف ہندوستانی زبان جانتے ہو۔ صورت سے تو ہندوستانی معلوم ہوتے ہو۔" میں نے کہا "ہاں ہوں"۔ کہنے لگا "ہوں

کا کیا مطلب ہوا ؟ میں ڈاکٹر ہوں، تم کون ہو؟" میں نے کہا" میں مریض ہوں"۔ صبح سے اس وقت تک نہ جانے کن کن کو کتنی بخشش دے چکا ہوں۔ ڈرتا ہوں کہ تم سے بات کروں تو تم کو بھی کہیں فیس اور بخشش دونوں نہ دینا پڑ جائیں۔ سجید ہنسا۔ دیر تک ہنستا رہا۔ کہنے لگا" کھانا منگاؤں، کھاؤ گے؟" میں نے کہا" روپے کون دے گا؟ تم یا میں؟" بہت جلد ہم دونوں ایک دوسرے کے اچھے دوست ہو گئے۔

●

لیجیے وہ قاہرہ آگیا۔ وہ آصف علی اصغر فیضی میرے ہم زلف مڈل ایسٹ کے سفیر، اسٹیشن پر ٹہلتے ہوئے دکھائی دیئے یہ آج بھی بالکل ویسے ہی ہیں جیسے دس سال پہلے ممبئی میں تھے۔ تھوڑی ہی دیر میں ہم لوگ فیضی صاحب کے لمبے سیاہ موٹر میں تھے اور پلک جھپکتے ہندوستانی ایمبیسی کی عالیشان عمارت میں۔ جو دریائے نیل کے کنارے بڑے ناز سے شرمائی شرمائی سی گاندھی جی کے اُن نشانِ قدم کو ڈھونڈا کرتی ہے جنھوں نے آزادی کی منزل کا پتہ معلوم کر لیا تھا۔

مجھے اس کمزور فقیر برہنہ کی تصویر، محبت، خلوص اور

خوشی کے چند آنسوؤں میں تیرتی ہوئی نظر آئی۔ اور میں اس شاندار عمارت میں کھویا کھویا سا داخل ہوا۔ سیڑھیوں سے ہوتا ہوا تصویر دیکھتا ہوا اور یہ سوچتا ہوا اوپر کی منزل کی طرف بڑھا کہ یہی اس کمزور آدمی کی تصویر ہے۔ جس نے پوری قوم کو ہمیشہ کے لئے اس قدر طاقتور بنا دیا تھا!

سیڑھیوں کے اوپر ڈبڈبائی ہوئی آنکھوں سے ذرا رکتا ہوا چلا ہی تھا کہ نہرو کی ہنسی نے جھپٹ کر میرا خیر مقدم کیا۔ یقین مانئے تین رات کا جاگا ہوا۔ تکان سے چور بے حد تھکا ہوا۔ مگر ان کی تصویر دیکھتے ہی میرے ہونٹوں پر بھی مسکراہٹ آہی گئی اور ایسا سکون ملا جیسے تھکے ماندے مسافر کو ٹھنڈی چھاؤں مل جائے ان کا مسکراتا ہوا چہرہ یوں معلوم ہوا جیسے ہلکی اندھیری رات میں چنبیلی کے پھولوں کی بارش ہو رہی ہو۔

ہم لوگ ایک زمانے میں یو۔ پی کے گورنر کی کوٹھی دیکھنے جایا کرتے تھے لکھنؤ میں۔ اور بس ایسا معلوم ہوا جیسے پھر اسی کوٹھی میں آگئے ہوں۔ کئی دن تک میں اس عمارت میں ڈر ڈر کر راستہ چلتا تھا۔ یہاں کی ہر چیز انگریزی ٹھاٹھ کی تھی۔ پورا عملہ انگریزی طرز کا ہر مزاج محبتی مگر انگریزی وضع کا۔ اگرچہ ان لوگوں کے چہروں پر ہمیشہ

۳۴۷

مسکراہٹ رہتی تھی مگر جھلکتا ہوا باطن انگریزی رنگ کا۔

یہاں کے کچھ اصول تھے۔ مثلاً ساڑھے آٹھ بجے چائے ٹیبل پر آ جائے۔ آٹھ بجکر پینتیس منٹ پر چائے بنائی جائے اور تیسرے منٹ میں چائے کی پیالی ہونٹوں سے لگالی جائے۔ ان کی نگاہیں بار بار ہماری طرف اور ہمارے بچوں کی طرف اسی طرح اٹھتی تھیں جیسے کچھ دیہاتی کسی بے نظیر تعلیم یافتہ شہر میں آ گئے ہوں۔ یا کچھ ہندوستانی اتفاق سے چرچل کے مکان میں ٹھہر گئے ہوں۔

فیضی صاحب واقعی شرافت اور اخلاق کا مجسمہ ہیں جس کی مثال مسلمانوں میں تو خیر بہت ہی کم۔ میرا خیال ہے ہندوستان میں کم ہوگی۔ اس شخص کی چال ڈھال، وضع قطع، اٹھنا بیٹھنا، باتیں کرنے کا طریقہ۔ لوگوں کی عزت کر کے خود اپنی عزت کروانے کا طریقہ بے نظیر ہے۔ یہ طریقہ مشکل نہیں ہے، پھر بھی اتنا مشکل ہے کہ بہت کم لوگوں کو آتا ہے۔

فیضی کام کا اتنا پکا جیسے فولاد، ارادوں کا اتنا مضبوط جیسے پتھر، طینت کا اتنا پاک جیسے فرات کا پانی۔ نتیجہ ظاہر ہے۔ اہل مصر یہ نہیں کہتے کہ ایک بہترین سیاست داں آگیا ہے مگر یہ کہتے ضرور سنا ہے کہ ہندوستانی شرافت کا اگر بہترین نمونہ دیکھنا چاہو تو فیضی

سے جا کر مل لو۔ اگر اس شخص میں ٹھوس قسم کی تعلیم اور عربی کا زبردست عالم ہونے کی وجہ سے طبیعت میں خشکی اور مذاقِ لطیف کی کمی نہ ہوتی تو خدا کی قسم عجیب و غریب آدمی ہوتا۔ تھوڑا سا فیضی اور بیگم فیضی کے متعلق اور سُن لیجئے:۔

بیگم سلطانہ فیضی کافی پڑھی لکھی روشن خیال خاتون ہیں ان کی کئی کتابیں اُردو میں شایع ہو چکی ہیں۔ اور اگر کسی نہ کسی طرح اتفاق سے اپنے آپ سے بہت زیادہ محبت کرنے کے سلسلے میں ذرا آگے نہ بڑھ گئی ہوتیں تو بڑی خوبیوں کی عورت ہوتیں۔ یہ بھی ممکن ہے کہ ان میں اتنی خوبیاں باقی ہی نہ رہتیں۔

بہر حال جب یہ دونوں میاں بیوی قاہرہ پہنچے ہیں تو مصر والے یہ سمجھتے تھے کہ یا تو سب مسلمان پاکستان جا چکے ہیں یا مار مار کر ہندوستان سے بھگا دیئے گئے ہیں۔ نہ جانے کتنے آدمیوں کو ہم اور ہماری بیگم سمجھاتے تھے کہ اس قسم کی خبریں بالکل بے بنیاد ہیں۔ بڑی کوششوں کے بعد وہاں کے لوگوں کو یہ یقین ہوا کہ وہ خبریں غلط ہیں اور ہندوستان میں مسلمان ابتک باعزت طریقے سے موجود ہیں جس کا ثبوت خود فیضی صاحب تھے۔ میں اپنے اکیس سال شادی کے تجربہ کی بنا پر کہتا ہوں کہ یہ وطن پرست میاں بیوی چال ڈھال، گفتگو، اصولِ زندگی

غرض کہ ہر طرح خالص ہندوستانی ہیں۔ اُن کی مثال صرف ایک انسان سے دی جاسکتی ہے اور وہ ہیں شری ونکھدے' مہاراشٹر کے وزیر مالیات۔ بمبئی کے ویسٹرن انڈیا فٹ بال کلب میں مسکراتا ہوا ایک ادھیڑ عمر کا آدمی کبھی کبھی دکھائی دیتا ہے جو عام ممبروں میں اسی طرح آکر بیٹھ جاتا ہے جیسے کچھ بھی نہ ہو' اور ہنس ہنس کر باتیں اور مذاق کرتا رہتا ہے۔ کہو بھئی سر جو پرشاد سنگھ کیسے ہو؟ مزاج تو اچھے ہیں آغا صاحب؟ پان کھائیے گا ونکھدے صاحب؟ ضرور کھاؤں گا۔ میرا دل بار بار کہتا ہے کہ سچ مچ شیواجی مہاراج کا بھی ایسا ہی کچھ برتاؤ رہا ہوگا جو اتنے مسلمان تو پچی تھے ان کی فوج میں مگر کیا مجال جو اُن کی توپ کا منہ اپنے جرنل کی طرف گھوم گیا ہو گو کہ اُس زمانے میں شہنشاہ اورنگ زیب کو مسلمان اپنے خلیفہ سے کم نہ سمجھتے تھے۔

میں یہ مانتا ہوں کہ بہت زیادہ جاہل مسلمان پاکستان کا خواب دیکھا کرتے ہیں مگر ونکھدے جیسے اگر چھ لاکھ انسان پیدا ہو جائیں تو خدا کی قسم چھ کروڑ مسلمان حولدار عبدالحمید خاں بن جائیں گے۔ جنھوں نے حال ہی میں ہندوستان اور پاکستان کی جنگ میں کس بہادری سے جان دی ہے۔

بہرحال فیضی سیاست داں نہیں ہیں مگر اہل قلم ضرور ہیں۔ جب فیضی صاحب کو سفیر بنایا جارہا تھا تو یہ ولبھ بھائی پٹیل سے ملنے گئے دورانِ گفتگو میں فیضی نے کہا کہ "سنئیے حضور! مجھ کو آپ سفیر بنا کر

---

[1] یہ فٹ بال کلب کے وزیر مالیات ہیں۔ زبان کے اکھڑ دل کے صاف۔ طبیعت کے راجپوت عادت کے مارواڑی۔ لیکن ہیں دو چار پان ضرور کھلا دیتے ہیں۔

۳۵۰

بھیج رہے ہیں مگر کسی رخ سے میں سیاست داں نہیں ہوں"۔ ولبھ بھائی پٹیل نے ہنس کر جواب دیا کہ"ہم یہ بات خوب اچھی طرح جانتے ہیں کہ آپ سیاست داں نہیں ہیں۔ اسی لئے آپ کو سفیر بنا کر بھیجا جا رہا ہے"۔

●

مقامات مصر ہم نے سب ہی دیکھے۔ قاہرہ کی صبح بہت دلچسپ ہے۔ مگر نو بجے رات کے بعد تو واقعی یہ مقام قہر ڈھانے لگتا ہے۔ دریائے نیل کے کنارے لوگوں کے بڑے بڑے عالیشان مکانات بڑے بڑے ہوٹل بے پناہ روشنی میں اس طرح چمکتے ہیں جیسے کسی زمانے میں فراعین مصر کے محل جگمگاتے ہوں گے۔

یہاں کا حسن کیسے کہوں کہ مجھے پسند نہیں آتا۔ حضرت یوسف اور زلیخا کی قرآن پاک میں پوری داستان موجود ہے، مگر اتنا ضرور عرض کرنے کی جرأت کروں گا کہ اگر جناب یوسف مصر کے بجائے دمشق کے بازار سے گزر جاتے تو ممکن ہے واقعات اُلٹے ہو گئے ہوتے یہاں سنا ہے نیل کا پانی بہت ہی خراب ہے۔ نوّے فیصدی لوگوں کا معدہ خراب رہتا ہے۔ میں تو ہندوستان ہی سے خراب معدہ لیکر آیا تھا۔ یہ سن کر بڑی تسکین ہوئی کہ ایسے مقام پر پہنچ گیا ہوں جہاں ہر شخص میرے ایسے معدے والا ہے۔

یہاں لوگ 'ج' کو 'گ' تلفظ کرتے ہیں۔ یعنی جمال الدین ایسے خوبصورت نام کو گمال الدین کہہ کے پکارتے ہیں عرب ممالک میں دورہ کرنے کے بعد یہ معلوم ہوا کہ ہم لوگوں کی ابتدائی تعلیم کس قدر غلط ہوتی ہے۔ قرآن پاک تو ہر بچّے کو پڑھا دیتے ہیں مگر اس کے معنی کوئی نہیں جانتا۔ یہ سن کر وہاں کے لوگوں کو ہنسی آتی تھی کہ ہم لوگ قرآن پڑھ سکتے ہیں لیکن عربی نہ بول سکتے ہیں اور نہ سمجھ سکتے ہیں۔

حسن اتفاق سے یہاں حارث صاحب سے ملاقات ہوئی جو یورپ کے سفر سے واپس ہو رہے تھے۔ حارث بمبئی کے مشہور سوشلسٹ اور اہل قلم ہیں۔ اور بمبئی سے شایع ہونے والے روزنامہ "اجمل" کے ایڈیٹر اور مالک بھی ہیں۔ ہم نے اور انھوں نے مل کر غریبوں کے تمام محلّے دیکھ ڈالے۔ نیل کے اِدھر ہر کروڑپتی اور لکھ پتی کا بنگلہ اور نیل کے دوسری طرف فاقہ مستوں کا محلہ۔ ہماری اور ان کی رائے یہاں کے محلّے اور بازاروں کے متعلق ایک ہی سی تھی۔ یعنی یہ محلّے بالکل یو۔ پی سے ملتے جلتے ہیں۔ اور دیہات تو معلوم ہوتا ہے کہ لکھنؤ کے قرب و جوار میں انسان ملیح آباد یا کاکوری میں گھوم رہا ہے۔

یہاں کے گاؤں میں بیحد غریب، بیمار، کمزور، فاقہ کش

میلے، پھٹے کپڑے۔ عجیب عالم میں لوگ دکھائی دیتے ہیں۔ ان کا جواب اگر کہیں ہے تو کشمیر۔ باقی غربت کے سلسلے میں ہندوستان کے ہر طبقہ کا غریب ان سے کہیں خوش حال نظر آتا ہے۔ واقعی، وہ اہل دل حضرات جنہوں نے اک زمانے میں کشمیر کی غربت دیکھی ہوگی وہ میری اس مثال پر پھڑک اٹھیں گے۔ بالکل ویسی ہی عراق اور مصر کے غریبوں کی حالت ہے۔ دیکھ کر وحشت ہونے لگتی ہے۔ ایک طرف بے نظیر جگمگاتے ہوئے ہوٹل اور کیبرے جہاں پیسہ، لباس، کھانے پینے کی ہر قسم کا سامان، بہترین قسم کی شرابیں۔ بہترین قسم کا حسن۔ فرانس کے لیونڈر پاؤڈر اور سنٹ میں ڈوبا ہوا۔ سرمایہ داری کے نشے میں سرشار حسن، شاہ فاروق کی حکومت میں رات رات بھر عیش و نشاط میں ڈوبا نظر آتا ہے۔ اور ایک طرف کثیف گندہ ماحول۔ اتنا کثیف، اُف اگر اب بھی انقلاب نہ آئے تو لعنت ہے۔ اب بھی نہ آیا تو کب آئیگا؟

یہاں کے تمام لوگ انگریزوں اور یہودیوں سے بہت جلتے ہیں۔ دراصل ان کو ایک طرف یہودیوں کا اور دوسری طرف انگریزوں کا احسان مند ہونا چاہیئے کہ انھوں نے ان کو گہری نیند سے چونکا دیا ہے اور خدا کرے جلد ہی ان کی آنکھیں کھل جائیں۔ میرا خیال ہے کہ یہ چڑھتے ہوئے دریا کا کمزور بند آج ہی کل میں ضرور

ٹوٹے گا۔ طوفانِ نوح ایک بار پھر آئے گا صرف ایک موسیٰ کی ضرورت ہے جو اپنے عصا کی ضرب سے بند توڑ دے پھر تو ہزاروں موسیٰ پیدا ہو جائیں گے

یہ پندرہ سال قبل میری پیشین گوئی تھی جو آج سچی ثابت ہوئی اور یہ پیشین گوئی بدقسمتی سے ایک آدھ گھٹیا قسم کے اخبار میں اس زمانے میں نکل بھی چکی ہے۔ آج وہ موسیٰ کرنل ناصر کے روپ میں پیدا ہو ہی گیا۔ اور اب انشاء اللہ ہزاروں موسے پیدا ہوتے ہی رہیں گے۔

●

مصر میں ہم نے مختلف قسم کے گاؤں دیکھے۔ ایک گاؤں جس کا نام "بدرشین" ہے عجیب تاریخی اہمیت رکھتا ہے۔ یہیں وہ مشہور ملکہ زلیخا پیدا ہوئی جس نے حضرت یوسفؑ سے بے پناہ محبّت کی۔ ایسی محبّت کا ذکر خدا نے قرآن پاک میں فرمایا۔ سنا ہے جب زلیخا بوڑھی ہوگئی تھیں تو حضرت یوسفؑ کا اس گاؤں سے گذر ہوا۔ معلوم ہوا زلیخا آج کل یہیں ہیں اپنی پرانی زخم خوردہ کو دیکھنے گئے یوسفؑ۔ دیکھا تو بوڑھی ہو چکی تھیں۔ کہنے لگے "بدرشین ہو چکا ہے۔" شین کا مطلب بوڑھا اور بدر پورے چاند کو کہتے ہیں یعنی حسن بوڑھا

۳۵۴

ہو چکا ہے۔

جب سے اس گاؤں کا نام بدرشین رکھ دیا گیا'

یہاں سے چالیس پچاس میل پر ایک مقام ہے جس کا نام "براز" ہے۔
واقعی نمونۂ جنت ہے۔ اس قدر حسین اور خوشگوار۔ پھولدار درختوں سے
لدا ہوا خطہ۔ کم از کم میں نے اس سے پہلے نہیں دیکھا تھا۔ مختلف قسم
کے ہزاروں درخت۔ اور لطف یہ کہ اگر کاسنی رنگ کے پھولوں کے درخت
ہیں تو سیکڑوں درخت برابر برابر، ان کے سامنے سرخ گل مہر کے
اتنی ہی تعداد میں۔ دوسری طرف زرد پھولوں کے بے شمار درخت
تیسری طرف سفید پھولوں کے نہ جانے کتنے درخت۔

ایک طرف اونچی سبز گھاس کی ٹیکری۔ گھاس کا اتنا
گہرا سبز رنگ بھی نہیں دیکھا تھا۔ چاروں طرف مختلف رنگوں کے درخت
ایک طرف خاموش دریائے نیل اور ان تمام حسینوں کی گود میں بنگلے۔
ہم نے وہاں ایک دن کھانا فیضی صاحب کے ساتھ کھایا تھا اور کھانا
کھانے کے بعد مخملی گھاس کے فرش پر آنکھیں بند کر کے تھوڑی دیر اس
آرام سے سوئے جیسے کوئی عاشق اپنے معشوق کے زانو پر سر رکھ کر
سو جائے۔ نیند سے چونکے تو پہلا جملہ ہم نے یہ کہا کہ " فیضی صاحب!
کاش دس سال پہلے آپ یہاں کے سفیر ہو جاتے، ہم بھی جوان ہوتے

۲۵۵

اور آپ بھی۔ پھر دنیا والوں کو دکھا دیتے کہ مجنوں نے کیا جھک ماری تھی؟ کچھ بھی نہیں۔

مصر والے، مردوں کو ان کے ساز و سامان کیساتھ دفن کر دیا کرتے تھے۔ اور کچھ ایسے مسالے لگا کر کہ آج بھی وہ اسی طرح نظر آتے ہیں۔ ان کا سارا سامان مصر کے نمائش گھر میں رکھا ہے۔ واقعی اس قدر تاریخی چیزیں، مصر کے اس وحشت ناک میوزیم میں ملتی ہیں کہ عقل دنگ رہ جاتی ہے۔

اس میوزیم کے دیکھنے کے لئے سُنا ہے فرانس کے ایک ادیب نے تین ماہ صرف کئے تھے۔ "شاہ توتا خمن" کا کُل سامان مع اسکی ممّی، کھود کر نکالا گیا ہے۔ اس کی ساس "تفرتیتی" کا سر بھی ہے جو اس زمانے میں سب سے زیادہ خوبصورت تھی۔ سنا ہے یہاں کا دفن شدہ کلچر کھدا 'اَحرام مصر' جن کے متعلق آگے چل کر بیان کرونگا، ان کے دروازے بھی عربوں نے توڑے۔ سنا ہے وہ عرب ڈاکو تھے۔ کروروں کا سامان سونا، جواہرات سب لیگئے۔ مگر کچھ اور دفن شدہ خزانے تھوڑے دن ہوئے پھر کھودے گئے۔ امریکہ، جرمنی، فرانس اور انگلستان ایسے شریف ملک تھوڑا تھوڑا سامان لے اُڑے۔

چنانچہ نفرتیتی کا سر، سنا ہے اب برلن میں ہے، اور توتا خمن اور دوسرے بادشاہوں کا اصل تاریخی سامان انگلستان، امریکہ اور فرانس میں نظر آئے گا۔ اب یہ بیچارے مولوی قسم کے شریف اور رئیس ملک چوری تو کر نہیں سکتے تھے معاذ اللہ، لیکن شوقیہ ضرور لیگئے ہوں گے اور آپ جانیں شوق بڑی بلا ہے۔

●

یہاں کے احرام جو قریب قریب پانچ سو فٹ اونچے ہیں ساری دنیا میں مشہور ہیں۔ اور دنیا کے سات عجائبات میں سے ایک ہیں۔ واقعی انسانی عقل حیران رہ جاتی ہے۔ کیونکر بنائے گئے؟ ایک کے اوپر ایک پتھر اس طرح کیونکر رکھا گیا؟ اور اس قدر برابر برابر کہ ذرا سا فرق نظر نہیں آتا۔ ذرا آڑے پانچ سو فٹ اونچے۔ کیا مجال جو پتھروں کی لکیر کہیں تو اک ذرا سی کم یا زیادہ ہو گئی ہو۔

سنا گیا ہے کہ اس زمانے کے آقاؤں نے یہ عجائب غلاموں کے ہاتھوں بنوائے۔ غلاموں نے بنائے اور اس غضب کے کہ آجکل کی پوری انجینیری حیران ہے کہ اتنے بھاری پتھر ایک کے اوپر ایک اتنی بلندی تک کیسے رکھے گئے۔ نام آقاؤں کا ہے کہ فلاں فرعون کے زمانے میں یہ احرام بنے۔ اور تیس تیس سال کی محنت کے بعد بنے۔ کن کن

۲۵۷

حبشی غلاموں نے بنایا، کوئی نہیں بتا سکا۔ کسی کو معلوم نہیں۔ تاریخ خاموش صفحات سادے۔

اُس زمانے میں اور آج بھی حبشی نظروں سے گرا ہوا ہے۔ اور بادشاہ پھر بادشاہ ہے خواہ تاش ہی کا بادشاہ کیوں نہ ہو اور پھر بادشاہ کا خوبصورت اور گورا ہونا نہایت ضروری ہے۔ آج اس سرزمین سے خدا کا شکر ہے کہ آخری بادشاہ فاروق بھی تشریف لے جا چکے ہیں...... شہنشاہیت کا زمانہ دم توڑ چکا ہے .... دنیا کا ہر ملک غریب اور امیر کا فرق مٹانے کی کم از کم فکریں ضرور کرنے لگا ہے۔ مگر کالے اور گورے کا فرقِ آج بھی دنیا میں موجود ہے۔

بہر حال یہ سر بفلک احرام تیار ہوئے اور تیس تیس سال کی محنت کے بعد ایک ایک تیار ہوا۔ اتفاق سے بادشاہ سلامت ڈھلکے یعنی مرے۔ وصیت کی کہ مرنے کے بعد مع ساز و سامان اس جگہ دفن کیئے جائیں۔ چنانچہ اسی طرح دفن کیئے گئے۔ اور سنا گیا ہے کہ ان کے ظلم سے غلام اتنے تنگ آ چکے تھے کہ اسی رات ان کی لاش انھوں نے اٹھا کر وہاں سے دریائے نیل کے سپرد کردی۔ اس دروازہ ٹوٹنے کا راز عربوں کو معلوم ہوا۔ اور وہ سب شاہی سامان لے اُڑے۔ چلو اچھا ہی ہوا۔ مردوں کی قبروں میں گلنے کے بجائے زندوں کے کام تو

آیا یہ سامان ۔ ان احرام کے سامنے ہی ایک بہت ہی بڑی اور مہیب انسانی صورت کی پتھر کی مورت ہے ۔ جس کا دھڑ شیر کا ہے ۔ اس قدر لحیم شحیم کہ اس کا نام ابوالہول رکھ دیا گیا ہے ۔ اس کی ناک نپولین کے بم سے توڑی جا چکی ہے ۔ جو ایک تاریخ بن کر رہ گئی ہے ۔

مصر میں دفن شدہ کلچر اس قدر دکھائی دیتا ہے کہ عقل حیران رہ جاتی ہے ۔ اس زمانے کی بہترین مصوری جن کے رنگ آج تک پھیکے نہیں پڑے ۔ دیوار کا رنگ بالکل ویسا ہی ۔ پتھر کا کام سبحان اللہ ہر آرٹ قیامت کا ۔ مگر آج کل کے زندہ مصریوں میں یہ آرٹ کسی رُخ سے نظر نہیں آتا ۔ حضرت یوسفؑ ، زلیخا ۔ کلوپیٹرا اور نفرتیتی کا حسن بھی ہماری نظر سے کہیں نہیں گذرا حالانکہ وہی وطن ہے ، وہی سرزمین وہی دریائے نیل ! سچ پوچھئے تو انسانوں سے بہتر یہ بے جان دریا جاندار ہے جو اسی شان سے دنیا بھر کے دریاؤں کے خلاف چار ہزار سال سے الٹا بہہ رہا ہے ۔ اور اب تک اس کے ماتھے پر بل نہیں آیا ۔

یہاں کی مسجدیں بھی خوب ہیں ۔ سب سے خوبصورت مسجد محمد علی کبیر کی ہے ۔ یہ عظیم الشان مسجد جس میں عجیب و غریب دیدہ زیب رنگ ہیں ۔ معلوم ہوتا ہے ۔ اب بولی منہ سے اور اب بولی ۔ یہ ترک معماروں کی کارگیری کا نمونہ ہے جنھوں نے اُس دور میں ایسی بےمثل

۲۵۹

مسجد بنا دی۔ بنائی وہی غلاموں نے اور نام وہی بادشاہ کا۔ مسجد محمد علی الکبیر بہت تلاش کیا۔ بنانے والے غلاموں کے نام پھر نہ دکھائی دیئے۔

●

مسجد سے تھوڑی دور پر ایک بلند پہاڑی سی نظر آئیگی جس کے دامن میں کچھ ترکی کے بیگ تاشی، صوفی آباد ہیں۔ چنانچہ ہم بھی ان کی شان دیکھنے گئے۔ یہ دین والے اس قدر دنیا دار ملے کہ ان کے بارے میں کچھ لکھتے اچھا نہیں لگتا۔ ان کے پیشوا شری بابا بہترین سلک میں ملبوس تھے۔ بے نظیر انگریزی جوتا۔ بہترین امریکن سلک کے موزے پہنے ہوئے تھے۔ سر پر عمامہ تھا۔ بجید خوبصورت سفید ڈاڑھی۔ سرخ و سفید چہرہ۔ عمامہ کی وضع سے ملتا ہوا، ہر ہر مقام پر ایک چھوٹا سا گنبد بنوایا گیا ہے۔ ان بزرگ نے یہ جگہ ہمیں خود دکھائی۔ ہر ہر مقام پر رُک کر۔ بے نظیر سگریٹ کے کش کھینچ کھینچ کر ہم لوگوں کو اشارے سے بتاتے جاتے تھے کہ دیکھو میرے عمامے سے اس کا رنگ کتنا ملتا ہے۔

یہ بتاتے بتاتے ایک روضہ پر نکل آئے جہاں ایک قبر تھی۔ یہ جگہ عجیب رنگ برنگی پتھروں سے بنائی گئی تھی۔ کچھ عربی میں لکھا تھا۔ ہم سب سمجھے کہ یہ ان کے پیر کا مزار ہے۔ ہم لوگوں نے ہاتھ

اٹھا کر سورۂ فاتحہ پڑھا۔ وہ روکتے بھی رہے۔ مگر ہم لوگ شروع کر چکے تھے، کیسے توڑتے۔ بعد میں معلوم ہوا کہ یہ انھیں کی قبر ہے جس میں مرنے کے بعد شری بابا دفن کئے جائیں گے۔ قبر بھی پیشگی بنا دی گئی تھی اور ہم سب نے فاتحہ بھی پیشگی پڑھ دیا تھا۔

●

قاہرہ میں ہم لوگ رلیف کے مشہور و معروف حکمراں امیر عبدالکریم سے ملے۔ یہ اسی برس کا بوڑھا انسان اب بھی بے مثل و بے نظیر دماغ کا مالک ہے۔ جس وقت آپ کی طرف دیکھے گا، معلوم ہوگا نگاہیں دل کی گہرائیوں میں اتر گئیں۔ ہوش و حواس، باتیں کرنے کا طریقہ یہ بتا دے گا کہ یہ صرف حکمراں ہی نہیں بلکہ وہی رلیف کا امیر ہے جو برسوں اپنی بہادر فوج کا کمانڈر بھی رہ چکا ہے۔

یہ فرانس سے برسوں لڑتے رہے اور اس وقت تک زیر نہ ہوے جب تک ایک طرف سے اسپین اور دوسری طرف سے فرانس نے اس چھوٹے سے بہادر ترین مقام کو چکّی کے دو پاٹوں میں گیہوں کی طرح پیس نہ دیا۔ بہادر امیر قید ہوگیا۔ قید سے نکل بھاگا۔ بھاگ کر مصر میں پناہ لی۔ آجتک بیچارہ وہی حکمرانی کے خواب دیکھا کرتا ہے۔ ان کے ملک کا ذکر ہو رہا تھا۔ اور ان تمام پارٹیوں کا تذکرہ ہو رہا تھا جو

رلیف میں موجود ہیں۔ اور آجتک بغاوت پر آمادہ ہیں۔ وطن پرستی کا جذبہ اُن میں آج بھی اسی شان سے موجود ہے۔

کمال یہ ہے کہ ہم نے اتنے ملک دیکھے۔ غریب ہوں کہ امیر وطن پرستی کا جذبہ ضرور دیکھا اُن سب میں۔ مگر ہمارا ملک ایک ایسا بد قسمت ملک ہے جہاں ہر قوم کے لوگ پہلے بھی اور پارٹیشن کے بعد بھی آجتک بجائے اپنے ملک کے دوسرے ملکوں کے خواب دکھا کرتے ہیں۔ اور اس طرح ادھا دُھند۔ ہر چار سو بیس کر کے پیسے کماتے ہیں جیسے یہ ان کا ملک ہی نہیں ہے۔ باہر کے بینکوں میں پیسہ رکھیں گے جیسے سوائے ہندوستان کے ہر ملک ان کے باپ دادا۔ پر دادا نے آباد کروایا ہے۔ اور آخر میں ان کو وہیں مرنا بھی ہے جا کے۔

قاہرہ میں ایک بار ایک بڑے ہوٹل میں بہت بڑا ڈنر تھا۔ ہر ملک کے لوگ اس ڈِنر میں موجود تھے۔ ہماری بڑی ٹیبل پر تین پاکستانی، ایک مصری، دو فرانسیسی، دو ترکی اور ہم دو ہندوستانی تھے۔ آپس میں تعارف ہوا۔ اتنا غصہ آیا مجھے جب میں نے اپنے آپ کو ہندوستانی کہا۔ تینوں پاکستانیوں نے اپنے کو پاکستانی کہا اور ایک ہندوستانی نے اپنے آپ کو ہندوستانی ہندو کہا۔ اور ترکی آدمی نے ہنسکر کہا کہ "یہ ہندوستانی ہندو کس ملک کا

نام ہے ؟ ہم نے اس ملک کا کہیں نام نہیں سنا۔" ایک فرمائشی قہقہہ لگا۔ اور میں نے جل کر کہا کہ "ہندوستان کے رہنے والوں کو ہندو کہتے ہیں۔" ایک پاکستانی نے پھر ہنسکر کہا کہ " پھر تو آپ بھی ہندو ہوئے۔ مگر آپ تو مسلمان ہیں۔" پھر ایک فرمائشی قہقہہ لگا۔

دل تو بہت چاہا تھا کہ کہدوں کہ " اس ہندو مسلمان کے علاوہ اور بہت سی لعنتیں برستی ہیں۔ ہمارے ملک میں۔ پنجابی ہندو پنجابی مسلمان۔ مرہٹے الگ، سکھ الگ۔ گجراتی الگ، مدراسی الگ اور ایسے الگ جیسے یہ جگہیں ہندوستان کے باہر کہیں دُور دراز ملکوں میں پائی جاتی ہیں۔ یہاں نہیں۔

●

مصر میں ایک شاندار مصری امیر سے ملاقات ہوئی۔

انھوں نے ہم سے ایک وعدہ کیا۔ وہ کیا وعدہ تھا ؟ البتہ یہ وعدہ ضرور تھا کہ جب ہم ہندوستان واپس ہونے لگیں گے تو وہ ہماری ایک فرمائش ضرور پوری کر دیں گے۔ ہندوستان واپس ہونے کا زمانہ قریب آگیا اور ہم نے ان سے بیتاب ہوکر کہا، اور انھوں نے گیارہ بجے رات کو ایک دن دعوت دی۔ نہ جانے اندھیرے میں اُنکا موٹر کہاں کہاں جاکر ایک جگہ رُکا۔ اور ہم لوگ ایک ایسے رات کے

کلب میں داخل ہوئے جو واقعی راجہ اندر کے اکھاڑے سے کم نہ تھا۔
یہ کلب کچھ امیروں نے مل کر کھولا ہے اور قطعی پرائیوٹ
ہے۔ بڑے سے ہال میں سنہری صوفے اور کرسیاں جگمگا رہی تھیں۔
سامنے بےحد خوبصورت اسٹیج، جس پر جالی کا پردہ جگمگا رہا تھا۔ گھنٹی بجی
اور پردے کے پیچھے کچھ حسین پریاں دنیا کے ہر ہر ملک کی ملی جلی ناچتی نظر
آئیں۔ آپ جانیں پریوں سے اور دنیا کے رسم و رواج سے کیا واسطہ!
یہ قید تو ہم آدم زاد کے لئے ہے کہ کپڑا پہنو اور معقول طریقے سے چلو پھرو
بہر حال ایسا ناچ اور ایسے حسین طریقے سے ہم نے کبھی نہیں دیکھا تھا۔

بعد میں معلوم ہوا کہ اس کلب کا خرچہ پچاس ہزار روپیہ ماہوار
ہے۔ اس کے سو ممبر ہیں۔ رقص کرنے والی لڑکیاں۔ لائٹ دینے والے
اور ساز بجانے والے تمام کے تمام ان کے مستقل ملازم ہیں۔ یہ تمام
عملہ کہیں باہر کام نہیں کر سکتا اور نہ اس میں کوئی غیر ممبر شریک
ہو سکتا ہے۔

اس رات ہم کو قطعی نیند نہیں آئی۔ اور اب بھی جب کبھی
ٹھنڈی ہوا چلتی ہے اور ابر گھر کر آتے ہیں تو نیند اچاٹ ہو جاتی ہے۔
دراصل ہمارا ہندوستانی ماحول اتنا گھٹا گھٹا رہتا ہے کہ بچپن سے
مرتے دم تک جوان لڑکی کی طرف نظر اٹھا کر دیکھنا بھی بڑے سے بڑا گناہ

سمجھا جاتا ہے۔ نتیجہ یہ ہوتا ہے کہ لڑکی گناہ بن کر رہ جاتی ہے۔ اور جب کبھی یہ لوگ ملتے جلتے ہیں تو چوری چھپے، اندھیرے اجالے تو پورا پورا تاریک گناہوں کا پردہ قریب قریب ہر ہندوستانی دماغ پر پڑا رہتا ہے۔ جب یہ واقعی گناہ ثابت ہوگیا تو اس کی لذت سے ہر آدمی لطف اندوز ہونے کی کوشش کرتا ہے۔ لڑکی بھی لڑکا بھی۔ لہذا ملنے جلنے کا مطلب ہی ایک جذبہ بن کر رہ گیا ہے۔ جسکا نتیجہ ظاہر ہے۔ اور اس کا خمیازہ اسی قدر زبردست ذہنی، جسمانی اور دماغی کوفت میں دینا پڑتا ہے جس کا کوئی ٹھکانا نہیں۔ ہر کامیابی سے اونچا یہی جذبہ نظر آئے گا۔ اور جتنا جتنا گھٹتا جاتا ہے اتنا ہی اتنا گہرا ہوتا جاتا ہے اور ایک خاص عمر میں وبال جان ہوکر پاگل پن کی حد تک پہنچ جاتا ہے۔

●

ایک ہندوستانی زبردست قسم کے مشہور اسکالر سے میری ملاقات قاہرہ میں ہوئی جو واقعی سنجیدہ قسم کا بے حد پڑھا لکھا اور بہت مشہور آدمی تھا۔ اس کی موجودگی میں ایک فرانسیسی عورت سے بھی ملاقات ہوئی جو مشاہدات کی ماہرہ ہونے کے علاوہ حسین بھی بہت تھی۔ کچھ حسن کچھ جوانی، کچھ تندرستی اور پھر سونے پر سہاگا انگریزی لباس۔ یہ تاریخی ملاقات ایک حسین ترین ہوٹل میں ہوئی۔ کافی دیر

۲۶۵
تک باتیں ہوتی رہیں لیکن یہ ہندوستانی اسکالر اور ہم علم مشاہدات کے بجائے مختلف قسم کے زاویے ڈھونڈھ رہے تھے اور اس کے حسین اور گداز جسم پر جامیٹری کی کچھ عجیب و غریب شکلیں بنا رہے تھے چنانچہ اس نے اس بات کو کچھ محسوس کر لیا اور مسکرائی۔ مشاہدات سے الگ ہٹ کر کچھ ہندوستانی عشقیہ شاعری کی باتیں پوچھنے لگی۔ جب ہماری گھبراہٹ اس کا بھی معقول جواب نہ دے سکی تو کہنے لگی "تم لوگ کچھ کھوئے کھوئے نظر آتے ہو۔"

میں نے کہا "جی نہیں۔ کھوئے کھوئے نہیں، بھوکے بہت رہتے ہیں ہم لوگ۔" ہنسی اور پھر مسکرا کر کہنے لگی کہ "دن کا کھانا آج نہیں کھایا تھا؟" میں نے عرض کی کہ "ہمارے غریب ملک میں جس وقت بھی کھانا مل جائے صبر و شکر کر کے کھا لیا جاتا ہے آگے چل کر اس کی عادت پڑ جاتی ہے، نتیجہ ظاہر ہے کہ پیٹ بھر جاتا ہے نیت نہیں بھرتی۔" یہ جملہ کہہ کر میں ہنسا۔ وہ ہنسی اور ہمارے مشہور و معروف اسکالر دیر تک ہنستے رہے۔ مگر ہماری نظریں اس ہنسی کے درمیان بھی اس کے حسین جسم پر پڑ کر پھسل رہی تھیں۔

●

پیسے ختم ہو رہے تھے۔ حواس ٹھکانے آ رہے تھے

ایک دن بیحد گرمی کے زمانے میں قاہرہ سے پورٹ سعید روانہ ہوئے عجیب و غریب تاریخی بندر گاہ ہے۔ ہر جہاز یہیں سے ہو کر یورپ جاتا ہے اور یہیں سے ہوکر ہندوستان آتا ہے۔ اسّی میل کی نہر سویز۔ گہرے آسمانی رنگ کے پانی سے رنگی ہوئی ہے۔ ایک طرف مصر، دوسری طرف صحرائے عرب، کوسوں لق و دق میدان۔ دور دور ریت کا سمندر! بالکل پانی کے سمندر کی طرح موجیں مارتا ہوا نظر آتا ہے۔

مکہ معظمہ یہاں سے صرف ہتی میل رہ جاتا ہے۔ پورٹ سعید میں زیادہ تر لوگ ملے جلے ہر ملک کے موجود ہیں۔ فرانسیسی، انگریز مصری، امریکن، ایرانی اور ہندوستانی وغیرہ۔ ایک عجیب مشاہدہ یہاں کا لکھتے چلیں اور پھر بمبئی پلٹیں، جہاں زندگی کے باقی دن گذارنا ہیں۔ کس طرح؟ کیونکر؟ یہ زندگی خود ہی سمجھ لے گی۔

ہمارا مصری جہاز جس میں ہم آرہے تھے۔ ایک دن لیٹ ہوگیا۔ ہم نے بیوی بچّوں کو ایک ہفتہ پہلے ایک انگریزی جہاز سے روانہ کردیا تھا۔ اب ہم بالکل اکیلے تھے۔ ایک رات ہمیں پورٹ سعید میں ٹھہرنا پڑا۔ کل جہاز پر جانے کو ملے گا۔ دن بھر کیا کریں۔ فیضی صاحب کی بیگم صاحبہ سلطانہ فیضی جن کو ہم آپا کہتے ہیں ان کو "خدا حافظ" کر آئے تھے، اب وہاں قاہرہ کون جائے۔ رات یہیں رہ جاؤ۔ یہ

سوچ کر ہم پورٹ سعید ہی میں ٹک گئے۔ مگر کریں کیا؟ یہ سوچ ہی رہے تھے کہ ایک فرانسیسی جہاز آگیا۔ لوگ اترے۔ مسافروں سے کچھ مقامی عربوں سے راز و نیاز کی باتیں ہوئیں۔ ہر مسافر سے تین تین پونڈ لئے پھر ان کو ساتھ لیکر چلے۔ ہم نے بھی بڑھکر ایک صاحب کو تین پونڈ ٹکا دیئے۔ اور ہم بھی ساتھ ہو لئے۔ اِدھر اُدھر سے گھوم کر بڑے راز دارانہ طریقے سے ہم کو ایک بہت ہی بڑے تھیٹر ہال میں لایا گیا جس میں ہر سیٹ کے آگے قہوہ پینے کا سامان بھی تھا۔ قہوہ دیا گیا، دروازے بند ہونے لگے۔ روشنیاں گل ہوگئیں۔ پردہ اٹھا۔ مختلف قسم کی روشنیاں اسٹیج پر ڈالی گئیں۔ اب ہم سمجھ گئے کہ وہی ننگے ناچ کا انتظام ہوگا۔ اسٹیج زمین کے اندر تھا۔ ہم سوچے اسٹیج زمین کے نیچے سے نکلے گا اور پھر ناچ شروع ہوگا۔ گھنٹی بجی، اسٹیج نکلا اور ایک منٹ تک یہ محسوس نہ ہو سکا کہ ہم کہاں ہیں۔ زندہ ہیں یا مر گئے ہیں۔ زمین پر ہیں یا آسمان پر۔ یک بیک آسمان کے چودہ طبق روشن ہوگئے۔ یعنی اس اسٹیج پر چودہ جوڑے مختلف قوموں کے۔ ایک جوڑا پنجابی ہندوستانی بھی تھا۔ زندگی کا وہ کھیل کھیلتے ہوئے نکلے جس کی ہمیں بچپن میں بڑی تلاش تھی کہ کیونکر کھیلا جاتا ہے؟ اور سب کے پوز الگ الگ۔

ایک منٹ کے بعد میں چونکا، اور یہ معلوم ہوا کہ جیسے بس

اب دم نکلنے ہی والا ہے۔ اُٹھ کر ایک کونے میں بھاگا وہاں بھی وہی حالت دروازے کی طرف بھاگا دروازے بند۔ نظر دوڑائی سب دروازے بند! آدھے گھنٹے تک زندگی اور موت کی اک ایسی جنگ لڑا جس کی مثال دُنیا کی کسی تاریخ میں نہیں مل سکتی۔ کبھی گھوم کر اسٹیج کی طرف دیکھوں، پھر سانس اُکھڑے پھر منہ پھیر لوں! جلتی ہوئی سگریٹ کئی بار جسم پر لگائی کوئی اثر نہیں ہوا۔ دیکھا تو سگریٹ بُجھ چُکی تھی سانس اسی طرح اکھڑ رہی تھی اور میں اِدھر اُدھر ناچ رہا تھا۔ اسٹیج کا تماشا تو ایک طرف رہا لوگ گھوم گھوم کر میرا تماشا دیکھ رہے تھے، قہقہے مار رہے تھے اور میں رقصِ بسمل کر رہا تھا۔ پُرانے زمانے میں ایک نوجوان کی گردن کاٹ دی جاتی تھی اور گرم گرم سُرخ لوہے کا توا اس پر رکھ دیا جاتا تھا اور یہ بغیر سر کی لاش بادشاہوں کے دربار میں گھنٹوں ناچا کرتی تھی۔ آج مدت کے بعد میری لاش رقصِ بسمل کر رہی تھی لوگ میرا تماشا دیکھ رہے تھے اور تالیاں بجا رہے تھے۔

●

شام کے قریب ایک لندن سے جہاز آیا۔ اس جہاز سے

جوان آدمی اُترے اور آداب عرض ہے آغا صاحب کہہ کر مجھ سے چمٹ گئے سچ مچ یہ دنیا کتنی چھوٹی ہے۔ یہ اکبر مرزا کے عزیز تھے۔ اکبر مرزا خورشید کے شوہر جو آج کل پاکستان میں کسی پولیس کے بہت بڑے عہدے پر ہیں۔ خورشید

جنہوں نے رینیوکا دیوی کے نام سے بمبئی ٹاکیز کی پکچر "بھابی" میں ہیروئن کا کام کیا تھا۔ یہ علی گڑھ کا پڑھا لکھا حُسن ذرا سا کھلتے ہوئے چمپئی رنگ اور ذرا سا اونچے قد کا تھا۔ قدرت نے حسن کے ساتھ ساتھ اتنا بانکپن بخشا تھا اُنہیں کہ میں کبھی کبھی اس شعر کا دوسرا مصرعہ پہلے پڑھتا تھا ؎

"اک ذرا آپ کو زحمت ہو گی"

جب رینیو کا کیا کہہ کے میری طرف گھومتی تھیں تو پھر میں پہلا مصرعہ پڑھتا تھا ؎ "آپ کے پاؤں کے نیچے دل ہے"۔ اور یہ سُرخ ہو جایا کرتی تھیں

●

اِس بے سبب سفر کے بعد جب ہم بمبئی پلٹے تو آٹھ سال کیا عالم رہا یہ آپ سب جانتے ہیں۔ یہ نازک وقت یہاں تک آپہنچا تھا کہ ہزاروں روپے کا قرضہ، مفلسی، بیکاری۔ بڑی مشکل سے تھوڑا سا کام ملتا تھا اور ہم شُکرِ خدا ادا کیا کرتے تھے۔ سچ مچ اگر میرا خدا پر اعتقاد نہ ہوتا تو میں نے خود کشی کر ہی لی ہوتی۔ بجائے مدد کرنے کے ہم بیگم صاحبہ کے اور اپنے عزیزوں میں مشہور اسٹوری رائٹر کے بجائے نکمے، جاہل فلم والے اور بد معاش مشہور ہو گئے تھے ہمارے دونوں بچے جواب بڑے ہو چکے تھے اُن کے پاس اسکول جانے کے لئے صرف دو جوڑے تھے، وہ بھی اِدھر اُدھر مسکے ہوئے۔ ماں رات کو دھو کر پھیلا دیا کرتی تھیں اور

صبح اس پر استری ہوتی تھی۔

ایک بار پاکستان سے روپیہ لانے کا ارادہ کیا۔

وہ ہنگامہ بھی آپ سُن چکے ہیں۔ غرضکہ اس زمانے کو ملا لیجیئے۔ پروڈیوسر مکرجی، ڈائرکٹر نیرؔ "نو اِن شملہ" اور "یہ راستے ہیں پیار کے": "جنگلی" اور "مجھے جینے دو" سے ہوتے ہوئے آجکل میرے ساتھ رہنے کی کوشش کیجیئے۔ سب چیزیں پھر پلٹ کر آگئیں۔ وہ بھی آئی وہ بھی آئے۔ وہ بھی آئی سے کہیں جنت نہ سمجھ لیجیئے گا کہ کوئی ہماری جنت واپس آئی۔ وہ بھی سے مراد دولت آئی، شہرت آئی۔ اور وہ بھی آئے سے مراد دوست اور پرانے احباب واپس آئے۔ عزیز آئے، قریبی رشتہ دار آئے۔ وہی آؤ بھگت ہونے لگی۔ اور پھر "آغا صاحب سے اچھی کوئی کمپنی نہیں ہے" کے نعرے بلند ہونے لگے۔

●

ساری زندگی میں دیکھنے کو کچھ سچے دوست بھی ملے۔ مثلاً بمبئی کے محمد حسن شیرازی اور بیگم شیرازی۔ بیگم شیرازی، اسکندر مرزا، ایک زمانے کے پاکستان کے پریسیڈنٹ کی پہلی بیگم کی چھوٹی بہن ہیں اور شیرازی صاحب ان کے شوہر۔ بمبئی کے گوشت، ترکاریوں اور پھلوں کی مارکٹ کے انسپکٹر۔ یہ ہماری سخت مفلسی کے زمانے میں اتوار کی چھٹی کے دن

٣٧١

گوشت کی بریانی۔ بھنا ہوا مرغ اور بہت سے پھل وغیرہ لیکر آجایا کرتے تھے۔ کہتے کہ بھئی کیا کریں۔ معاف کیجئے گا۔ ہم آپ کے گھر آرہے تھے اور یہ سارا سامان عزیزوں کے گھر سے آگیا۔ بہ مجبوری لیتے آئے۔ حالانکہ خرید کر لاتے تھے اور صرف اس لئے جھوٹ بول دیا کرتے تھے کہ ہمارا دل نہ دُکھے۔ شیرازی صاحب نے کبھی مبئی نہیں چھوڑا۔ ہزاروں روپے ماہوار کی پاکستان سے نوکریاں آئیں، مگر ایک ہی جواب دیا کہ میں اپنے وطن میں بڑا اچھا ہوں۔ اسی مٹی سے پیدا ہوا ہوں اور اسی مٹی میں مِل جاؤنگا۔

●

ایک ہیں مسٹر زبیر۔ سید محمد زبیر۔ بہار کے رہنے والے۔ ہلکا سا سیاہ رنگ۔ "ٹاٹا" کے چیف انجینیر، اور صحیح معنوں میں بڑے پائے کے انجینیر ہیں۔ یہ صفیہ بیگم گرلز اسکول کی انسپکٹر کے دوسرے شوہر ہیں۔ یہ وہی صفیہ بیگم ہیں جو سر غلام حسین ہدایت اللہ چیف منسٹر کراچی کی صاحبزادی اور ڈبلیو زیڈ۔ احمد کی پہلی بیوی تھیں مسٹر زبیر امریکہ میں برسوں رہ چکے ہیں۔ ہندوستان کی واپسی پر ایک عدد امریکن بیوی لیکر آئے جن سے ایک لڑکی زرینہ بیگم پیدا ہوئی جب پہلی بیوی چل بسیں تو انھوں نے صفیہ بیگم سے شادی کرلی۔ انکی

ہر تیسرے سال بدلنے والی نئی موٹروں میں ہم مفلسی کے زمانے میں برسوں گھومے ہیں۔ رات دن کھانے کھائے ہیں اور کافی قرض بھی لیا ہے ان سے۔ سچ مچ۔ عجیب و غریب وقت گذرا ہے ان کے ساتھ۔ ان کی طبیعت امریکہ میں رہکر کچھ کمیونسٹ شاعروں سے اُلجھ کر کچھ سرمایہ داری سے دب کر، کچھ مذہبیات میں پھنسکر، کچھ حسینوں کی خدمت انجام دے کر عجیب معجون مرکب بنکر رہگئی ہے۔ یعنی ایک ٹانک ہے جس میں سیکڑوں قسم کی دوائیں شامل کی گئی ہیں۔ اور مختلف وقتوں میں ان دواؤں کا الگ الگ اثر نظر آنے لگتا ہے۔ یہ بھی ہیں جاہل قسم کے زندہ دل رائٹروں میں شمار کرتے ہیں۔ پڑھے لکھے مشہور لوگوں سے، اور مشہور شاعروں سے جان جان کر ملتے ہیں اور ملتے ہی رہتے ہیں۔

صفیہ بیگم کی موت کے بعد ہم سے ملنا جلنا چھوڑ دیا۔ شاید ان ہی کی وجہ سے ملتے ہونگے۔ ان کے چھوٹے بھائی سید محمد عُذیر بہار میں کہیں مجسٹریٹ وغیرہ ہیں جو کافی موٹے تازے ہیں۔ شعروشاعری کے دلدادہ ہیں۔ ہو بہو زبیر کے ایسے بالکل دونوں بھائی ملتے جلتے ہیں۔ وہی سیاہ رنگ۔ صرف فرق اتنا ہے کہ زبیر دُبلے پتلے ایک پسلی کے آدمی ہیں اور عذیر موٹے تازے۔ سات آٹھ پسلیوں

کے آدمی ہیں۔ ایک رنگین صحبت میں جبکہ صفیہ بیگم زندہ تھیں دونوں بھائی برابر برابر بیٹھے ہوئے تھے۔ صفیہ نے اشارہ کرتے ہوئے کہا " آغا صاحب! آپ نے دیکھا کتنے ملتے جلتے ہیں یہ دونوں "میں نے کہا" جی ہاں۔ بس ایسا معلوم ہوتا ہے کہ ایک مشہور ٹانک کا اشتہار ہیں یہ دونوں جس پر ایک موٹے اور ایک دُبلے آدمی کی دو تصویریں بنی ہوتی ہیں اور لکھا رہتا ہے دوا کھانے سے پہلے اور دوا کھانے کے بعد۔ زبیر دوا کھانے سے پہلے ہیں اور عذیر دوا کھانے کے بعد۔"

اس جملہ پر دیر تک ہنسی ہوتی رہی اور عرصہ تک ایک کو دوا کھانے سے پہلے اور ایک کو دوا کھانے کے بعد کہتے رہے سب لوگ۔

●

زبیر کے میرن ڈرائیو بمبئی کے فلیٹ میں جب بھولے بھٹکے فیض احمد فیض بمبئی آتے ہیں تو ایک اردو شاعری کی نشست ضرور ہوتی ہے۔ اس اردو شاعری کی نشست پر مجھے کچھ شاعر نواز اور اردو نواز مہربان یاد آگئے۔

ایک ہیں وی شنکر یعنی وِدّیا شنکر صاحب جو پُرانے

زمانے کے آئی۔سی۔ایس ہیں۔ اور دہلی میں کسی گورنمنٹ کے اونچے عہدے پر مامور ہیں۔ بمبئی کے سالانہ مشاعرے میں اور خصوصاً ہندوستان پاکستان کے ملے جلے مشاعرے میں صدر ضرور ہوتے ہیں یہ حضرت۔ مشہور و معروف شاعر جوشؔ ملیح آبادی کے عاشقوں میں ہیں۔ جوشؔ سے قبلہ کہہ کر گفتگو شروع کرتے ہیں۔ اردو اور فارسی بخوبی جانتے ہیں اور سچ مچ جس طرح کوئی کٹر ہندو روز صبح صبح پوجا کرتا ہے اسی طرح وہ دبا شنکر دن میں ایک بار اردو شاعری کو چوم چاٹ ضرور لیا کرتے ہیں۔

●

دوسرے صاحب ہیں لالہ یودھ راج، جو بمبئی میں پالی ہل کے سب سے بڑے بنگلے میں رہتے ہیں۔ بمبئی کے بڑے تاجروں میں ان کا شمار ہوتا ہے۔ لباس اور چہرہ انگریزی ہے مگر روح خالص ہندوستانی اردو شاعری سے انھیں عشق ہی نہیں عشق حقیقی ہے۔ یہ کسی بڑے سے بڑے مندر کے نام پر یا دھرم کے نام پر کبھی ایک پیسہ خرچ نہیں کرتے مگر اردو اور اردو شاعری کے نام پر اچھے اور مشہور شاعروں کے نام پر اگر وقت پڑے تو اپنی ساری جائداد لٹا دینے کو تیار ہو جائیں گے۔ ان سے مل کر مجھے لکھنؤ کے پرانے زمانے کے مہاراجہ محمود آباد یاد آجاتے ہیں۔ سچ پوچھیے تو ہندوستان کا لٹا ہوا کلچر ایسے ہی کچھ ہندوؤں

کے دم قدم سے آباد ہے۔

●

ایک ہیں رگھوپتی سہائے فراقؔ گورکھپوری۔ انگریزی اردو کا زبردست اسکالر اور میرے خیال میں اردو شاعری میں اپنے طرز کا انوکھا شاعر۔ میری ان کی ملاقات زندگی میں صرف ایک بار راجندر کرشن ہندوستانی فلم انڈسٹری کے مشہور شاعر کے مکان پیڈر روڈ میں ہوئی۔ قابل لوگوں کا مجمع تھا۔ فراقؔ دو تین گھنٹے اُردو شاعری، فارسی شاعری اور انگریزی شاعری کے متعلق بولتا رہا سیکڑوں شعر سنائے ہوں گے۔ ایک ہی مضمون کے ملے جلے۔ جدھر یہ پوِتر گنگا کا دھارا بہتا تھا، ہم میں سے ہر پجاری کا اس کے قدموں پر سر جھکا دینے کو جی چاہتا تھا۔ یہ ہندوستانی کلچر کا صحیح نمونہ ہے جو آجکل کے بہتے ہوئے وقت کے دھارے کے ساتھ بہ رہا ہے۔ میر تقی میرؔ ہندوستان کے سب سے بڑے شاعر کے نقش قدم ڈھونڈا کرتا ہے جس کا بقول فراقؔ ساری دُنیا کی شاعری میں کوئی جواب ہی نہیں ہے۔

کسی مشہور انگریزی شاعر کی ایک نظم سناتے سناتے ایک ٹھنڈی سانس بھر کر کہنے لگا کہ جو کچھ اس پوری نظم میں آپ کو ملتا ہے وہ میرؔ کی غزل کے ایک شعر میں مل جائیگا۔ افسوس کہ مجھے وہ شعر یاد نہ رہا۔

●

ان ہی اُردو اور اُردو شاعری کے دیوانوں کیساتھ

ایک محترمہ ملی ہیں جو اُردو اور اُردو شاعری کی سب سے بڑی سرپرست ہیں ہندوستان میں زبان پھیلانے کا سہرا ان ہی کے سر ہے۔ ان کو آوارہ مزاج ، رسوائے زمانہ ہندوستانی تہذیب کی دشمن اور نہ جانے کیا کیا خطابات دیے جاتے ہیں۔ ان بیگم صاحبہ کا نام ہے " ہندوستانی فلم انڈسٹری بیگم صاحبہ۔"

کچھ فلمی گانوں کے صدقے میں کچھ ڈائیلاگز کے صدقے میں بیس پچیس سال سے جو زبان پھیلی ہے وہ ان ہی بیگم صاحبہ کا صدقہ ہے۔ ورنہ ایک صوبہ دوسرے صوبے کی زبان سے بھی آجتک اجنبی رہتا۔ لاکھوں کتابیں وہ جادو نہیں دکھا سکتی تھیں جو اس فلم انڈسٹری نے دکھا دیا۔

یہ جادو ہمیشہ سر چڑھ کے بولتا رہے گا کیونکہ اردو ہی ایک ایسی زبان ہے جس نے اپنے اندر ہندی ، فارسی ، سنسکرت عربی انگریزی اور ہر قسم کی زبانوں کے الفاظ سمو لئے ہیں۔ اسکی زرخیزی ہمیشہ بڑھتی رہے گی۔ کیونکہ یہ تعریف سوائے انگریزی زبان کے دنیا کی اور کسی زبان میں موجود نہیں ہے۔.........

٣٧٧
اسی زبان کے صدقے میں بہر حال، بے انتہا شہرت بے انتہا کامیابی۔ کافی دولت نے ایک بار پھر قدم چومے اور اس قابل ہوا کہ کام کے علاوہ یہ چند اوراق لکھنے بیٹھوں، مگر آج بھی اس عظیم کامیابی کے بعد جنّت کی تلاش جاری ہے۔ ذرا ایک کہانی آپ سے کہتا چلوں۔ عجیب موقعے سے یاد آئی ہے۔

●

میں نے محبّت کی قریب قریب ہر شادی اپنی آنکھوں سے دم توڑتے دیکھی ہے۔ خوبصورت سے خوبصورت جوڑا ایک زمانے کے بعد وہی، "ایک ہنگامے پہ موقوف ہے گھر کی رونق" اس لئے میں محبّت کو یعنی آجکل کی محبت کو ایک پاگل کا خواب سمجھنے لگا ہوں۔ اگر محبوب نہ مل سکے اور ٹریجڈی کی کوئی صورت نکل آئی تو صرف اس صورت میں یہ سچّی محبت مکمل ہو جائے گی۔ صرف پڑھنے اور سننے والوں کے لئے عمل کرنے والوں کے لئے نہیں۔ میں نے کبھی حالات سے تنگ آکر خودکشی کی کوشش نہیں کی، مگر نہ جانے کیوں ایک دن بیوی اور بچّوں سے ساڑھے تین کے شو میں سینما جانے کا پروگرام تھا۔ چھٹّی کا دن تھا۔ ہم نے دن کا کھانا جلدی کھالیا۔ ذرا سو گئے۔ بارش کے دن تھے۔ ابر گھرا ہوا تھا۔ بچّوں سے کہا" ذرا سیر کو جاتے ہیں۔ سمندر کے

قریب سے ہمیں لے لینا۔" اور سیر کرتے ہوئے چلے۔ بچپن سے لیکر زندگی کے بہت سے واقعات سامنے آئے اور گئے۔ اسکے علاوہ ہزاروں رنگین جنتیں سامنے سے تڑپتی ہوئی اور تڑپاتی ہوئی گزر رہی تھیں جن میں ایک بھی کمبخت ہماری قسمت میں نہیں۔

اب سنئے ایک کہانی :۔ شہنشاہ اکبر اعظم کے زمانے میں ایک تھا بیجو باورا جس کی بے پناہ آواز نے اس زمانے میں ہنگامہ برپا کر دیا تھا۔ سب ہی اسکی آواز کے عاشق تھے۔ اس کا ایک لڑکی سے عشق ہوا۔ بدقسمتی سے دونوں نہیں مل سکے اور ایک دریا میں ڈوب کر خودکشی کر لی۔ ہندو مذہب کے مطابق پھر پیدا ہوئے اور دو تین بار پیدا ہوئے۔ اور اسی طرح خودکشیاں کیں۔ چوتھی بار پھر پیدا ہوئے۔ ساتھ ساتھ جوان ہوئے اور ابکی بمبئی میں مل گئے۔ خوشی خوشی شادی ہوئی، اور کئی بچے پیدا ہوئے۔ اب بچے بڑے ہوئے اور اس زندگی میں دونوں نے مل جل کر، یعنی اس حقیقی محبت نے مل جل کر ایک دوسرے کو اتنا بیزار کیا، اتنا بور کیا کہ وہ دریا یا سمندر جس میں ایک دوسرے کو حاصل کرنے کے چکر میں کئی بار جان دے چکے تھے، وہیں ایک دوسرے سے بھاگ ہار کر خودکشی کرنے گئے۔ یک بیک دیکھا کہ آیا جو ان کے بچوں کو سمندر پر لائی تھی۔ گھمانے پھرانے

۳۷۹

کھیلئے، اس نے انگلی سے اشارہ کیا کہ " وہ رہے ممی اور ڈیڈی "۔ اور بچے دوڑ کر ممی اور ڈیڈی سے چمٹ گئے ۔ سمجھے کہ دونوں نہانے آئے ہیں۔ دونوں کو گھسیٹ کر سمندر میں لیگئے۔ اب دونوں بدنصیب عاشقوں کو جیتے ہی بن پڑتی ہے۔ حقیقی محبت کے لئے نہیں، آنے والی نسلوں کے لئے، جو محبت اور شادی دونوں کا نچوڑ ہیں ۔

اب پھر میں اپنی طرف پلٹتا ہوں، یہ سوچتا ہوا کہ ہر نعمت اور ہر دولت میرے پاس ہے، مگر جس دولت کو حاصل کرنے کے چکر میں زندگی میں یہ ہنگامہ مچایا ہے، وہ آخر کیوں نہیں ملتی؟ سونے پر سہاگہ، اس ذہنی الجھن کے علاوہ نہ جانے کتنی رنگین ساریاں سامنے سے گذریں۔ کتنے رنگین آنچل دل و دماغ پر لہراتے ہوئے نکل گئے ۔ کتنے اسکرٹس بے پناہ پنڈلیاں اور ترشے ہوئے گھٹنے روندتے ہوئے گذر گئے۔ کتنی مختلف آنکھوں کی کڑکتی ہوئی بجلیاں چمکتی ہوئی نکل گئیں ۔حسین اور بھرے ہوئے جسم کے کتنے ابھرتے ہوئے طوفان، تیز تیز سانسیں لیتے ہوئے آئے اور میری سانس تیز سے تیز تر کرتے ہوئے چلے گئے ۔

عجیب بات ہے۔ جب سامنے سے یہ رنگین طوفان آتے ہیں تب بھی حسین۔ گذر جائیں اور دور تک تڑپتے ہوئے جاتے

ہوئے دکھائی دیں تب بھی حسین ۔ میں پاگل سا ہونے لگا۔ زندگی بے کیف نظر آنے لگی ۔ سامنے سمندر موجیں مار رہا تھا۔ بے تحاشا میں سمندر کی طرف چلا ۔ میں بڑھا چلا جا رہا تھا اور شاید اس دن پیچھے نہ ہٹتا۔ اگر سمندر کے قریب ایک بوڑھی عورت جو اپنے دو بچوں کو لئے بھیک مانگ رہی تھی، ٹوک کر یہ نہ کہتی کہ" اللہ کے نام پر کچھ دیدو بابا ! ان بچوں کا باپ بھی مر چکا ہے ۔"

اس کا یہ کہنا تھا کہ جیسے کوئی گہرے خواب سے چونک پڑے ۔ گھوم کر اس کی طرف دیکھا۔ غور کیا تو اس عورت کی صورت میں نہ جانے کیوں اپنی بیوی کی صورت جھلکی اور یہ دونوں بچے جیسے اپنے معلوم ہونے لگے۔ دماغ کہاں سے کہاں پہنچا کہ شاید میرے بعد کہیں یہی حال میری بیوی اور میرے بچوں کا نہ ہو !

پانچ روپے اس عورت کو دیئے ۔ پلٹا اور سڑک کی طرف بڑھا ہی تھا کہ دور سے بیوی اور بچے آتے دکھائی دیئے۔ چھٹی کا دن تھا۔ بچوں نے دوڑ کر خوشی سے پکڑ لیا کہ وہ ہتا مل گئے۔ بیوی نے منہ بنا کر کہا کہ" اگر سینما چلنے کو دل نہیں چاہتا ہے تو آپ دل پر زور دیکر چلنے کا وعدہ کیوں کرتے ہیں ؟ صاف انکار کر دیا کیجیئے۔"

میں نے کہا کہ" یہ کون کہتا ہے کہ دل نہیں چاہتا۔ دل

نہ چاہتا تو کہتا کیوں ؟"

بیوی نے کہا" تو پھر یہاں کیوں ٹہل رہے تھے ؛ گھر آگئے ہوتے۔" میں نے جواب دیا کہ" اپنی اپنی ادا ہے اور اپنے اپنے انداز ہیں۔" یہ کہہ کر جھوٹ ہنسی ہنستا ہوا اور شاد عظیم آبادی کا یہ شعر پڑھتا ہوا سب کے ساتھ ہو لیا ؎

اتنا جینے پہ بھی جینے کا نہ انداز آیا
زندگی چھوڑ دے پیچھا مرا میں باز آیا

●

وقت کسی کا خیال نہیں کرتا۔ پھر اسی تیزی سے آگے بڑھتا رہا۔ اب ایک طرف وقت کو روکنے کی فکریں کرنے والا دیوانہ اور دوسری طرف آگے بڑھتا ہوا وقت، دونوں تیزی سے آگے بڑھتے چلے گئے۔ گھر میں پھر رونقیں پیدا ہوئیں۔ دونوں بچے جوان ہونے لگے۔ کالج جانے لگے۔ جنتوں کا تصور بدلنے لگا۔ پچھلی جنتوں کے خواب فراموش ہونے لگے۔ روٹھی ہوئی جوانی پھر واپس آنے لگی۔ پھر دیوانے نے نئے نئے خواب دیکھنا شروع کر دیئے۔ خاموش دل پھر اُسی تیزی سے دھڑکنے لگا نبض کی رفتار پھر تیز ہونے لگی۔ ایک بار پھر میں نے وقت کی آنکھوں میں آنکھیں ڈال کر کہا کہ سنبھل۔ پھر طبیعت میں وہی روانی آچکی ہے

میں تجھے ایک بار پھر خرید سکتا ہوں۔ نہ جانے کہاں کہاں تخیئلی پرواز کروں گا۔ دنیا کو نئے نئے خیالات سے مالا مال کر دوں گا۔ شہرت اور دولت اب میرے قدموں سے لپٹی ہی رہے گی کیونکہ اب میرے پاس دو دو حسین جنتیں موجود ہیں۔ یہ تو میرے جسم و روح کی بنائی ہوئی ہیں۔ میں انھیں بہتر سے بہتر شاعر بناؤں گا۔ بہتر سے بہتر ایکٹر بناؤں گا یہ مجھ سے کیسے الگ ہو سکتے ہیں۔

وقت نے مسکرا کر جواب دیا کہ سُن! ہر خوابِ تمنّا سچ نہیں ہوا کرتا۔ صرف تجھی دیوانے کے نہیں، ہر دیوانے کے کچھ خواب ہوتے ہیں اور وہ ان خوابوں کے سہارے آگے بڑھتا رہتا ہے۔ یہ پیہم فریب اگر ہر دیوانہ اپنے آپ کو نہ دے تو شاید جی نہیں سکتا۔ یک بیک میں نے محسوس کیا کہ میرے بڑے دیوانے نے کروٹ بدلی یعنی میرا بڑا لڑکا امریکہ جانے کے خواب دیکھنے لگا۔

بچپن سے اس کو ہوائی جہاز سے عشق تھا۔ ساتھ ہی ساتھ اس نے میری زندہ دلی، جملے بازی، محفل میں چھا جانیکی قوت، اور دوسری طرف اپنی ماں کی شرافت، خاموشی، مستقل مزاجی اور بھوری، بھوری بڑی آنکھیں جو بہت قریب اور بہت دُور دیکھتی تھیں حاصل کرلیں ——— !

میں ہمیشہ اس کے اس ارادے کو پاگل کا خواب سمجھتا رہا سوچتا تھا کہ بہلاؤں گا، پھسلاؤں گا۔ سبز باغ دکھاؤں گا، بھول جائے گا اور وہ یہ سوچتا رہا کہ تھکا ہوا پیر اک ضد کر رہا ہے۔ جب ابھرتے ہوئے طوفان کے دو چار تھپیڑے منہ پر پڑیں گے تو ہوش آجائے گا۔ میں مدتوں اس ٹکر سے بچتا رہا۔ مگر کب تک! اک زمانہ آیا کہ چھوٹے کو میں نے "واڈیا کالج پونا" میں رکھ دیا۔

پونا جہاں کی آب و ہوا بہت ہی خوشگوار ہے۔ چھوٹے کی طبیعت میں شاعری اور فلمی اداکاری کی تمنائیں مچل رہی تھیں۔ جو دراصل میری اور اس کی ملی جلی تمنائیں تھیں۔ ایک سنگم تھا جو ایک ہی مرکز پر مل رہا تھا۔ دیکھنے میں بھی یہ لڑکا کافی خوبصورت ہے۔ اس جملے سے غلط فہمی میں نہ پڑیے گا کہ بڑا، خوبصورت نہیں ہے۔ ابھی کچھ دن کا ذکر ہے جب میں بے مثل شاعر اور قیامت کے نقاد علی سردار جعفری کے مکان سے اس کتاب کے سلسلے میں رائے لیکر ان کا ایک بے نظیر خمسہ " شہر آشوب " سُن کر اور اپنا ایک خوبصورت جملہ ان کو سنا کر جو میں نے ان کے متعلق ڈاکٹر میر موثق الدین کی ایک محفل میں کہا تھا۔ ڈاکٹر صاحب نے گفتگو کے سلسلے میں فرمایا کہ مجھے بڑی خوشی ہوئی یہ دیکھکر کہ علی سردار جعفری کمیونسٹ ہوتے

ہوئے بھی اللہ کا بہت کچھ قائل ہے"۔ میں نے فوراً جواب دیا کہ:۔
"غلط فہمی میں نہ پڑیے گا ڈاکٹر صاحب! وہ خاندانی شیعہ[1] ہے۔ میرا خیال ہے اس سلسلے میں تقیہ[2] کر رہا ہوگا۔

بہرحال جب میں جعفری صاحب کے مکان کے نیچے اترا تو میری ٹیکسی کھڑی ہوئی تھی اور ان کی بیگم صاحبہ سلطانہ جعفری جو جاڑا گرمی برسات ایک ہی خوبصورت ادا سے منہ میں پان دبائے ہوئے ٹھیک سوا نو بجے اپنے کام پر روانہ ہوجاتی ہیں جاتے ہوئے دکھائی دیں۔ میں نے ٹیکسی بڑھا کر کہا کہ "آئیے میں چھوڑ آؤں دفتر۔"

مسکرا کر فرمانے لگیں "کہاں تکلیف کیجیئے گا"۔ میں نے کہا کہ "گنہگار پر اتنا بھی کرم نہ فرمایئے گا کہ تھوڑی دیر آپ کی قربت حاصل کر لے اور آپ کو دفتر چھوڑ آئے۔"

مسکرا کر ٹیکسی میں بیٹھ گئیں۔ بڑے لڑکے کے امریکہ جانے کا ذکر آیا تو کہنے لگیں، "ماشاء اللہ سے بڑے پیارے بچے ہیں آپ کے۔ سچ مچ اگر میری چھوٹی لڑکیاں ہوتیں تو بیاہ دیتی آپ کے لڑکوں سے۔"

میں نے دفعتاً ان کے خوبصورت چہرے کی طرف دیکھا پھر ان کے خوبصورت ہونٹوں کی طرف جن پر بغیر مستی کے پان کا گلابی

[1] مسلمانوں میں دو فرقے بہت مشہور ہیں سُنی اور شیعہ۔ شیعہ تقیہ کو مانتے ہیں سُنی نہیں مانتے۔
[2] اگر حق پر ہو تو جان بچانے کے لئے جھوٹ بول دینا گناہ نہیں ہے۔

رنگ تھا اور جن ہونٹوں سے یہ دل لینے والا جملہ کہا گیا تھا۔ شاید انھوں نے لڑکے کے امریکہ جانے کے ذکر پر میرے چہرے اور دل کی کیفیت کا اندازہ لگا لیا تھا۔

●

جب پہلا خط سینٹ لوئی امریکہ کی یونیورسٹی سے آیا ہے تو کتنا خوش ہوا ہے یہ دیوانہ۔ اور پھر تو اس کے بعد مختلف یونیورسٹیز کے خطوط آتے ہی رہے۔ اس کی خوشیوں اور میری خاموشیوں میں اضافہ ہوتا ہی گیا۔ یہاں تک کہ امریکہ جانے کا وقت قریب آیا اور وہ چلا گیا۔ مگر آج تک مجھ کو ایسا محسوس ہو رہا ہے جیسے وہ نہیں گیا بلکہ میرا دل اپنے مقام سے کچھ دور الگ ہٹ کر دھڑکنے لگا ہے۔

تین چار دن کے بعد میں نے اپنی طبیعت سے خود بخود کچھ سوالات کیئے۔

پہلا سوال یہ تھا کہ مجکو کیا حق ہے کہ اپنی خوشیوں کی خاطر دوسروں کی تمناؤں سے کھیلوں۔ کیا ساری زندگی میں یہ کتاب "سحر ہونے تک" کے خواب نہیں دیکھتا رہا ہوں؟ کیا اس کے تمام ہو جانے کی خوشی مجھے ساری کائنات مل جانے سے کم ہے؟ تو پھر اس دیوانے کی سب سے بڑی تمنا پوری ہو جانے پر غمگین کیوں ہوں؟

۳۸۶

کھو گیوں گیا ہوں اس خواب گراں سے چونکتا کیوں نہیں ؟ اس لئے کہ میں نے ساری زندگی کے ہر پہلو کو صرف اپنی ہی بے چین کروٹ سمجھا میں صرف اپنی خوشیوں میں دوسروں کو شریک کر لیتا ہوں لیکن دوسروں کی خوشیوں میں شریک ہونے کو تیار نہیں ہوتا جب تک خود میرا دل نہ چاہے ۔میرے جلتے ہوئے زخموں کا زندگی میں سوائے موت کے اور کوئی علاج نہیں ۔ میں ایک شمع ہوں جو بہرحال اپنی ہی لگائی ہوئی آگ میں "سحر ہونے تک جلتی رہیگی ۔

غمِ ہستی کا اسدؔ کس سے ہو جز مرگ علاج
شمع ہر رنگ میں جلتی ہے سحر ہونے تک

مورخہ ۹ ستمبر ۱۹۶۴ء

●

میں متشکر ہوں لکھنؤ یونی ورسٹی کے پروفیسر احتشام حسین کا، جن کے صرف ایک جملے نے میرا حوصلہ بڑھایا۔ اور میں نے یہ کتاب مکمل کی۔ موصوف نے کچھ سال ہوئے، امریکہ کے ایک تعلیمی مشن سے پلٹتے ہوئے بمبئی میں قیام فرمایا۔ کچھ وقت مجھے عنایت ہوا۔ میں نے کچھ نامکمل صفحات اِدھر اُدھر سے اپنی اس زندگی کے سُنائے۔ وہ مسکراتے مسکراتے بالکل خاموش ہوگئے اور چند لمحوں بعد نہایت سنجیدگی سے بولے:

"آغا صاحب! آپ یقین کریں یا نہ کریں، اس قسم کی کتاب اور بیباک سوانح حیات اتنے دلچسپ پیرائے میں، اردو اور ہندی میں میری نظر سے نہیں گذری۔"

آپ نے سُنا یہ کس نے کہا؟ جس پروفیسر، ادیب اور اسکالر کی نظر کا ہمارے ملک میں کوئی جواب ہی نہیں۔

آغا جانی کشمیری

میں ممنون ہوں منور آغا مجنوںؔ لکھنوی کا بھی۔ جنکی انتھک کوشش نے میری ہمت باندھے رکھی اور یہ میرے گلے پر تلوار رکھتے ہی رہے جب تک میں نے یہ کتاب تمام نہیں کی۔ اللہ کا شکر ہے کہ میں نے ان کو نا امید نہیں کیا۔ وہ اس کتاب کو بار بار پڑھتے ہیں جھوم جھوم اٹھتے ہیں اور میں قتل ہونے سے بال بال بچ گیا۔

آغا جانی کشمیری

میرا ایک دوست ــــــ!

بدکم بدنام زیادہ ہیرو شمی کپور ــــــ خوب صورتی بمر، دارا شکوہ، معاملات کی پاکیزگی میں گنگا کی لہر، رکھ رکھاؤ میں ننگی تلوار یہ راج کپور کا چھوٹا اور ششی کپور کا بڑا بھائی ہے۔ جب یہ تینوں ملتے ہیں تو ایسی رنگین کونیا سُنائی دیتی ہے کہ کالیداس کی یاد تازہ ہو جاتی ہے۔ شمی کانوں کا کچا طبیعت کے سلسلے میں بالکل بچہ، سچ پوچھئے تو پرتھوی راج کپور کے اِن تینوں بیٹوں نے فلم انڈسٹری کو اس زمانے سے سنوارا ہے اور علم و ادب کی حقیقتیں منوائی ہیں ورنہ بقول جوش "سب تباہی کے ہیں آثار چنا جور گرم!"

اشوک کمار

اپنے آرٹ میں پاگل۔ نایاب ہنرمانہ آرٹسٹ۔ تیس سال کا دوست۔ پہلی دفعہ ان کو بمبئی ٹاکیز کے باہر "نجمہ" اور "ہمایوں" میں مَیں گھسیٹ کر لایا۔ اگر کبھی اتّفاق سے مِل جاؤ تو چمٹ جائیں گے۔ جو کہوں گا بغیر سوچے سمجھے ہاں کہہ دیں گے، چاہے اس کے بعد برسوں ملاقات کی نوبت نہ آئے۔ مِلو تو خوش نہ مِلو تو زیادہ خوش۔

مکرجی

اشوک کمار کے بہنوئی ایس مکرجی۔ یہ بھی تیس سال کے دوست۔ مِلو تو موت نہ ملو تو موت۔ یہ آپ کو ہنسی ہنسی میں وہ تکلیف پہنچائیں گے کہ آپ کی رُوح کو تکلیف پہنچے۔ مگر صاحب فلم انڈسٹری میں ایسی رنگین اور دلچسپ کمپنی کوئی اور نہیں ہے۔ ہزاروں دفعہ نہ ملنے کی توبہ کی ہے۔ قسمیں کھائی ہیں۔ مگر جھک مار کے پھر مِلا. . . .

اور یہ پھر ویسے کے ویسے ہی۔

"تین فرشتے"

محسن عبداللہ میرے گہرے دوست ہر قسم کی مدد کو تیار علی گڑھ کے شیخ عبداللہ کے بیٹے یہ اتفاق سے بی اے، ایل ایل بی ہیں ۔ انہوں نے ساری زندگی ہر جاہل سے جاہل آدمی کو قابل کہا اور مجھے صرف جاہل اور اِس جذبے نے ترقی کی دہکتی ہوئی آگ کو میرے سینے میں ہمیشہ روشن رکھا۔

حمید بٹ علی گڈھ کے مشہور ڈاکٹر بٹ کے بیٹے۔
عذرا کے شوہر ان کا مذہب ہے کہ اگر میں کامیاب اور
مشہور پلے رائٹ بن سکتا ہوں تو ہندوستان کے
پچاس کروڑ انسان سب کے سب جواہر لال نہرو
بن سکتے ہیں۔

ہرلش مہرہ۔ پپلیسٹ اور فلم کے رائیٹر، یعنی دن میں
صوفہ رات کو بیڈ۔ اللہ نے وعدہ کیا ہے کہ وہ روٹی ہر زمانے
میں دے گا۔ چنانچہ اس زمانے میں اُس نے ہریش مہرہ کو جنم
دیا: تاکہ یہ سندھ کے ریگستان کی دہکتی ہوئی آگ میرے سینے
میں ہمیشہ روشن رکھیں۔ اللہ اِن کو لمبی عمر دے۔ رہے نام سائیں کا۔
نوٹ : میرا خیال ہے کہ ہندوستان اور پاکستان میں ملا جلا کے
صرف اِن تین فرشتوں نے مجھ کو پہچانا ہے۔

آغا جانی کشمیری

ایک بھائی ——!

سید سجاد حسین رضوی عرف میاں جانی ۔ امریکن بڑے پیار سے ان کو " ریلیض " کہتے ہیں ۔ یہ ہمارے بڑے بھائی اور ہمارے خاندان کے کولمبس ہیں ۔ جنہوں نے ہمیں ترقی کی نئی دنیا دکھائی ۔ نمبر ۱۴۹ ، براڈوے نیویارک میں جوٹ کا بزنس کرتے ہیں ۔ وطن کبھی نہیں آتے ، مگر غریب دوستوں اور خاندان والوں کو چالیس سال سے ہزاروں روپیہ ہر مہینے کی پہلی تاریخ اِس پابندی سے بھیجتے ہیں کہ نہ کسی ہندو نے پوجا کی ہو گی نہ کسی مسلمان نے نماز پڑھی ہو گی اور نہ کوئی کرسچن اتنی پابندی سے چرچ گیا ہو گا ۔ یہ افسانہ نہیں حقیقت ہے —— اور اس حقیقت سے ہم کو امریکہ کی انسانیت اور ہمدردی کا اندازہ بڑی آسانی سے ہو جاتا ہے ۔

آغا جانی کشمیری

میرے دوست آغا جانی ایک بستر، ایک لوٹا، چند کتابیں اور کچھ شیشیاں سر پر بال اگانے کے تیل کی لے کر ۱۹۳۷ء میں لکھنؤ سے بمبئی فتح کرنے آئے تھے۔ کئی برس آغا جانی اور میں ایک ہی چال کے ایک ہی کمرے میں بمبئی میں رہے ہیں۔ ان کو ہر صبح بدبودار تیلوں کی سر پر مالش کرتے دیکھ کر میں کہا کرتا تھا کہ : "آغا جانی اگر اتنی محنت سے تم اپنی روح کی مالش کرتے تو ولی اللہ ہو جاتے۔"

کئی برس سے آغا جانی نے سر پر بال اگانے کی ناکام کوشش ترک کر دی ہے، وہ ولی اللہ تو نہیں ہوئے مگر انہوں نے ایک بے حد دلچسپ اور روح کو چونکا دینے والی سوانح عمری "سحر ہونے تک" کے نام سے لکھ ڈالی ہے۔ جس میں آغا جانی کی ساری زندگی کی کاوشوں، محرومیوں اور تجربوں کا نچوڑ ہے اور ان کے مخصوص اندازِ گفتگو کی وہ قیامت کی چاشنی ہے جو لکھنؤ اور بمبئی کی آمیزش سے پیدا ہوئی ہے اور اظہار کی وہ بے پناہ بے باکی بھی ہے جو کسی مصنف کے یہاں صرف اس وقت آتی ہے جب وہ زندگی کی عدالت میں صرف سچ اور سچ کے سوا کچھ بھی نہیں بولنے کا خطرناک فیصلہ کر لے۔ آپ یقین کریں یا نہ کریں، یہ آپ بیتی آغا جانی نے خود لکھی ہے۔ اُس قلم سے نہیں جس سے وہ تجارتی فارمولے کے بے حد کامیاب افسانے، سنیریو اور قیامت کے ڈائیلاگ لکھتے ہیں بلکہ خونِ دل میں انگلیاں ڈبو کر۔

خواجہ احمد عباس
۲۸ فروری ۱۹۶۶ء